KB217290

한국사 능력검정시험

기본 4·5·6급

시대별·주제별
기출문제집

시대에듀

한국사능력검정시험 알아보기

❖ 한국사능력검정시험이란?

한국사능력검정시험은 한 나라의 국민으로서 가져야 하는 기본적인 역사적 소양을 측정하고, 역사에 대한 전 국민적 공감대를 형성하기 위한 시험입니다. 한국사능력검정시험은 한국사에 관한 유일한 국가자격 시험으로, 국가기관인 교육부 직속 국사편찬위원회에서 직접 주관·시행하고 있습니다. 국사편찬위원회에서는 우리 역사에 대한 관심을 제고하고, 한국사 전반에 걸쳐 역사적 사고력을 평가하는 다양한 유형의 문항을 개발하고 있으며, 이를 통해 한국사 교육의 올바른 방향을 제공하고 있습니다. 특히, 한국사능력검정시험은 관공서나 기업체의 신규 채용이나 승진 시험 등에 다양하게 활용되면서 많은 사람들의 주목을 받고 있습니다.

❖ 한국사능력검정시험의 목적

1	우리 역사에 대한 관심을 확산·심화시키는 계기를 마련함	**2**	균형 잡힌 역사의식을 갖도록 함
3	역사 교육의 올바른 방향을 제시함	**4**	고차원적 사고력과 문제해결능력을 육성함

❖ 한국사능력검정시험의 특징

❶ 응시자의 계층이 매우 다양합니다.

한국사능력검정시험은 입시생이나 각종 채용 시험 준비생과 같은 동일한 집단이 아니라, 다양한 연령층과 직업군을 가진 사람들이 응시하고 있습니다. 한국사에 대한 관심과 애정만 있다면 응시자의 학력 수준이나 연령 등은 더욱 다양해질 것입니다.

❷ 국가기관인 국사편찬위원회가 주관합니다.

국사편찬위원회는 우리 역사에 대한 자료를 관장하고 있는 교육부 직속 기관입니다. 한국사능력검정시험은 우리나라 역사에 관한 자료를 조사·연구·편찬하는 국사편찬위원회가 주관·시행하여 문항의 수준이 높고 참신하며, 공신력 있는 관리를 통해 안정적으로 시험을 운영하고 있습니다.

❸ 참신한 문항 개발에 노력하고 있습니다.

매회 시험마다 단순 암기 위주의 보편적인 문항보다는, 다양한 영역에서 여러 접근 방법을 통해 풀 수 있는 참신한 문항을 새로 개발하고 있습니다. 또한, 탐구력을 증진할 수 있는 문항 개발을 통해 기존 시험의 틀을 탈피하려고 노력하고 있습니다.

❹ '선발 시험'이 아니라 '인증 시험'입니다.

합격의 당락을 결정하는 선발 시험의 성격이 아니라, 한국사의 학습 능력을 인증하는 시험입니다. 제시된 문제의 성격과 목적을 고려하여 절차와 방법에 따라 역사 탐구를 설계하고 수행할 수 있는 능력이 있는가를 묻고 있습니다.

선사 시대, 연맹 왕국

구석기 시대 / 신석기 시대 / 청동기 시대 / 철기 시대

구석기 시대	신석기 시대	청동기 시대	철기 시대
• 뗀석기 사용 • 불, 언어 사용 • 사냥, 채집 생활 • 동굴, 막집 거주 • 이동 사회 • 평등 사회 • 연천 전곡리 • 공주 석장리 • 단양 수양개	• 간석기 사용 • 빗살무늬 토기 사용 • 농경 시작(조, 피, 수수 등) • 갈돌, 갈판 • 가락바퀴, 뼈바늘 → 의복 제작 • 정착 생활 • 움집 거주 • 원시 신앙 • 서울 암사동 • 부산 동삼동	• 청동기 사용 • 비파형 동검 • 민무늬 토기, 미송리식 토기 • 벼농사 시작 • 반달 돌칼 • 계급 사회(고인돌) • 군장 국가 등장 • 부여 송국리 • 울주 반구대	• 세형 동검 • 철제 농기구 사용 • 농업 생산력 증가 • 빈부 격차 증가 • 명도전, 붓(중국과의 교역)

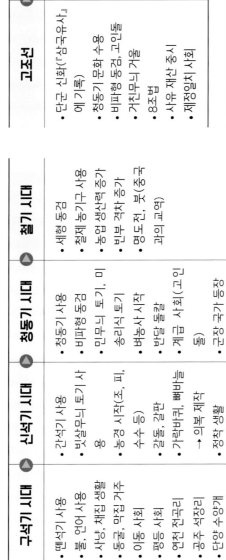

▲ 주먹 도끼

▲ 빗살무늬 토기

▲ 탁자식 고인돌

▲ 세형 동검

고조선 / 위만 조선

고조선	위만 조선
• 단군 신화(『삼국유사』에 기록) • 청동기 문화 수용 • 비파형 동검, 고인돌 • 가전무늬 거울 • 8조법 • 사유 재산 중시 • 제정일치 사회	• 유이민 출신인 위만이 준왕을 몰아내고 권력 장악 • 철기 문화 수용 • 중계 무역 전개 • 한의 공격으로 멸망

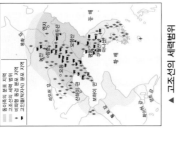

▲ 고조선의 세력범위

연맹 왕국

부여	고구려	옥저	동예	삼한
• 5부족 연맹체 • 사출도(마가, 우가, 저가, 구가) • 순장 • 1책 12법 • 영고(12월) • 우제점법 • 반농반목	• 5부족 연맹체 • 상가, 고추가 등 • 사자, 조의, 선인 • 제가 회의 • 약탈 경제 • 서옥제 • 동맹(10월)	• 군장(읍군, 삼로) • 소금, 어물 등 풍부 • 고구려에 공물 납부 • 가족 공동묘 • 민며느리제	• 군장(읍군, 삼로) • 단궁, 과하마, 반어피 등 특산물 • 책화(부족 생활 중시) • 무천(10월)	• 군장(신지, 읍차) • 제사장(천군) • 소도(신성 지역) • 제정분리 사회 • 철 생산(변한) • 철제 농기구 활용 • 낙랑, 왜 등 철 수출 • 저수지 축조 • 수릿날(5월) • 계절제(10월)

삼국 시대

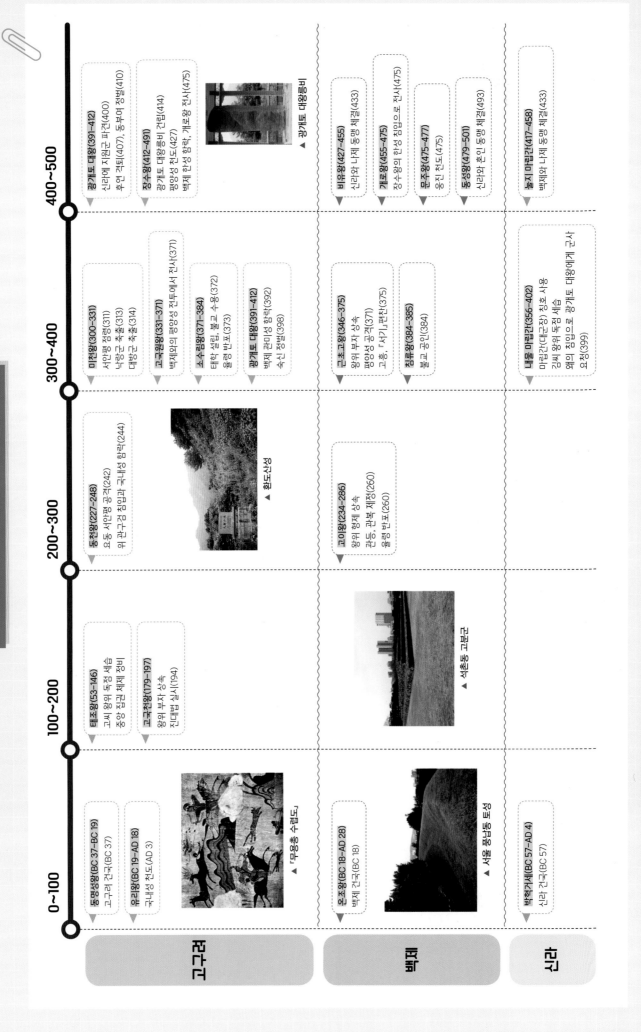

	0~100	100~200	200~300	300~400	400~500

고구려

동명성왕(BC 37~BC 19)
고구려 건국(BC 37)

유리왕(BC 19~AD 18)
국내성 천도(AD 3)

▲「무용총 수렵도」

태조왕(53~146)
고대 왕위 독점 세습
중앙 집권 체제 정비

고국천왕(179~197)
왕위 부자 상속
진대법 실시(194)

동천왕(227~248)
요동 서안평 공격(242)
위 관구검 침입과 국내성 함락(244)

▲ 환도산성

미천왕(300~331)
서안평 점령(311)
낙랑군 축출(313)
대방군 축출(314)

고국원왕(331~371)
백제와의 평양성 전투에서 전사(371)

소수림왕(371~384)
태학 설립, 불교 수용(372)
율령 반포(373)

광개토 대왕(391~412)
백제 관미성 함락(392)
숙신 정벌(398)

광개토 대왕(391~412)
신라에 지원군 파견(400)
후연 격퇴(407), 동부여 정벌(410)

장수왕(412~491)
광개토 대왕릉비 건립(414)
평양성 천도(427)
백제 한성 함락, 개로왕 전사(475)

▲ 광개토 대왕릉비

백제

온조왕(BC 18~AD 28)
백제 건국(BC 18)

▲ 서울 풍납동 토성

▲ 석촌동 고분군

고이왕(234~286)
왕위 형제 상속
관등, 관복 제정(260)
율령 반포(260)

근초고왕(346~375)
왕위 부자 상속
평양성 공격(371)
고흥 『서기』 편찬(375)

침류왕(384~385)
불교 공인(384)

비유왕(427~455)
신라와 나제 동맹 체결(433)

개로왕(455~475)
장수왕의 한성 침입으로 전사(475)

문주왕(475~477)
웅진 천도(475)

동성왕(479~501)
신라와 혼인 동맹 체결(493)

신라

박혁거세(BC 57~AD 4)
신라 건국(BC 57)

내물 마립간(356~402)
마립간(대군장) 칭호 사용
김씨 왕위 독점 세습
왜의 침입으로 광개토 대왕에게 군사 요청(399)

눌지 마립간(417~458)
백제와 나제 동맹 체결(433)

❖ 한국사능력검정시험 종류 및 인증 등급

시험 종류	인증 등급	평가 수준	문항 수
심화	1급(80점 이상) / 2급(70~79점) / 3급(60~69점)	고등학교 심화 수준 대학교 교양 및 전공 학습	50문항(5지 택1형)
기본	4급(80점 이상) / 5급(70~79점) / 6급(60~69점)	초등학교 심화 수준 중·고등학교 학습	50문항(4지 택1형)

※ 배점: 100점 만점(문항별 1~3점 차등 배점)

❖ 한국사능력검정시험 시간

시험 종류	시간	내용	소요 시간
심화	10:00~10:10	오리엔테이션(시험 시 주의 사항)	10분
	10:10~10:15	신분증 확인(감독관)	5분
	10:15~10:20	문제지 배부	5분
	10:20~11:40	시험 실시(50문항)	80분
기본	10:00~10:10	오리엔테이션(시험 시 주의 사항)	10분
	10:10~10:15	신분증 확인(감독관)	5분
	10:15~10:20	문제지 배부	5분
	10:20~11:30	시험 실시(50문항)	70분

※ 시험 당일 시험장(시험실이 위치한 건물)은 08:30부터 10:00까지 입장 가능합니다.
※ 10:20(시험 시작) 이후에는 시험실에 들어갈 수 없습니다.

❖ 한국사능력검정시험 활용 및 특전

❶ 3급 이상 합격자에 한해 교원임용시험 응시자격 부여
❷ 2급 이상 합격자에 한해 인사혁신처 시행 5급 공무원 공개경쟁채용시험 및 외교관 후보자 선발 시험 응시자격 부여
❸ 2급 이상 합격자에 한해 인사혁신처 시행 지역인재 7급 수습직원 선발 시험 추천 자격 요건 부여
❹ 공무원 경력경쟁채용시험에 가산점 부여
❺ 군무원 공개경쟁채용시험에서 한국사 과목을 한국사능력검정시험으로 대체
❻ 국가직·지방직 공무원 7급 공개경쟁채용시험에서 한국사 과목을 한국사능력검정시험으로 대체
❼ 국비 유학생, 해외파견 공무원, 이공계 전문연구요원(병역) 선발 시 한국사 시험을 한국사능력검정시험(3급 이상 합격)으로 대체
❽ 2022년부터 경찰 공개경쟁채용시험에서 한국사 과목을 한국사능력검정시험으로 대체
❾ 2023년부터 소방공무원, 소방간부후보생 공개경쟁채용시험에서 한국사 과목을 한국사능력검정시험으로 대체
❿ 2024년부터 우정9급 우정서기보(계리) 공개경쟁채용시험에서 한국사 과목을 한국사능력검정시험으로 대체
⓫ 일부 대학의 수시모집 및 육군·해군·공군·국군간호사관학교 입시 가산점 부여
⓬ 일부 공기업 및 민간기업의 직원 채용이나 승진 시 반영

※ 인증서 유효 기간은 인증서를 요구하는 각 기관에서 별도로 정함
※ 인사 혁신처·경찰청·소방청에서 시행하는 시험의 성적 인정 기간 폐지(단, 제1차 시험 시행 예정일 전날까지 등급이 발표되어야 함)

기본 맞춤 개념을 학습하자!

기본은 심화적인 수준보다는 초등학교 심화, 중·고등학교 학습 수준에서 출제돼요. 따라서 4급 취득에 딱 알맞는 개념을 학습해야 해요.

기본 개념

29 (가) 인물의 활동으로 옳은 것은? [2점]

남양주 [(가)] 유적지 내에 있는 이 가옥의 이름은 여유당입니다. [(가)]은/는 목민심서 등 많은 책을 저술한 실학자로 유명합니다.

① 거중기를 설계하였다.

② 몽유도원도를 그렸다.

③ 동의보감을 완성하였다.

④ 열하일기를 저술하였다.

128쪽

3) 실학

배경	17~18세기 사회·경제적 변동에 따른 모순을 해결하기 위해 등장
농업 중심 개혁론	• 유형원: 『반계수록』을 통해 균전론을 주장 • 이익: 『성호사설』을 통해 나라를 좀먹는 6가지 폐단(6좀❶)을 지적 • 정약용: 『목민심서』를 통해 지방 행정 개혁안 제시, 여전론❷ 주장

└ 신분에 따라 토지를 차등을 주어 배분하자

120쪽

2) 정조

탕평책	영조의 탕평책을 이어받아 붕당의 옳고 그름을 가리는 등 적극적인 탕평책을 실시
장용영	왕권 강화를 위해 국왕의 친위 부대인 장용영을 설치
수원 화성	사도 세자의 묘를 옮기며 수원에 군사·상업의 기능을 갖춘 화성 건설 → 정약용의 거중기 사용

제시문이 가리키는 키워드를 파악하자!

기본 기출문제는 선지에 바로 답이 나와 있는 경우가 많아서 제시문만 파악해도 정답을 쉽게 찾을 수 있어요. 따라서 제시문이 가리키는 키워드를 파악하는 연습이 필요해요.

기본 개념

04 다음 검색창에 들어갈 왕으로 옳은 것은? [2점]

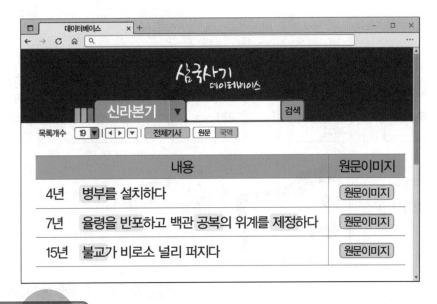

내용		원문이미지
4년	병부를 설치하다	원문이미지
7년	율령을 반포하고 백관 공복의 위계를 제정하다	원문이미지
15년	불교가 비로소 널리 퍼지다	원문이미지

① 법흥왕 ② 지증왕 ③ 진평왕 ④ 진흥왕

24쪽

2) 전성기

군사 관련 업무 처리 기관

법흥왕	• 체제 정비: 율령 반포, 병부 설치 • 이차돈의 순교❷로 불교를 공인 • 금관가야를 병합하여 낙동강 하류 지역을 차지
진흥왕 (6세기)	• 체제 정비: 화랑도를 국가적 조직으로 정비하여 인재를 키움 • 영토 확장 　– 한강 유역 차지: 백제와 연합하여 고구려 공격 → 한강 상류 지역 차지 　(단양 적성비) → 백제로부터 한강 하류 지역 차지(북한산 순수비) 　– 대가야를 정복, 함경도 지역까지 진출 • 황룡사를 건립, 거칠부가 역사서인 『국사』를 편찬

한국사능력검정시험 빅데이터 분석

> " 시대에듀 한국사수험연구소에서는 기본 4급 맞춤 합격을 위한
> 솔루션을 제공하기 위해 3단계 빅데이터 분석을 진행하였어요! "

기출 빅데이터로 시대, 주제 분류!

한국사능력검정시험 기출문제를 분석하여 시대를 분류하고, 시대별 빈출 문제를 분석하여 주제를 33개로 분류하였어요.

1단계 시대 분류

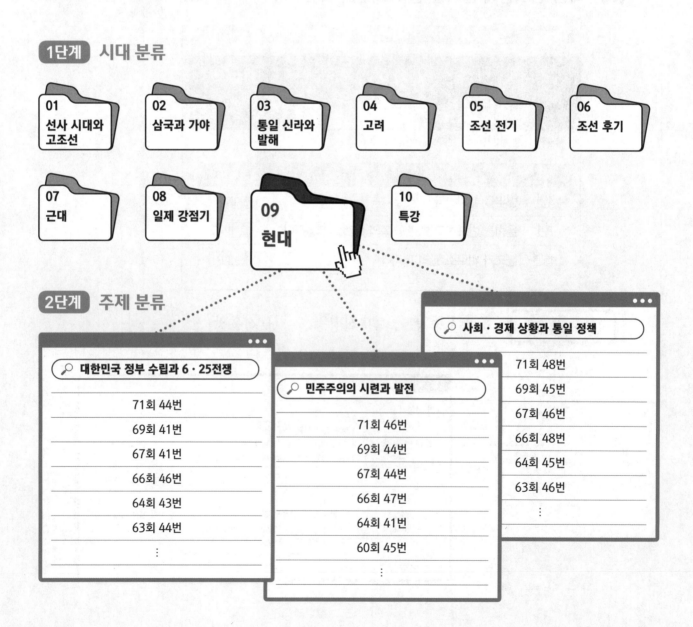

| 01 선사 시대와 고조선 | 02 삼국과 가야 | 03 통일 신라와 발해 | 04 고려 | 05 조선 전기 | 06 조선 후기 |

| 07 근대 | 08 일제 강점기 | 09 현대 | 10 특강 |

2단계 주제 분류

🔍 **대한민국 정부 수립과 6·25전쟁**

71회 44번
69회 41번
67회 41번
66회 46번
64회 43번
63회 44번
⋮

🔍 **민주주의의 시련과 발전**

71회 46번
69회 44번
67회 44번
66회 47번
64회 41번
60회 45번
⋮

🔍 **사회·경제 상황과 통일 정책**

71회 48번
69회 45번
67회 46번
66회 48번
64회 45번
63회 46번
⋮

기출 빅데이터로 주제별 키워드 분석!

빅데이터 분석을 통해 선별한 33개의 주제별 빈출 키워드를 표로 제시하였어요.

3단계 키워드 선별

주제	키워드	71회	69회	67회	66회	64회	63회	61회	60회	58회	57회	55회	54회
대한민국 정부 수립과 6·25 전쟁	반민족 행위 처벌법	✔			✔	✔	✔	✔					✔
	인천 상륙 작전			✔		✔			✔	✔			
민주주의의 시련과 발전	흥남 철수 작전			✔		✔							✔
	3·15 부정 선거			✔					✔	✔			✔
사회·경제 상황과 통일 정책	호헌 철폐					✔			✔				
	유신 체제			✔		✔							✔
	금융 실명제	✔			✔	✔	✔		✔	✔	✔		
	7·4 남북 공동 성명	✔		✔	✔			✔	✔		✔		✔
	6·15 남북 공동 선언			✔		✔	✔	✔	✔				

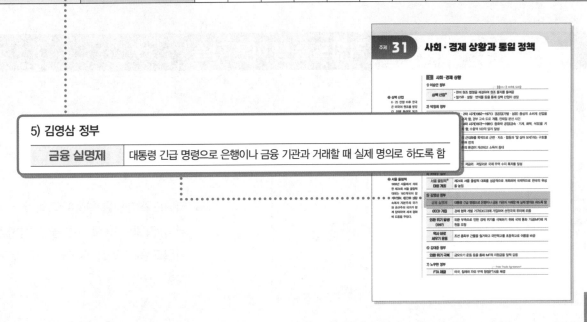

5) 김영삼 정부

금융 실명제	대통령 긴급 명령으로 은행이나 금융 기관과 거래할 때 실제 명의로 하도록 함

시대별 압축 33주제로 완전 정복!

이 책의 구성과 특징

"감잡는 키워드 연표"

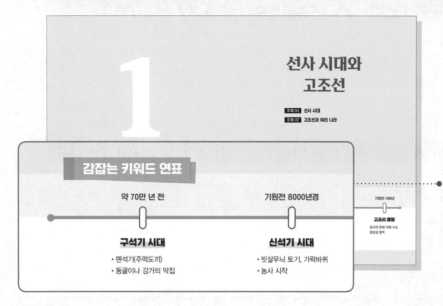

핵심만 꾹꾹 담아 한국사의 큰 흐름을 살펴 볼 수 있도록 빈출 키워드 위주로 연표를 구성하였어요.

"키워드 중심 이론 학습"

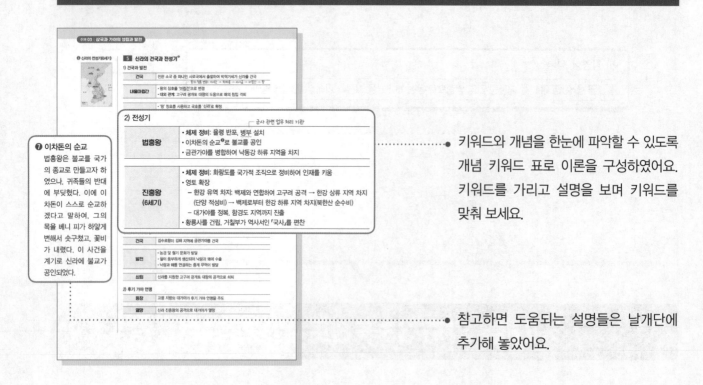

키워드와 개념을 한눈에 파악할 수 있도록 개념 키워드 표로 이론을 구성하였어요. 키워드를 가리고 설명을 보며 키워드를 맞춰 보세요.

참고하면 도움되는 설명들은 날개단에 추가해 놓았어요.

"기출 자료 총출동"

이론과 관련된 유물·사료 등의 자료를 학습할 수 있도록 자료 미리보기를 구성하였어요. 제시문&선지 키워드를 통해 문제의 중요 포인트를 미리 학습해 보세요.

"기출 맹연습"

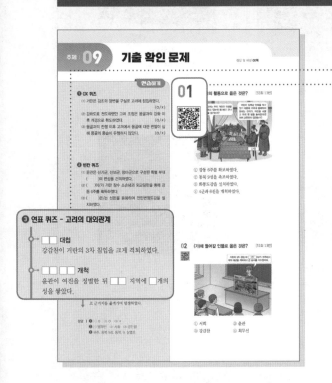

본격적인 기출문제 풀이 전에 OX 퀴즈, 빈칸 퀴즈, 연표 퀴즈, 사진 퀴즈로 구성된 연습하기를 통해 개념을 정리해 보세요.

해설을 봐도 이해되지 않는 문제가 있다면, QR코드를 인식하여 문제별 해설 강의와 함께 학습해 보세요.

이 책의 구성과 특징

"마지막까지 완벽하게"

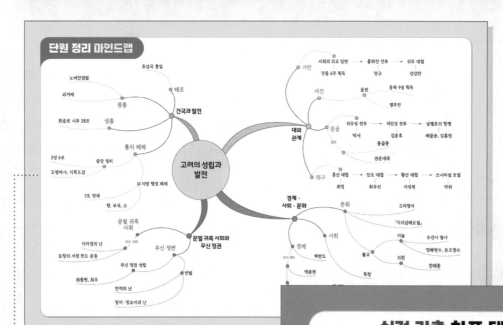

단원의 이론과 기출문제를 학습했다면, 단원별 핵심만 모아 간추린 단원 정리 마인드맵으로 개념 정리를 마무리해 보세요.

주제 33까지 공부를 마쳤으면, 실전 기출 하프 테스트를 통해 실전 감각을 끌어 올려 보세요.

이 책의 차례

1

감잡는 키워드 연표

약 70만 년 전   기원전 8000년경

구석기 시대

- 뗀석기(주먹도끼)
- 동굴이나 강가의 막집

신석기 시대

- 빗살무늬 토기, 가락바퀴
- 농사 시작

선사 시대와 고조선

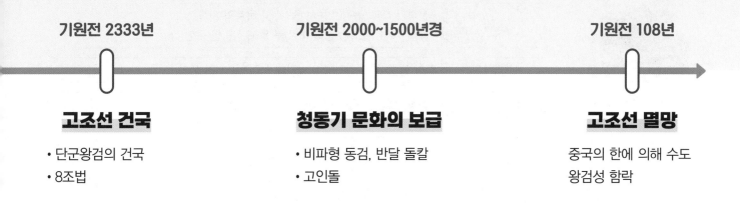

기원전 2333년	기원전 2000~1500년경	기원전 108년
고조선 건국	**청동기 문화의 보급**	**고조선 멸망**
• 단군왕검의 건국 • 8조법	• 비파형 동검, 반달 돌칼 • 고인돌	중국의 한에 의해 수도 왕검성 함락

선사 시대

❶ 슴베찌르개

주먹도끼보다 끝부분이 뾰족한 것이 특징이다. 주로 창과 같은 막대에 끼워 만들었으며, 동물을 사냥할 때 사용하였다.

❷ 가락바퀴

가운데에 구멍이 뚫려 있는 바퀴로, 동물의 털이나 식물을 이은 가락을 끼워 실을 뽑아냈다.

❸ 움집

동그란 형태에 가까운 사각형으로 땅을 파고, 비바람을 막기 위해 짚을 엮어 만든 이엉을 덮어 만들었다. 바닥 가운데에는 화덕을 설치해 음식을 조리하고 난방을 하였다.

`1` 구석기 시대

1) 도구 └ 약 70만 년 전부터 시작

뗀석기	주먹도끼, 찍개, 슴베찌르개❶, 긁개, 밀개 등

2) 생활

경제	열매 따기, 사냥, 어로(물고기 잡이)
주거	동굴이나 바위 그늘, 강가의 막집에서 생활
사회	무리 지어 이동 생활, 평등한 공동체 사회
예술, 신앙	고래 · 물고기 등을 돌에 조각하여 사냥의 성공과 풍요를 기원
주요 유적지	경기 연천 전곡리, 충남 공주 석장리, 충북 청원 두루봉 동굴, 충북 단양 수양개 등 └ 아슐리안형 주먹도끼 출토

`2` 신석기 시대

1) 도구 └ 기원전 8000년경부터 시작

간석기	갈돌과 갈판, 돌보습, 돌낫, 돌화살촉 등
토기	빗살무늬 토기, 이른 민무늬 토기 → 식량 저장, 음식 조리
가락바퀴❷, 뼈바늘	가락바퀴를 이용하여 실을 뽑고 뼈바늘로 옷이나 그물을 제작

2) 생활

경제	• 신석기 혁명: 농경(밭농사 중심) 및 목축의 시작 ┌ 조, 피, 수수 등의 곡식을 심음 • 채집, 사냥, 물고기 잡이(어로)를 통해 식량을 구함
주거	**정착 생활**: 주로 강가나 바닷가에 움집❸을 지어 생활
사회	• **정착 생활**: 한 곳에 정착하여 마을을 이룸 • **평등 사회**: 경험이나 나이가 많은 사람이 부족을 이끔
예술	흙을 빚어 구운 얼굴 모습, 조개껍데기 가면
주요 유적지	서울 암사동, 부산 동삼동 등

1-1 구석기 시대의 도구

▲ 주먹도끼 [49회 출제]

구석기 시대 사람들은 돌을 깨뜨리거나 떼어 내어 만든 뗀석기를 사용하였어요. 대표적인 뗀석기인 주먹도끼는 찍고, 자르고, 땅을 파는 등 다양하게 사용되었어요. 우리나라의 주먹도끼는 경기도 연천군 전곡리에서 미군 병사에 의해 처음 발견되었어요. 이를 통해 동아시아에서도 주먹도끼를 사용하였다는 사실이 밝혀졌어요.

1-2 구석기 시대   69회 1번

우리가 오늘 만들어 볼 것은 뗀석기를 처음 사용한 (가) 시대의 대표적 유물인 주먹도끼입니다. 주먹도끼는 짐승을 사냥하거나 가죽을 벗기는 등 다양한 용도로 사용되었습니다.

연천 전곡리 선사 체험장
주먹도끼 제작하기

★ 주로 동굴이나 강가의 막집에서 살았다.
★ 돌을 깨뜨려 도구를 만들었다.
★ 뗀석기로 고기 자르기

2-1 신석기 시대의 도구

▲ 빗살무늬 토기   ▲ 갈돌과 갈판
[52회 출제]   [47회 출제]

신석기 시대에는 농경이 시작되어 조·피·수수 같은 곡물들이 밭에서 재배되었어요. 재배한 곡물들을 저장하기 위한 그릇인 빗살무늬 토기, 곡물의 껍질을 벗기기 위한 기구인 갈돌과 갈판이 만들어졌어요.

2-2 신석기 시대   71회 1번

선사 문화 축제 안내

우리 박물관에서는 농경과 목축이 시작된 (가) 시대를 체험해 볼 수 있는 축제를 개최합니다. 많은 관심과 참여 바랍니다.

■ 기간: 2024년 ○○월 ○○일~○○일
■ 장소: □□□ 선사 박물관

주요 체험 활동
● 빗살무늬 토기 만들기
● 갈돌과 갈판으로 곡식 갈기

★ 빗살무늬 토기로 식량을 저장하거나 조리하였지요.
★ 정착 생활과 농경이 시작된 신석기 시대
★ 가락바퀴를 이용하여 실을 뽑았다.
★ 움집을 짓고 살았어요.

❹ 반달 돌칼

청동기 시대에 곡식을 수확하거나 자를 때 사용했던 돌 도구이다. 가운데에 뚫려 있는 구멍에 줄을 넣고 고정시킨 후 벼의 이삭을 베었다.

3 청동기 시대

1) 도구
— 기원전 2000년경에서 1500년경 시작

석기	반달 돌칼❹, 바퀴날 도끼, 홈자귀
청동기	비파형 동검, 거친무늬 거울, 청동 방울
토기	미송리식 토기, 민무늬 토기, 붉은 간 토기 등

2) 생활

경제	• 조, 콩, 보리 등 밭농사 중심 • 일부 저습지에서 벼농사 시작
주거	• 움집이 지하에서 지상으로 올라옴, 화덕이 벽면으로 이동 • 목책과 환호 등의 방어 시설이 형성 — 취락을 방어하기 위해 설치한 도랑
사회	• 농사의 발달로 식량이 남으면서 개인의 재산이 생김(사유 재산) → 많이 가진 사람과 적게 가진 사람이 생김 → 재산이 많은 사람이 힘을 얻어 지배자가 됨(계급의 발생) • 고인돌❺(지배층의 무덤)
주요 유적지	고창, 화순, 강화의 고인돌 유적, 부여 송국리

❺ 고인돌

청동기 시대 지배자의 무덤으로, 규모가 매우 커서 만드는 데 많은 노동력이 필요했다. 이를 통해 청동기 시대에 계급이 발생하고 군장이 등장하였음을 알 수 있다.

4 철기 시대
— 기원전 5c경부터 시작

1) 도구

철기	— 호미, 쟁기, 쇠스랑 • 철제 농기구의 사용으로 농업 생산량 증가 → 인구 증가 • 철제 무기를 사용하여 정복 활동을 전개 • 거푸집을 사용하여 세형 동검을 제작(후기 청동기~초기 철기 시대)
청동기	청동 거울, 청동 방울 등을 의식용 도구로 사용
토기	민무늬 토기, 덧띠 토기, 검은 간 토기 등

2) 생활

중국과의 교류	• 명도전 · 반량전 · 오수전 등의 중국 화폐가 출토 • 창원 다호리 유적에서 붓이 출토(한자 사용의 근거)

3-1 비파형 동검

▲비파형 동검 [47회 출제]

비파형 동검은 '비파'라는 악기의 모습을 본따 만들어진 청동검이에요. 검이지만 청동은 비싸고 만들기 어려웠기 때문에 지배층이 사용하는 무기나 제사용 도구, 장신구로 사용되었어요.

4-1 명도전

▲명도전 [64회 출제]

명도전은 명(明)자가 새겨진 칼 모양의 철로 만든 중국 화폐예요. 중국에서 사용되던 화폐인 명도전이 한반도에서 발견된 것을 통해 고조선이 중국과 교류한 사실을 알 수 있어요.

3-2 청동기 시대   64회 1번

VR가상 체험관

금속 도구를 사용하기 시작한 (가) 시대의 대표적 유물인 비파형 동검을 만들어 봅시다. 손잡이를 돌려 거푸집에 주물을 부어 보세요.

★ 지배층의 무덤으로 고인돌을 만들었다.
★ 권력을 가진 지배자가 처음 출현
★ 반달 돌칼로 이삭 수확하기
★ 청동 방울 흔들어 보기

4-2 철기 시대

①
명도전

②
당백전

③
백동화

④
해동통보

★ 철제 무기를 사용하였다.
★ 철제 농기구로 농사를 지었다.
★ 무덤 껴묻거리로 오수전 등을 묻었다.
★ 거푸집으로 세형 동검을 만드는 모습

기출 확인 문제

정답 및 해설 **02쪽**

연습하기

① OX 퀴즈

(1) 구석기 시대에는 동굴의 막집에서 정착 생활을 하였다. (O/x)

(2) 신석기 시대에는 농사가 처음으로 시작되었다. (O/x)

(3) 청동기 시대의 명도전과 반량전을 통해 고조선과 중국이 교류한 사실을 알 수 있다. (O/x)

② 빈칸 퀴즈

(1) 구석기 시대에는 (   )와/과 같은 뗀석기를 사용하였다.

(2) 신석기 시대에는 (   ) 토기에 음식을 저장하였다.

(3) 청동기 시대에는 (   ) 동검, 청동 방울 등의 청동으로 만든 무기와 제기를 사용하였다.

③ 사진 퀴즈

Q. 다음 사진의 도구를 사용하였던 시기에 대한 설명으로 옳은 것은?

① 움집에 거주하였다.
② 수렵과 채집이 시작되었다.
③ 명도전으로 중국과 교류하였다.
④ 반달 돌칼을 통해 벼의 이삭을 베었다.

정답 | ① (1) X (2) O (3) X
      ② (1) 주먹도끼 (2) 빗살무늬 (3) 비파형
      ③ ①

01 다음 축제에서 체험할 수 있는 활동으로 적절한 것은? [57회 1번]

① 가락바퀴로 실 뽑기
② 뗀석기로 고기 자르기
③ 점토로 빗살무늬 토기 빚기
④ 거푸집으로 청동검 모형 만들기

02 다음 가상 공간에서 체험할 수 있는 활동으로 가장 적절한 것은? [66회 1번]

① 청동 방울 흔들기
② 빗살무늬 토기 만들기
③ 철제 농기구로 밭 갈기
④ 거친무늬 거울 목에 걸기

03 밑줄 그은 '이 시대'의 생활 모습으로 옳은 것은?

[49회 1번]

이 유물은 돌을 깨뜨려 만든 것으로, 이 시대 사람들이 처음으로 제작하였습니다. 사냥을 하거나 동물의 가죽을 벗기는 용도 등으로 사용되었습니다.

주먹도끼   찍개

① 철제 농기구로 농사를 지었다.

② 토기를 만들어 식량을 저장하였다.

③ 주로 동굴이나 막집에서 거주하였다.

④ 거푸집을 사용하여 청동기를 제작하였다.

04 (가)에 들어갈 내용으로 가장 적절한 것은?

[63회 1번]

겨울 방학 한국사 학습지

신석기 시대 사람의 하루가 담긴 가상 일과표를 만들어 봅시다.

꿈나라

갈색기 손질하기
저녁 식사
(가)
가락바퀴로 실뽑기
사슴 사냥하기
아침 식사
불씨 확인하기

① 거친무늬 거울 닦기

② 비파형 동검 제작하기

③ 빗살무늬 토기 만들기

④ 철제 농기구로 밭 갈기

05 (가) 시대의 생활 모습으로 옳은 것은? [58회 1번]

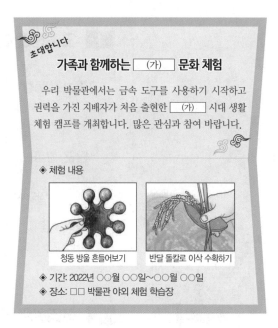

초대합니다

가족과 함께하는 [가] 문화 체험

우리 박물관에서는 금속 도구를 사용하기 시작하고 권력을 가진 지배자가 처음 출현한 [가] 시대 생활 체험 캠프를 개최합니다. 많은 관심과 참여 바랍니다.

◈ 체험 내용

청동 방울 흔들어보기   반달 돌칼로 이삭 수확하기

◈ 기간: 2022년 ○○월 ○○일~○○월 ○○일
◈ 장소: □□ 박물관 야외 체험 학습장

① 우경이 널리 보급되었다.

② 비파형 동검을 사용하였다.

③ 가락바퀴가 처음 등장하였다.

④ 주로 동굴이나 막집에서 살았다

06 (가) 시대의 생활 모습으로 옳은 것은? [55회 1번]

여러분은 [가] 시대의 벼농사를 체험하고 있습니다. 이 시대에는 처음으로 금속 도구를 만들었으나, 농기구는 여러분이 손에 들고 있는 반달 돌칼과 같이 돌로 만들었습니다.

① 우경이 널리 보급되었다.

② 철제 무기를 사용하였다.

③ 주로 동굴이나 막집에 살았다.

④ 지배자의 무덤으로 고인돌을 만들었다.

고조선과 여러 나라

1 고조선의 건국

고조선의 등장	기원전 2333년 청동기 문화를 기반으로 단군왕검이 우리나라 최초의 국가를 세움
단군 신화	• 환인의 아들인 환웅과 웅녀 사이에서 태어난 단군왕검이 고조선 건국 → 환웅 부족과 곰을 숭배하는 부족의 결합 • **제정일치 사회**: 단군(제사장) + 왕검(정치적 지도자인 군장) _{└ 『삼국유사』, 『제왕운기』 등에 기록}
세력 범위	탁자식 고인돌, 비파형 동검, 미송리식 토기가 발견된 지역을 통해 고조선이 세력을 떨쳤던 범위❶를 추정할 수 있음

❶ 고조선의 세력 범위

고조선은 만주와 한반도 북부 지역까지 세력을 뻗쳤다. 이와 같은 사실은 당시 고조선의 독자적인 청동기 문화였던 비파형 동검, 탁자식 고인돌, 미송리식 토기가 발견된 지역을 통해 파악할 수 있다.

2 고조선의 발전과 멸망

1) 고조선의 발전

정치	• **왕위 세습**: 기원전 3세기 경 부왕 · 준왕 등 강력한 왕이 등장 • **관직 설치**: 상, 대부, 장군 등의 관직을 설치
대외 관계	중국 연(燕)과 대립 → 수도를 왕검성으로 옮김

2) 위만 조선

등장	중국에서 위만이 1,000여 명의 무리를 이끌고 고조선으로 이주

↓

발전	• 철기 문화 수용 → 활발한 정복 활동 전개 • 세력을 키워 준왕을 몰아내고 왕위에 오름 • 중국의 한(漢)과 한반도 남쪽의 진(辰) 사이에서 **중계 무역**

↓

멸망 (기원전 108년)	• **배경**: 우거왕 때 고조선의 중계 무역에 불만을 품은 한 무제가 침입 • **전개**: 왕검성이 함락되면서 멸망 • **결과**: 한이 고조선에 4개의 군현을 설치 _{└ 고조선을 다스리기 위해 한이 설치한 행정 구역}

3) 고조선의 사회

범금 8조 (8조법)	• 사람을 죽인 자는 즉시 죽인다 → 생명 · 노동력 중시 • 남에게 상처를 입힌 자는 곡식으로 갚도록 한다 → 농업 사회, 사유 재산 중시 • 도둑질한 자는 노비로 삼되, 용서받고자 하는 자는 50만 전을 내게 한다 → 계급 분화, 화폐 사용

1-1 단군 신화

> 하늘을 다스리는 환인의 아들 환웅이 인간을 이롭게 하고자 했다. 이에 환웅은 비, 바람, 구름을 다스리는 신하와 무리 3000여 명을 이끌고 내려왔다. 어느 날, 곰과 호랑이가 찾아와 인간이 되길 빌자 환웅은 그들에게 쑥과 마늘을 주며 100일 동안 햇빛을 보지 말라고 말했다. 호랑이는 중간에 포기하였으나 곰은 21일 만에 여자로 변했다. 여자가 된 곰은 환웅과 결혼해 자식을 낳았는데, 이 사람이 바로 단군왕검이다.

단군 신화는 단순히 동화 속에 나오는 옛날 이야기가 아니라, 많은 의미를 담고 있는 고조선의 건국 이야기예요. 환웅이 농사에 중요한 요소인 비, 바람, 구름을 다스리는 신하를 데리고 왔다는 사실을 통해 고조선이 농경 사회였으며, 원래 있던 곰 부족이 이사해 온 환웅 부족과 연합하였음을 추측할 수 있어요.

1-2 고조선   69회 2번

★ (단군 신화) 단군의 고조선 건국 이야기가 실려 있음
★ 청동기 문화를 바탕으로 성립하였다.
★ 한 무제의 공격으로 멸망하였다.

2-1 고조선의 멸망

> 누선장군 양복(楊僕)이 군사 7천을 거느리고 먼저 왕검성에 도착하였다. 우거가 성을 지키고 있다가 양복의 군사가 적은 것을 알고 곧 나가서 공격하니 양복이 패하여 달아났다.
>
> – 『삼국유사』 –

중국의 한은 고조선이 중계 무역으로 점차 세력을 키우자 고조선을 견제하고, 이에 대규모의 군대를 보내 고조선을 공격하였어요. 고조선은 적은 수의 병력으로도 왕검성에서 잘 버텼으나 시간이 지나 지배층끼리의 다툼이 일어나고 전쟁을 추진하였던 우거왕이 살해당하면서 결국 멸망하였어요.

2-2 범금 8조(8조법)   55회 2번

★ 범금 8조가 있었다.
★ 8조법으로 백성을 다스렸다.
★ 사회 질서를 유지하기 위해 범금 8조를 만들었다.

❷ 여러 나라의 성장

❸ 서옥제
혼인을 정하면 여자의 집에서 서옥이라는 집을 짓고 남자가 머무르다가 자식이 다 크면 남자가 여자와 함께 집으로 돌아가서 가정을 이루는 제도이다.

3 여러 나라의 성장❷

1) 부여 — 만주 쑹화강 유역의 평야 지대에 위치

정치	• **5부족 연맹체**: 왕 아래 가축의 이름을 딴 마가, 우가, 저가, 구가의 가(加)들이 각 행정 구역인 사출도를 다스림 • **왕권 미약**: 가(加)들에 의해 왕이 뽑힘, 왕에게 자연재해, 흉년의 책임을 물음
사회	┌ 왕이 죽으면 많은 사람들을 함께 묻음 • 순장, 1책 12법(도둑질한 자는 12배로 배상) • 제천 행사: 영고(12월)

2) 고구려

정치	제가 회의: 국가의 중대사를 결정하는 귀족 회의
경제	산악지대에 위치하여 약탈 경제 발달 → 부경이라는 창고에 약탈품 저장
사회	• 서옥제❸ • 제천 행사: 동맹(10월)

3) 옥저

정치	군장 국가: 읍군·삼로가 통치, 연맹 왕국으로는 발전하지 못함
사회	┌ 동예도 동일 민며느리제, 가족 공동 무덤

4) 동예

경제	특산물: 단궁, 과하마, 반어피
사회	• 책화(다른 부족이 영역을 침입하면 노비나 소, 말로 배상하는 제도), 족외혼(같은 씨족이 아닌 사람과 혼인) • 제천 행사: 무천(10월)

5) 삼한

정치	• 마한, 진한, 변한의 삼한 • 제정 분리: 정치적 지배자(신지, 읍차 등), 제사장(천군, 신성 지역인 소도 지배)
경제	벼농사가 발달, 변한은 철이 많이 생산되어 낙랑·왜 등에 수출
사회	제천 행사: 수릿날(5월), 계절제(10월)

3-1)-1 옥저

> 이 나라에는 여자가 열 살이 되기 전에 혼인을 약속하고, 신랑 집에서는 여자를 데려와 기른 후 성인이 되면 신부 집에 대가를 주고 며느리로 삼는 풍속이 있었다. 또한, 가족이 죽으면 뼈만 추려 보관하는 장례 풍습이 있었다.

[48회 출제]

옥저는 여자가 어렸을 때 신랑 집으로 데리고 와 기른 후 여자가 성인이 되면 며느리로 삼는 민며느리제의 풍습을 가지고 있었어요. 또한, 사람이 죽으면 뼈를 목곽에 두었으며, 가족 모두 한 목곽에 넣는 가족 공동 무덤의 풍습을 가지고 있었어요.

3-1)-2 부여   66회 2번

이 유물은 여러 가들이 별도로 사출도를 다스린 이 나라의 금제 허리띠 장식이에요.

날개 달린 말의 모습이 새겨져 있네요.

★ 만주 쑹화강 유역에서 성장하였습니다.
★ 12월에 영고라는 제천 행사를 열었습니다.
★ 도둑질한 자는 훔친 것의 12배로 갚게 하였다.

3-2)-1 삼한

> 국읍마다 한 사람을 세워 천신에게 지내는 제사를 주관하게 하니 천군이라 하였다. 또 나라마다 별읍이 있으니 이를 소도라 하였는데 …… 그 안으로 도망쳐 온 사람들은 모두 돌려보내지 않았다.
> – 『삼국지』 동이전 –

[60회 출제]

삼한은 정치적 지배자(신지, 읍차)와 제사장(천군)이 나뉘어져 있는 제정 분리 사회였어요. 천군이 종교에 대한 의례를 주관하는 신성 지역인 소도는 지배자의 세력이 미치지 못하는 곳으로, 죄인이라도 소도에 도망쳐 오면 함부로 잡아가지 못하게 하였어요.

3-2)-2 삼한   47회 3번

이것은 솟대 모형이야. 솟대는 이 나라의 소도에서 유래했다고도 해.

이 나라에는 제사장인 천군도 있었어.

★ 신지나 읍차 등의 지배자가 있었어.
★ 한반도 남부에서 철기 문화를 바탕으로 발전하였어.
★ 씨뿌리기를 끝낸 5월과 추수를 마친 10월에 계절제를 지냈어

기출 확인 문제

정답 및 해설 **03**쪽

연습하기

❶ OX 퀴즈

(1) 단군왕검이 고조선을 건국하였다. (○/×)

(2) 옥저에는 서옥제라는 풍습이 있었다. (○/×)

(3) 동예는 10월에 동맹이라는 제천행사를 열었다. (○/×)

❷ 빈칸 퀴즈

(1) ( )이/가 고조선의 준왕을 몰아내고 왕위에 올랐다.

(2) 삼한은 천군이 신성 지역인 ( )을/를 다스렸다.

(3) 변한은 ( )이/가 많이 생산되어 낙랑·왜 등에 수출하였다.

❸ 사진 퀴즈

Q. 다음 사진의 유물로 세력 범위를 알 수 있는 국가에 대한 설명으로 옳지 않은 것은?

① 건국 이야기가 『삼국유사』에 실려 있다.

② 제천행사로 10월에 열리는 무천이 있었다.

③ 범금 8조를 만들어 사회 질서를 유지하였다.

④ 위만 조선이 중국의 한(漢)과 남부의 진(辰) 사이에서 중계 무역을 주도하였다.

정답 | ❶ (1) ○ (2) × (3) ×
  ❷ (1) 위만 (2) 소도 (3) 철
  ❸ ②

---

01 (가)에 들어갈 내용으로 가장 적절한 것은?

 [63회 2번]

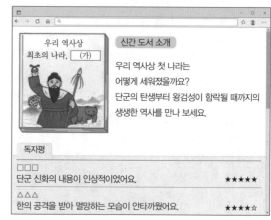

① 범금 8조가 있었다.

② 책화라는 풍습이 있었다.

③ 낙랑군과 왜에 철을 수출하였다.

④ 제가 회의에서 나라의 중요한 일을 결정하였다.

02 다음 퀴즈의 정답으로 옳은 것은? [61회 3번]

① 가야   ② 동예

③ 부여   ④ 옥저

03 다음 퀴즈의 정답으로 옳은 것은?　[58회 2번]

① 동예　　　　　② 부여
③ 삼한　　　　　④ 옥저

04 다음 자료에 해당하는 나라를 지도에서 옳게 고른 것은?　[48회 3번]

　　이 나라에는 여자가 열 살이 되기 전에 혼인을 약속하고, 신랑 집에서는 여자를 데려와 기른 후 성인이 되면 신부 집에 대가를 주고 며느리로 삼는 풍속이 있었다. 또한, 가족이 죽으면 뼈만 추려 보관하는 장례 풍습이 있었다.

① (가)　　　　　② (나)
③ (다)　　　　　④ (라)

05 (가)에 들어갈 나라로 옳은 것은?　[64회 2번]

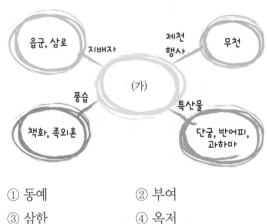

① 동예　　　　　② 부여
③ 삼한　　　　　④ 옥저

06 (가) 나라에 대한 설명으로 옳은 것은?　[60회 2번]

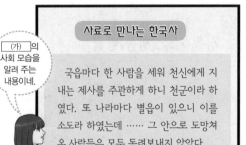

① 영고라는 제천 행사가 있었다.
② 신지, 읍차 등의 지배자가 있었다.
③ 혼인 풍습으로 민며느리제가 있었다.
④ 읍락 간의 경계를 중시하는 책화가 있었다.

단원 정리 마인드맵

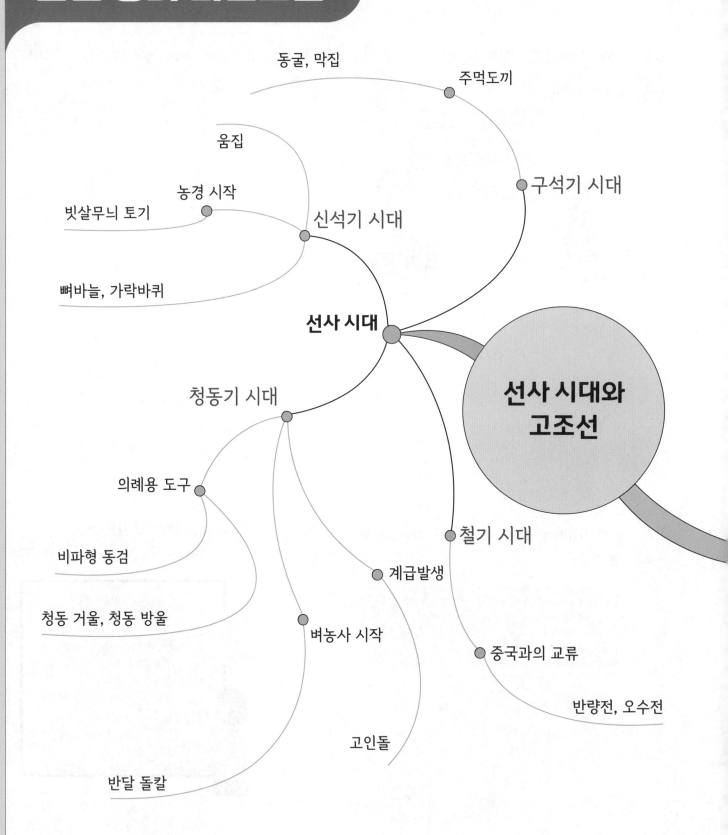

선사 시대와 고조선

선사 시대

동굴, 막집

주먹도끼

구석기 시대

움집

농경 시작

빗살무늬 토기

신석기 시대

뼈바늘, 가락바퀴

청동기 시대

의례용 도구

비파형 동검

청동 거울, 청동 방울

반달 돌칼

벼농사 시작

고인돌

계급발생

철기 시대

중국과의 교류

반량전, 오수전

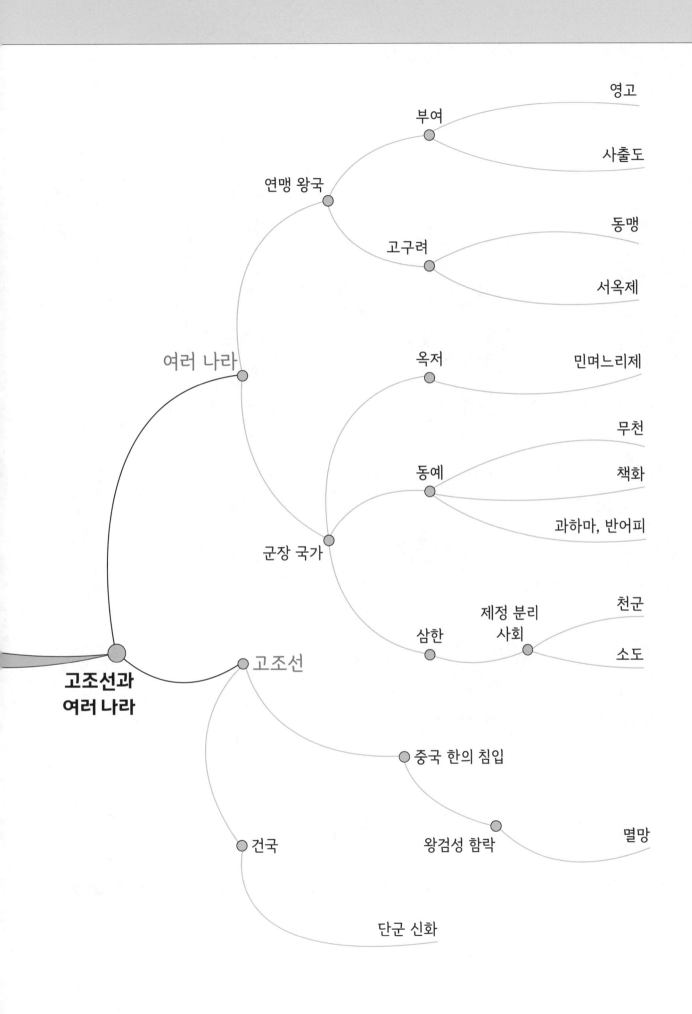

영고

부여

사출도

연맹 왕국

동맹

고구려

서옥제

옥저

민며느리제

여러 나라

무천

동예

책화

과하마, 반어피

군장 국가

제정 분리
사회

천군

삼한

소도

고조선

고조선과
여러 나라

중국 한의 침입

건국

멸망

왕검성 함락

단군 신화

감잡는 키워드 연표

4세기	5세기	433년
백제의 전성기	**고구려의 전성기**	**나제 동맹**
백제 근초고왕의 고구려 공격 → 고구려 고국원왕 전사(371)	· 광개토 대왕의 신라에 침입 한 왜 격퇴(400) · 고구려 장수왕의 남진 정책	신라와 백제의 나제 동맹 체결

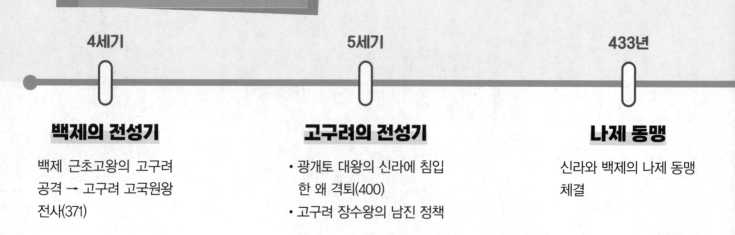

삼국과 가야

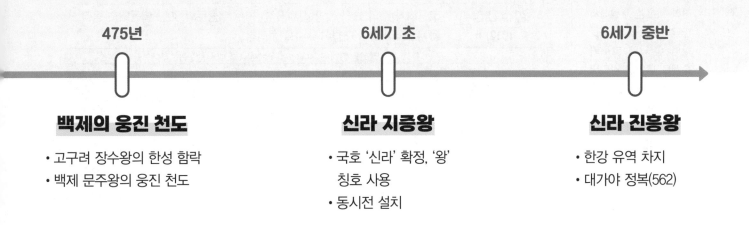

475년

백제의 웅진 천도
- 고구려 장수왕의 한성 함락
- 백제 문주왕의 웅진 천도

6세기 초

신라 지증왕
- 국호 '신라' 확정, '왕' 칭호 사용
- 동시전 설치

6세기 중반

신라 진흥왕
- 한강 유역 차지
- 대가야 정복(562)

삼국과 가야의 성립과 발전

❶ 고구려 전성기(5세기)

❷ 진대법
농민들이 귀족들에게 높은 이자를 주고 곡식을 빌리자, 당시 고구려의 국상이었던 을파소의 건의에 따라 국가에서 봄에 곡식을 빌려주고 가을에 빌린 만큼만 갚도록 하는 진대법을 만들었다.

❸ 호우총 청동 그릇

신라 호우총 무덤에서 발견된 고구려의 그릇이다. 바닥에 고구려 광개토 대왕을 나타내는 글자가 새겨진 것을 통해 당시 고구려와 신라의 밀접했던 관계를 알 수 있다.

1 고구려의 건국과 전성기❶

1) 건국

동명성왕	부여를 떠나온 주몽(동명성왕)이 압록강 유역의 졸본 지역을 중심으로 고구려를 건국(기원전 37)
유리왕	졸본에서 국내성으로 수도를 옮김

2) 발전

고국천왕	을파소의 건의로 진대법❷을 실시
고국원왕	백제 근초고왕의 공격으로 전투 중 사망(평양성 전투, 371)
소수림왕	전진으로부터 불교 수용(372), 태학 설립, 율령 반포

유학 교육 기관 ┘   └ 나라의 법

3) 전성기

광개토 대왕	• **정복 활동**: 요동·만주 지역 진출, 백제를 공격하여 한강 이북 지역 차지, 신라에 침입한 왜를 물리침(관련 유물: 호우총 청동 그릇❸) • 독자적 연호 '영락' 사용
장수왕	• **남진 정책**: 평양 천도(427) → 백제의 수도인 한성 함락(475), 한강 유역 차지(충주 고구려비) └ 백제 개로왕 전사 • 지방에 경당 설치, 광개토 대왕릉비 건립

2 고구려의 대외 항쟁

살수 대첩 (612)	고구려가 수의 요서 지방 선제공격 → 수 우중문의 30만 별동대의 공격 → 을지문덕이 살수 대첩에서 수를 물리침

작전을 위해 본 부대에서 떨어져 나와 따로 행동하는 부대 ┘

안시성 전투 (645)	당의 침략을 대비하기 위해 천리장성을 쌓음 → 천리장성 축조를 감독하던 연개소문이 왕을 제거하며 권력 장악 → 연개소문의 정변을 구실로 당이 고구려 공격 → 안시성 전투에서 당을 물리침

🔍 자료 미리보기

1-1 고구려 장수왕의 한성 함락

> 장수왕 63년, 왕이 군사 3만 명을 거느리고 백제에 침입하여 도읍인 한성을 함락시키고 백제 왕을 죽였다.

[55회 출제]

고구려 장수왕은 국내성에서 평양으로 수도를 옮기고 한반도 남쪽으로 진출하는 남진 정책을 실시하였어요. 남진 정책에 따라 백제의 수도인 한성을 함락하여 개로왕을 죽임으로써 고구려가 한강 유역을 차지하게 되었어요.

2-1 안시성 전투

> 보장왕 4년, 당의 여러 장수가 안시성을 공격하였다. …… [당군이] 밤낮으로 쉬지 않고 60일간 50만 명을 동원하여 토산을 쌓았다. …… 고구려군 수백 명이 성이 무너진 곳으로 나가 싸워서 마침내 토산을 빼앗았다.

[55회 출제]

당이 연개소문의 정변을 구실로 고구려를 침략하면서 안시성을 공격하였어요. 고구려군이 크게 저항하자 당군은 안시성 성벽보다 높게 흙산을 쌓아 성을 공격하였어요. 그러나 갑자기 흙산이 무너지고, 고구려군이 무너진 성벽 사이로 빠져 나와 흙산을 점령하면서 당군을 물리쳤어요.

🔑 제시문&선지 키워드

1-2 광개토 대왕　　67회 3번

★ 신라에 침입한 왜를 격퇴하였다.
★ 호우총 청동 그릇
★ 영락이라는 연호를 사용함

2-2 고구려의 대외 항쟁　　64회 4번

★ 을지문덕이 이끄는 고구려군이 수의 군대를 살수에서 크게 무찌름
★ 연개소문이 정변을 일으켰다.
★ 고구려가 안시성에서 당군을 물리쳤다.

3 백제의 건국과 전성기

1) 건국

건국	온조가 한강 유역의 위례성(한성)에서 건국

④ 백제의 전성기(4세기)

2) 발전과 전성기④

고이왕	관리의 등급에 따른 복식 제정, 율령 반포, 마한의 목지국 복속
근초고왕 (4세기)	• 영토 확장 　– 마한 정복 → 전라도 남해안까지 영토 확장, 낙동강 유역의 가야 지역 　　에 영향력 행사 　– 고구려의 평양성을 공격하여 고국원왕을 전사시킴 • 대외 관계: 중국 남조의 동진과 일본 규슈 지역과 교류(일본 왕에게 칠지 　도를 내려 줌) • 역사서 편찬: 고흥의 『서기』
침류왕	중국 동진의 마라난타로부터 불교를 수용

4 백제의 중흥기

위기	개로왕이 고구려 장수왕과의 평양성 전투에서 전사
문주왕	웅진(공주)으로 수도를 옮김
무령왕	• 22담로⑤ 설치, 왕족을 지방관으로 파견 → 지방 세력 통제 • 중국 남조의 양과 교류(무령왕릉의 벽돌무덤 양식)
성왕	• 사비(부여)로 수도를 옮기고 국호를 '남부여'로 변경 • 신라 진흥왕과 연합하여 한강 유역 일시 회복 → 신라의 배신으로 한강 유 　역 빼앗김 → 관산성 전투에서 성왕 전사

⑤ 22담로
담로는 백제에서 지방을 효과적으로 다스리기 위해 지정한 행정 구역이다. 무령왕은 22개의 주요 지방에 담로를 설치하고 왕자나 왕족을 파견하여 다스리게 하였다.

3-1 칠지도

칠지도는 백제의 근초고왕으로 추정되는 왕이 일본의 왕에게 준 장신구용 칼이에요. 가운데의 칼날과 양쪽에 3개씩 난 칼날을 합쳐 총 7개의 칼날을 가지고 있어 '칠지도'라는 이름이 붙여졌어요. 칠지도에 새겨진 '백제가 일본에게 하사했다'라는 기록을 통해 백제와 일본이 교류하였음을 알 수 있어요.

3-2 근초고왕   64회 3번

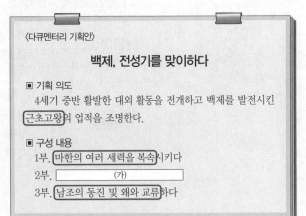

〈다큐멘터리 기획안〉

백제, 전성기를 맞이하다

■ 기획 의도
  4세기 중반 활발한 대외 활동을 전개하고 백제를 발전시킨 근초고왕 의 업적을 조명한다.

■ 구성 내용
  1부. 마한의 여러 세력을 복속 시키다
  2부. 　　　　　(가)　　　　　
  3부. 남조의 동진 및 왜와 교류 하다

★ 왜에 칠지도를 보냈다.
★ 고국원왕을 전사시키다
★ 고흥에게 『서기』를 편찬하게 하였다.

4-1 관산성 전투

　　백제의 왕인 명농이 가야와 함께 와서 관산성을 공격하였다. …… (신라의) 고간 도도가 급히 쳐서 백제 왕을 죽였다.

고구려의 장수왕이 남진 정책을 펼치자 한반도 남쪽에 있던 백제와 신라는 위기를 느끼며 연합하였어요. 이를 나제 동맹이라고 해요. 나제 동맹 관계인 신라와 백제는 힘을 합쳐 한강 유역을 점령하였어요. 하지만 신라 진흥왕의 배신으로 한강 유역을 잃은 백제 성왕은 분노하여 관산성 전투를 일으켰지만 전사하며 패배하였어요.

4-2 성왕   71회 4번

〇〇월 〇〇일

오늘도 나랏일을 돌보느라 힘든 하루였다. 하지만 왕으로 즉위한 후 지금까지 내가 한 일을 생각하니 뿌듯하다. 수도를 웅진에서 사비로 옮겨 나라 발전을 꾀하였고, 국호를 남부여 로 바꾸기도 하였다. 그리고 최근에는 고구려에 빼앗겼던 한 강 유역 일부를 수복 하였다. 되찾은 소중한 영토를 반드시 지켜야겠다.

★ 성왕이 도읍으로 정한 부여
★ 신라와 연합하여 한강 하류 지역을 되찾았어.

❻ 신라의 전성기(6세기)

5 신라의 건국과 전성기❻

1) 건국과 발전

건국	진한 소국 중 하나인 사로국에서 출발하여 박혁거세가 신라를 건국
내물마립간	왕의 칭호 변화: 거서간 → 차차웅 → 이사금 → 마립간 → 왕 • 왕의 칭호를 '마립간'으로 변경 • 대외 관계: 고구려 광개토 대왕의 도움으로 왜의 침입 격퇴
지증왕	• '왕' 칭호를 사용하고 국호를 '신라'로 확정 • 우경을 장려, 순장을 금지 • 수도에 동시(시장)를 설치하고 감독 기관으로 동시전을 설치 • 이사부가 우산국(울릉도)을 정벌 └ 소를 이용하여 밭을 가는 것

2) 전성기

법흥왕	군사 관련 업무 처리 기관 • 체제 정비: 율령 반포, 병부 설치 • 이차돈의 순교❼로 불교를 공인 • 금관가야를 병합하여 낙동강 하류 지역을 차지

진흥왕
(6세기)
	• 체제 정비: 화랑도를 국가적 조직으로 정비하여 인재를 키움
	• 영토 확장
	  – 한강 유역 차지: 백제와 연합하여 고구려 공격 → 한강 상류 지역 차지
	    (단양 적성비) → 백제로부터 한강 하류 지역 차지(북한산 순수비)
	  – 대가야를 정복, 함경도 지역까지 진출
	• 황룡사를 건립, 거칠부가 역사서인『국사』를 편찬

❼ 이차돈의 순교

법흥왕은 불교를 국가의 종교로 만들고자 하였으나, 귀족들의 반대에 부딪혔다. 이에 이차돈이 스스로 순교하겠다고 말하여, 그의 목을 베니 피가 하얗게 변해서 솟구쳤고, 꽃비가 내렸다. 이 사건을 계기로 신라에 불교가 공인되었다.

6 가야의 건국과 발전

1) 전기 가야 연맹

건국	김수로왕이 김해 지역에 금관가야를 건국
발전	• 농경 및 철기 문화가 발달 • 철이 풍부하게 생산되어 낙랑과 왜에 수출 • 낙랑과 왜를 연결하는 중계 무역이 발달
쇠퇴	신라를 지원한 고구려 광개토 대왕의 공격으로 쇠퇴

2) 후기 가야 연맹

등장	고령 지방의 대가야가 후기 가야 연맹을 주도
멸망	신라 진흥왕의 공격으로 대가야가 멸망

5-1 북한산 순수비

신라 진흥왕은 자신이 정복한 지역을 돌아보며 진출을 기념하는 뜻으로 순수비를 세웠어요. 4개의 순수비 중 북한산비는 신라가 한강 하류 지역을 정복했음을 알 수 있는 비석이에요. 이는 조선 후기 학자 김정희의 금석학 연구(금석에 새겨진 문자를 탁본과 같은 방법으로 해독하는 학문)를 통해 밝혀졌어요.

5-2 진흥왕   71회 3번

역사 연극 대본

#2. 황룡사 창건을 명하다

신하: **월성 동쪽**에서 궁을 짓던 중 황룡이 나타났다고 합니다.

왕: 무척 신기한 일이구나. 공사를 멈추고, 그곳에 절을 지어 황룡사라는 이름을 붙이도록 하라.

       ……

#7. 화랑도 정비를 논의하다

왕: 국가를 흥하게 하려면 청년들의 힘이 필요하다. 재주와 덕생이 있는 자들을 뽑아 화랑이라 할 것이다.

신하: 네, 훌륭한 인물을 찾아보겠습니다.

★ 단양 신라 적성비는 진흥왕 대에 고구려 영토인 적성을 점령하고 세워진 것
★ 북한산 순수비를 세웠다.
★ 대가야를 정복하였다.

6-1 대가야의 금동관

[67회 출제]

가야는 철이 풍부한 변한 지역에서 성장한 연맹 왕국이에요. 고령 지산동 고분군 등의 대가야 지역에서는 대가야의 금속공예 기술을 보여주는 금동관과 금관이 발견되고 있어요. 대가야의 금동관은 전형적인 신라의 금관과는 다르게 장식이 풀과 꽃 모양을 하고 있어 가야만의 특징이 돋보여요.

6-2 금관가야   71회 5번

화면에 표시한 부분은 김해 구지봉입니다. 김수로의 (가) 건국 설화에 등장하는 곳이지요. 낙동강 하류에 위치한 (가) 에서는 철이 풍부하게 생산되었습니다.

★ 김해 대성동 고분에서 출토된 철제 판갑옷입니다.
★ (김수로왕)알에서 태어나 금관가야를 건국하였다.
★ 전기 가야 연맹을 주도하였다.
★ 낙랑군, 왜와 활발히 교류하였다.

연습하기

❶ OX 퀴즈

(1) 고구려 고국천왕은 을파소의 건의로 빈민 구제책인 진대법을 실시하였다. (O/X)

(2) 고구려 소수림왕은 불교를 수용하고 율령을 반포하였다. (O/X)

(3) 백제 개로왕은 22담로를 설치하여 지방에 왕족을 파견하며 지방 통제를 강화하였다. (O/X)

❷ 빈칸 퀴즈

(1) 신라 ( )은/는 순장을 금지하고 우경을 장려하였다.

(2) 신라 ( )은/는 화랑도를 국가적인 조직으로 정비하였다.

(3) ( )은/는 질 좋은 철이 풍부하게 생산되어 낙랑과 왜에 철을 수출을 하기도 하였다.

❸ 연표 퀴즈 – 삼국 시대 전투

→ **평양성 전투**
백제 □□□왕의 공격으로 고구려 고국원왕이 전사하였다.

→ **한성 함락**
고구려 □□왕이 백제의 수도 한성을 함락하면서 백제 개로왕이 전사하였다.

→ **관산성 전투**
신라 진흥왕이 배신하여 한강 유역을 모두 차지하자 백제 □왕이 분노하여 전투를 벌였지만 전사하였다.

정답 | ❶ (1) O (2) O (3) X
❷ (1) 지증왕 (2) 진흥왕 (3) 가야
❸ 근초고, 장수, 성

01 (가)에 들어갈 내용으로 옳은 것은? [61회 2번]

(앞면)

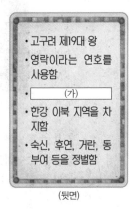

• 고구려 제19대 왕
• 영락이라는 연호를 사용함
• (가)
• 한강 이북 지역을 차지함
• 숙신, 후연, 거란, 동부여 등을 정벌함

(뒷면)

① 태학을 설립함
② 평양으로 천도함
③ 천리장성을 축조함
④ 신라에 침입한 왜를 격퇴함

02 다음 검색창에 들어갈 왕으로 옳은 것은?

[66회 3번]

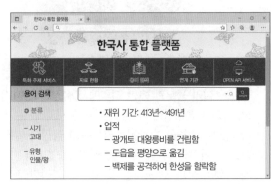

한국사 통합 플랫폼

특화 주제 서비스 | 자료 현황 | 검색 목록 | 연계 기관 | OPEN API 서비스

용어 검색

➕ 분류
– 시기
고대
– 유형
인물/왕

• 재위 기간: 413년~491년
• 업적
– 광개토 대왕릉비를 건립함
– 도읍을 평양으로 옮김
– 백제를 공격하여 한성을 함락함

① 미천왕 ② 장수왕
③ 고국천왕 ④ 소수림왕

03 (가) 시기에 있었던 사실로 옳은 것은? [64회 4번]

① 김흠돌이 반란을 도모하였다.
② 연개소문이 정변을 일으켰다.
③ 장문휴가 당의 산둥 반도를 공격하였다.
④ 검모잠이 고구려 부흥 운동을 전개하였다.

04 (가), (나) 사이의 시기에 있었던 사실로 옳은 것은? [57회 5번]

① 고구려가 옥저를 정복하였다.
② 백제가 신라와 동맹을 맺었다.
③ 백제가 관산성 전투에서 패배하였다.
④ 고구려가 안시성에서 당군을 물리쳤다.

05 밑줄 그은 '이 왕'의 업적으로 옳은 것은? [52회 5번]

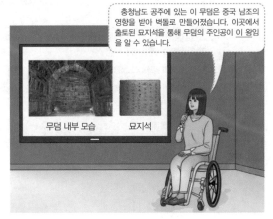

① 성왕   ② 고이왕
③ 무령왕   ④ 근초고왕

06 밑줄 그은 '이 왕'의 업적으로 옳은 것은? [58회 4번]

① 동진으로부터 불교를 받아들였다.
② 고흥에게 역사서인 서기를 편찬하게 하였다.
③ 진흥왕과 연합하여 한강 유역을 회복하였다.
④ 대야성을 비롯한 신라의 40여 개 성을 빼앗았다.

07 다음 검색창에 들어갈 왕으로 옳은 것은?

[69회 4번]

내용	원문이미지
4년 병부를 설치하다	원문이미지
7년 율령을 반포하고 백관 공복의 위계를 제정하다	원문이미지
15년 불교가 비로소 널리 퍼지다	원문이미지

① 법흥왕   ② 지증왕

③ 진평왕   ④ 진흥왕

08 (가)에 들어갈 문화유산으로 옳은 것은?

[51회 6번]

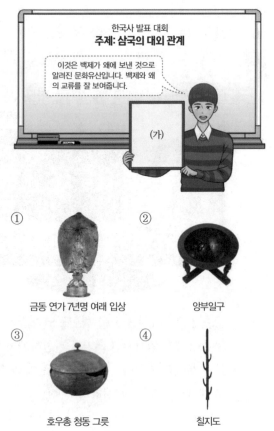

한국사 발표 대회
주제: 삼국의 대외 관계

이것은 백제가 왜에 보낸 것으로 알려진 문화유산입니다. 백제와 왜의 교류를 잘 보여줍니다.

(가)

① 금동 연가 7년명 여래 입상

② 앙부일구

③ 호우총 청동 그릇

④ 칠지도

09 밑줄 그은 '이 나라'에 대한 설명으로 옳은 것은?

[60회 6번]

김해 지역에 세워진 이 나라의 역사를 여행 앱을 통해 만나 보세요.

① 전기 가야 연맹을 주도하였다.

② 교육 기관인 국학을 설치하였다.

③ 옥저를 정복하고 동해안으로 진출하였다.

④ 지방에 22담로를 두어 왕족을 파견하였다.

10 (가) 나라에 대한 탐구 활동으로 가장 적절한 것은?

[54회 6번]

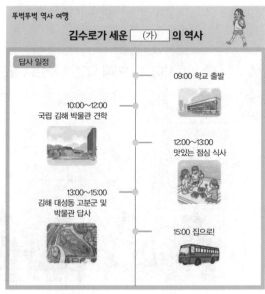

뚜벅뚜벅 역사 여행

김수로가 세운 ___(가)___ 의 역사

답사 일정

09:00 학교 출발

10:00~12:00 국립 김해 박물관 견학

12:00~13:00 맛있는 점심 식사

13:00~15:00 김해 대성동 고분군 및 박물관 답사

15:00 집으로!

① 사비로 천도한 이유를 파악한다.

② 우산국을 복속한 과정을 살펴본다.

③ 청해진을 설치한 목적을 조사한다.

④ 구지가가 나오는 건국 신화를 분석한다.

11 (가) 국가에 대한 설명으로 옳은 것은? [69회 5번]

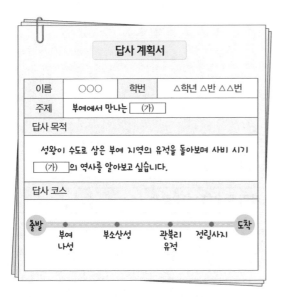

답사 계획서

이름	○○○	학번	△학년 △반 △△번

주제	부여에서 만나는 (가)

답사 목적

성왕이 수도로 삼은 부여 지역의 유적을 돌아보며 사비 시기 (가) 의 역사를 알아보고 싶습니다.

답사 코스

출발 — 부여 나성 — 부소산성 — 관북리 유적 — 정림사지 — 도착

① 주몽이 건국하였다.
② 지방에 22담로를 두었다.
③ 독서삼품과를 시행하였다.
④ 한의 침략을 받아 멸망하였다.

12 (가) 나라의 경제 상황에 대한 설명으로 옳은 것은?

[51회 3번]

초대합니다

창작 뮤지컬 '김수로왕과 허황옥'

알에서 태어나 (가) 을/를 건국하였다고 전해지는 김수로왕이 아유타국의 공주였던 허황옥을 만나 혼인하게 된 이야기를 한 편의 뮤지컬로 선보입니다. 많은 관람 바랍니다.

• 일시: 2021년 ○○월 ○○일 20:00
• 장소: 김해 대성동 고분군 앞 특설 무대

① 낙랑과 왜에 철을 수출하였다.
② 모내기법이 전국으로 확산하였다.
③ 물가 조절을 위해 상평창을 두었다.
④ 활구라고도 불린 은병을 제작하였다.

13 다음 가상 인터뷰에 등장하는 왕의 재위 기간에 있었던 사실로 옳은 것은? [52회 3번]

즉위한 이후에 어떤 일을 하셨나요?

국호를 신라로 확정하고 임금의 칭호를 마립간에서 왕으로 고쳤습니다.

① 불교가 공인되었다.
② 노비안검법이 시행되었다.
③ 이사부가 우산국을 정벌하였다.
④ 황룡사 구층 목탑이 건립되었다.

14 (가) 왕의 업적으로 옳은 것은? [67회 5번]

단양 신라 적성비는 (가) 대에 고구려 영토인 적성을 점령하고 세워진 것입니다. 비문에는 이사부 등 당시 공을 세운 인물이 기록되어 있으며, 충성을 다한 적성 사람 야이차에게 상을 내렸다는 내용도 담겨 있습니다.

① 국학을 설치하였다.
② 화랑도를 정비하였다.
③ 독서삼품과를 시행하였다.
④ 김헌창의 난을 진압하였다.

삼국과 가야의 사회 · 문화

1 삼국의 사회

1) 고구려

지배층	왕족인 계루부 고씨와 5부 출신의 귀족
제가 회의	제가 회의에서 국가의 중요한 일을 결정

2) 백제

지배층	왕족인 부여씨와 8성의 귀족
정사암 회의	정사암❶ 회의에서 국가 중대사를 결정

❶ 정사암

백제는 국가에서 재상을 뽑을 때 호암사에 있는 바위에 이름을 적은 봉투를 놓았다고 한다. 따라서 바위 이름을 '나라의 정치를 의논하는 바위'라는 뜻에서 '정사암'이라고 붙였다.

3) 신라

골품제	신라의 신분 제도로, 골품에 따라 신분을 구별하고 관직 승진 및 옷차림, 집 · 수레의 크기 등 일상생활에도 제한을 둠
화백 회의	화백 회의에서 국가의 중요한 일을 결정
화랑도	원시 사회의 청소년 집단에서 기원 → 진흥왕 때 국가 조직으로 확대하여 인재 양성, 원광의 세속 5계❷를 행동 규범으로 삼음

❷ 세속 5계

신라의 승려 원광은 화랑이 지켜야 할 행동 규범으로 세속 5계를 제시하였다. 세속 5계에는 사군이충(임금을 충성으로 섬김), 임전무퇴(전투에 임하며 물러서지 않음), 살생유택(생명을 죽일 때는 가림이 있어야 함), 사친이효(효도로써 부모님을 섬김), 교우이신(믿음으로써 친구를 사귐)이 있다.

2 삼국의 문화 - 종교와 사상

1) 유학

고구려	• 태학: 수도에 두어 유교 경전과 역사를 가르침 • 경당: 지방에 두어 한학과 무술을 가르침
백제	오경박사(유학), 역박사(천문 · 역법)를 두어 유교 경전을 교육
신라	청소년(화랑도)에게 유교 경전을 교육(임신서기석)

2) 불교

고구려	소수림왕 때 중국 전진의 승려 순도를 통해 불교를 수용 및 공인
백제	침류왕 때 중국 동진의 마라난타를 통해 불교를 수용 및 공인
신라	이차돈의 순교로 불교를 공인(법흥왕), 황룡사 9층 목탑 건립(선덕 여왕)

3) 도교

고구려	신선 사상과 결합, 사신도	백제	산수무늬 벽돌, 백제 금동 대향로

1-1 신라의 골품 제도

등급	관등명	공복	진골	6두품	5두품	4두품
1	이벌찬	자색				
2	이찬	자색				
3	잡찬	자색				
4	파진찬	자색				
5	대아찬	자색				
6	아찬	비색				
7	일길찬	비색				
8	사찬	비색				
9	급벌찬	비색				
10	대나마	청색				
11	나마	청색				
12	대사	황색				
13	사지	황색				
14	길사	황색				
15	대오	황색				
16	소오	황색				
17	조위	황색				

신라의 골품 제도는 사람의 신분을 왕족인 골과 왕족이 아닌 품으로 구분하였어요. 골은 성골과 진골로, 품은 4~6두품 귀족과 1~3두품 평민으로 다시 구분되었어요. 하지만 시간이 지나면서 평민의 구분은 사라지고, 4~6두품 귀족의 신분만이 남게 되었어요.

2-1 백제 금동 대향로

[63회 출제]

백제 금동 대향로는 부여 능산리 고분군 절터에서 발견되었어요. 용, 연꽃, 신선 등 불교적인 관념과 도교의 이상향이 함께 표현되어 있었어요. 또, 당시 한반도에서는 볼 수 없었던 원숭이, 악어, 코끼리도 조각되어 있는 것으로 보아 백제가 중국, 인도, 동남아시아 등 여러 나라와 교류하였음을 알 수 있어요.

1-2 신라의 골품 제도   64회 5번

혈통에 따라 관직 진출뿐만 아니라 일상생활까지 차별한 신라의 신분 제도는 무엇일까요?

★ 골품제라는 신분 제도가 있었다.
★ 골품에 따라 일상 생활을 규제하였다.
★ 골품에 따른 신분 차별이 엄격하였다.

2-2 태학   46회 4번

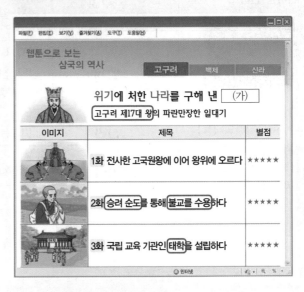

★ (소수림왕) 태학을 설립하였다.
★ 태학과 경당에서 자제를 교육하다.

❸ 장군총

중국 길림성에 있는 고구려의 계단식 돌무지무덤이다. 무덤의 주인은 광개토 대왕 혹은 장수왕으로 추정하고 있다.

❹ 각저총 씨름도

중국 지린성에서 발견된 고구려 고분 각저총에 그려진 벽화이다. 나무 아래에서 씨름을 하는 두 남성과 심판을 보는 듯한 노인의 모습이 그려져 있다.

❺ 천마총 천마도

경주 천마총에서 발견된 신라 시대의 장니(말을 탈 때 말에게 착용하는 안장의 일부)에 그려진 말 그림이다.

3 삼국의 고분

1) 고구려

돌무지무덤 (초기)	• 돌을 쌓아 올림 • 장군총❸(계단식 돌무지무덤)
굴식돌방무덤 (후기)	• 돌로 널방을 짜고 그 위에 흙으로 덮어 봉분을 만듦, 벽화가 그려져 있음 • 강서대묘(사신도), 무용총(무용도), 각저총(씨름도)❹

2) 백제

돌무지무덤 (한성 시기)	• 고구려의 돌무지무덤 양식과 유사 → 고구려 계승 • 서울 석촌동 고분
벽돌무덤 (웅진 시기)	• 중국 남조의 영향을 받아 널방을 벽돌로 쌓음 • 공주 송산리 6호분, 무령왕릉
굴식돌방무덤 (사비 시기)	부여 능산리 고분군

3) 신라

돌무지덧널무덤	• 벽화가 없고 도굴이 어려움 • 천마총(천마도)❺, 황남대총

4 삼국과 가야 문화의 일본 전파

고구려	• 담징: 종이 · 먹 제조법 전파, 호류사 금당 벽화를 그림 • 혜자: 일본 쇼토쿠 태자의 스승
백제	• 아직기: 일본 태자에게 한자를 가르침 • 왕인: 천자문과 논어 전파 • 노리사치계: 불경과 불상 전수
신라	배 만드는 기술과 제방 쌓는 기술을 전파
가야	토기 제작 기술을 전파(스에키 토기)

3-1 백제의 무령왕릉

[63회 출제]

무령왕릉은 중국 남조의 영향을 크게 받아 연꽃 등 우아하고 화려한 백제 특유의 무늬를 새긴 벽돌로 무덤 내부를 쌓았어요. 또한, 무덤 속 목관은 일본에서 수입한 금송(소나무)으로 만들어졌어요. 이를 통해 백제가 중국, 일본과 교류한 사실을 알 수 있어요.

3-2 백제의 무령왕릉 63회 5번

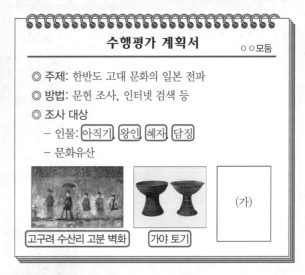

특별 사진전

문화유산으로 보는 백제의 대외 교류

백제 금동 대향로 | (가) | 무령왕릉

★ 중국 남조의 영향을 받음
★ 공주 송산리 고분군에서 발견

4-1 삼국 문화의 일본 전파

▲ 고구려 수산리 고분 벽화　　▲ 일본 다카마쓰 고분 벽화

고구려 수산리 고분 벽화는 고구려 귀족의 생활 모습을 잘 보여주어 고구려와 일본의 교류 사실을 짐작하게 하는 그림이에요. 일본의 다카마쓰 고분 벽화 속 사람들의 복장과 머리를 묶은 모습이 고구려 사람들과 비슷한 것을 통해 고구려가 일본에 문화를 전파하였다는 사실을 알 수 있어요.

4-2 삼국 및 가야와 일본의 교류 40회 7번

수행평가 계획서　　○○모둠

◎ 주제: 한반도 고대 문화의 일본 전파
◎ 방법: 문헌 조사, 인터넷 검색 등
◎ 조사 대상
　－ 인물: 아직기 왕인 혜자 담징
　－ 문화유산

고구려 수산리 고분 벽화 | 가야 토기 | (가)

★ 수산리 고분 벽화
★ 스에키 토기

5　삼국의 탑

익산 미륵사지 석탑 (백제)	부여 정림사지 오층 석탑 (백제)
• 현존 최고의 석탑, 목탑 양식 • 금제 사리 봉영기가 발견됨	• 익산 미륵사지 석탑을 계승 • 당의 소정방이 자신의 업적을 새김
경주 분황사 모전 석탑 (신라)	경주 황룡사 구층 목탑 (신라)
석재를 벽돌 모양으로 만들어 쌓음	자장❻의 건의로 건축(복원 모형)

6　삼국의 불상

금동 연가 7년명 여래 입상 (고구려)	금동 미륵보살 반가사유상 (삼국)
서산 용현리 마애여래 삼존상 (백제)	경주 배동 석조 여래 삼존 입상 (신라)

❻ 자장

신라 선덕 여왕 때의 승려로, 중국의 당에 건너가 불교의 가르침을 받았다. 귀국한 이후에는 불력으로 나라를 지키기 위해 황룡사 구층 목탑을 짓자고 건의하였다.

5-1 금제 사리 봉영기

익산 미륵사지 서쪽 석탑에서 발견된 금제 사리 봉영기에는 사택적덕의 딸인 백제의 왕후가 미륵사지 서탑을 세웠다는 이야기가 새겨져 있어요. 이를 통해 『삼국유사』에서 언급한 익산 미륵사지 석탑을 세운 사람이 선화공주가 아니라는 사실이 밝혀졌어요.

6-1 금동 미륵보살 반가 사유상

▲ 고류사 목조 미륵보살 반가 사유상

고류사 목조 미륵보살 반가 사유상은 일본 교토 고류사에 있는 불상이에요. 이 불상은 삼국의 금동 미륵보살 반가 사유상과 비슷한 형상을 하고 있으며, 불상을 만드는 데 사용한 나무가 일본에서 생산하지 않는 나무임이 밝혀졌어요. 이를 통해 삼국에서 일본으로 불상이 전파된 사실을 알 수 있어요.

5-2 분황사 모전 석탑　64회 6번

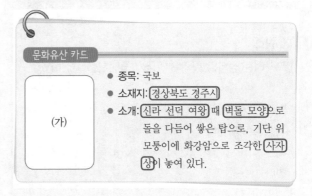

문화유산 카드

(가)

- 종목: 국보
- 소재지: 경상북도 경주시
- 소개: 신라 선덕 여왕 때 벽돌 모양으로 돌을 다듬어 쌓은 탑으로, 기단 위 모퉁이에 화강암으로 조각한 사자상이 놓여 있다.

★ 벽돌 모양으로 돌을 다듬어 쌓은 탑
★ 사자상 조각

6-2 금동 연가 7년명 여래 입상　50회 4번

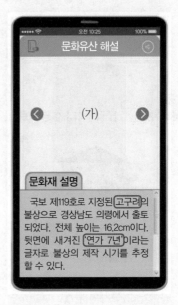

문화유산 해설

(가)

문화재 설명

국보 제119호로 지정된 고구려의 불상으로 경상남도 의령에서 출토되었다. 전체 높이는 16.2cm이다. 뒷면에 새겨진 '연가 7년'이라는 글자로 불상의 제작 시기를 추정할 수 있다.

★ 광배 뒷면에 '연가 7년'이라는 연대가 새겨져 있음
★ 고구려 승려들이 천불(千佛)을 조성하는 과정에서 만든 것

연습하기

❶ OX 퀴즈

(1) 고구려는 정사암 회의에서 국가 중대사를 결정하였다.
(O / x)

(2) 백제 금동 대향로에는 신라의 높은 수준의 금속 공예 기술이 나타난다.
(O / x)

(3) 익산 미륵사지 석탑에서 금제 사리 봉영기가 발견되었다.
(O / x)

❷ 빈칸 퀴즈

(1) (   )의 순교로 신라에서 불교가 공인되었다.

(2) (   )은/는 벽돌 무덤 양식으로 만들어 졌다.

(3) 금동 연가 7년명 여래 입상은 (   )의 문화유산이다.

❸ 사진 퀴즈

Q. 다음의 문화유산을 가진 나라의 설명으로 옳은 것은?

① 동모산 인근에서 건국하였다.

② 교육 기관으로 태학을 두었다.

③ 일본에게 스에키 토기를 전파하였다.

④ 임신 서기석을 통해 당시 청소년의 유교 교육 의지를 알 수 있다.

정답 | ❶ (1) x   (2) x   (3) O
　　　❷ (1) 이차돈   (2) 무령왕릉   (3) 고구려
　　　❸ ④

01 (가)에 들어갈 문화유산으로 적절한 것은?

[67회 4번]

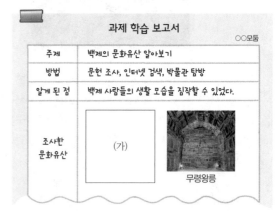

과제 학습 보고서	
	○○모둠
주제	백제의 문화유산 알아보기
방법	문헌 조사, 인터넷 검색, 박물관 탐방
알게 된 점	백제 사람들의 생활 모습을 짐작할 수 있었다.
조사한 문화유산	(가)　무령왕릉

① 금동 연가 7년명 여래 입상

② 천마총 장니 천마도

③ 몽촌 토성

④ 장군총

02 다음 답사가 이루어진 지역으로 옳지 <u>않은</u> 것은?

[57회 9번]

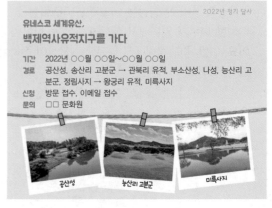

유네스코 세계유산,
백제역사유적지구를 가다
　　　　　　　　　　　　　2022년 정기 답사

기간　2022년 ○○월 ○○일~○○월 ○○일
경로　공산성, 송산리 고분군 → 관북리 유적, 부소산성, 나성, 능산리 고분군, 정림사지 → 왕궁리 유적, 미륵사지
신청　방문 접수, 이메일 접수
문의　□□ 문화원

공산성　　능산리 고분군　　미륵사지

① 공주　② 부여　③ 익산　④ 전주

03 밑줄 그은 '제도'로 옳은 것은? [50회 5번]

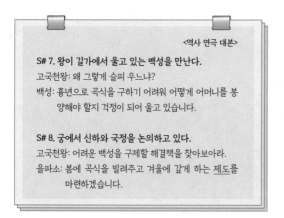

<역사 연극 대본>

S# 7. 왕이 길가에서 울고 있는 백성을 만난다.

고국천왕: 왜 그렇게 슬피 우느냐?

백성: 흉년으로 곡식을 구하기 어려워 어떻게 어머니를 봉양해야 할지 걱정이 되어 울고 있습니다.

S# 8. 궁에서 신하와 국정을 논의하고 있다.

고국천왕: 어려운 백성을 구제할 해결책을 찾아보아라.

을파소: 봄에 곡식을 빌려주고 겨울에 갚게 하는 제도를 마련하겠습니다.

① 의창
② 환곡
③ 사창제
④ 진대법

04 (가)에 들어갈 문화유산으로 옳은 것은? [66회 8번]

백제 무왕이 건립한 사찰의 터에는 목탑 양식이 반영된 석탑이 남아 있습니다. 이 석탑의 복원 공사 중에 사리장엄구와 금제 사리봉영기가 발견되었습니다.

(가)

① 경천사지 십층 석탑

② 화엄사 사사자 삼층 석탑

③ 미륵사지 석탑

④ 분황사 모전 석탑

05 (가) 국가에 대한 설명으로 옳은 것은? [71회 6번]

문화유산 기념품 제작 공모 제안서   제안자: ○○○

개요: 수도 국내성을 중심으로 영토를 넓혀 나갔던 (가) 의 대표적인 문화유산을 소재로 다음과 같이 기념품 제작을 제안합니다.

문화유산	기념품
광개토 대왕릉비	조명등
안악 3호분 행렬도	반팔 티셔츠

① 독서삼품과를 실시하였다.
② 지배자를 마립간이라고 불렀다.
③ 정사암에서 국가 중대사를 결정하였다.
④ 태학과 경당을 두어 인재를 양성하였다.

단원 정리 마인드맵

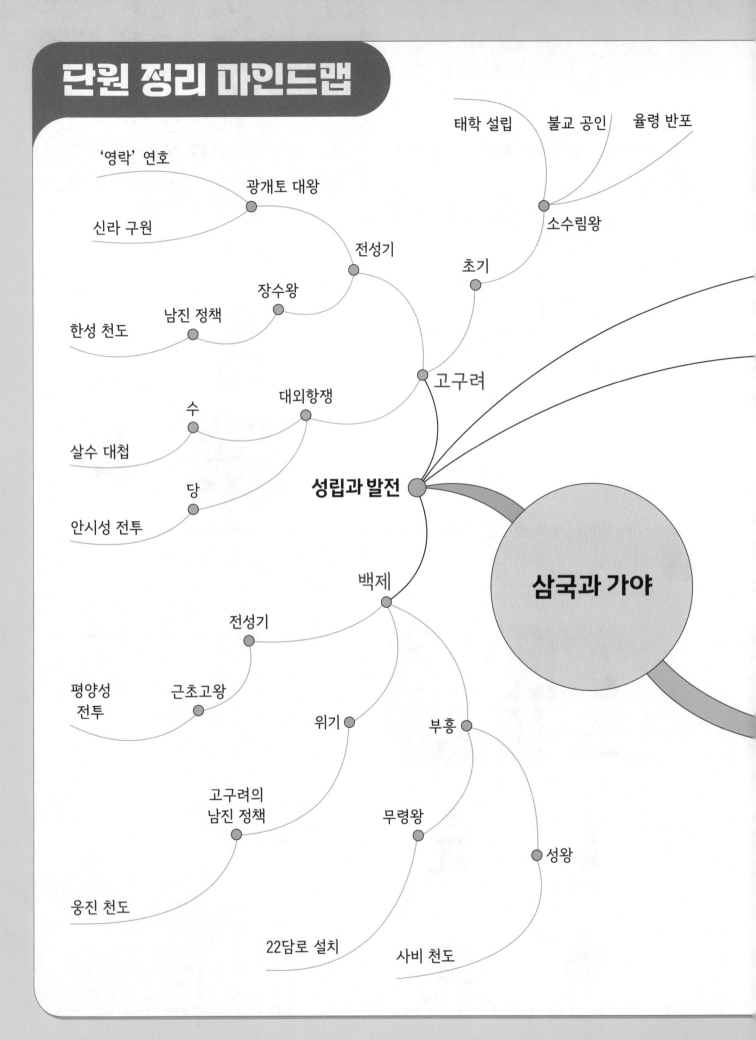

태학 설립 불교 공인 율령 반포

'영락' 연호

광개토 대왕

신라 구원

소수림왕

전성기

초기

장수왕

남진 정책

한성 천도

고구려

대외항쟁

수

살수 대첩

성립과 발전

당

안시성 전투

삼국과 가야

백제

전성기

평양성
전투

근초고왕

위기

부흥

고구려의
남진 정책

무령왕

성왕

웅진 천도

22담로 설치

사비 천도

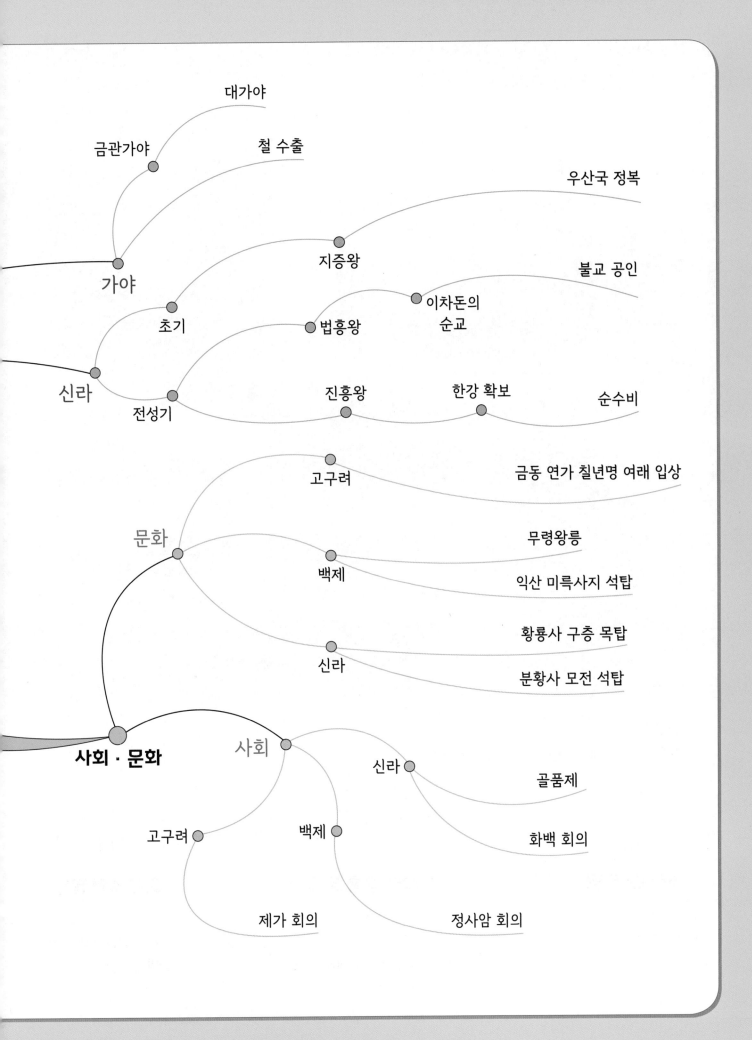

대가야

금관가야

철 수출

우산국 정복

지증왕

불교 공인

가야

초기

이차돈의
순교

법흥왕

신라

한강 확보

순수비

전성기

진흥왕

고구려

금동 연가 칠년명 여래 입상

문화

무령왕릉

백제

익산 미륵사지 석탑

황룡사 구층 목탑

신라

분황사 모전 석탑

사회 · 문화

사회

신라

골품제

고구려

백제

화백 회의

제가 회의

정사암 회의

3

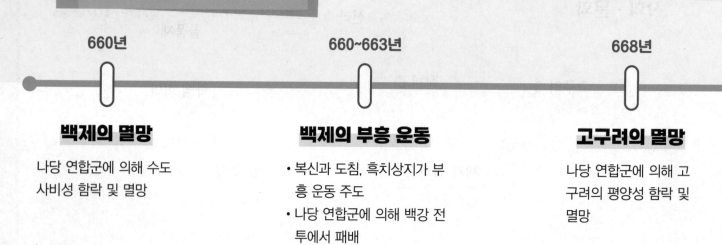

감잡는 키워드 연표

660년	660~663년	668년

백제의 멸망

나당 연합군에 의해 수도 사비성 함락 및 멸망

백제의 부흥 운동

- 복신과 도침, 흑치상지가 부흥 운동 주도
- 나당 연합군에 의해 백강 전투에서 패배

고구려의 멸망

나당 연합군에 의해 고구려의 평양성 함락 및 멸망

통일 신라와 발해

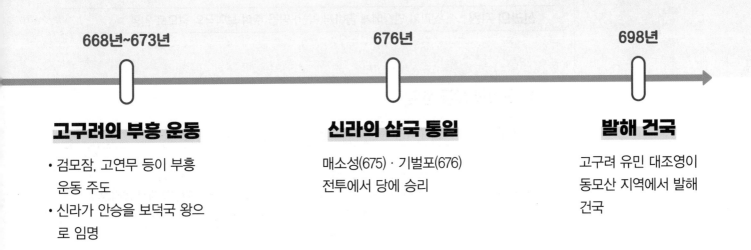

668년~673년	676년	698년
고구려의 부흥 운동	**신라의 삼국 통일**	**발해 건국**
• 검모잠, 고연무 등이 부흥 운동 주도	매소성(675) · 기벌포(676) 전투에서 당에 승리	고구려 유민 대조영이 동모산 지역에서 발해 건국
• 신라가 안승을 보덕국 왕으로 임명		

신라의 삼국 통일과 남북국의 성립과 발전

1 백제와 고구려의 멸망과 부흥 운동

1) 백제와 고구려의 멸망

나당 연합	• 배경: 백제 의자왕이 신라의 대야성 공격 → 신라의 김춘추가 고구려에 도움을 요청하였지만 고구려가 거절 • 결과: 김춘추❶가 당에 군사 동맹을 요청하여 나당 연합군이 결성

⬇

백제의 멸망 (660)	나당 연합군의 공격 → 김유신과 계백의 황산벌 전투(신라 승) → 나당 연합군의 사비성 함락 → 백제 멸망

⬇

고구려의 멸망 (668)	• 배경: 연개소문 사후 고구려 지배층 내부의 분열이 발생 • 과정: 나당 연합군이 고구려의 평양성을 함락하면서 고구려가 멸망

❶ 김춘추
백제 의자왕의 대야성 공격으로 딸과 사위를 잃은 김춘추는 고구려에게 도움을 요청하였지만 거절당하였다. 이후 당 태종과 논의한 끝에 신라와 당 사이에 나당 동맹이 결성되었다.

2) 백제의 부흥 운동

┌ 부흥 운동 이후 당에 투항

백제 유민의 저항	주류성의 복신과 도침, 임존성의 흑치상지 등이 백제 의자왕의 아들인 부여풍을 왕으로 추대하며 백제 부흥 운동을 전개

⬇

백강 전투 (663)	• 전개: 왜의 수군이 백강 전투에서 백제 부흥군 지원 → 나당 연합군에 패배 • 결과: 지도층의 내분으로 부흥 운동이 실패

3) 고구려의 부흥 운동

고구려 유민의 저항	• 전개: 검모잠과 고연무 등이 고구려 보장왕의 아들 안승을 왕으로 추대, 한성(황해도 재령)과 오골성을 중심으로 고구려 부흥 운동 전개 • 결과: 지배층의 내분으로 부흥 운동이 실패

⬇

신라의 지원	신라가 안승에게 금마저(익산) 땅을 주며 보덕국의 왕으로 임명

2 신라의 삼국 통일

배경	당이 나당 동맹을 깨고 한반도 전체를 지배하고자 함

나당 전쟁	• 매소성 전투(675): 당의 20만 대군을 매소성에서 물리침 • 기벌포 전투(676): 당의 설인귀가 이끄는 수군을 기벌포에서 물리침 • 결과: 한반도에서 당군을 몰아내면서 삼국 통일을 완성(676)

└ 대동강~원산만 이남의 영토 차지 ┘

1-1 백강 전투

당의 장수 유인원과 신라 왕 김법민은 육군을 거느려 나아가고, 유인궤 등은 수군을 이끌고 가서 합세하였다. 백강 어귀에서 부여풍과 왜의 군대를 만나 네 번 싸워서 모두 이겼다.

나당 연합군의 공격으로 백제가 멸망하자 백제 유민들은 백제 부흥 운동을 전개하였어요. 이에 당이 군사를 보내 백제 부흥군을 공격하였고, 백제 부흥군은 왜(일본)에게 군사 지원을 요청하였어요. 백제 부흥군과 왜의 연합군은 나당 연합군에 맞서 백강에서 싸웠지만 패배하였고, 백제 부흥 운동도 실패하였어요.

2-1 매소성 전투

당의 장수 이근행이 군사 20만 명을 이끌고 매소성에 주둔하였다. 신라 군사가 이들을 격퇴하여 30,380필의 전투용 말과 그 만큼의 병기를 얻었다.

당이 나당 동맹을 어기고 옛 백제와 고구려 땅은 물론 한반도 전체를 손에 넣으려 하자, 신라는 당을 몰아내기 위해 나당 전쟁을 벌였어요. 당의 이근행이 군사 20만 명을 이끌고 매소성에 왔지만 식량 보급이 원활하지 않는 상황을 신라군이 기회로 삼아 당을 적극적으로 공격하였어요. 이에 이근행의 군대는 무기를 버리고 북쪽으로 물러났어요.

1-2 백제의 멸망   47회 6번

자네 소식 들었는가? 며칠 전 김유신 장군이 이끄는 우리 신라군이 황산벌 전투에서 마침내 승리하였다네.

나도 들었네. 계백이 이끄는 결사대와 싸워 힘겹게 승리했다더군.

★ 백제의 운명을 결정지은 황산벌 전투
★ 계백이 이끄는 결사대가 황산벌에서 항전하였어요.

2-2 신라의 삼국 통일   58회 7번

〈역사 다큐멘터리 기획안〉

신라, 최후의 승자가 되다!

1. 기획 의도: 한반도를 차지하려 한 당을 몰아내고 신라가 삼국 통일을 이룬 과정을 집중 조명한다.

2. 구성
   1편 – 당이 웅진도독부, 안동도호부를 설치하다
   2편 – 신라가 고구려 부흥 운동을 지원하고 군사력을 보강하다
   3편 – 신라가 당에 맞서 ___(가)___ 에서 승리하다

★ 당군을 물리친 기벌포 전투
★ 신라군이 매소성에서 당의 군대를 크게 격퇴하였다.

❷ 관료전

관리에게 일한 대가로 지급한 토지이다. 조세를 거둘 수 있는 권리는 있었지만, 노동력은 징발할 수 없었으며, 관직에서 물러나면 반납하도록 하였다.

❸ 녹읍

관료와 귀족들에게 일한 대가로 지급한 토지이다. 조세를 거둘 수 있는 권리, 노동력을 징발할 수 있는 권리, 관직에서 물러나도 자식에게 대대로 이어질 수 있는 권리가 있었다.

❹ 만파식적 설화

신문왕이 아버지 문무왕을 위해 동해에 감은사를 완성하였다. 이후 바다의 용이 된 문무왕이 내려와 신문왕에게 나라를 지킬 보물로 대나무를 줄테니 이걸로 피리를 만들어 불면 나라가 태평해 진다고 하였다. 이에 신문왕은 대나무로 피리를 만들고 만파식적이라는 이름을 붙였다.

3 통일 신라의 발전: 전제 왕권의 확립

태종 무열왕	• 삼국 통일의 기초를 닦음 • 최초의 진골 출신 왕 → 무열왕계 진골 세력의 왕위 세습 확립
문무왕	• 삼국 통일을 완성(676) • 지방관 감찰을 위해 지방에 외사정을 파견
신문왕	• 김흠돌의 난 진압 → 진골 귀족 세력 약화, 왕권 강화 • 9주 5소경의 지방 행정 체제와 9서당 10정의 군사 조직 정비 • 관료전❷을 지급하고 녹읍❸을 폐지 • 국학 설립(유교 교육 기관) • 감은사 건립(만파식적 설화❹)

4 통일 신라의 쇠퇴(신라 말)

혜공왕	어린 혜공왕의 즉위 → 진골 귀족의 왕위 쟁탈 심화(혜공왕 피살 후 150여 년간 20여 명의 왕 교체)
지방 세력의 반란	• **김헌창의 난(822)**: 아버지 김주원이 원성왕과의 왕위 다툼에서 밀려나자 아들 김헌창이 반란을 일으킴 • **장보고의 난(846)**: 청해진을 중심으로 세력을 키운 장보고가 자신의 딸을 왕비로 앉히려다가 진골 세력의 반대에 부딪힘 → 정부에 대항하여 반란을 일으켰으나 실패
농민 봉기	• **배경**: 진성 여왕 때 왕권이 약화되고 귀족들의 사치와 향락이 심해지고 백성에 대한 수탈이 심해지면서 농민 봉기가 일어남 • 원종과 애노의 난, 적고적의 난
새로운 세력의 성장	• **호족**: 신라 말 중앙 정부의 지방 통제력 약화 → 지방에서 스스로 성주나 장군이라 칭하며 호족이 성장 • **6두품**: 골품제의 한계를 비판하며 새로운 정치 이념과 개혁을 주장
새로운 사상의 유행	• **선종**: 교리와 경전을 중시하는 전통적 권위 부정, 호족의 지원을 받아 9산 성립 • **풍수지리설**: 산, 하천, 땅이 이루는 환경이 인간의 삶에 영향을 준다는 이론, 지방을 중시하여 호족의 지지를 받음

3-1 경주 감은사지

감은사는 경주에 있는 통일 신라 시대 절로, 현재는 감은사지 삼층 석탑과 건물의 터만 남아 있어요. 문무왕 때 부처의 힘을 빌려 적의 침입을 막기 위해 절을 짓기 시작하였고, 아들 신문왕이 완성하였어요.

3-2 신문왕　　　　　　66회 7번

문무왕의 아들인 이 왕은 동해에 작은 산이 떠다닌다는 이야기를 듣고 이견대로 갔어요. 용이 나타나 말하기를, 산에 있는 대나무로 피리를 만들면 천하가 평온해질 것이라고 했어요. 이후 그 대나무로 피리를 만들어 만파식적이라 부르고, 나라의 보물로 삼았어요.

★ 9주 5소경을 두었다.
★ 국학을 설립하였다.
★ 녹읍 폐지

4-1 원종과 애노의 난

진성왕 3년, 나라 안의 모든 주와 군에서 공물과 부세를 보내지 않아 창고가 텅 비어 나라의 재정이 궁핍해졌다. 왕이 관리를 보내 독촉하니 곳곳에서 도적이 벌떼처럼 일어났다. 이때 원종과 애노 등이 사벌주를 거점으로 반란을 일으켰다.

[71회 출제]

통일 신라 말 진성 여왕 때 왕권이 약해지면서 각 주와 군에서 세금을 바치지 않았어요. 국가의 재정이 궁핍해지자, 세금 납부를 독촉받은 지방 토호 세력들은 일반 농민인 백성을 수탈하였어요. 이에 신라의 사벌주에 살던 원종과 애노가 중앙 정부와 일반 농민에게 책임을 돌린 지방 세력들에 반항하며 봉기를 일으켰어요.

4-2 신라 말 사회 혼란　　　　69회 9번

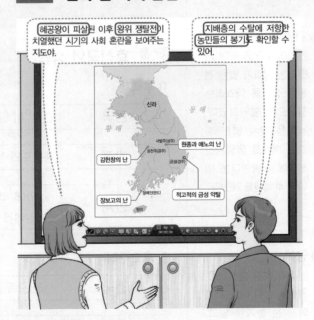

혜공왕이 피살된 이후 왕위 쟁탈전이 치열했던 시기의 사회 혼란을 보여주는 지도야.

지배층의 수탈에 저항한 농민들의 봉기도 확인할 수 있어.

★ 혜공왕 이후 잦은 왕위 쟁탈전으로 흔들리는 신라의 역사
★ 스스로 성주, 장군이라 칭하는 호족
★ 원종과 애노가 봉기하였다.

5 발해의 성립과 발전

1) 건국

고왕(대조영)	고구려 멸망 이후 당으로 이주한 고구려 유민인 대조영이 고구려 유민과 말갈인을 이끌고 동모산 지역에 발해를 건국(698)

2) 발전

무왕 (대무예)	• 독자적 연호: '인안' 사용 • 대외 관계: 장문휴의 수군이 당의 등주를 공격(732)
문왕 (대흠무)	정혜공주, 정효공주 무덤의 묘비명에 기록 • 독자적 연호: '대흥, 보력' 사용 → 황제국임을 내세움 • 당·신라와 친선 관계: 신라도·발해관 설치, 당의 문물 제도 수용 • 체제 정비: 당의 3성 6부제 수용, 주자감 설치, 수도를 중경에서 상경으로 천도 • 고구려 계승 의식: 일본에 보낸 국서에 '고려국왕'이라 표현
선왕 (대인수)	• 독자적 연호: '건흥' 사용 ── 바다 동쪽의 번성한 나라 • 대외 관계: 주변 말갈 세력 복속 및 요동 지역 진출로 발해의 최대 영토❺ 확보 → 당으로부터 '해동성국'이라 불리며 전성기를 맞이함 • 지방 제도 정비: 5경 15부 62주

3) 멸망

멸망	거란의 침입으로 멸망(926)

6 후삼국의 성립

1) 후백제

건국	견훤❻이 완산주(전주)에 도읍을 정하고 후백제를 건국(900)
발전	충청도와 전라도 지역 장악, 중국의 후당·오월과 외교 관계를 맺음
한계	• 신라에 적대적 → 신라 경애왕 살해 • 농민에게 과도한 세금을 수취

2) 후고구려

건국	신라 왕족 출신인 궁예❼가 송악(개성)에 도읍을 정하고 후고구려 건국(901)
발전	국호를 마진, 도읍을 철원으로 변경 → 국호를 태봉으로 변경, 중앙 정치 기구로 광평성 설치
한계	호족을 탄압하고, 미륵 신앙을 이용한 전제 정치로 무리하게 정국 운영 → 왕건이 궁예를 몰아내고 고려 건국(918)

❺ 발해의 최대 영토

❻ 견훤

호랑이가 젖을 먹여 키웠다는 설화가 있는 견훤은 상주를 다스리는 장군으로 활약하였다. 세력을 점차 넓힌 후 그는 백제를 멸망시킨 신라에 대항한다는 의미로 후백제를 세웠다.

❼ 궁예

신라의 왕족 출신으로, 왕실의 권위 다툼 과정에서 눈 한쪽을 잃고, 절에 들어가 승려가 되었다. 이후 도적 양길의 부하로서 힘을 키우다 호족의 지원을 받아 송악을 도읍으로 후고구려를 세웠다.

5-1 발해의 건국

> 대조영은 마침내 그 무리를 거느리고 동쪽으로 가서 계루부의 옛 땅을 차지하고, 동모산에 웅거하여 성을 쌓고 살았다.

[64회 출제]

신라가 삼국통일을 이룬 뒤 대동강 북쪽 지역은 당이 차지하게 되었어요. 이때 당은 고구려의 옛 영토를 다스리기 위해 영주 도독부를 세우고, 그곳에 살던 고구려 유민들을 영주 지방에 이주시켰어요. 어느 날 영주 지방의 거란족이 반란을 일으키자 대조영은 이 틈을 타 고구려 유민과 말갈족 일부와 함께 옛 고구려 땅인 동모산 근처에서 발해를 건국하였어요.

5-2 발해
61회 9번

역사 신문

제△△호   ○○○년 ○○월 ○○일

특집 기획 **해동성국**으로 우뚝 서다

고구려를 계승한 (가) 은/는 선왕 때 요동에서 연해주에 이르는 최대 영토를 확보하였다. 이후 당으로부터 '바다 동쪽의 융성한 나라'를 뜻하는 '해동성국'이라 불렸다. 이를 통해 이 국가의 국제적 위상을 알 수 있다.

★ 대조영이 동모산에서 건국하였다.
★ 중앙 정치 조직을 3성 6부로 정비하였다.
★ 전성기에 해동성국이라 불렸다.

6-1 견훤

> 견훤이 완산주를 근거지로 삼고 스스로 후백제라 일컬으니, 무주 동남쪽의 군현들이 투항하여 복속하였다.

[58회 출제]

견훤은 신라의 군인 출신으로 남해안의 바다를 지키는 업무를 수행하였어요. 중앙 정부의 가혹한 세금 수탈에 반발하며 전국 각지에서 봉기가 일어나자, 견훤은 농민들과 남해안의 해상세력을 자기편으로 만들며 세력을 점차 넓혔어요. 이후 견훤은 완산주 출신인 부인의 힘을 통해 완산주(지금의 전주)를 도읍으로 하여 후백제를 세웠어요.

6-2 궁예
69회 10번

(가) 이/가 수도를 송악에서 철원으로 옮긴다고 밝혔습니다. 광평성 등 관서를 새로 설치한 데 이은 통치 체제 정비의 일환으로 보입니다.

속보   철원, 도읍지로 결정

★ 궁예가 세운 태봉의 도성
★ 송악에서 철원으로 도읍을 옮겼다.
★ 정치 기구로 광평성을 두었다.

기출 확인 문제

정답 및 해설 **08쪽**

연습하기

❶ OX 퀴즈

(1) 계백이 황산벌 전투에서 패배하면서 고구려가 멸망하였다. (O / X)

(2) 백강 전투에서 백제 부흥군과 왜의 수군이 나당 연합군에 맞서 싸웠다. (O / X)

(3) 대조영이 동모산 인근에서 발해를 건국하였다. (O / X)

❷ 빈칸 퀴즈

(1) ( ) 전투에서 신라가 승리하면서 삼국 통일을 이루었다.

(2) ( )은/는 관료전을 지급하고 녹읍을 폐지하였다.

(3) ( )은/는 후고구려의 중앙 정치 기구로 광평성을 설치하였다.

❸ 연표 퀴즈 - 통일 신라의 발전과 쇠퇴

○→ **신문왕**
　　□□□의 난을 진압하면서 왕권을 강화하였다.

○→ **혜공왕**
　　진골 귀족들의 왕위 다툼 과정에서 피살되었다.

○→ **진덕 여왕**
　　중앙 정부의 통제력이 약해지고 □□과 □□의 난 등 농민 봉기가 일어났다.

정답 | ❶ (1) X　(2) O　(3) O
　　　❷ (1) 기벌포　(2) 신문왕　(3) 궁예
　　　❸ 김흠돌, 원종, 애노

01 (가) 국가에 대한 설명으로 옳은 것은? [71회 9번]

이것은 문왕의 둘째 딸인 정혜 공주의 무덤에서 발견된 묘지석 탁본입니다. 묘지의 내용 중 문왕을 황상으로 표현하고 보력이라는 독자적 연호를 사용한 점에서 （가） 이/가 황제국을 표방하였음을 알 수 있습니다.

① 안시성에서 당의 군대를 물리쳤다.

② 여러 가(加)들이 각각 사출도를 다스렸다.

③ 청해진을 중심으로 해상 무역을 전개하였다.

④ 5경 15부 62주의 지방 행정 제도를 마련하였다.

02 다음 자료를 활용한 탐구 주제로 가장 적절한 것은? [71회 7번]

○ 주와 군에서 세금을 바치지 않아 나라의 창고가 텅 비어, 왕이 관리를 보내 독촉하니 곳곳에서 도적들이 벌떼처럼 일어났다. 이때 원종과 애노 등이 사벌주에서 반란을 일으켰다.

○ 도적들이 나라의 서남쪽에서 일어났다. 그들은 붉은색 바지를 입어 모습을 다르게 하였으므로 적고적이라고 불렸다. 여러 고을을 공격하여 해를 입혔다.

① 백제의 불교 수용

② 신라 말의 사회 동요

③ 고구려 부흥 운동의 전개

④ 삼국과 일본의 문화 교류

03 (가)에 들어갈 인물로 옳은 것은? [60회 12번]

이것은 (가) 이/가 세운 태봉의 도성 터 사진입니다. 삼국사기에 의하면 수많은 청주 사람을 이곳 철원성에 옮기고 도읍으로 삼았다고 합니다.

이 사진에 대해 설명해 주세요.

① 견훤　　　　② 궁예
③ 온조　　　　④ 주몽

04 (가) 왕의 업적으로 옳은 것은? [58회 9번]

이 무덤은 신라의 31대 왕인 (가) 의 능으로 전해지고 있습니다. 이 왕은 관리에게 관료전을 지급하고 녹읍을 폐지하여 귀족들의 경제 기반을 약화시켰습니다.

① 국학을 설립하였다.
② 대가야를 정복하였다.
③ 독서삼품과를 실시하였다.
④ 김헌창의 난을 진압하였다.

05 (가)~(다) 사건을 일어난 순서대로 옳게 나열한 것은? [67회 7번]

인물로 보는 한국사

삼국 통일 과정

(가) 고구려에 가서 군대를 보내줄 것을 요청하였소. 김춘추

(나) 기벌포 앞바다에서 당의 수군을 몰아내었소. 문무왕

(다) 황산벌에서 계백이 이끄는 백제군과 싸워 승리하였소. 김유신

① (가) - (나) - (다)　② (가) - (다) - (나)
③ (나) - (가) - (다)　④ (다) - (가) - (나)

06 다음 가상 일기의 밑줄 그은 '이 전투'로 옳은 것은? [54회 5번]

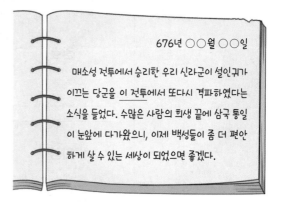

676년 ○○월 ○○일

매소성 전투에서 승리한 우리 신라군이 설인귀가 이끄는 당군을 이 전투에서 또다시 격파하였다는 소식을 들었다. 수많은 사람의 희생 끝에 삼국 통일이 눈앞에 다가왔으니, 이제 백성들이 좀 더 편안하게 살 수 있는 세상이 되었으면 좋겠다.

① 살수 대첩　　　　② 기벌포 전투
③ 안시성 전투　　　　④ 황산벌 전투

남북국의 경제 · 사회 · 문화

1 남북국의 경제 · 사회 · 교육

1) 경제

❶ 민정 문서
신라 촌락 문서라고도 불리는 민정 문서는 통일 신라 촌락을 기록한 문서이다. 이 문서에는 755년경 서원경 인근 4개 마을에 대한 인구, 논, 밭, 가축, 나무 등의 수를 조사한 내용이 담겨있다.

통일 신라	• **민정 문서❶**: 국가가 세금을 거두고 노동력을 파악하기 위해 촌주가 3년마다 지역의 인구수 및 가축 등의 변동 사항을 조사하여 기록 • **국제 무역**: 국제 무역이 번성하여 울산항에서 아라비아 상인 등과 교류 • **장보고**: 완도에 청해진 설치 → 해적 소탕, 동아시아의 해상 무역 장악
발해	• **농업과 목축**: 밭농사(조, 콩, 보리 등) 중심, 목축(솔빈부의 말❷)과 수렵 • **대외 교류**: 신라(신라도), 일본(일본도), 거란(거란도)과 교류

2) 사회

통일 신라	6두품의 성장: 당의 빈공과(과거 시험)에 합격하여 당의 관리가 되기도 함
발해	• **지배층**: 왕족 대씨, 귀족 고씨 등 고구려 유민으로 구성 • **피지배층**: 대부분이 말갈인

❷ 솔빈부의 말
발해에서는 목축을 주로 하여 말을 전국적으로 사육하였다. 발해의 지방 행정 구역인 15부 중 솔빈부는 특산품인 말을 당, 일본 등에 수출하였다.

3) 교육

통일 신라	• **국학**: 신문왕 때 설립된 유학 교육 기관 • **독서삼품과**: 원성왕 때 유교 경전의 이해 수준에 따라 관리를 뽑은 제도
발해	주자감을 두어 귀족 자녀에게 유학을 교육

2 통일 신라의 불교

	┌ 나무아미타불만 외우면 극락왕생 할 수 있다고 믿는 신앙
원효	• 아미타 신앙과 함께 「무애가」를 전파하여 불교 대중화에 기여 • 화쟁 사상(불교 종파의 대립 및 분열을 끝내고 화합을 이루기 위한 사상)과 일심 사상(모든 것은 한 마음에서 나온다는 사상)을 내세우며 불교 종파를 통합 • **저술**: 『금강삼매경론』, 『대승기신론소』, 『십문화쟁론』
의상	• 당 유학 후 귀국하여 부석사에서 화엄종을 개창 • 화엄 사상을 정립하여 『화엄일승법계도』를 저술 • 관음 신앙을 전파 ┌ 현세의 고난을 구제받고자 하는 신앙
혜초	인도와 중앙아시아 지역을 순례하고 『왕오천축국전』을 저술

1-1 청해진

> 구법(求法)을 마친 후 적산으로 돌아와 청해진을 거쳐 일본으로 향하고자 합니다. 엎드려 바라건대 장보고 대사를 찾아 뵙고 사정을 상세하게 말씀해 주십시오. 저 엔닌이 돌아가는 것은 대략 내년 가을쯤이 될 것입니다. 청하건대 명령을 내려 그쪽으로 가는 사람과 배가 있는지 특별히 찾아보도록 해 주십시오.
>
> – 『입당구법순례행기』 –

통일 신라 때 바다에 해적이 들끓어 마을을 습격하고, 주민들을 당나라의 노예로 팔았어요. 이에 장보고는 완도에 청해진을 설치하고 군대를 모아 군사 훈련을 시켰어요. 1만 명의 군사로 해적을 소탕한 그는 통일 신라의 바다에 나와 있는 모든 배를 보호할 수 있게 되었어요. 바다에서의 지배권을 얻게 된 장보고는 당, 신라, 일본을 잇는 해상 무역을 장악하였어요.

1-2 청해진　　　　66회 9번

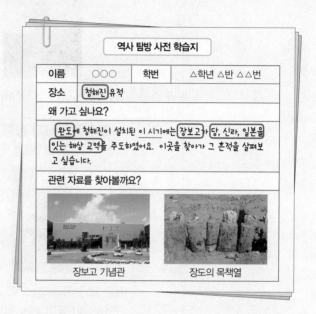

역사 탐방 사전 학습지

이름	○○○	학번	△학년 △반 △△번
장소	청해진 유적		

왜 가고 싶나요?

완도에 청해진이 설치된 이 시기에는 장보고가 당, 신라, 일본을 잇는 해상 교역을 주도하였어요. 이곳을 찾아가 그 흔적을 살펴보고 싶습니다.

관련 자료를 찾아볼까요?

장보고 기념관　　　장도의 목책열

★ (장보고) 청해진을 거점으로 해적을 소탕하고 당, 일본과의 해상 무역을 주도
★ 장보고가 청해진을 설치하였다.

2-1 의상

[47회 출제]

통일 신라를 대표하는 귀족 출신 승려 의상은 삼국 통일 이전 원효와 함께 당으로의 유학길에 올랐지만, 고구려군에게 첩자로 의심받아 붙잡혔어요. 이후 혼자 당으로 유학을 가서 8년간 불교를 공부한 그는 통일 신라로 돌아와 화엄 사상을 전파하기 위해 부석사를 세우고 화엄종을 개창하였어요.

2-2 의상　　　　47회 7번

검색 결과입니다.

귀족 출신의 신라 승려로 당에 유학하였다. 귀국 후 낙산사 등 여러 절을 창건하고, 관음 신앙을 전파하였다. 신라에서 화엄종을 개창하였으며 화엄일승법계도를 남겼다.

★ 『화엄일승법계도』를 남기다
★ 부석사를 창건하였다.

3 남북국의 탑과 불상

1) 탑

경주 불국사 삼층 석탑 (통일 신라)	경주 불국사 다보탑 (통일 신라)
 「무구정광대다라니경」이 발견됨	 화강석 석탑으로, 균형감과 신라의 아름다움을 표현
경주 감은사지 삼층 석탑 (통일 신라)	**발해 영광탑 (발해)**
 이층 기단 위에 3층으로 쌓아 올린 전형적인 통일 신라 석탑 양식	 당 문화의 영향을 받아 벽돌로 쌓은 전탑

2) 불상

석굴암 본존불 (통일 신라)	이불 병좌상 (발해)

❸ 치미
건물 지붕의 양 끝에 올리던 장식 기와로, 새의 꼬리 혹은 물고기의 모습을 하고 있다.

4 발해의 고구려 문화 계승

치미❸	연꽃무늬 수막새❹
 고구려 궁성인 안학궁에서 출토된 것과 동일한 치미 발견	 제작 방식, 구조, 무늬를 통해 고구려 문화의 영향을 받았음을 알 수 있음

❹ 수막새
건물 지붕의 기왓골 끝에 사용되었던 기와로, 연꽃, 새, 얼굴 등의 무늬가 새겨져 있다.

3-1 「무구정광대다라니경」

[50회 출제]

경주 불국사 삼층 석탑을 해체하고 보수하는 중에 탑 내부에 봉인되어 있던 「무구정광대다라니경」을 발견하였어요. 세계에서 가장 오래된 목판 인쇄물인 「무구정광대다라니경」은 두루마리 모양으로 만든 책으로, 부처처럼 깨달음을 얻기를 바라는 마음을 담은 주문이 새겨져 있어요.

4-1 발해의 고구려 문화 계승

▲ 러시아 콕샤로프카 출토 온돌 시설 [49회 출제]

러시아 연해주 중북부에 위치한 발해 유적 콕샤로프카 평지성에서 고구려 양식의 온돌 시설이 발견되었어요. 'ㄱ'자로 꺾어 건물 밖으로 빼는 온돌 구조는 고구려 대표 유적지인 중국 집안 동대자 지역에서 출토된 온돌 구조와 매우 비슷해요. 온돌 시설을 비롯한 치미, 수막새 모양 모두 발해와 고구려의 것이 유사한 점을 통해 발해가 고구려를 계승하였음을 알 수 있어요.

3-2 발해의 문화유산

69회 8번

문화유산으로 만나는 ___(가)___

정효 공주 묘지에서는 문왕 때 사용한 '대흥'이라는 연호를 확인할 수 있습니다.

상경성에서 출토된 이불 병좌상은 석가불과 다보불이 나란히 앉아 있는 모습을 형상화한 것입니다.

★ 발해 영광탑
★ 이불 병좌상, 발해 석등

4-2 발해의 고구려 문화 계승

54회 9번

이 치미와 용머리상을 남긴 국가에 대해 알려줘.

대조영이 세운 국가로 고구려 계승을 표방하였어.

★ 치미, 용머리상
★ 연꽃무늬 수막새

연습하기

❶ OX 퀴즈

(1) 통일 신라 장보고는 청해진을 설치하여 해적을 소탕 하였다. (O/x)

(2) 원효는 당에 유학을 갔다 와 화엄 사상을 통일 신라 에 전파하였다. (O/x)

(3) 경주 불국사 삼층 석탑에서 세계 최고 목판 인쇄물인 「무구정광대다라니경」이 발견되었다. (O/x)

❷ 빈칸 퀴즈

(1) 발해는 ( )(이)라는 교육 기관이 있었다.

(2) 원효는 「( )」을/를 지어 불교 대중화에 기여하 였다.

(3) 이불 병좌상은 ( )의 불상이다.

❸ 사진 퀴즈

Q. 다음의 문화유산을 가진 나라의 설명으로 옳지 <u>않</u> 은 것은?

① 전성기 때 해동성국이라고 불렸다.

② 장문휴를 보내 등주 지방을 공격하였다.

③ 골품 제도라는 엄격한 신분 제도가 있었다.

④ 지방 행정 제도로 5경 15부 62주가 있었다.

정답 ❶ (1) ○ (2) x (3) ○
❷ (1) 주자감 (2) 무애가 (3) 발해
❸ ③

01 밑줄 그은 '이 인물'에 대한 설명으로 옳은 것은?

[69회 7번]

이 인물은 「대승기신론소」 등을 통해 모든 것이 한마음에서 나온다는 일심 사상을 주장 했어요.

#신라_불교 #나무아미타불 #십문화쟁론

① 왕오천축국전을 지었다.

② 수선사 결사를 제창하였다.

③ 황룡사 구층 목탑의 건립을 건의하였다.

④ 무애가를 짓는 등 불교 대중화에 힘썼다.

02 (가)에 들어갈 내용으로 옳은 것은? [51회 9번]

이것은 신라 촌락 문서입니다. 이 문서 에 대해 알고 있는 내용을 대화 창에 올 려 주세요.

일본 도다이사 쇼소인에서 발견되었어요.

서원경에 속한 촌을 비롯한 4개 촌락의 경제 상황이 기록되어 있어요.

(가)

① 단군의 건국 이야기가 수록되어 있어요.

② 병인양요 때 프랑스군에게 약탈당하였어요.

③ 유네스코 세계 기록 유산으로 등재되었어요.

④ 노동력 동원과 세금 징수를 위해 작성되었어요.

03 학생들이 공통으로 이야기하는 문화유산으로 옳은 것은? [55회 7번]

주제: 통일 신라의 석탑

경주 불국사 대웅전 앞에 있어.

2층 기단 위에 3층의 탑신을 세웠어.

탑을 보수하던 중 무구정광대다라니경이 발견되었지.

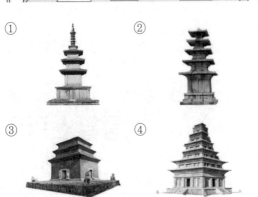

① ② ③ ④

04 다음 자료에 해당하는 국가의 문화유산으로 옳은 것은? [64회 9번]

○ 대조영은 마침내 그 무리를 거느리고 동쪽으로 가서 계루부의 옛 땅을 차지하고, 동모산에 웅거하여 성을 쌓고 살았다.
○ 대인수가 왕위에 올라 연호를 건흥으로 바꾸었다. ······ 여러 차례 학생들을 유학 보내어 고금의 제도를 익히게 하니, 비로소 해동성국에 이르렀다.

① 영광탑 ② 금관총 금관

③ 금동 대향로 ④ 판갑옷과 투구

단원 정리 마인드맵

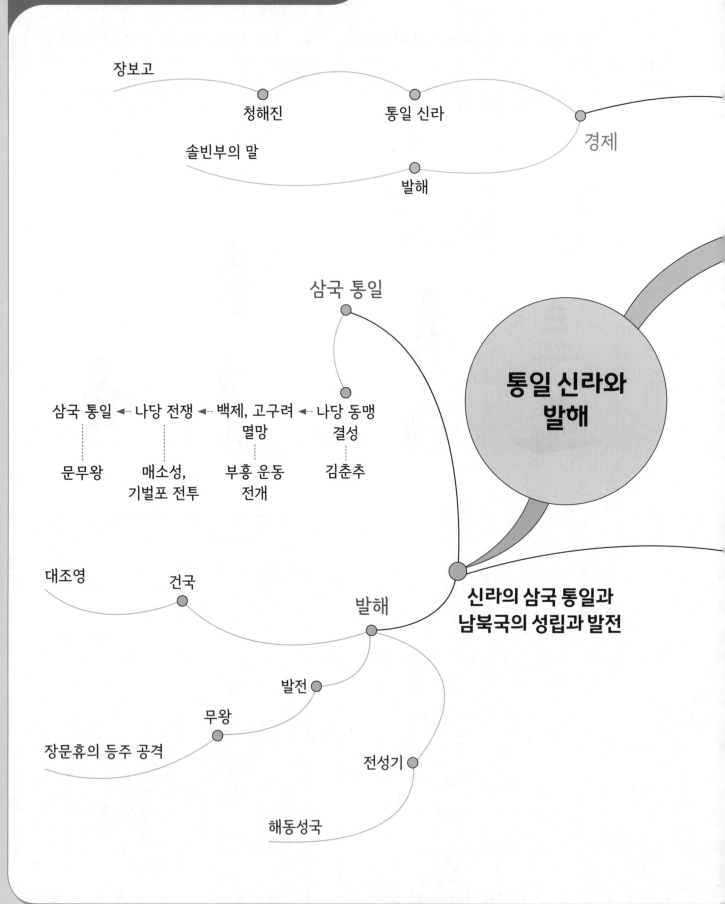

장보고

청해진   통일 신라

솔빈부의 말

발해   경제

삼국 통일

삼국 통일 ◄-- 나당 전쟁 ◄-- 백제, 고구려 ◄-- 나당 동맹
                               멸망   결성

문무왕   매소성,   부흥 운동   김춘추
          기벌포 전투   전개

통일 신라와 발해

대조영   건국

발해

**신라의 삼국 통일과
남북국의 성립과 발전**

발전

무왕

장문휴의 등주 공격

전성기

해동성국

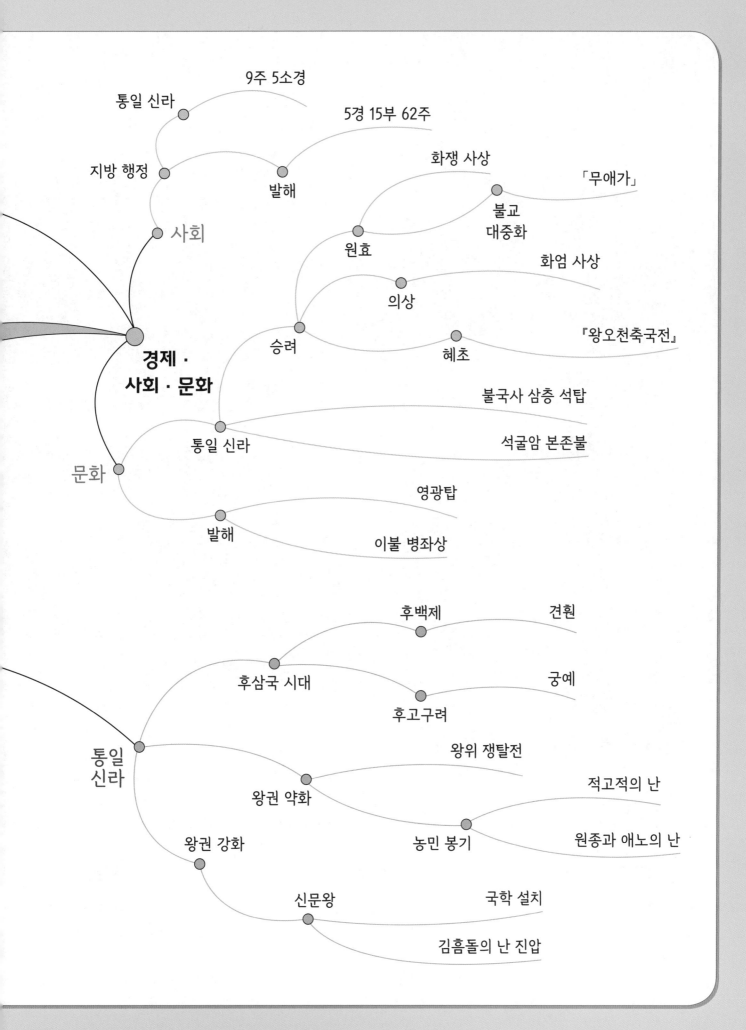

9주 5소경

통일 신라

5경 15부 62주

지방 행정

발해

화쟁 사상

사회

「무애가」

불교
대중화

원효

화엄 사상

의상

경제 ·
사회 · 문화

『왕오천축국전』

승려

혜초

불국사 삼층 석탑

통일 신라

석굴암 본존불

문화

영광탑

발해

이불 병좌상

후백제

견훤

후삼국 시대

궁예

후고구려

왕위 쟁탈전

적고적의 난

통일
신라

왕권 약화

원종과 애노의 난

농민 봉기

왕권 강화

국학 설치

신문왕

김흠돌의 난 진압

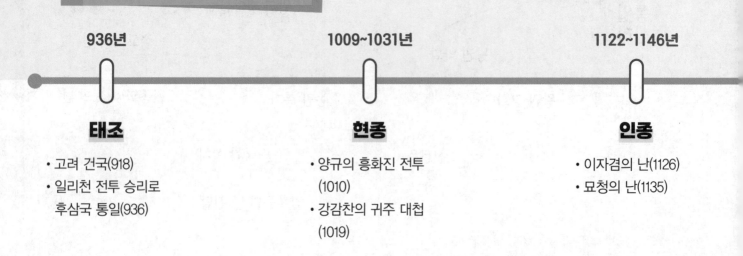

고려의 성립과 발전

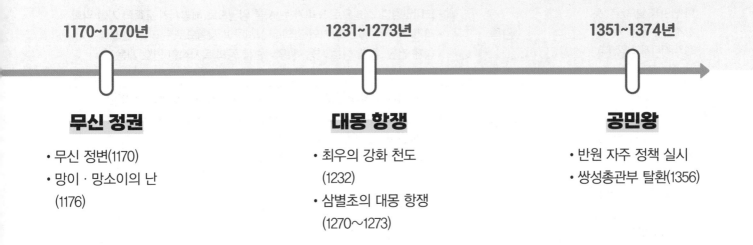

1170~1270년

무신 정권

• 무신 정변(1170)
• 망이 · 망소이의 난
  (1176)

1231~1273년

대몽 항쟁

• 최우의 강화 천도
  (1232)
• 삼별초의 대몽 항쟁
  (1270~1273)

1351~1374년

공민왕

• 반원 자주 정책 실시
• 쌍성총관부 탈환(1356)

고려의 건국과 발전

1 고려의 건국

고려 건국(918)	후고구려 궁예의 신하로 들어간 왕건이 세력을 키워 궁예를 몰아내고 고려를 건국 ┕ 송악(개성)의 호족 출신이자 해상 무역으로 성장
공산 전투(927)	후백제의 견훤이 신라를 공격하여 경애왕을 죽게 함 → 신라의 군사 요청을 받은 고려가 공산에서 후백제와 싸웠지만 패배
고창 전투(930)	고려가 고창(안동) 전투에서 후백제에 크게 승리
견훤 귀순(935)	┍ 넷째 아들에게 왕위를 물려주려 함 후백제 견훤의 첫째 아들 신검이 견훤을 금산사에 유폐 → 견훤이 금산사에서 탈출하여 고려에 귀순
신라 항복(935)	신라의 경순왕(김부)이 고려에 항복
후삼국 통일(936)	• 일리천 전투에서 고려가 후백제에 승리를 거두고 후삼국을 통일 • 고려가 거란에 의해 멸망한 발해 유민을 포용

2 고려의 발전

태조	┍ 빈민 구제 기구 • **민생 안정책**: 흑창 설치, 조세 세율을 1/10로 낮춤 • **호족 통합 정책**: 혼인 정책, 공을 세운 사람에게 왕씨 성을 내려줌 • **호족 견제 정책**: 사심관 제도❶, 기인 제도❷ • **북진 정책**: 서경(평양) 중시, 반거란 정책(만부교 사건❸) • **왕권 안정책**: 『정계』, 『계백료서』를 통해 관리의 규범 제시, 훈요 10조를 통해 후대 왕들이 지켜야 할 정책 방향 제시
광종	• **노비안검법**: 불법으로 노비가 된 자를 양인으로 해방시켜 호족의 기반 약화 • **과거제**: 후주 출신 쌍기의 건의로 실시하여 시험으로 관리를 선발 • **칭제 건원**: 황제 칭호 사용, 광덕 · 준풍 등의 독자적인 연호 사용
성종	• **유교 정치 실시**: 최승로의 시무 28조 수용, 국자감 설치(교육 기관) • **통치 제도 정비**: 중앙은 2성 6부로 정비, 지방에는 12목을 설치하여 지방관 파견, 도병마사와 식목도감 설치 • 의창과 상평창(물가 조절 기구)을 설치 ┕ 흑창을 확대 ┕ 고려의 독자적인 정치 기구

❶ **사심관 제도**
지방 호족 출신의 중앙 관리를 사심관으로 임명하여 자신의 출신 지역을 다스리게 한 제도이다.

❷ **기인 제도**
지방 호족의 아들을 수도 개경에 머물도록 한 제도로, 지방 호족들이 반란을 일으키지 못하게 하는 인질 제도의 성격을 가지고 있었다.

❸ **만부교 사건**
거란이 고려와 화친을 맺기 위해 사신을 보내 낙타 50필을 바쳤으나, 고려 태조가 선물받은 낙타를 만부교 아래에서 굶겨 죽였다.

1-1 고려의 후삼국 통일

왕건은 난폭하게 정치를 하는 궁예를 밀어낸 후 백성들의 지지를 받으며 왕위에 올라 고려를 건국하였어요. 고려는 외세의 힘을 빌리지 않고 후삼국을 통일하였고, 후백제인, 신라인, 발해인까지 포용하여 민족을 통일하였어요.

2-1 광종의 과거제 시행

> 쌍기의 말을 받아들여 과거로 관리를 뽑았으며, 이로부터 학문을 숭상하는 풍조가 비로소 일어났다.

[61회 출제]

광종은 쌍기의 건의로 과거제를 실시하여 왕에게 충성하는 인재를 뽑고자 하였어요. 과거제는 법적으로 양인 이상이면 누구나 과거에 응시가 가능하였어요. 높은 관직에 오르기 위해서는 과거에 급제하는 것이 훨씬 유리하였으며, 과거제를 통해 고위 관료를 배출한 가문들이 문벌귀족으로 성장하였어요.

1-2 견훤   66회 11번

★ 공산 전투에서 고려에 승리하였다.
★ 그는 아들 신검에 의해 금산사에 유폐된 비운의 왕이기도 하다.
★ 고려에 투항함

2-2 광종   71회 11번

(앞면)

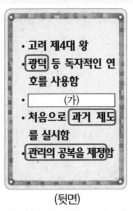

- 고려 제4대 왕
- 광덕 등 독자적인 연호를 사용함
- (가)
- 처음으로 과거 제도를 실시함
- 관리의 공복을 제정함

(뒷면)

★ 왕께서 한림학사 쌍기의 건의를 받아들이셨다고 합니다.
★ 과거 시험을 통해 인재를 선발하기로 했다더군요.
★ 준풍이라는 연호를 사용한 왕
★ 노비안검법을 시행하였다

3 고려의 통치 제도

1) 중앙 정치 제도

2성 6부	┌ 재신과 낭사로 구성 중서문하성(문하시중, 국정 총괄·최고 정치 기구), 상서성(정책 집행, 6부 관리)과 그 아래 6부(이·병·호·형·예·공)로 구성
도병마사	국방과 군사 문제를 논의
식목도감	법률과 제도를 제정하고 시행
중추원	추밀(군사 기밀 담당)과 승선(왕명 전달)으로 구성
삼사❹	화폐와 곡식의 출납 및 회계를 담당
어사대	• 정치의 잘잘못을 논하고 관리의 비리를 감찰 및 탄핵 • 어사대의 관원은 중서문하성의 낭사와 함께 대간으로 불림 └ 간쟁·봉박·서경의 권한을 가짐

❹ 고려와 조선의 삼사
고려의 삼사는 화폐와 곡식의 출납과 회계를 담당하여 국가 재정을 관리하던 기구이다. 반면, 조선의 삼사는 왕권을 견제하는 기구로서 사헌부, 사간원, 홍문관 3개의 기관으로 구성되었다.

2) 지방 행정 체제

5도 양계	• 전국을 일반 행정 구역인 5도로 나누고 도 아래 주·군·현 설치 → 5도에는 안찰사, 주현에는 지방관 파견 • **양계**: 군사 행정 구역으로 병마사 파견, 국경 지대에 진 설치
향·부곡·소	• 특수 행정 구역으로 농업(향·부곡) 및 수공업(소)에 종사 • 천민 신분은 아니지만 양반에 비해 차별 대우를 받음

3) 군사 제도

중앙군	• **2군**: 국왕의 친위 부대(응양군, 용호군) • **6위**: 개경을 경비하고 국경을 방어
지방군	• **주현군**: 5도에 배치 • **주진군**: 양계에 배치

4) 관리 등용 제도

과거제	법적으로 양인 이상이면 응시 가능
음서제	공신 및 5품 이상 관리의 자손이 과거 시험 없이 관직에 진출

3-1)-1 **2성 6부**

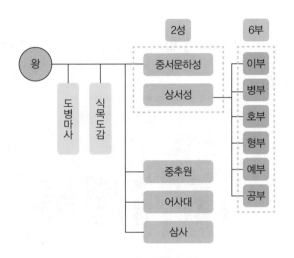

고려는 당의 중앙 정치 제도인 3성 6부제를 도입한 후 고려의 사정에 맞게 중서성과 문하성을 하나로 합쳐 2성 6부제로 정치 체제를 정비하였어요. 정치 기구인 도병마사와 식목도감도 설치하여 독자적으로 운영하였어요.

3-2)-1 **고려의 지방 행정 체제**

고려는 전국을 5도로 나누어 도 아래 주·군·현을 설치하였고, 12목에 지방관을 파견하였어요. 수도는 개경, 서경, 남경으로 삼경을 두었고, 군사 행정 구역으로는 동계와 북계를 설치하였어요. 특별 행정 구역인 향·부곡·소는 일반 양민보다 세금을 더 내는 등 차별을 받았어요.

3-1)-2 **도병마사** 61회 17번

★ 중서문하성과 중추원의 고위 관료들로 구성
★ 국방과 군사 문제 논의

3-2)-2 **어사대** 48회 13번

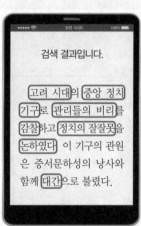

★ 고려 시대의 중앙 정치 기구
★ 정치의 잘잘못을 논함
★ 관리들의 비리 감찰

❶ OX 퀴즈

(1) 고려는 공산 전투에서 후백제의 견훤에게 크게 승리하였다. (O / x)

(2) 고려 태조는 빈민 구제 기구인 의창을 설치하였다. (O / x)

(3) 고려의 특수 행정 구역인 향·부곡·소의 백성은 일반 양민에 비해 차별 대우를 받았다. (O / x)

❷ 빈칸 퀴즈

(1) 고려 광종은 후주 쌍기의 건의로 ( )을/를 실시하였다.

(2) 고려의 독자적인 정치 기구인 ( )은/는 국방과 군사 문제를 논의하였다.

(3) 고려의 ( )은/는 관리의 비리를 감찰하고 탄핵하였다.

❸ 연표 퀴즈 - 후삼국 통일 과정

□□ 건국
왕건이 후고구려의 궁예를 몰아내고 나라를 세웠다.

□□의 귀순
후백제의 왕이었으나 고려에 귀순하였다.

□□□ 전투
고려가 후백제로부터 승리를 거두고 후삼국을 통일하였다.

01 (가)~(다)를 일어난 순서대로 옳게 나열한 것은?

[71회 10번]

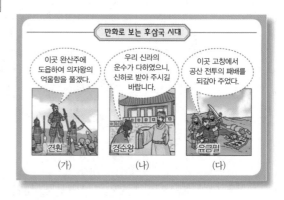

① (가) - (나) - (다)　② (가) - (다) - (나)
③ (나) - (가) - (다)　④ (다) - (가) - (나)

02 (가) 왕에 대한 설명으로 옳은 것은? [63회 10번]

① 집현전을 설치하였다.
② 기인 제도를 실시하였다.
③ 나선 정벌을 단행하였다.
④ 노비안검법을 시행하였다.

정답 | ❶ (1) x (2) x (3) O
❷ (1) 과거제 (2) 도병마사 (3) 어사대
❸ 고려, 견훤, 일리천

03 (가) 왕의 업적으로 옳은 것은? [67회 11번]

① 흑창을 두었다.
② 강화도로 천도하였다.
③ 과거제를 처음 실시하였다.
④ 전민변정도감을 설치하였다.

04 밑줄 그은 '왕'의 업적으로 옳은 것은? [58회 12번]

① 훈요 10조를 남겼다.
② 수도를 강화도로 옮겼다.
③ 노비안검법을 시행하였다.
④ 기철 등 친원파를 숙청하였다.

05 다음 퀴즈의 정답으로 옳은 것은? [66회 13번]

① 광종　　　　② 문종
③ 성종　　　　④ 예종

06 다음 상황 이후 일어난 사실로 옳은 것은?

[55회 11번]

① 상대등이 설치되었다.
② 12목에 지방관이 파견되었다.
③ 쌍기의 건의로 과거제가 실시되었다.
④ 웅천주 도독 김헌창이 반란을 일으켰다.

문벌 귀족 사회와 무신 정권

1 문벌 귀족 사회의 성립과 동요

1) 문벌 귀족 사회의 성립

성립	지방 호족과 신라 6두품 출신의 유학자들이 여러 대에 걸쳐 높은 관직과 권력을 차지하며 문벌 귀족을 형성
특징	• 과거와 음서를 통해 관직에 진출 • 과전과 공음전을 통해 토지를 받아 경제적 기반을 강화 • 왕실과의 혼인 및 문벌 귀족 간에 혼인 관계를 맺어 세력을 유지

2) 문벌 귀족 사회의 동요

이자겸의 난 (1126)	• **배경**: 정권을 장악하고 있던 경원 이씨 가문과 이자겸의 권력 독점을 반대하는 왕의 측근 세력이 대립 └ 왕의 외척 가문 • **전개**: 인종의 이자겸 제거 실패 → 이자겸이 자신의 반대파를 제거하고 척준경과 권력 장악 → 인종이 척준경으로 하여금 이자겸을 배신하고 죽이도록 하여 반란 진압 • **결과**: 경원 이씨 세력의 몰락, 중앙 지배층인 문벌 귀족 사회의 내부 분열
묘청의 서경 천도 운동 (1135)	• **배경**: 이자겸의 난으로 궁궐이 불타자, 묘청이 서경 천도 주장 → 문벌 귀족 개경파(김부식)와 신진 세력 서경파(묘청, 정지상)❶가 대립 • **전개**: 서경파의 서경 천도, 금 정벌, 칭제 건원 주장 → 개경파의 반대 → 묘청이 난을 일으킴(국호 '대위', 연호 '천개') → 김부식이 이끄는 관군에 의해 진압됨 • **결과**: 서경파의 몰락, 문벌 귀족 사회의 붕괴 촉진

❶ 서경파 VS 개경파

서경파	개경파
묘청, 정지상	김부식
신진 세력, 자주적	문벌 귀족, 사대적, 보수적
북진 정책, 고구려 계승	사대 정책, 신라 계승
전통 사상, 풍수지리설	유교 사상
서경 천도, 금국 정벌, 칭제 건원	정권 안정, 서경파와 반대 주장

🔍 자료 미리보기

1-1)-1 고려 문벌 귀족 사회의 모습

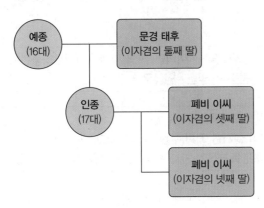

▲ 이자겸 가문과 왕실의 혼인 관계도

문벌 귀족 이자겸은 자신의 딸들을 왕들과 결혼시키면서 가문의 권력을 유지하고 특권을 누렸어요. 이자겸과 왕실의 혼인 관계도를 통해 당시 고려 문벌 귀족 사회의 모습을 파악할 수 있어요.

1-2)-1 묘청의 서경 천도 운동

제가 보건대, 서경 임원역의 땅은 풍수지리를 하는 사람들이 말하는 아주 좋은 땅입니다. 만약 이곳에 궁궐을 짓고 옮겨 앉으시면 천하를 다스릴 수 있습니다. 또한, 금이 선물을 바치고 스스로 항복할 것이요, 주변의 36국이 모두 머리를 조아릴 것입니다.

– 『고려사』 –

묘청은 서경 출신의 승려로, 풍수지리설에 따라 서경으로 천도해야 한다고 주장하며 서경에 대화궁까지 만들었지만 받아들여지지 않자 결국 난을 일으켰어요.

🔑 제시문&선지 키워드

1-1)-2 이자겸　　　67회 14번

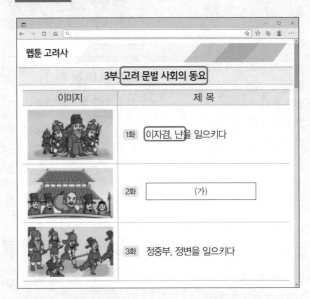

★ 고려 문벌 사회의 동요
★ 이자겸이 (금의) 사대 요구를 수용하였다.

1-2)-2 서경 천도 운동　　58회 14번

★ 묘청, 서경 천도를 주장하다
★ 묘청이 난을 일으켰다.
★ 서경으로 수도를 옮기고 금나라를 정벌하자!
★ 김부식이 이끄는 관군에 진압되었다.

2 무신 정권의 성립

1) 무신 정변(1170)

배경	문벌 귀족 지배 체제 속에서 오랜 기간 무신을 차별 대우
전개	정중부, 이의방 등 무신들이 보현원❷에서 정변을 일으켜 많은 문신들을 죽이며 의종을 폐위하고 명종을 세워 정권을 차지

┌ 무신 정변 이후 100여 년 동안 권력을 장악

2) 무신 정권의 성립

권력자의 변화	이의방 → 정중부 → 경대승 → 이의민 → 최씨 무신 정권(최충헌 → 최우 → 최항 → 최의) → 김준 → 임연 · 임유무
지배 기구	• **중방**: 무신 정권의 최고 권력 기구 • **교정도감**: 최충헌이 설치한 최씨 무신 정권의 최고 권력 기구 • **정방**: 최우가 설치한 독자적인 인사 행정 기구, 교정도감과 함께 활용

3 농민과 하층민의 봉기

망이 · 망소이의 난	• **원인**: 무신 정권의 과도한 세금 징수와 특수 행정 구역❸인 공주 명학소 백성에 대한 차별 대우 • **전개**: 망이 · 망소이 형제가 반란을 일으킴 → 무신 정권이 반란을 진정시키기 위해 공주 명학소를 충순현으로 승격 → 무신 정권이 반란 참여자의 가족을 가둠 → 망이 망소이가 다시 반란을 일으켜 반란이 충청도 곳곳으로 퍼졌으나 관군에게 진압됨
만적의 난	최충헌의 노비였던 만적이 신분 차별을 없앨 것을 주장하며 노비들을 모아 봉기를 계획하였으나 난을 일으키기도 전에 발각되어 실패

❷ **보현원 사건**
보현원에서 왕과 문신들이 술판을 벌이는 중에 문신 한뢰가 옆에 있는 무신 이소응의 뺨을 때리는 사건이 발생하였다. 이에 오랜 차별을 받던 무신들이 들고 일어나 문신들을 죽이고서 권력을 차지하였다.

❸ **특수 행정 구역**
고려의 특수 행정 구역인 향 · 부곡 · 소의 백성은 다른 지역보다 더 많은 세금을 내야 했고, 다른 지역으로 이사를 갈 수도 없었으며 과거 시험을 보지 못하는 등의 차별을 받았다.

2-1 무신 정권의 지배 기구

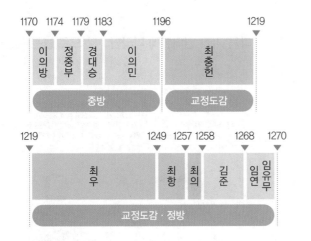

1170년에 일어난 무신 정변 이후 고려는 100여 년 동안 무신들이 권력을 잡았어요. 무신들의 계속된 권력 다툼으로 최고 권력자가 계속 바뀌었고, 최충헌부터 최의까지의 최씨 무신 정권 기간에 무신의 권력이 제일 확대되었어요. 무신 정권은 고려가 몽골의 침략에 항복하면서 무너졌어요.

2-2 무신 정변   61회 16번

무신 이소응이 무술 겨루기에서 이기지 못하고 달아나자, 문신 한뢰가 갑자기 이소응의 뺨을 때렸어요. 이때 왕과 문신들이 손뼉을 치며 웃었어요.

이에 차별 대우를 받으며 불만이 쌓여 왔던 무신들은 정변을 일으켜 문신들을 제거하고 권력을 장악하였어요.

★ 정중부 – 문신의 관을 쓰고 있는 자는 모두 죽여라.
★ 무신들이 정권을 장악하였다.

3-1 만적의 난

> 사노비인 만적이 공·사의 노비들을 불러 모아 말하기를 "경계의 난 이래로 고관이 천한 노예들 가운데서 많이 나왔다. 장수와 재상의 씨가 따로 있는 것이 아니다. 때가 오면 누구나 할 수 있는 것이다. 우리들 노비만이 어찌 채찍질 밑에서 고생하라는 법이 있는가."라고 하였다. 이에 노비들이 모두 찬성하였다.
>
> – 『고려사』 –

무신 정변 이후 정권을 차지한 무신들이 백성들의 토지를 빼앗고 많은 세금을 거두자 견디다 못한 백성들이 전국 곳곳에서 봉기를 일으켰어요. 또한, 천민 출신 이의민이 무신 정권의 최고 권력자가 되는 것을 보고서 백성들도 신분을 상승시킬 수 있다는 생각을 하게 되었고, 노비 신분이었던 만적도 신분 제도에서 해방되고자 봉기를 일으켰어요.

3-2 망이·망소이의 난   71회 15번

우리 고향 공주 명학소를 현으로 승격해 줄 땐 언제고 다시 군대를 보내 토벌하러 오다니!

차라리 죽을지언정 굴복하지 않고 개경까지 진격하겠다!

★ 망이·망소이가 공주 명학소에서 봉기하였다.
★ 특수 행정 구역인 소의 주민이 참여하였다.

❶ OX 퀴즈

(1) 문벌 귀족 가문의 이자겸은 척준경의 배신으로 인해 반란에 실패하였다. (O / X)

(2) 문신들은 오래 기간 동안 무신에 비해 차별대우를 받아 정변을 일으켰다. (O / X)

(3) 교정도감은 문벌 귀족 세력의 중심 권력 기구이다. (O / X)

❷ 빈칸 퀴즈

(1) 이자겸의 난 이후, 묘청은 ( )(으)로 천도할 것을 주장하였다.

(2) 무신 정권 시기, 공주 명학소 백성들에 대한 차별로 인해 ( )이/가 반란을 일으켰다.

(3) 최충헌의 노비였던 ( )은/는 신분 차별에 반발하여 봉기를 계획하였다.

❸ 연표 퀴즈 - 고려 중기의 중요 사건

- ☐☐☐의 난
  ☐☐☐은/는 왕의 외척 가문으로 권력을 누리고 있었으나, 인종이 자신을 죽이려 하자 반란을 일으켰다.

- ☐☐의 서경 천도 운동
  ☐☐이/가 서경 천도, 금 정벌 등 자신의 주장이 받아들여지지 않자 난을 일으켰다.

- ☐☐ 정변
  무신들이 오랜 차별 대우를 받다가 보현원에서 정변을 일으켜 많은 문신들을 죽이고 의종을 폐위시켰다.

01 다음 가상 인터뷰에 나타난 사건으로 옳은 것은?

[54회 12번]

① 묘청의 난 ② 김흠돌의 난
③ 홍경래의 난 ④ 원종과 애노의 난

02 (가) 시기에 있었던 사실로 옳은 것은?

[48회 14번]

① 김헌창이 난을 일으켰다.
② 최우가 정방을 설치하였다.
③ 묘청이 금 정벌을 주장하였다.
④ 서희가 강동 6주를 획득하였다.

정답 | ❶ (1) O (2) X (3) X
　　 ❷ (1) 서경 (2) 망이 · 망소이 (3) 만적
　　 ❸ 이자겸, 이자겸, 묘청, 묘청, 무신

03 (가) 시기에 볼 수 있는 장면으로 옳은 것은?

[64회 14번]

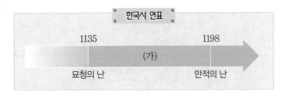

① 문신의 관을 쓰고 있는 자는 모두 죽여라.
정중부

② 새로 제작한 화포로 진포에 침입한 왜구를 물리치자.
최무선

③ 이곳 흥화진에서 거란군을 모두 물리쳐라.
강감찬

④ 우리 삼별초는 여기 진도 용장성에서 적에 맞서 끝까지 싸울 것이다.
배중손

04 다음 퀴즈의 정답으로 옳은 것은? [60회 16번]

제시된 단계별 힌트를 종합하여 알 수 있는 기구는 무엇일까요?

1단계 | 고려 무신 정권기의 최고 권력 기구입니다.

2단계 | 임시 기구로 출발하였습니다.

3단계 | 최충헌이 설치하였습니다.

300   290

① 중방   ② 교정도감
③ 도병마사   ④ 식목도감

05 (가)~(다)를 일어난 순서대로 옳게 나열한 것은?

[63회 11번]

문신의 관을 쓴 자는 모두 죽여라!
정중부
(가)

왕이 우리를 죽이려 했다. 군사를 동원하여 궁궐로 가자!
이자겸
(나)

국호를 대위, 연호를 천개라 하겠다!
묘청
(다)

① (가) – (나) – (다)
② (나) – (가) – (다)
③ (나) – (다) – (가)
④ (다) – (나) – (가)

06 다음 사건이 일어난 시기를 연표에서 옳게 고른 것은? [69회 13번]

만적이 개경의 북산에서 땔나무를 하다 노비들을 모아 놓고 다음과 같이 말했어요. "장군과 재상에 어찌 타고난 씨가 있겠는가? 때를 만나면 누구나 할 수 있다."

이에 동의한 노비들은 정(丁)자가 쓰인 종이를 증표로 나눠 가진 후 봉기하기로 약속했어요. 그러나 봉기가 실패할 것이 두려워진 노비 순정의 밀고로 만적 등 100여 명은 붙잡혀 죽임을 당했어요.

918		1009		1170		1351		1392
	(가)		(나)		(다)		(라)	
고려 건국		강조의 정변		무신 정변		공민왕 즉위		조선 건국

① (가)   ② (나)   ③ (다)   ④ (라)

고려의 대외 관계

1 거란(요)과의 관계

1) 배경

북진 정책	고구려의 옛 영토 회복, 고구려의 수도 서경(평양) 중시
거란 견제, 친송 정책	• 거란 견제 정책: 만부교 사건, 광군(사) 설치 • 친송 정책: 고려와 송이 서로 친교를 맺고 거란을 견제

2) 거란의 침입과 극복

1차 침입	• 거란 장수 소손녕의 침입 → 거란이 고려에게 송과의 외교 관계를 끊고 옛 고구려의 영토를 내놓을 것을 요구 • 서희의 외교 담판 → 거란과의 교류 약속, 강동 6주 획득, 거란이 고려의 고구려 계승을 인정

⬇

2차 침입	• 강조의 정변❶을 구실로 침입 • 흥화진 **전투**: 양규의 활약으로 흥화진 전투에서 승리하였으나 개경이 함락되어 현종이 나주로 피란 • 현종의 친조를 조건으로 거란이 철수

└ 직접 거란에 가서 황제를 찾아뵙는 것

⬇

3차 침입	• 현종이 거란 친조 약속을 지키지 않자 거란이 불만을 품으며 침입 • 귀주 대첩: 강감찬이 귀주에서 거란군을 크게 격퇴(1019)

⬇

결과	• 나성(개경), 천리장성(압록강~도련포)을 축조 • 부처님의 도움을 받아 거란을 물리치고자 초조대장경을 간행

❶ 강조의 정변

고려 목종의 어머니 천추 태후와 김치양이 고려의 국정을 좌지우지하자, 강조가 김치양 일파를 제거하고 목종을 폐위시켜 현종을 왕위에 올린 사건이다.

2 여진(금)과의 관계

별무반 편성	• 배경: 12세기 초 여진이 국경을 침범 • 윤관의 건의로 별무반을 편성 • 여진 정벌 후 동북 9성을 개척(1107)

└ 수비의 어려움과 여진의 요구로 1년여 만에 반환

금의 사대 요구	• 세력을 키운 여진이 금을 건국한 후 거란을 멸망시킴 • 고려에 군신 관계 요구 → 당시 고려의 집권자 이자겸이 금의 요구 수용

🔍 자료 미리보기

1-1 거란의 3차 침입

> 거란의 병사들이 귀주를 지나가자 강감찬 등이 동쪽 교외에서 전투를 벌였다. …… 적병이 북쪽으로 달아나자 아군이 그 뒤를 쫓아가서 공격하였는데, 석천을 건너 반령에 이르기까지 시신이 들에 가득하였다.

거란이 현종에게 거란에 들어와 거란의 왕에게 예를 갖추고 강동 6주를 반환하라고 요구하였어요. 고려가 이를 거부하자 거란 장수 소배압이 이끄는 거란군이 고려를 3차 침입하였고, 강감찬이 귀주에서 거란군을 크게 격퇴하였어요.

2-1 윤관의 별무반 편성

> 윤관이 아뢰기를, "신이 여진에게 패배한 까닭은 그들은 기병이고 우리는 보병이어서 대적하기 어려웠기 때문입니다."라고 하였다. 이에 건의하여 비로소 별무반을 만들었다.
>
> – 『고려사절요』 –

[58회 출제]

여진은 기마민족으로 말을 타는 게 익숙하였어요. 이에 고려의 윤관은 기병(말을 타는 병사)인 신기군, 보병(발로 뛰는 병사)인 신보군, 승병(승려로 구성된 병사)인 항마군으로 구성된 특수부대 별무반 편성을 건의하였어요. 그 결과, 고려는 여진을 물리치고 동북 9성을 개척할 수 있었어요.

🔑 제시문 & 선지 키워드

1-2 거란과의 관계 69회 11번

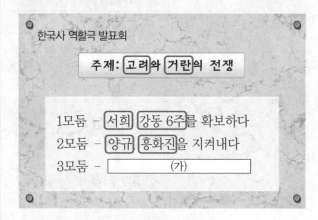

★ 서희가 소손녕과 외교 담판을 벌였다.
★ 외교 담판으로 강동 6주를 확보하는 서희
★ 강감찬, 귀주에서 승리하다

2-2 여진과의 관계 71회 16번

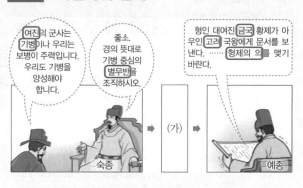

★ 고려 숙종 때 윤관의 건의로 별무반을 편성하였다.
★ 별무반을 조직하다
★ 윤관이 동북 9성을 축조하였다.

3 몽골(원)과의 관계

❷ 저고여 피살 사건
몽골 사신 저고여가 고려 방문 후 몽골로 돌아가던 중 여진족의 습격으로 살해당하였다.

1차 침입	• 배경: 저고여 피살 사건❷을 구실로 살리타가 이끄는 몽골군이 고려를 침입 • 전개: 박서의 귀주성 전투 승리로 몽골군을 물리침

↓

강화 천도 (1232)	장기 항전을 위해 최우(최씨 무신 정권)가 강화도로 천도

↓

2차 침입	살리타의 재침입 → 승려 김윤후가 민병과 승병을 이끌고 적장 살리타를 사살하여 몽골군을 물리침(처인성 전투)

↓

3차 침입	• 몽골군이 경주까지 침입하여 황룡사 9층 목탑이 소실됨 • 불교의 힘으로 몽골을 물리치기 위해 팔만대장경(재조대장경)을 제작

↓

5차 침입	김윤후가 충주성에서 몽골군을 격퇴(충주성 전투)

↓

6차 침입	충주 다인철소 주민들이 몽골에 항전

↓

개경 환도	최씨 무신 정권의 붕괴 → 조정에서 몽골과의 강화 후 개경으로 환도

↓

삼별초❸의 항쟁	개경 환도에 반발, 강화도 → 진도 용장성(배중손) → 제주도 항파두리성(김통정)으로 근거지를 옮기며 항쟁 → 고려·몽골 연합군에 진압됨

❸ 삼별초
고려 무신 정권 시기 최우가 치안 유지를 위해 설치한 야별초가 확대되어 좌별초와 우별초로 나뉘고, 후에 신의군이 추가되어 삼별초가 조직되었다.

4 원 간섭기의 변화

❹ 정동행성
원이 일본을 정벌하기 위해 설치한 기구이지만, 일본 정벌에 실패한 후에는 관리를 두어 고려 정치에 간섭하였다.

내정 간섭	• 정동행성❹과 다루가치를 설치 • 쌍성총관부, 동녕부, 탐라총관부 설치 → 고려 영토의 일부를 다스림 • 고려 왕의 이름 앞에 '충(忠)'을 붙여 낮춰 부름
인적·물적 수탈	• 공녀 징발: 결혼도감을 설치하여 공녀를 강제로 징발 • 특산물 징수: 금, 은, 베, 인삼, 매(응방 설치)
몽골풍, 고려풍 유행	• 몽골풍: 변발, 몽골식 의복, 몽골어 등(고려에서 유행) • 고려풍: 고려식 의복, 고려 청자, 나전칠기 등(원에서 유행)
권문세족의 성장	• 새로운 친원 세력 지배층으로 주로 음서로 관직에 진출 • 불법적으로 대농장과 노비를 차지하여 농민을 괴롭힘
개혁 정치	• 동녕부와 탐라총관부를 회복(충렬왕) • 충선왕이 원에 만권당을 설치

3-1 팔만대장경판

[64회 출제]

팔만대장경판은 고려 고종 때 부처의 힘으로 몽골을 물리치고자 나무로 만든 장경판이에요. 팔만대장경판으로 인쇄한 목판 인쇄물인 팔만대장경은 세계에서 가장 우수한 대장경으로 꼽혀요. 팔만대장경판을 보관한 합천 해인사 장경판전은 1995년 유네스코 세계유산, 팔만대장경은 2007년 유네스코 세계 기록 유산으로 지정되었어요.

3-2 삼별초 　　　　67회 16번

> 지금 촬영하는 곳은 진도 용장성입니다. 고려 정부가 몽골과 강화를 맺고 개경으로 환도하자 강화도에서 옮겨온 (가) 이/가 쌓은 성으로 알려져 있습니다.

★ 삼별초의 최후 항쟁지를 조사한다.
★ 배중손이 삼별초를 이끌고 몽골군과 싸웠다.
★ 좌·우별초와 신의군으로 삼별초를 조직하였다.

4-1 원 간섭기에 유행한 몽골풍

▲ 이조년 초상　　　▲ 「천산대렵도」(일부)

[64회 출제]

이조년 초상의 발립(둥글고 납작한 갓)을 쓴 관리의 모습, 「천산대렵도」의 변발과 호복을 한 무사의 모습을 통해 원 간섭기 고려 지배층 사이에서 유행한 몽골풍의 복식을 확인할 수 있어요.

4-2 원 간섭기의 변화 　　　49회 14번

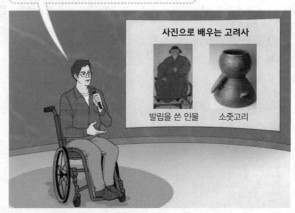

> 원의 공주를 왕비로 맞아들이던 이 시기에는 몽골식 변발과 발립이 유행하였습니다. 또한 소주를 제조하는 방법도 전해졌습니다.

사진으로 배우는 고려사

발립을 쓴 인물　　소줏고리

★ 매를 조련시키는 응방 관리
★ 원에 공녀로 끌려가는 여인
★ 변발과 호복이 유행하였다.

5 공민왕의 개혁

반원 자주 정책	• 쌍성총관부를 공격하여 원에게 빼앗겼던 철령 이북의 땅을 되찾음 • 몽골풍 금지, 원의 연호 사용 금지 • 기철 등 친원 세력 제거, 정동행성 이문소 폐지
왕권 강화 정책	개혁을 위해 신돈을 등용하여 **전민변정도감**❺ 설치 → 권문세족을 압박하고 국가 재정 강화
결과	개혁 정책에 대한 권문세족의 반발로 인해 신돈이 제거되고 공민왕이 시해 되면서 공민왕의 개혁 정책이 실패

└ 친원 세력의 집결 기구

❺ **전민변정도감**
토지와 노비를 조사하여 권문세족이 불법으로 빼앗은 토지를 원래 주인에게 돌려주고, 억울하게 노비가 된 사람은 원래 신분으로 돌려주었다.

6 새로운 세력의 등장

1) 신진 사대부의 등장

배경	• 지방의 하급 관리나 향리 출신으로 과거를 통해 관직에 진출 • 권문세족을 억누르고자 하였던 공민왕의 개혁 정치에 힘입어 성장
활동	• 성리학 수용, 권문세족과 불교의 폐단을 비판 • 신흥 무인 세력과 함께 고려의 개혁을 주도 • 온건 개혁파(이색, **정몽주**)와 급진 개혁파(정도전, 조준)로 분열 → 급진 개혁파의 새 왕조 수립에 대해 온건 개혁파가 반대

2) 신흥 무인 세력의 등장

배경	홍건적❻과 왜구의 잦은 침입을 격퇴하면서 백성들에게 인기를 얻으며 성장
활동	• 최영, 이방실 등이 홍건적의 침입을 격퇴 • **왜구 격퇴**: 최영(홍산 대첩), **최무선**(진포 대첩, 화통도감에서 화포를 직접 제작), 이성계(황산 대첩), 박위(쓰시마섬 정벌)

❻ **홍건적**
원나라의 지배에 맞서 일어난 한족 반란군으로, 머리에 붉은 두건을 써서 홍건적이라 불렸다. 원나라 군대에 쫓기면서 고려에 침입하였다.

5-1 공민왕의 영토 수복

공민왕은 원의 간섭에서 벗어나기 위해 친원 세력을 숙청하고, 고려를 지배하기 위해 원이 세운 쌍성총관부를 공격하여 본래 고려의 땅이었던 철령 이북의 땅을 되찾았어요.

5-2 공민왕의 개혁　　63회 15번

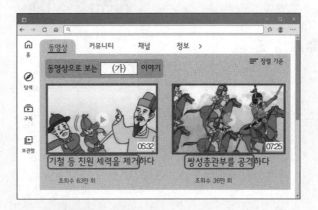

★ 전민변정도감을 설치하였다
★ 쌍성총관부를 수복하였어요.
★ 기철 등 친원파를 숙청하였다.

6-1 황산 대첩

　운봉을 넘어온 이성계는 적장 가운데 나이가 어리고 용맹한 아지발도를 사살하는 등 선두에 나서서 전투를 독려하여 아군보다 10배나 많은 적군을 섬멸케 하였다. 이 싸움에서 아군은 1,600여 필의 군마와 여러 병기를 노획하였다고 하며 살아 도망간 왜구는 70여 명밖에 없었다고 한다.

　　　　　　　　　　　　　－「고려사」－

이성계는 왜구의 적장 아지발도를 사살하며 황산 대첩을 크게 승리하였어요. 이성계 외 다른 무인들도 왜구와 홍건적의 침입을 여러 차례 물리치면서 백성들에게 큰 인기를 얻어 신흥 무인 세력으로 성장하였어요.

6-2 진포 대첩　　67회 17번

★ 화통도감이 설치되었다.
★ 최무선이 진포에서 왜구를 물리쳤다.
★ 최무선 – 새로 제작한 화포로 진포에 침입한 왜구를 물리치자.

연습하기

❶ OX 퀴즈

(1) 거란은 강조의 정변을 구실로 고려에 침입하였다.
(O/x)

(2) 강화도로 천도하였던 고려 조정은 몽골과의 강화 이후 개경으로 환도하였다.
(O/x)

(3) 몽골과의 전쟁 이후 고려에서 몽골에 대한 반발이 심해 몽골의 풍습이 유행하지 않았다.
(O/x)

❷ 빈칸 퀴즈

(1) 윤관은 신기군, 신보군, 항마군으로 구성된 특별 부대 ( )의 편성을 건의하였다.

(2) ( )이/가 거란 장수 소손녕과 외교담판을 통해 강동 6주를 획득하였다.

(3) ( )은/는 신돈을 등용하여 전민변정도감을 설치하였다.

❸ 연표 퀴즈 - 고려의 대외관계

☐☐ 대첩
강감찬이 거란의 3차 침입을 크게 격퇴하였다.

☐☐ ☐☐ 개척
윤관이 여진을 정벌한 뒤 ☐☐ 지역에 ☐개의 성을 쌓았다.

☐☐☐의 항쟁
고려 조정의 개경 환도에 반발하며 진도와 제주도로 근거지를 옮겨가며 항쟁하였다.

정답 ┃ ❶ (1) ○ (2) ○ (3) x
❷ (1) 별무반 (2) 서희 (3) 공민왕
❸ 귀주, 동북 9성, 동북, 9, 삼별초

01 (가) 인물의 활동으로 옳은 것은? [55회 13번]

① 강동 6주를 확보하였다.
② 동북 9성을 축조하였다.
③ 화통도감을 설치하였다.
④ 4군과 6진을 개척하였다.

02 (가)에 들어갈 인물로 옳은 것은? [51회 13번]

① 서희
② 윤관
③ 강감찬
④ 최무선

03 (가) 시기에 있었던 사실로 옳은 것은?

[64회 11번]

① 박위가 대마도를 정벌하였다.

② 윤관이 별무반 설치를 건의하였다.

③ 김윤후가 처인성 전투에서 승리하였다.

④ 김춘추가 당과의 군사 동맹을 성사시켰다.

04 다음 외교 문서를 보낸 국가에 대한 고려의 대응으로 옳은 것은?

[54회 14번]

칸께서 살리타 등이 이끄는 군대를 너희에게 보내 항복할지 아니면 죽임을 당할지 묻고자 하신다. 이전에 칸께서 보낸 사신 저고여가 사라져서 다른 사신이 찾으러 갔으나, 너희들은 활을 쏘아 그를 쫓아냈다. 너희가 저고여를 살해한 것이 확실하니, 이제 그 책임을 묻고 있는 것이다.

① 이자겸이 사대 요구를 수용하였다.

② 서희가 소손녕과 외교 담판을 벌였다.

③ 김윤후 부대가 처인성에서 적장을 사살하였다.

④ 강감찬이 군사를 이끌고 귀주에서 크게 승리하였다.

05 (가) 시기에 있었던 사실로 옳은 것은?

[69회 15번]

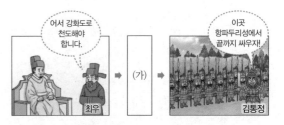

① 삼국사기가 편찬되었다.

② 이자겸의 난이 일어났다.

③ 팔만대장경판이 제작되었다.

④ 묘청이 서경 천도를 주장하였다.

06 (가)~(다)의 사건을 일어난 순서대로 옳게 나열한 것은?

[52회 13번]

① (가) - (나) - (다)

② (나) - (다) - (가)

③ (다) - (가) - (나)

④ (다) - (나) - (가)

07 (가)에 들어갈 내용으로 가장 적절한 것은?

[66회 15번]

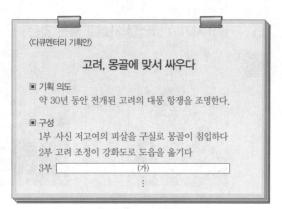

〈다큐멘터리 기획안〉

고려, 몽골에 맞서 싸우다

■ 기획 의도
약 30년 동안 전개된 고려의 대몽 항쟁을 조명한다.

■ 구성
1부 사신 저고여의 피살을 구실로 몽골이 침입하다
2부 고려 조정이 강화도로 도읍을 옮기다
3부 _____(가)_____
⋮

① 윤관이 별무반 편성을 건의하다

② 김윤후가 처인성 전투에서 활약하다

③ 을지문덕이 살수에서 적군을 물리치다

④ 서희가 외교 담판을 통해 강동 6주 지역을 확보하다

08 밑줄 그은 '그 일'에 해당하는 내용으로 옳은 것은?

[61회 15번]

몽골군의 침략으로 부인사에 보관된 대장경판이 남김없이 불에 탔습니다. 이런 큰 보배가 없어졌는데 어찌 감히 일이 어려운 것을 염려하여 다시 만들지 않겠습니까? 이제 왕과 신하 모두 한마음으로 담당 관청을 설치하고 그 일을 맡아 시작할 것을 다짐합니다. 원하옵건대 부처님께서는 신통한 힘으로 흉악한 오랑캐를 물리치시고 다시는 우리 땅을 밟는 일이 없게 해 주소서.

① 삼국사기 편찬

② 팔만대장경 제작

③ 직지심체요절 간행

④ 무구정광대다라니경 인쇄

09 (가) 시기에 있었던 사실로 옳은 것은?

[51회 14번]

우리는 결코 항복하지 않는다. 이곳 항파두리에 성을 쌓고 몽골에 맞서 끝까지 싸우자!

쌍성총관부를 공격하여 철령 이북의 땅을 수복하도록 하시오.

① 별무반이 편성되었다.

② 김헌창이 난을 일으켰다.

③ 김부식이 삼국사기를 편찬하였다.

④ 지배층을 중심으로 변발과 호복이 유행하였다.

10 밑줄 그은 '시기'에 있었던 사실로 옳은 것은?

[63회 14번]

중앙 정치 기구의 변화

중서문하성 상서성	➡	첨의부
6부	➡	4사
중추원(추밀원)	➡	밀직사
어사대	➡	감찰사

원의 정치적 간섭을 받던 시기에 화면과 같이 관제가 격하되었습니다.

① 별무반이 편성되었다.

② 정동행성이 설치되었다.

③ 6조 직계제가 실시되었다.

④ 김흠돌의 난이 진압되었다.

11 학생들이 공통으로 이야기하고 있는 왕의 업적으로 옳은 것은? [52회 15번]

① 균역법을 시행하였다.
② 독서삼품과를 실시하였다.
③ 삼강행실도를 편찬하였다.
④ 철령 이북의 땅을 되찾았다.

12 (가)에 들어갈 인물로 옳은 것은? [61회 18번]

① 양규
② 최영
③ 이종무
④ 정몽주

13 (가)에 들어갈 학습 주제로 적절한 것은? [48회 16번]

① 몽골의 침입과 항쟁
② 왜구의 침략과 격퇴
③ 여진 정벌과 동북 9성 축조
④ 서양 함대의 침입과 척화비 건립

14 (가)에 들어갈 인물로 옳은 것은? [60회 18번]

(가)	• 고려 시대 학자 • 성균관 대사성 역임 • 사신으로 명, 일본 왕래 • 조선 건국 세력에 맞서 고려 왕조를 지키고자 함 • 문집으로 포은집이 있음
(앞면)	(뒷면)

① 박지원
② 송시열
③ 정몽주
④ 정도전

고려의 경제 · 사회 · 문화

1 고려의 경제

1) 토지 제도

역분전	태조 때 고려를 세운 공신들에게 인품과 공로에 따라 토지를 지급
전시과	• 고려 경종 때 처음 시행 • 관리를 18등급으로 나누어 관등과 인품에 따라 전지와 시지❶를 차등 있게 지급

❶ **전지와 시지**
전지는 곡물을 거둘 수 있는 농사짓는 땅이고, 시지는 땔감을 얻을 수 있는 숲 또는 들이다.

2) 상공업과 농업

시전	개경과 서경 등 대도시에 시전을 설치하고 시전의 상업 행위를 감독하는 관청인 경시서를 둠
화폐	건원중보(성종), 해동통보(숙종), 은병(활구, 숙종) └─ 고려 시대 최초의 금속화폐
수공업	관청에 소속된 관청 수공업, 가내 수공업인 민간 수공업, 사원에서 직물이나 종이, 기와 등의 물품을 전문적으로 생산하는 사원 수공업이 발달
목화 재배	고려 말 공민왕 때 문익점이 원에서 목화씨를 가져와 목화 재배법이 전국에 알려짐

3) 대외 무역

┌─ 개경 근처인 예성강 하구에 위치

벽란도	• 국제 무역항인 벽란도를 통해 송, 거란 · 여진, 일본, 아라비아 상인 등과 교류 • **송**: 고려가 비단 · 서적 · 약재 등을 송에서 수입, 종이 · 인삼 · 나전 칠기 등을 송에 수출 • 아라비아 상인을 통해 고려가 '코리아'라는 이름으로 서역에 알려짐

2 고려의 사회

물가 조절	상평창❷(성종): 개경 · 서경 · 12목에 설치된 물가 조절 기구
빈민 구제	• **흑창(태조)**: 봄에 곡식을 빌려주었다가 가을에 갚도록 하는 기구 → 성종 때 의창으로 이름을 바꿈 • **제위보(광종)**: 기금을 모았다가 백성에게 빌려주고 그 이자로 빈민을 구제하는 기구

❷ **상평창**
풍년에는 국가에서 곡물을 사들여 가격을 올리고, 흉년에는 곡물을 풀어 가격을 떨어뜨리는 방식으로 물가를 조절하였다.

1-1 고려의 화폐

▲ 건원중보　　　▲ 해동통보　　　▲ 은병(활구)

[69회 출제]

우리나라 최초의 금속화폐는 성종 때 만들어진 건원중보 예요. 이후 숙종 때 상업이 활발해지면서 승려 의천의 건의로 화폐를 주조하는 주전도감을 설치하였어요. 이곳에서 삼한통보, 해동통보, 해동중보 등의 동전과 은병(활구)을 만들어 화폐가 사용되도록 노력하였지만 널리 유통되지는 못하였어요.

1-2 고려의 경제 모습　　　61회 13번

★ 활구라고 불린 은병이 화폐로 사용되었다.
★ 벽란도가 국제 무역항으로 번성하였다.
★ 건원중보를 발행하였다.

2-1 의창

　　우리 태조(太祖)께서는 흑창(黑倉)을 설치하여 궁핍한 백성들에게 곡식을 꾸어주고, 항상된 법식으로 삼았다. 지금 백성들은 점점 늘어나는데 비축해 둔 곡식은 충분하지 못하니, 쌀 10,000석(碩)을 더 보태고, 그 이름을 의창(義倉)으로 바꾸도록 하라.
　　　　　　　　　　　　　－『고려사절요』 －

태조는 가난한 백성들을 위해서 봄에 곡식을 빌려주고 추수하는 가을에 곡식을 갚을 수 있도록 흑창을 만들었어요. 이후 성종은 쌀 1만 석을 더 보태어 흑창을 확대한 의창을 설치하였어요.

2-2 상평창　　　58회 18번

★ 물가 조절을 위해 상평창을 두었다.
★ 개경, 서경 및 12목에 설치

3   유학의 발달과 역사서 편찬

1) 유학의 발달

초기	• **광종**: 관리 선발을 위해 과거제를 시행 • **성종**: 유교 교육 기관인 **국자감**과 향교 설치, 12목에 **경학박사** 파견
중기	• **최충**이 사립학교인 9재 학당(문헌공도)을 설립 • **숙종**: 국자감에 서적포를 설치하여 인쇄와 출판을 담당하게 함 • **예종**: 국자감을 재정비하여 전문 강좌인 **7재**와 장학 재단인 **양현고**를 설치
후기	┌ 고려 학자들과 원 유학자들이 교류 • **충렬왕**: 안향이 성리학을 도입 • **충선왕**: 원의 수도에 만권당을 설립 • **공민왕**: 국자감을 성균관으로 개편

2) 역사서 편찬

『삼국사기』	• 김부식이 유교적 사관을 바탕으로 기전체로 서술 • 현존하는 우리나라에서 가장 오래된 역사서
『삼국유사』	• 승려 일연이 불교사를 중심으로 고대의 민간 설화를 수록 • 고조선의 건국 이야기를 비롯한 왕의 역사를 수록
『사략』	이제현이 유교적 사관을 바탕으로 서술

❸ 『직지심체요절』

1886년 조선에서 근무한 프랑스 외교관이 수집품으로 가져가게 되었고, 그것을 경매로 산 앙리 베베르가 프랑스 국립 도서관에 기증하였다. 이를 박병선 박사가 프랑스 유학 중 발견하게 되어 세상에 드러나게 되었다.

4   인쇄술과 공예의 발달

1) 인쇄술

팔만대장경	초조대장경이 몽골의 침입에 의해 불탄 후, 부처의 힘으로 몽골을 물리치고자 만든 목판 인쇄물
『직지심체요절』❸	• 현존하는 우리나라에서 가장 오래된 금속 활자본 • 승려 백운이 청주 흥덕사에서 편찬, 현재 프랑스 국립 도서관에서 소장

2) 공예

고려 청자	• 무늬가 없는 청자를 비롯하여 고려만의 기술인 **상감기법**으로 다양한 무늬를 새긴 상감청자도 있음 • 청자 참외 모양 병, 청자 상감 운학문 매병 등
나전칠기	• 옻칠을 한 바탕에 조개껍데기 조각인 자개를 붙여 무늬를 장식 • 나전 국화 넝쿨무늬 합❹ 등

❹ 나전 국화 넝쿨무늬 합

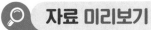

3-1 『삼국사기』

우리 해동의 삼국도 역사가 오래되었으니 마땅히 책을 써야 합니다. 그러므로 폐하께서 이 늙은 신하에게 편찬하도록 하셨습니다. 폐하께서 이르시기를, " … 우리의 옛 기록은 빠진 사실이 많아 후세에 교훈을 주기 어렵다. 그러므로 뛰어난 역사서를 완성하여 물려주고 싶다."라고 하셨습니다.

『삼국사기』는 고려 인종 때 유학자 김부식이 쓴 현존하는 우리나라에서 가장 오래된 역사책이에요. 고구려, 백제, 신라 삼국의 역사를 우리의 역사로 바라보면서도 신라를 중심으로 서술하였어요. 그 구성을 보면, '본기'는 왕을, '지'는 과거의 사건을, '열전'은 왕 외의 인물들을 서술하는 기전체 형식으로 구성되어 있어요.

4-1 고려 청자

▲ 청자 상감 운학문 매병

[63회 출제]

고려 초기에는 무늬가 없는 순수 청자가 발달하였다가, 12세기 중엽부터는 고려만의 독창적인 기법인 상감 기법으로 상감청자가 만들어졌어요. 상감 기법은 그릇의 표면에 무늬를 새긴 후 그 무늬 안에 다른 색의 흙을 채우는 방식이에요.

3-2 고려의 교육 기관   57회 12번

★ 최고 국립 교육 기관으로 국자감을 두었어요.
★ (9재 학당을 중심으로) 문헌공도 등 사학 12도가 번성하였어요.

4-2 팔만대장경판   64회 13번

★ 합천 해인사 장경판전에는 고려 시대에 제작된 팔만대장경판이 현재까지 잘 보존되어 있습니다.
★ 부처의 힘으로 몽골의 침입을 물리치고자 만들었다.

5 불교 문화

1) 불교의 발전

불교 행사	팔관회와 연등회를 개최
	└ 고려 성종 때 폐지, 현종 때 부활
승려	• 의천: 교관겸수를 주장하고 해동 천태종을 창시하여 교종을 중심으로 선종을 통합 └ 이론의 연마(교)와 함께 실천(관)을 강조 • 지눌: 수선사 결사 운동을 전개하면서 정혜쌍수와 돈오점수❸를 주장 → 선종을 중심으로 교종을 통합

❺ **지눌의 교리**
- **정혜쌍수**: 한마음으로 사물을 생각하여 흐트러짐이 없도록 하며, 지혜를 함께 닦아 수행해야 함을 주장한 수행법
- **돈오점수**: 마음이 곧 부처임을 깨닫고 나더라도 꾸준히 수행을 해야 깨달음에 이르는 경지에 오른다는 수행법

2) 건축

┌ 현존하는 우리나라 가장 오래된 목조 건축물

안동 봉정사 극락전	영주 부석사 무량수전	예산 수덕사 대웅전
주심포 양식❻, 맞배지붕	주심포 양식, 배흘림 기둥	주심포 양식, 맞배지붕

❻ **건축 양식**
- **주심포 양식**: 지붕을 꾸미면서 지붕의 무게도 받쳐주는 공포가 기둥 위에만 짜여 있는 양식
- **다포 양식**: 공포가 기둥 위와 기둥 사이 모두에 짜여 있는 양식

3) 탑

평창 월정사 팔각 구층 석탑	개성 경천사지 십층 석탑
송의 영향을 받은 다각다층탑	• 원의 영향을 받은 대리석 탑 • 조선 원각사지 십층 석탑에 영향을 줌

4) 불상

하남 하사창동 철조 석가여래 좌상	논산 관촉사 석조 미륵보살 입상	파주 용미리 마애이불 입상	영주 부석사 소조 아미타여래 좌상
고려 초기의 철불	고려 불상 중 가장 큰 불상	천연 암벽으로 만든 불상	통일 신라의 불상 양식 계승

🔍 자료 미리보기

5-1)-1 팔관회

> 11월에 팔관회가 열렸다. 왕이 신봉루에 들러 모든 관료에게 큰 잔치를 베풀었다. …… 송의 상인과 탐라국도 특산물을 바쳤으므로 자리를 내주어 음악을 관람하게 하였는데, 이후 상례(常例)가 되었다.

팔관회는 삼국 시대부터 시작되어 고려 시대까지 행해진 국가의 불교 행사예요. 개경에서는 음력 11월 15일, 서경에서는 음력 10월 15일에 치러졌으며, 왕이 제사를 지내고 신하들과 함께 춤과 노래 등 공연을 즐겼어요. 또한, 주변 여러 나라의 상인과 사신들이 선물을 바치기도 하는 등 국제적인 성격을 띠었어요.

5-2)-1 「수월관음도」

[71회 출제]

고려 후기 원 간섭기에 새롭게 떠오른 권문세족 사이에서 소원을 빌기 위한 개인 원당을 세우는 것이 유행하면서 불화가 많이 제작되었어요. 「수월관음도」 역시 고려 후기에 제작되었으며, 화사한 색채와 섬세한 묘사를 통해 고려 불화의 특징을 알 수 있어요.

🔑 제시문&선지 키워드

5-1)-2 팔관회   71회 17번

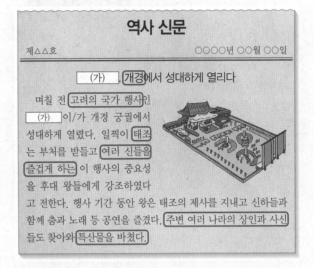

★ 팔관회에 참가하는 외국 사신
★ 팔관회의 경비를 마련하기 위해 팔관보가 설치되었다.

5-2)-2 고려의 문화유산   66회 16번

★ (부석사 무량수전) 고려 시대의 목조 건축물이며 경상북도 영주에 소재하고 있다.
★ (부석사 무량수전) 배흘림 기둥과 주심포 양식이 특징이며 아미타불이 모셔져 있다.

연습하기

❶ OX 퀴즈

(1) 고려 태조는 역분전을 시행하여 인품과 공로에 따라 토지를 지급하였다. (O/X)

(2) 고려는 국제 무역항인 벽란도를 통해 송, 거란, 아라비아 상인 등과 교류하였다. (O/X)

(3) 지눌은 해동 천태종을 창시하고, 교관겸수를 주장하였다. (O/X)

❷ 빈칸 퀴즈

(1) 고려 태조는 ( )을/를 설치하여 빈민을 구제하고자 하였다.

(2) 고려 성종은 물가 조절 기구로 ( )을/를 설치하였다.

(3) 승려 일연은 불교사를 중심으로 『( )』을/를 저술하였다.

❸ 사진 퀴즈

Q. 다음 사진의 안동 봉정사 극락전에 대한 설명으로 옳지 않은 것은?

① 배흘림 기둥이 사용되었다.

② 공민왕 때 보수 공사를 하였다.

③ 지붕이 다포 양식으로 짜여있다.

④ 현존하는 우리나라에서 가장 오래된 목조 건축물이다.

정답 | ❶ (1) ○ (2) ○ (3) X
　　　❷ (1) 흑창 (2) 상평창 (3) 삼국유사
　　　❸ ③

01 밑줄 그은 이 국가의 경제 상황으로 옳은 것은?

[55회 15번]

> 이곳은 전라남도 나주 등지에서 거둔 세곡 등을 싣고 이 국가의 수도인 개경으로 향하다 태안 앞바다에서 침몰한 배를 복원한 것입니다. 발굴 당시 수많은 청자와 함께 화물의 종류, 받는 사람 등이 기록된 목간이 다수 발견되었습니다.

① 전시과 제도가 실시되었다.

② 고구마, 감자가 널리 재배되었다.

③ 모내기법이 전국적으로 확산되었다.

④ 시장을 감독하기 위한 동시전이 설치되었다.

02 (가) 국가에서 볼 수 있는 모습으로 적절한 것은?

[67회 12번]

> 이 문화유산은 태안 마도 2호선에서 발견된 청자 매병과 죽찰입니다. 죽찰에는 개경의 중방 도장교 오문부에게 좋은 꿀을 단지에 담아 보낸다는 내용이 적혀 있습니다. 이를 통해 (가) 사람들의 생활 모습을 엿볼 수 있습니다.

청자 연꽃줄기 무늬 매병과 죽찰

① 광산 개발을 감독하는 덕대

② 신해통공 실시를 알리는 관리

③ 청과의 무역으로 부를 축적하는 만상

④ 활구라고도 불린 은병을 제작하는 장인

03 (가)에 들어갈 내용으로 옳은 것은? [58회 13번]

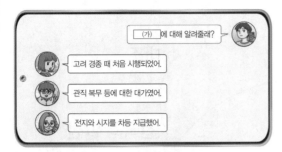

> (가) 에 대해 알려줄래?
>
> 고려 경종 때 처음 시행되었어.
>
> 관직 복무 등에 대한 대가였어.
>
> 전지와 시지를 차등 지급했어.

① 과전법   ② 납속책

③ 전시과   ④ 호포제

04 (가)에 들어갈 문화유산으로 가장 적절한 것은? [63회 16번]

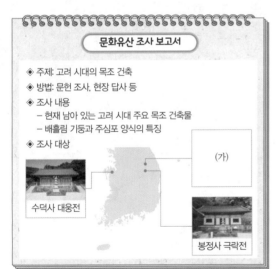

문화유산 조사 보고서

◈ 주제: 고려 시대의 목조 건축
◈ 방법: 문헌 조사, 현장 답사 등
◈ 조사 내용
  – 현재 남아 있는 고려 시대 주요 목조 건축물
  – 배흘림 기둥과 주심포 양식의 특징
◈ 조사 대상

수덕사 대웅전

봉정사 극락전

(가)

① 종묘 정전   ② 경복궁 근정전

③ 법주사 팔상전   ④ 부석사 무량수전

05 다음 가상 인터뷰의 (가)에 들어갈 내용으로 적절한 것은? [60회 17번]

> 지눌 스님, 불교를 위해 어떤 활동을 하셨나요?
>
> (가)

① 무애가를 지었습니다.
② 천태종을 개창하였습니다.
③ 수선사 결사를 제창하였습니다.
④ 왕오천축국전을 저술하였습니다.

06 교사의 질문에 대한 학생의 답변으로 옳지 <u>않은</u> 것은? [54회 17번]

> 고려의 사회 모습에 대해 말해 볼까요?
>
> ① 의창이 운영되었습니다.
> ② 팔관회가 개최되었습니다.
> ③ 골품제가 실시되었습니다.
> ④ 여성이 호주가 될 수 있었습니다.

단원 정리 마인드맵

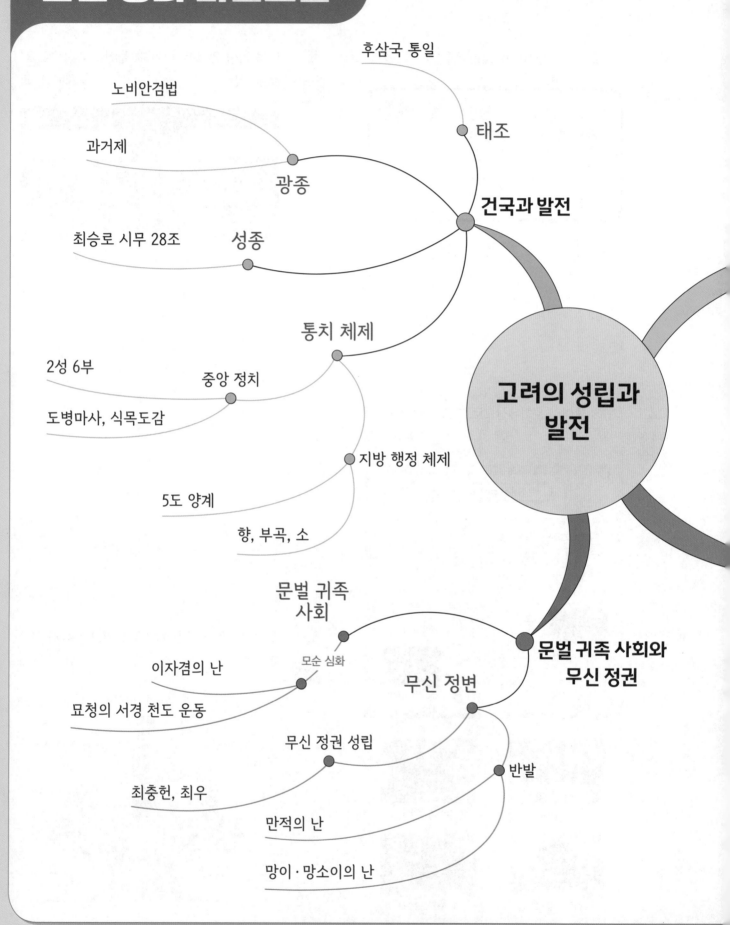

후삼국 통일

노비안검법

과거제

태조

광종

최승로 시무 28조

성종

건국과 발전

통치 체제

2성 6부

중앙 정치

도병마사, 식목도감

지방 행정 체제

5도 양계

향, 부곡, 소

고려의 성립과 발전

문벌 귀족 사회

모순 심화

이자겸의 난

묘청의 서경 천도 운동

무신 정변

무신 정권 성립

최충헌, 최우

만적의 난

망이 · 망소이의 난

문벌 귀족 사회와 무신 정권

반발

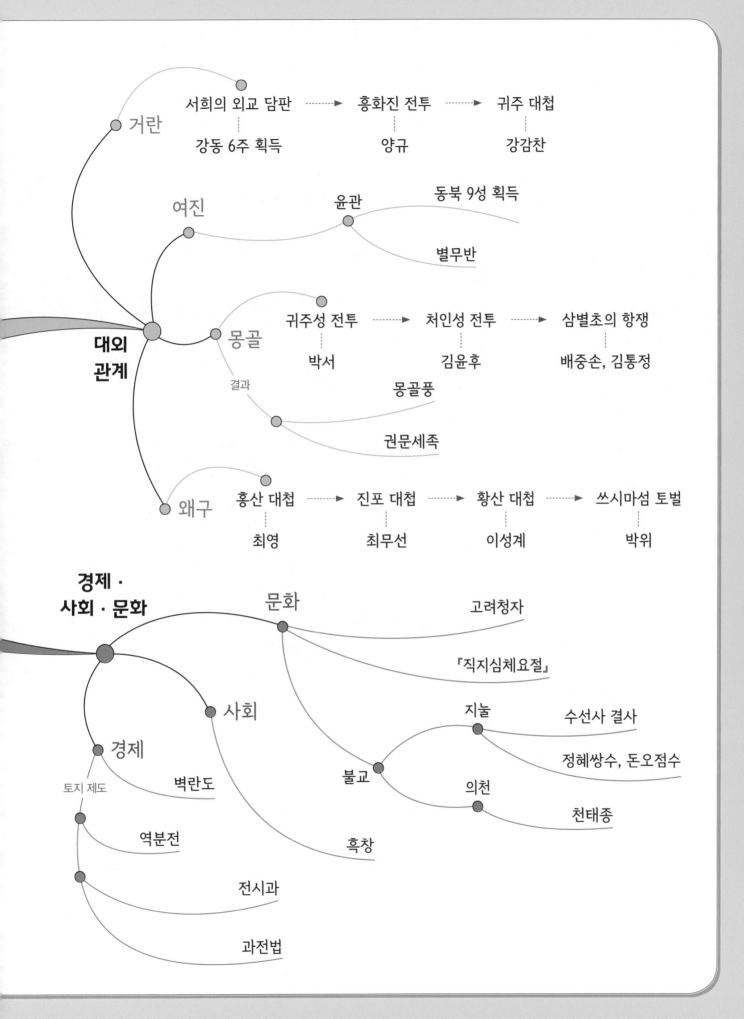

서희의 외교 담판 ┄┄➤ 홍화진 전투 ┄┄➤ 귀주 대첩

거란

강동 6주 획득   양규   강감찬

                                동북 9성 획득
여진   윤관

                                별무반

            귀주성 전투 ┄┄➤ 처인성 전투 ┄┄➤ 삼별초의 항쟁

대외
관계   몽골

            박서   김윤후   배중손, 김통정

                        몽골풍
        결과

                        권문세족

            홍산 대첩 ┄┄➤ 진포 대첩 ┄┄➤ 황산 대첩 ┄┄➤ 쓰시마섬 토벌

    왜구

            최영   최무선   이성계   박위

경제 ·
사회 · 문화   문화   고려청자

                                    『직지심체요절』

                                지눌   수선사 결사

            사회

                        불교   정혜쌍수, 돈오점수

        경제

    토지 제도   벽란도   의천

                                    천태종

        역분전   흑창

            전시과

            과전법

5

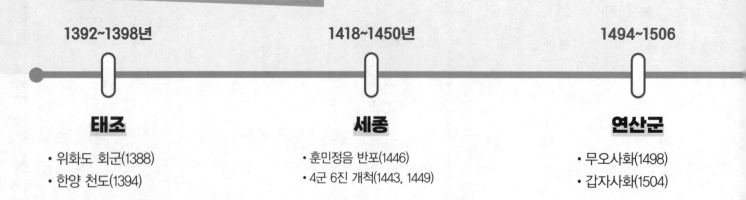

1392~1398년	1418~1450년	1494~1506
태조	**세종**	**연산군**
• 위화도 회군(1388) • 한양 천도(1394)	• 훈민정음 반포(1446) • 4군 6진 개척(1443, 1449)	• 무오사화(1498) • 갑자사화(1504)

조선의 성립과 발전

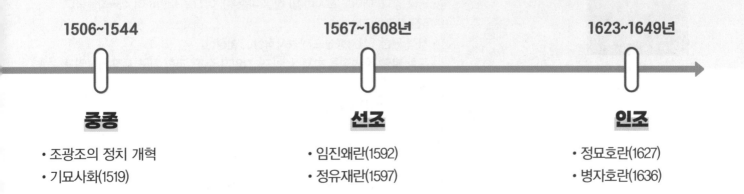

1506~1544	1567~1608년	1623~1649년
중종	**선조**	**인조**
• 조광조의 정치 개혁 • 기묘사화(1519)	• 임진왜란(1592) • 정유재란(1597)	• 정묘호란(1627) • 병자호란(1636)

조선의 건국과 발전

❶ **이성계의 4불가론**
1. 작은 나라가 큰 나라를 거스르는 것은 옳지 않다.
2. 요동을 공격하는 틈에 왜구가 침범할 수 있다.
3. 농사로 바쁜 여름철에 군사를 동원하면 백성들의 불만이 커질 것이다.
4. 장마철인 여름에는 군사들이 전염병에 걸리기 쉽고, 활의 아교가 녹아 활이 망가지기 쉽다.

❷ **호패법**
태종은 국가 재정 기반을 확보하기 위해 16세 이상의 남자들에게 신분증과 같은 호패를 발급하였다.

❸ **혼일강리역대국도지도**

태종 때 김사형, 이무, 이회 등이 제작한 우리나라 최초의 세계 지도이자 동양에서 현존하는 가장 오래된 지도이다.

1 조선의 건국

위화도 회군	고려에 명이 철령위 설치 요구 → 고려의 요동 정벌 단행 → 이성계가 4불가론❶을 들며 위화도에서 회군하여 개경으로 진격(1388) → 요동 정벌을 반대한 최영을 제거하고 우왕을 폐위하며 권력 장악

↓

신진 사대부의 분열	• 온건 개혁파(정몽주, 이색): 고려 왕조를 유지하면서 내부를 개혁하자 • 급진 개혁파(정도전, 조준): 새로운 왕조를 수립하여 개혁하자

↓

조선 건국	신흥 무인 세력 이성계와 급진 개혁파의 결합 → 과전법 시행(1391) → 정몽주 등 온건 개혁파 제거 → 조선 건국(1392)

2 조선의 발전

태조	고조선 계승 • 국호: '조선', 한양(서울) 천도, 경복궁 건설 • 정도전의 조선 왕조 기틀 마련: 한양 도성 건설 계획, 『조선경국전』(법전), 『불씨잡변』 등 저술 └ 불교의 폐단 비판 및 성리학적 이념 확립
태종	• 1 · 2차 왕자의 난을 통해 정도전 등의 반대 세력을 제거하고 왕위에 오름 • 왕권 강화: 6조 직계제, 사간원 독립 • 재정 및 행정 제도: 양전 사업 및 호패법❷ 실시, 신문고 설치, 전국을 8도로 나눔 └ 6조가 왕에게 직접 보고하고 명령을 직접 받아 시행 • 문물 발달: 주자소를 설치하여 계미자(금속 활자) 주조, 혼일강리역대국도지도❸ 제작
세종	6조 직계가 아닌 의정부를 거쳐 왕에게 보고 • 정치 제도: 의정부 서사제, 집현전 설치, 경연의 활성화 • 국방 강화: 대마도(쓰시마섬) 정벌(이종무), 여진을 토벌하여 4군(최윤덕)과 6진(김종서) 개척 • 서적 편찬: 『삼강행실도』, 『농사직설』, 『칠정산』 • 문화 발달: 훈민정음 창제 및 반포, 갑인자 주조, 과학 기구 제작(앙부일구, 측우기, 자격루, 혼천의, 간의 등)
세조	조카 단종을 몰아내고 왕이 됨 • 계유정난으로 정권을 잡음 • 6조 직계제 부활, 집현전 폐쇄 및 경연 정지
성종	세조 때 편찬 시작 • 정치 제도: 홍문관 설치, 경연 활성화, 『경국대전』(법전) 완성 및 반포 • 서적 편찬: 『동국통감』(고조선~고려 역사서), 『악학궤범』(국악서), 『동국여지승람』(지리서)

1-1 정몽주와 정도전

▲ 정몽주 [66회 출제]

▲ 정도전 [66회 출제]

정몽주는 고려의 신진 사대부로 뛰어난 성리학자였어요. 고려를 바로잡겠다는 뜻은 정도전과 같았지만, 고려의 마지막 충신으로 남아 개경의 선죽교에서 이방원에게 죽임을 당하였어요.

정도전은 한양 도성의 자리를 정하고, 『조선경국전』과 같은 법전을 편찬하여 통치 기반을 만든 공신이에요. 그러나 이방원이 왕이 되는 것을 반대하여 1차 왕자의 난 때 이방원에게 살해당하였어요.

2-1 1·2차 왕자의 난

　후계자를 세울 때에 장자로 하는 것은 만세의 상도인데, 전하께서 장자를 버리고 어린 아들을 세웠으며, 정도전 등이 세자를 감싸고서 여러 왕자를 해치고자 하니 화를 예측할 수 없습니다. 다행히 천지와 종사(宗社)의 신령에 힘입게 되어 난신이 참형을 당하였으니, 원컨대 전하께서는 적장자인 영안군을 세워 세자로 삼으십시오.

태조 이성계의 다섯째 아들인 이방원은 형제들 중에서 조선을 세우는 데 가장 큰 공을 세웠어요. 이방원은 아버지의 뒤를 이어 왕이 되기 위해 왕자의 난을 일으켜 자신의 형제들을 죽이고 반대 세력인 정도전까지 제거하였어요. 이후 이성계의 둘째 아들 영안군(정종)을 왕위에 올리고 그 뒤를 이어 태종에 즉위하였어요.

1-2 조선의 건국 과정　　52회 18번

★ 위화도 회군을 단행하였다.
★ 과전법 – 조준, 정도전 등의 건의로 실시되었어요.
★ 한양으로 도읍을 옮겼다.

2-2 태종　　66회 22번

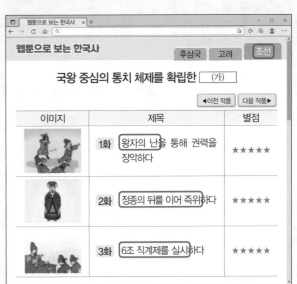

★ 신문고를 설치하였다.
★ 계미자를 주조하였다.
★ 호패법을 마련하였다.
★ 전국을 8도로 나누었다.

3 통치 제도의 정비

1) 중앙 정치 제도

의정부	• 국정을 총괄하는 최고 정책 결정 기관 • 3정승(영의정, 좌의정, 우의정) 체제
6조	• 정책 실행 기관 • 이조(관리 인사), 호조(재정), 예조(교육, 과거, 외교), 병조(군사), 형조(법률), 공조(건설, 수공업)
승정원	왕명의 출납을 담당하는 왕의 비서 기관
의금부	왕의 직속 사법 기관, 큰 범죄의 죄인을 처벌
삼사	• 사헌부: 관리의 비리를 감찰 • 사간원: 국왕의 언행이나 잘못을 바로잡는 간언의 역할 • 홍문관: 왕의 자문 역할 및 경연을 주관 └ 비판과 견제의 언론 기능과 권력의 독점을 방지하는 역할
기타	• 춘추관: 역사서를 편찬 • 한성부: 수도 한양의 행정과 치안을 담당

❹ 조선의 8도

2) 지방 행정 제도

8도❹	전국을 8도로 나누고 그 아래에 부 · 목 · 군 · 현을 설치
지방관	• 8도: 관찰사 파견 • 부 · 목 · 군 · 현: 수령 파견(지방의 행정 · 군사 · 사법권 행사), 수령 아래에 향리를 두어 지방 행정의 실무를 보도록 함

4 교육 및 과거 제도

❺ 조선의 과거제

문과와 무과에 합격하면 홍패, 잡과에 합격하면 백패가 지급되었다. 잡과는 주로 향리의 자식이나 상민이 응시하였다.

성균관	• 소과에 합격한 생원 · 진사가 입학 • 성현의 제사를 지내는 대성전과 명륜당, 기숙사인 동재와 서재 등으로 구성 └ 공자와 맹자 등
서원	교육과 제사를 함께 담당한 사립 교육 기관, 각 지방의 사림이 설립
4부 학당	한양에 있는 국립 중등 교육 기관(중 · 동 · 남 · 서학)
향교	• 지방에 있는 국립 중등 교육 기관 • 중앙에서 교수나 훈도 파견, 대성전과 명륜당으로 구성
서당	사립 초등 교육 기관으로 천자문 또는 소학을 교육
과거제❺	문과 · 무과 · 잡과로 나뉨, 법적으로 양인 이상이면 응시 가능

3-1 사헌부

　　건국 초기에 고려의 제도에 따라 설치하였다. ……『경국대전』에는 "정사를 논평하고, 백관을 규찰하고, 풍속을 바로잡고, 억울함을 풀어주고, 허위를 금지하는 등의 일을 관장한다."라고 하였다.

－『순암집』－

사헌부는 조선 관리의 비리를 감찰하는 역할을 하였어요. 또한, 사간원과 함께 양사 또는 대간이라고 하여 5품 이하 관리에 대한 서경권을 행사하였는데, 태종 때에는 사간원을 독립시키면서 사헌부와 상호 견제하도록 하여 왕권을 더욱 강화하고자 하였어요.

4-1 서원

▲ 도산 서원

조선의 사립 교육 기관인 서원은 조선의 정치를 주도하던 사림들에 의해 세워졌어요. 서원을 통해 유학을 교육하고 인재를 양성하며, 역사 속 존경받는 유학자들에 대한 제사도 함께 지내면서 조선에 성리학을 널리 보급하는 역할을 하였어요. 역사적 가치를 인정받은 서원 9곳이 유네스코 세계 유산에 등재되었어요.

3-2 홍문관　　　　　　　　　61회 22번

옥당이라 쓰여 있는 이 현판은 창덕궁 내의 홍문관 청사에 걸려있던 것입니다. 홍문관은 활발한 언론 활동을 통해 사헌부·사간원과 함께 3사라고 불렸습니다. 또한 (가)

★ 궁궐 내의 서적을 관리하고 왕의 각종 자문에 응하는 기구입니다.
★ 왕의 정책 자문과 경연을 담당하였습니다.
★ 사헌부, 사간원과 함께 삼사로 불립니다.

4-2 성균관　　　　　　　　　49회 20번

○○년 신입생 모집

조선 최고 교육 기관

(가)

1. 선발 인원: 200명
2. 지원 자격: 소과에 합격한 생원, 진사 등
3. 특전: 원점* 300점인 자에게 관시(館試) 응시 자격 부여

* 원점(圓點): 아침, 저녁 식당에 들어갈 때 찍는 점

★ 최고 교육 기관으로 성균관이 있었어요.
★ 한양에 성균관과 4부 학당을 세우다.

기출 확인 문제

연습하기

❶ OX 퀴즈

(1) 이성계와 최영은 모두 고려의 요동 정벌에 찬성하였다.
(O / x)

(2) 태종은 6조 직계제를 시행하여 왕권을 강화하고자
하였다.
(O / x)

(3) 조선의 승정원은 왕명의 출납을 담당하는 왕의 비서
기관이었다.
(O / x)

❷ 빈칸 퀴즈

(1) 세종은 중국 문자인 한자를 읽지 못하는 백성들을 위
해 (　　　)을/를 창제 및 반포하였다.

(2) 성종은 조선 최고의 법전인 『(　　　)』을/를 완성
하였다.

(3) 조선의 삼사는 사헌부, 사간원, (　　　)(으)로 구성
되어 있다.

❸ 연표 퀴즈 - 조선의 건국 과정

○─┐ □□□ 회군
　│　요동 정벌을 나간 이성계가 4불가론을 들어
　│　□□□에서 회군하여 개경으로 진격하였다.
　│
○─┐ □□법 시행
　│　공양왕 때 토지 개혁을 위해 실시하였다.
　│
○─┘ 조선 건국
　↓　이성계가 조선을 건국한 후 한양으로 도읍을 옮겼다.

정답 ┃ ❶ (1) x　(2) ○　(3) ○
　　　 ❷ (1) 훈민정음　(2) 경국대전　(3) 홍문관
　　　 ❸ 위화도, 위화도, 과전

01 (가)에 들어갈 내용으로 옳은 것은?　[55회 17번]

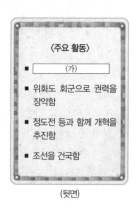

(앞면)　　　　　　　(뒷면)

〈주요 활동〉
■ [　(가)　]
■ 위화도 회군으로 권력을
　장악함
■ 정도전 등과 함께 개혁을
　추진함
■ 조선을 건국함

① 별무반을 편성함
② 우산국을 정벌함
③ 전민변정도감을 설치함
④ 황산에서 왜구를 격퇴함

02 (가)에 해당하는 인물로 옳은 것은?　[66회 18번]

이곳 경복궁은 조선의 궁궐로 [　(가)　]이/가 이름
지었대. 국왕과 백성이 만년토록 태평하며 큰 복을
누리기를 바란다는 의미가 담겨 있어. 그는 새 왕조
의 통치 방향을 제시한 조선경국전도 저술하였지.

① 　송시열

② 　채제공

③ 　정몽주

④ 　정도전

03 밑줄 그은 '이 왕'의 업적으로 옳은 것은?

[48회 20번]

① 4군 6진을 개척하였다.
② 경국대전을 완성하였다.
③ 대동여지도를 제작하였다.
④ 백두산정계비를 건립하였다.

04 밑줄 그은 '왕'에 대한 설명으로 옳은 것은?

[63회 19번]

① 훈민정음을 창제하였다.
② 경국대전을 완성하였다.
③ 초계문신제를 시행하였다.
④ 위화도 회군을 단행하였다.

05 다음 학생이 생각하고 있는 기구로 옳은 것은?

[51회 20번]

① 사간원　　　② 사헌부
③ 승정원　　　④ 홍문관

06 교사의 질문에 대한 학생의 답변으로 옳지 <u>않은</u> 것은?

[51회 19번]

사림의 성장과 붕당의 발생

1 사림의 성장

1) 훈구와 사림

훈구	• 조선의 개국 공신으로, 세조가 계유정난으로 집권할 때 도와 권력을 장악 • 고위 관직을 독점하여 많은 토지와 노비를 받음

사림	• 성종 때 훈구 세력의 견제를 위해 과거제를 통해 등용 • 주로 삼사에 임명되어 언론을 담당하며 훈구 세력을 비판

└ 고려의 온건파 신진 사대부 계열로, 지방에서 서원과 향약을 기반으로 성장

2) 사화의 발생

❶ 조의제문

김종직이 쓴 글로, 조카를 몰아낸 세조를 비판하는 내용을 담고 있다. 이후 세조의 후손이었던 연산군이 이를 알게 되면서 자신의 왕위도 부정당하는 것이라 여겨 사림 세력을 죽이거나 귀양을 보냈다.

무오사화 (연산군)	• **배경**: 훈구 세력이 김종직의 조의제문❶을 문제 삼아 연산군이 알게 함 • **결과**: 김종직은 부관참시를 당하고 이외의 사림들은 몰락

└ 죽은 사람의 무덤을 파서 그 시체에 벌을 내리는 것

갑자사화 (연산군)	• **배경**: 연산군이 자신의 어머니 폐비 윤씨가 사약을 받고 죽게 되었다는 사실을 알게 됨 • **결과**: 연산군이 폐비 윤씨의 죽음과 관련된 훈구 · 사림 신하 제거 → 훈구 세력이 연산군을 몰아내고 중종을 왕위에 올림(중종반정)

반정 공신의 위훈 삭제, 소격서 폐지 등 ┐

기묘사화 (중종)	• **배경**: 중종이 왕권 강화를 위해 사림 등용, 조광조의 개혁 • **결과**: 조광조의 급진적인 개혁에 반발하여 중종과 훈구 세력이 조광조 등 사림 세력을 제거

을사사화 (명종)	• **배경**: 명종의 외척 세력인 소윤(윤원형 일파)과 대윤(윤임 일파)의 권력 다툼 • **결과**: 대윤 세력이 제거되어 소윤 세력이 권력 장악, 권력 다툼 속 사림 세력이 피해를 입음

3) 붕당의 발생

❷ 이조 전랑 임명권

이조 전랑은 6조 중 하나인 이조의 관직이며, 이조 전랑 임명권은 삼사의 관리 임명권 및 자신의 후임자를 추천할 수 있었던 영향력이 큰 권한이다.

동인과 서인	• 선조 때 사림이 세력을 확대하여 중앙 정계로 진출 • 이조 전랑 임명권❷을 두고 동인과 서인으로 대립

2 대표적인 사림

퇴계 이황	『성학십도』 저술, 예안 향약 시행

율곡 이이	『성학집요』, 『동호문답』 저술, 해주 향약 시행

1-1 조광조

> 중앙에서는 홍문관·육경·대간, 지방에서는 감사와 수령이 천거한 사람들을 한 곳에 모아 시험을 치르면 많은 인재를 얻을 수 있을 것입니다. 이는 한 (漢)에서 시행한 현량과의 뜻을 이은 것입니다.

사림 세력인 조광조는 중종반정 이후 등용되어 여러 개혁을 추진하고자 하였어요. 추천을 통해 관료를 선발하는 현량과 실시와 부당하게 공신이 된 훈구 세력의 공훈을 삭제하는 위훈 삭제를 실시하여 훈구 세력의 기반을 약화시키고자 하였어요. 또한, 도교를 이단으로 배척하여 궁중에서 도교적 제사(초제)를 주관하는 소격서의 폐지를 건의하였으나 훈구 세력의 반발로 조광조와 사림은 쫓겨나게 되었어요.

1-2 무오사화 · 67회 21번

> 이곳은 조선 시대 문신인 김종직이 살았던 집터에 후손들이 지은 밀양 추원재입니다. 그가 쓴 조의제문은 연산군 때 일어난 (가) 의 빌미가 되기도 하였습니다.

★ 조의제문을 사초에 넣었다니!
★ 무오사화로 김일손 등이 처형되었다.
★ 김종직이 증조할아버지 세조를 능멸하다니!

2-1 향약

> 앞으로 우리 고을의 모든 선비가 … 집에서나 고을에서나 각기 사람의 도리를 다해 훌륭한 선비가 된다면, 따로 조목을 정해 권하거나 형벌을 쓰지 않아도 될 것이다. 그러나 이를 알지 못하여 예의를 침범하고 고의의 풍속을 해친다면 이는 곧 하늘이 버린 백성이니 어찌 벌하지 않을 수 있겠는가. 이 점이 오늘날 향약을 세우는 이유이다.
>
> – 『퇴계집』 –

[69회 출제]

향약은 조선 시대에 마을의 질서를 유지하고 유교 윤리의 보급을 위해 지방 자치로 운영되었어요. 사림이자 대표적인 성리학자인 퇴계 이황과 율곡 이이에 의해 향약이 널리 확대되었어요.

2-2 율곡 이이 · 69회 22번

> 이곳은 신사임당과 그의 아들 (가) 이/가 살았던 오죽헌입니다. 신사임당은 시와 그림에 뛰어나 많은 작품을 남겼으며, (가) 은/는 조선의 대표적인 유학자로 동호문답, 성학집요 등을 저술하였습니다.

★ 『성학집요』를 저술하였다.
★ 조선 시대 유학자이자 정치가로 수미법을 주장하였습니다.

연습하기

❶ OX 퀴즈

(1) 사림은 조선의 개국 공신을 말한다. (O/ⅹ)

(2) 갑자사화 때 훈구 세력만 피해를 입었다. (O/ⅹ)

(3) 사림 조광조가 주장한 개혁들은 훈구 세력에게 받아들여졌다. (O/ⅹ)

❷ 빈칸 퀴즈

(1) ( )은/는 훈구 세력이 김종직의 조의제문을 문제 삼으면서 일어났다.

(2) 명종의 외척 세력인 소윤과 대윤 사이에서 일어난 사화는 ( )(이)다.

(3) 『성학십도』를 저술한 성리학자는 ( )(이)다.

❸ 연표 퀴즈 - 사화의 전개과정

→ **갑자사화**
연산군이 폐비 윤씨의 죽음과 관련된 신하들을 제거하였다.

→ **반정**
연산군의 폭정으로 인해 훈구 세력이 연산군을 몰아내고 새로운 왕을 즉위시켰다.

→ **사화**
조광조의 급진적인 개혁에 반발하여 훈구 세력이 조광조를 비롯한 사림 세력을 제거하였다.

정답 ┃ ❶ (1) ✕ (2) ✕ (3) ✕
❷ (1) 무오사화 (2) 을사사화 (3) 퇴계 이황
❸ 중종, 기묘

01 (가)에 들어갈 인물로 옳은 것은? [63회 23번]

여기는 도산 서당으로, 성학십도를 저술한 성리학자 (가) 이/가 제자들을 양성한 곳입니다. 그의 사후 제자들이 스승을 추모하고자 서당 뒤편으로 도산 서원을 조성하면서 한 공간에 서원과 서당이 공존하는 보기 드문 형태를 갖추게 되었습니다.

① 서희 ② 이황
③ 박제가 ④ 정몽주

02 (가) 인물에 대한 설명으로 옳은 것은?

[52회 22번]

이곳은 안동에 있는 병산 서원으로 (가) 의 학문과 업적을 기리기 위한 곳입니다. 그는 임진왜란이 일어났을 때 훈련도감 설치를 건의하기도 하였습니다.

① 징비록을 저술하였다.
② 4군 6진을 개척하였다.
③ 서경 천도를 주장하였다.
④ 대동여지도를 제작하였다.

03 (가)에 들어갈 내용으로 옳은 것은? [49회 19번]

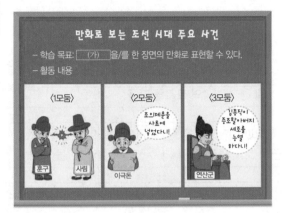

① 경신환국　　　② 무오사화

③ 인조반정　　　④ 임오군란

04 (가) 인물의 활동으로 옳은 것은? [66회 24번]

① 발해고를 저술하였다.

② 대동여지도를 제작하였다.

③ 백운동 서원을 건립하였다.

④ 소격서 폐지를 건의하였다.

05 (가)에 해당하는 사건으로 옳은 것은? [64회 23번]

① 경신환국　　　② 기해예송

③ 병인박해　　　④ 을사사화

06 다음 대화 이후에 전개된 사실로 옳은 것은? [47회 21번]

① 기묘사화가 일어났다.

② 신진 사대부가 등장하였다.

③ 수양 대군이 권력을 장악하였다.

④ 사림이 동인과 서인으로 나뉘었다.

조선 전기의 경제 · 사회 · 문화

1 경제와 사회

1) 토지 제도

과전법	전 · 현직 관리에게 경기 지방의 토지를 지급
직전법	• 세조 때 현직 관리에게만 수조권❶을 지급 • 관리에게 지급할 토지가 부족해지자 수신전과 휼양전❷을 폐지
관수 관급제	성종 때 국가가 수조권을 행사하여 직접 세를 거두고 관리에게 나누어 줌 └ 관리의 수조권 남용 방지를 위해 실시
직전법 폐지	명종 때 수조권을 폐지하고 관리에게 녹봉만 지급

❶ **수조권**
토지에 부과된 조세를 걷을 수 있는 권리이다.

❷ **수신전과 휼양전**
수신전은 토지(과전)를 지급받은 관리가 죽은 후에 그의 아내가 재혼을 하지 않는 경우, 관리의 토지가 지급되는 제도이다. 휼양전은 부모가 모두 사망했을 때 어린 자녀가 성인이 될 때까지 부모의 땅을 모두 물려받게 하는 제도이다.

2) 수취 제도

공법	• 세종 때 시행, 1결당 4~20두 부과 • 전분 6등법: 토지의 비옥도에 따라 차등 부과 • 연분 9등법: 풍흉의 정도에 따라 차등 부과

3) 법률 및 사회 제도

『경국대전』	• 세조 때 편찬을 시작하여 성종 때 완성 및 반포 • 조선 최고의 법전, 유교적 통치 제도 완성
민생 안정책	• 의창 · 상평창을 설치하여 환곡제를 실시 • 향촌 사회에서 자치적으로 사창제를 실시하여 곡물을 대여
의료 기관	혜민서, 제생원, 동서 활인서(동서 대비원에서 개칭)

4) 신분 제도

양천제	• 법제적으로 양인(양반, 중인, 상민)과 천민으로 구분 • 양인은 과거 응시가 가능하고, 조세 · 국역의 의무가 있음
양반	관료(문반 + 무반), 토지 및 노비 소유
중인	기술직(역관, 의관, 기술관, 천문관) · 향리 · 서얼, 서얼을 제외하고 과거 응시 가능(주로 잡과 응시)
상민	농민 · 상인 · 수공업자 등, 과거 응시가 현실적으로 어려움
천민	백정 · 노비 등, 비자유민, 매매 · 상속 · 증여의 대상

1-1)-1 과전법

전하께서는 무릇 수도에 거주하는 관료에게는 단지 경기 안의 토지만을 지급하고, 그 밖에 토지는 허락하지 마십시오. 이를 법으로 제정하셔서 백성과 더불어 다시 시작하십시오. 그렇게 하여 국가 재정을 넉넉하게 하고, 백성의 삶을 풍요롭게 하며, 조정의 선비들을 우대하고, 군대의 군량을 넉넉하게 하십시오.

– 조준의 상소 –

[63회 출제]

고려 말, 권문세족이 불법적으로 소유한 땅을 개선하여 권문세족의 세력을 억압하고 새로운 나라 조선을 세우기 위한 기반을 다질 필요가 있었어요. 이에 신흥 무인 세력인 이성계와 신진 사대부인 정도전, 조준 등은 과전법을 적극 추진하여 조선으로 이어나갔어요.

1-1)-2 직전법　　71회 21번

전하께서 과전을 개혁하여 이 제도를 실시하라고 명하셨습니다. 본래 과전은 사대부를 기르기 위함입니다. 그런데 이 제도가 실시되면 현직 관리들만 수조권을 받게 되어 대를 이어 왕을 섬기는 신하가 없게 될 것입니다.

세조 / 양성지

★ (세조) 직전법을 제정하였어요.
★ 현직 관리에게만 수조권을 지급한 직전

1-2)-1 『경국대전』

『경국대전』은 세조 때 편찬되기 시작하여 성종 때 완성 및 반포된 조선의 최고 법전이었어요. 여섯 갈래로 구성되어 있으며, 「이전」은 관리·관리의 임명, 「호전」은 재정, 「예전」은 과거·예법·의식, 「병전」은 군제·군사, 「형전」은 형벌·재판·노비, 「공전」은 건축과 도량형에 대한 규정이 담겨 있어요.

1-2)-2 『경국대전』　　55회 20번

책이 완성되어 여섯 권으로 만들어 바치니, (가) 이라는 이름을 내리셨다. 형전과 호전은 이미 반포되어 시행하고 있으나 나머지 네 법전은 미처 교정을 마치지 못하였는데, 세조께서 갑자기 승하하시니 지금 임금[성종]께서 선대의 뜻을 받들어 마침내 하던 일을 끝마치고 나라 안에 반포하셨다.

★ (성종) 『경국대전』을 완성·반포하였다.
★ 국가 운영 전반에 대한 법률을 담음

2 문화

1) 훈민정음과 편찬 사업

훈민정음	세종과 집현전 학자들이 발성 기관과 소리나는 모습, 하늘·땅·사람의 모양을 본떠 28자를 만듦
역사서	• 『조선왕조실록』: 태조부터 철종까지의 역사를 편년체로 서술하여 편찬 ┌ 연·월·일 순서대로 기록 • 『동국통감』(성종): 서거정이 고조선에서 고려까지의 역사를 정리하여 편찬
지도·지리서	• 혼일강리역대국도지도(태종): 현존하는 동양에서 가장 오래된 세계 지도 • 『동국여지승람』(성종): 노사신, 양성지, 강희맹 등이 각 도의 지리, 풍속, 인물 등을 기록하여 편찬한 지리서
윤리·의례서	• 『삼강행실도』(세종): 유교 윤리의 모범이 되는 사례들을 글과 그림으로 정리한 윤리서 • 『국조오례의』(성종): 국가 행사에 필요한 의례를 정리한 의례서
역법·농업·의학서	• 『칠정산』(세종): 중국의 수시력과 아라비아의 역법을 참고하여 우리 역사상 최초로 한양을 기준으로 천체 운동을 계산한 역법서(내·외편) • 『농사직설』(세종): 정초 등이 우리나라 토지와 기후에 맞는 농사법을 정리 • 『향약집성방』(세종): 우리 풍토에 맞는 약재와 치료 방법을 정리한 의서

2) 과학 기술

천문학	혼천의·간의(천문관측), 앙부일구(해시계), 자격루(물시계), 측우기(강우량 측정)
인쇄술	주자소 설치(태종), 금속활자인 계미자(태종)·갑인자(세종) 주조

3) 건축

서울 원각사지 십층 석탑	세조 때 고려의 개성 경천사지 십층 석탑의 영향을 받아서 세움

4) 예술

도자기	• 분청사기❸: 청자에 백토 분을 칠하여 회청색 빛을 띠는 자기 • 백자: 청자보다 담백한 느낌의 순백색 자기
회화	안견의 「몽유도원도」❹, 강희안의 「고사관수도」❺, 신사임당의 「초충도」

❸ 분청사기

❹ 「몽유도원도」

❺ 「고사관수도」

2-1)-1 『조선왕조실록』

『조선왕조실록』은 제1대 태조부터 제25대 철종까지 조선의 472년간의 역사를 연대순으로 기록한 역사서예요. 실록은 사관이 왕의 모든 것을 기록해 두었다가 왕이 죽은 후에 편찬되어 사실성이 입증되어 있어요. 방대한 양과 상세한 기록을 인정받아 유네스코 세계 기록 유산으로 등재되었어요.

2-1)-2 『조선왕조실록』　　67회 19번

(가) 에 대해 검색해 줘.

검색 결과입니다.

태조에서 철종에 이르는 470여 년간의 역사를 역대 왕 별로 기록하였습니다. 방대한 규모와 내용의 정확성을 인정받아 유네스코 세계 기록 유산에 등재되었습니다.

★ 사초와 시정기 등을 바탕으로 편찬
★ 전주 사고의 『조선왕조실록』은 전란 중에도 소실되지 않았음

2-2)-1 조선 전기의 과학 기구

▲ 앙부일구　　　▲ 자격루　　　▲ 측우기

[52회 출제]

세종은 신분의 높고 낮음을 따지지 않고 능력에 따라 인재를 뽑았어요. 이에 따라 선발된 장영실은 노비 출신이었지만 해의 그림자를 이용한 시계인 앙부일구, 물의 힘으로 시간을 알려주는 자격루, 강우량 측정 기구인 측우기 등의 과학 기구를 발명하여 조선의 과학 기술을 발전시켰어요.

2-2)-2 조선 전기의 과학 기술　　60회 19번

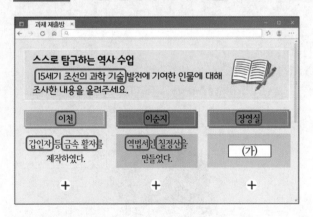

과제 제출방

스스로 탐구하는 역사 수업
15세기 조선의 과학 기술 발전에 기여한 인물에 대해 조사한 내용을 올려주세요.

이천	이순지	장영실
갑인자 등 금속 활자를 제작하였다.	역법서인 칠정산을 만들었다.	(가)
+	+	+

★ 칠정산을 편찬하였다.
★ 자격루를 제작하였다.
★ 계미자를 주조하였다.

연습하기

❶ OX 퀴즈

(1) 세종 때 토지의 비옥도와 풍흉에 따라 세금을 차등으로 부과하는 공법을 실시하였다. (O/×)

(2) 조선의 인쇄술을 보여주는 계미자와 갑인자는 목판본이다. (O/×)

(3) 앙부일구와 자격루는 성종 때 완성되었다. (O/×)

❷ 빈칸 퀴즈

(1) 세조 때 현직 관리에게만 수조권을 지급한 토지 제도는 (   )(이)다.

(2) 태조부터 철종까지 조선의 역사를 정리하여 편찬한 역사서는 『(   )』(이)다.

(3) 『(   )』은/는 세종 때 우리나라의 토지와 기후에 맞는 농사법을 정리한 책이다.

❸ 사진 퀴즈

Q. 다음 사진의 과학 기구가 발명된 왕의 시기에 편찬된 책으로 옳은 것은?

① 『칠정산』이 편찬되었다.
② 『목민심서』가 편찬되었다.
③ 『동의보감』이 편찬되었다.
④ 『경국대전』이 편찬되기 시작하였다.

정답 | ❶ (1) O (2) × (3) ×
　　　 ❷ (1) 직전법 (2) 조선왕조실록 (3) 농사직설
　　　 ❸ ①

01 (가)에 해당하는 책으로 옳은 것은? [51회 22번]

조선 제9대 국왕인 성종의 재위 기간에는 통치에 관한 규범들을 확립하기 위해 많은 서적이 편찬되었다. 국가 운영 전반에 대한 법률을 담은 [(가)]이/가 반포되었으며, 국가의 의례를 정비한 국조오례의와 궁중 음악을 집대성한 악학궤범이 완성되었다.

①
택리지

②
경국대전

③
농사직설

④
동의보감

02 (가)에 들어갈 교육 기관으로 옳은 것은?
[58회 21번]

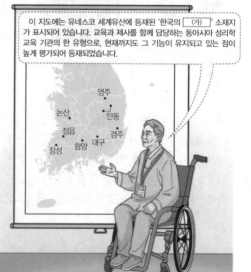

이 지도에는 유네스코 세계유산에 등재된 '한국의 [(가)]' 소재지가 표시되어 있습니다. 교육과 제사를 함께 담당하는 동아시아 성리학 교육 기관의 한 유형으로, 현재까지도 그 기능이 유지되고 있는 점이 높게 평가되어 등재되었습니다.

① 서원　　　　② 향교
③ 성균관　　　④ 4부 학당

03 밑줄 그은 '역법서'로 옳은 것은? [49회 18번]

① 금양잡록
② 농사직설
③ 삼강행실도
④ 칠정산내편

04 (가)에 들어갈 스탬프로 적절하지 <u>않은</u> 것은?
[69회 18번]

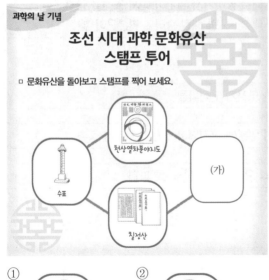

① 측우기
② 자격루
③  혼천의
④  첨성대

05 (가)에 해당하는 책으로 옳은 것은? [54회 20번]

이곳은 전주 사고(史庫)입니다. 사초와 시정기 등을 바탕으로 편찬한 ＿(가)＿ 을/를 보관하였던 여러 사고 중 하나입니다. 전주 사고의 ＿(가)＿ 은/는 전란 중에도 소실되지 않았고, 그로 인해 우리의 귀중한 역사가 전해질 수 있었습니다.

① 동의보감
② 경국대전
③ 삼강행실도
④ 조선왕조실록

06 (가)에 들어갈 그림으로 옳은 것은? [48회 21번]

이 작품은 조선 전기를 대표하는 그림으로, 안평 대군이 꿈에서 본 이상 세계에 대한 이야기를 듣고 안견이 그린 것입니다.

① 무동도
② 세한도
③  인왕제색도
④ 몽유도원도

임진왜란과 병자호란

1 임진왜란(1592)

1) 전개 과정

초기의 패배	일본의 도요토미 히데요시가 전국을 통일한 뒤 조선 공격(1592) → 부산진 전투(정발), 동래성 전투(송상현) 패배 → 왜군이 북쪽으로 올라옴 → 신립의 **충주 탄금대 전투** 패배 → 선조의 평양·의주 피난, 명에 군사 지원 요청

학이 날개를 펼친 형태로 적을 둘러싸 공격하는 전투 기술 ┐

수군과 의병의 활약	• 수군: 이순신이 한산도 대첩에서 **학익진 전술**을 펼쳐 승리 • **의병❶**: 곽재우, 정문부, 조헌, 사명대사 유정 등이 활약
조명 연합군	명이 임진왜란에 참전하여 조명 연합군 구성 → 평양성을 되찾음 → 권율의 행주 대첩, 김시민의 진주 대첩 승리
휴전 협상	• 일본이 휴전 협상을 제의 • **조선의 군사 정비**: 유성룡의 건의로 **훈련도감**을 설치
정유재란	• 휴전 협상이 실패로 돌아가자 일본이 다시 조선을 공격 • 이순신의 **명량 대첩·노량 해전** 승리로 일본군이 철수

❶ 의병
위기에 처한 나라를 구하기 위해 백성들 스스로 조직한 부대이다. 양반, 상민, 천민 등 신분에 상관없이 참여하였다.

2) 결과

문화 전파	일본에 성리학과 도자기가 전파됨
포로 송환	사명대사 유정이 일본에 파견되어 조선인 포로를 송환
통신사 파견	일본 에도 막부의 요청으로 통신사❷를 파견

❷ 통신사

임진왜란 이후 일본 에도 막부의 요청으로 통신사를 파견하였다. 선조~순조까지 총 12회에 걸쳐 일본에 조선의 선진 문화를 전해 주었으며, 일본의 정치 상황을 감시하려는 목적도 있었다.

2 광해군의 정치와 인조반정

지역에서 나는 특산물 ┐

전후 복구 사업	• 대동법: 농민의 부담을 줄여주고자 공물 대신 쌀이나 동전을 세금으로 거둠 • 『**동의보감**』: 허준이 선조의 명에 따라 전통 한의학을 정리

┌ 명과 후금 사이에서 적절하게 대처하여 실제적인 이익을 취하려는 외교 정책

중립 외교	명의 군사 지원 요청 → 사르후 전투에 파병된 강홍립에게 상황에 따라 적절히 대처하라고 지시

┌ 어머니인 인목 대비 폐위, 동생인 영창 대군 살해

인조반정	폐모살제와 중립 외교를 구실로 서인이 광해군을 몰아내고 인조를 왕위에 올림 → 서인의 친명배금 정책

└ 후금을 멀리하고 명과 친하게 지내는 정책

1-1 「부산진순절도」

[69회 출제]

「부산진순절도」는 조선 후기의 화가 변박이 임진왜란 최초의 전투인 부산진 전투를 그린 그림이에요. 해안가에 빼곡하게 차 있는 일본의 배를 통해 당시 절박하였던 조선의 상황을 살펴볼 수 있어요.

1-2 임진왜란　　　　　64회 21번

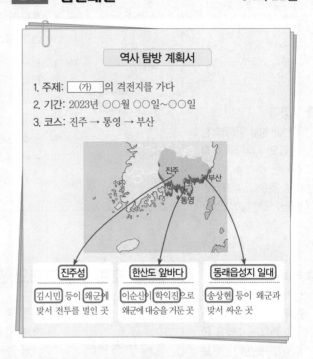

역사 탐방 계획서

1. 주제: (가) 의 격전지를 가다
2. 기간: 2023년 ○○월 ○○일~○○일
3. 코스: 진주 → 통영 → 부산

진주　　　부산
통영

진주성	한산도 앞바다	동래읍성지 일대
김시민 등이 왜군에 맞서 전투를 벌인 곳	이순신이 학익진으로 왜군에 대승을 거둔 곳	송상현 등이 왜군과 맞서 싸운 곳

★ 곽재우가 의병을 일으켜 정암진에서 싸웠다.
★ 이순신이 명량에서 일본군을 물리쳤다.
★ 권율이 행주산성에서 승리하였다.

2-1 강홍립의 투항

　　왕이 도원수 강홍립에게 지시하였다. "원정군 가운데 1만은 평안도와 함경도의 정예병만을 훈련하여 이제 장수와 병사들이 서로 익숙하니 지금에 와서 경솔히 바꾸기는 곤란하다. 그대는 명나라 장수들의 명령을 그대로 따르지만 말고 오직 스스로 판단하여 패하지 않도록 노력하라."

[44회 출제]

임진왜란 이후 명은 점점 국력이 쇠퇴하고 있었고, 이 틈을 타 후금이 무섭게 성장하였어요. 명은 후금과 전쟁을 벌이게 되자, 조선에게 지원군을 요청하였어요. 이에 광해군은 강홍립의 부대를 보내 명을 지원하되, 적극적으로 전투에 임하지 말고 상황에 따라 대처하도록 명령하였어요. 이와 같은 광해군의 정책을 중립 외교라고 불러요.

2-2 광해군　　　　　48회 24번

이곳은 명과 후금 사이에서 중립 외교를 펼쳤던 (가) 와/과 왕비의 묘야.

왕이 묻힌 곳인데 왜 능이 아닌 묘라고 부르는 걸까?

(가) 은/는 인조반정으로 왕의 자리에서 쫓겨났기 때문이야.

★ 중립 외교를 펼쳤어.
★ 명과 후금 사이에서 중립적 외교를 추진하였다.
★ 광해군이 인조반정으로 폐위되었다.

3 병자호란

정묘호란 (1627)	• **배경**: 서인의 친명배금 정책, 이괄의 난❸ • **전개**: 인조반정으로 폐위된 광해군의 복수를 하겠다며 후금이 조선을 침입 • **결과**: 후금이 조선과 형제 관계를 맺고 철수

병자호란 (1636)	• **배경**: 조선이 후금을 멀리하고 명과 친하게 지냄 → 청으로 국호를 고친 후금이 조선에 군신 관계 요구
	• **전개**: 조선이 청의 요구를 거부하자 청이 침입 → 임경업이 백마산성에서 항전 → 인조가 남한산성으로 피신하여 청군에 대항 → 청의 12만 대군이 남한산성을 둘러쌈 → 주화파❹와 척화파❺의 의견 충돌 → 인조가 삼전도에서 청 태종에게 항복
	• **결과**
	  – 조선과 청이 군신 관계를 체결
	  – 소현 세자와 봉림 대군을 비롯한 많은 조선인들이 청에 끌려감
	  – 양난을 겪은 후 군사 문제를 담당하는 비변사의 기능이 강화되어 국정 최고 기구가 됨

4 호란 이후 청과의 관계

북벌 운동	• **배경**: 병자호란 이후 청에 대한 복수심으로 북쪽을 정벌하자는 의견이 등장 • **전개**: 효종 때 송시열 등의 서인을 중심으로 북벌 운동을 전개 • **결과**: 왕을 호위하는 어영청을 강화하고 성곽을 수리하면서 북벌 운동을 준비하였으나, 효종이 사망하면서 실패
나선 정벌	• **배경**: 효종 때 청과 러시아 사이에 국경 분쟁이 발생 • **전개**: 청이 조선에 지원군을 요청하여 두 차례에 걸쳐 조총 부대를 파견
북학론	• 청의 선진 문물을 수용하여 나라의 힘을 키우자는 주장 • 박지원, 홍대용, 박제가 등 북학파 실학자들이 전개
백두산정계비	• 청과 만주 일대를 둘러싼 국경 분쟁이 발생 • 숙종 때 국경을 확정하고 정계비를 건립

❸ **이괄의 난**
이괄은 인조반정 때 큰 공을 세웠으나 논공행상(공로를 조사하여 상을 내리는 것) 과정에서 원하는 결과를 얻지 못하자 반란을 계획하였다.

❹ **주화파**
조선이 청을 막아낼 힘이 없으니 후금과 화해하자는 주장을 한 무리를 뜻한다. 대표적인 인물로 최명길이 있다.

❺ **척화파**
청과 화의를 맺는 것에 반대하며 청에 맞서 싸워야 한다는 주장을 한 무리를 뜻한다. 대표적인 인물로 김상헌이 있다.

3-1 삼전도의 굴욕

남한산성을 나와 삼전도에 도착한 왕께서 청 황제 앞에 나아가 항복의 예를 행하였다. 예를 마치고 해질 무렵이 되자 청 황제가 왕에게 도성으로 돌아가도록 허락하였다. 포로로 사로잡힌 이들이 도성으로 돌아가는 왕을 보고 "우리 임금이시여, 우리 임금이시여. 우리를 버리고 가십니까."라며 울부짖는데, 그 수가 만 명을 헤아렸다.

[63회 출제]

남한산성에서 45일간 항전한 인조는 강화도가 함락되어 봉림 대군 등의 왕족이 인질로 잡혀 있다는 소식을 듣자 청에 항복하였어요. 항복 조약에 따라 삼전도에서 인조가 청 태종을 향해 세 번 절하고, 아홉 번 머리를 조아리는 의식을 행하였어요. 또한, 왕실 사람들을 비롯한 수많은 조선 백성들이 청에 포로로 끌려 가는 등 많은 피해를 입었어요.

3-2 병자호란   60회 23번

지금 촬영하는 곳은 남한산성입니다. 적의 공격을 방어하기 유리한 지형에 세워진 산성으로 이 전쟁 때 인조가 피신하였습니다.

★ 삼전도비의 건립 배경을 파악한다.
★ 국왕이 남한산성에서 항전하였다.
★ 전쟁 후 청과 군신 관계를 맺었다.

4-1 백두산정계비

조선과 청의 국경이 맞닿아 있던 압록강·두만강 지역은 경계가 모호해 분쟁이 자주 일어났어요. 인삼을 캐는 조선인에게 청의 관리가 습격당하는 등 무력 충돌도 발생하였어요. 이에 숙종 때 청의 요구에 따라 조선의 박권과 청의 목극동이 청과 조선의 경계를 압록강과 토문강으로 정하면서 국경을 설정하였어요.

4-2 백두산정계비   49회 22번

이것은 백두산정계비 사진입니다. 청과 국경 문제가 발생하자 이 왕은 박권을 파견해 국경을 정하고 백두산정계비를 세웠습니다. 비석은 현재 사진으로만 남아 있습니다.

이 사진에 대해 설명해 주세요.

★ 청과 국경 문제 발생
★ (숙종) 백두산정계비를 건립하였다.

연습하기

❶ OX 퀴즈

(1) 임진왜란 중에 김시민은 진주에서 일본에 맞서 싸웠다.
(O / x)

(2) 광해군은 명과 후금 사이에서 실리를 취하는 중립 외교 정책을 실시하였다. (O / x)

(3) 병자호란의 결과, 인조가 청에 항복하였다. (O / x)

❷ 빈칸 퀴즈

(1) 임진왜란 중에 유성룡의 건의로 ( )이/가 설치되었다.

(2) 병자호란으로 인조가 굴욕을 당한 후, 조선에서 ( ) 운동이 전개되었다.

(3) 숙종 때 청과 조선의 경계를 정한 ( )을/를 세웠다.

❸ 연표 퀴즈 - 양난의 발생

임진왜란

일본의 침입으로 발생하여 곽재우 등의 ☐☐와/과 이순신 등의 수군이 활약하였다.

정묘호란

후금의 침입으로 발생하여 조선과 후금이 형제 관계를 맺었다.

병자호란

☐의 침입으로 발생하여 조선과 ☐이/가 군신 관계를 맺었다.

정답 | ❶ (1) O (2) O (3) O
　　　❷ (1) 훈련도감 (2) 북벌 (3) 백두산정계비
　　　❸ 의병, 청, 청

01 (가) 시기에 있었던 사실로 옳은 것은? [50회 20번]

이곳 탄금대에서 배수진을 치고 적을 섬멸하라! (신립)

칠천량에서는 패배했지만 아직 우리에게는 열두 척의 배가 남아 있다! (이순신)

① 최영이 홍산에서 왜구를 물리쳤다.

② 강감찬이 귀주에서 거란을 격퇴하였다.

③ 권율이 행주산성에서 대승을 거두었다.

④ 김윤후가 처인성에서 적을 막아내었다.

02 (가) 전쟁 중에 있었던 사실로 옳은 것은?

[71회 23번]

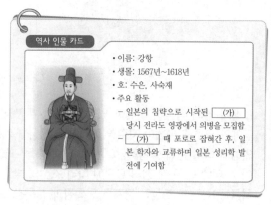

역사 인물 카드

• 이름: 강항
• 생몰: 1567년~1618년
• 호: 수은, 사숙재
• 주요 활동
　－ 일본의 침략으로 시작된 [(가)] 당시 전라도 영광에서 의병을 모집함
　－ [(가)] 때 포로로 잡혀간 후, 일본 학자와 교류하며 일본 성리학 발전에 기여함

① 김종서가 6진을 개척하였다.

② 어재연이 광성보에서 항전하였다.

③ 이종무가 쓰시마섬을 정벌하였다.

④ 이순신이 명량 해전을 승리로 이끌었다.

03 (가) 전쟁에 대한 탐구 활동으로 적절한 것은?

[47회 23번]

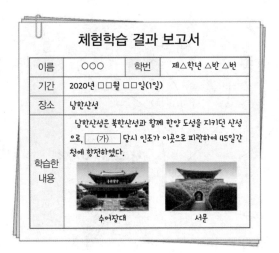

체험학습 결과 보고서

이름	○○○	학번	제△학년 △반 △번
기간	2020년 □□월 □□일(1일)		
장소	남한산성		
학습한 내용	남한산성은 북한산성과 함께 한양 도성을 지키던 산성으로, (가) 당시 인조가 이곳으로 피란하여 45일간 청에 항전하였다.		

수어장대   서문

① 보빙사의 활동을 조사한다.
② 삼별초의 이동 경로를 찾아본다.
③ 삼전도비의 건립 배경을 파악한다.
④ 을미의병이 일어난 계기를 살펴본다.

04 (가) 시기에 있었던 사실로 옳은 것은? [66회 21번]

① 병자호란이 일어났다.
② 4군 6진이 개척되었다.
③ 훈련도감이 창설되었다.
④ 외규장각 도서가 약탈되었다.

05 밑줄 그은 '이 전쟁' 중에 있었던 사실로 옳은 것은?

[58회 23번]

문학으로 만나는 한국사

청석령을 지났느냐 초하구는 어디쯤인가
북풍도 차기도 차다 궂은비는 무슨 일인가
그 누가 내 행색 그려내어 임 계신 데 드릴까

위 시조는 이 전쟁 당시 인조가 삼전도에서 항복한 뒤 봉림 대군이 청에 볼모로 끌려가며 지었다는 이야기가 전해집니다. 청의 심양으로 끌려가는 비참함과 처절한 심정이 잘 표현되어 있습니다.

① 왕이 남한산성으로 피신하였다.
② 양헌수가 정족산성에서 항전하였다.
③ 김윤후가 적장 살리타를 사살하였다.
④ 조명 연합군이 평양성을 탈환하였다.

06 (가)에 들어갈 기구로 옳은 것은? [58회 24번]

(가) 은/는 본래 외적의 침입에 대비하고자 설치한 임시 군사 회의 기구였으나, 양 난을 계기로 국방뿐만 아니라 국정 전반을 총괄하는 최고 기구가 되었습니다. 이로 인해 기존의 의정부와 6조가 유명무실해졌습니다.

① 비변사   ② 사헌부
③ 의금부   ④ 홍문관

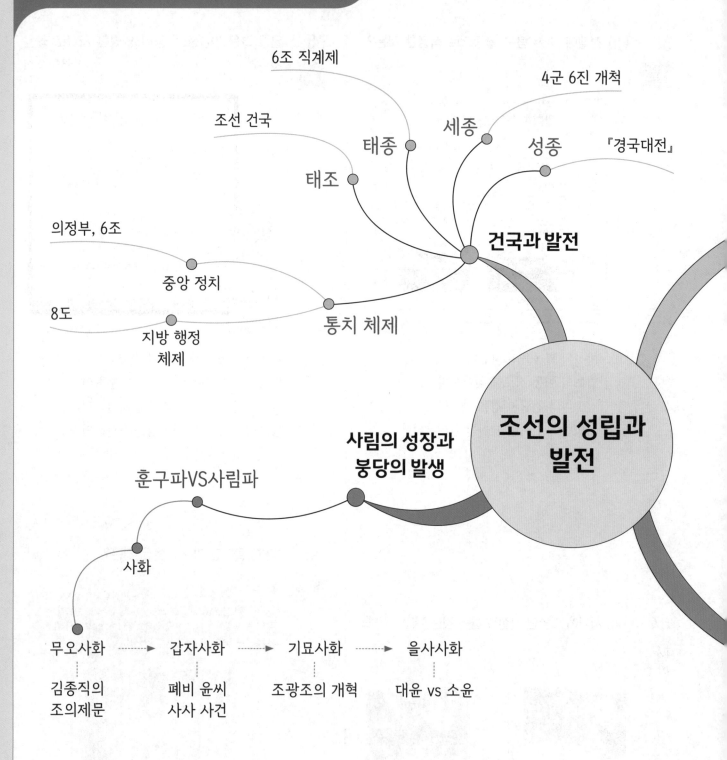

6조 직계제

조선 건국

4군 6진 개척

태종

세종

태조

성종

『경국대전』

의정부, 6조

건국과 발전

중앙 정치

8도

통치 체제

지방 행정
체제

**조선의 성립과
발전**

**사림의 성장과
붕당의 발생**

훈구파VS사림파

사화

무오사화 ------> 갑자사화 ------> 기묘사화 ------> 을사사화

김종직의
조의제문

폐비 윤씨
사사 사건

조광조의 개혁

대윤 vs 소윤

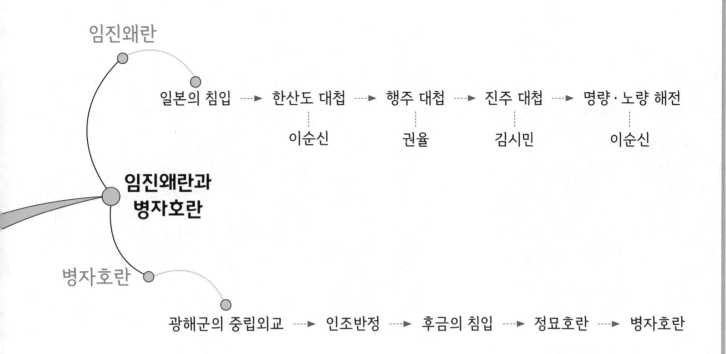

임진왜란

일본의 침입 ⟶ 한산도 대첩 ⟶ 행주 대첩 ⟶ 진주 대첩 ⟶ 명량·노량 해전

이순신　　　　　권율　　　　　김시민　　　　　이순신

**임진왜란과
병자호란**

병자호란

광해군의 중립외교 ⟶ 인조반정 ⟶ 후금의 침입 ⟶ 정묘호란 ⟶ 병자호란

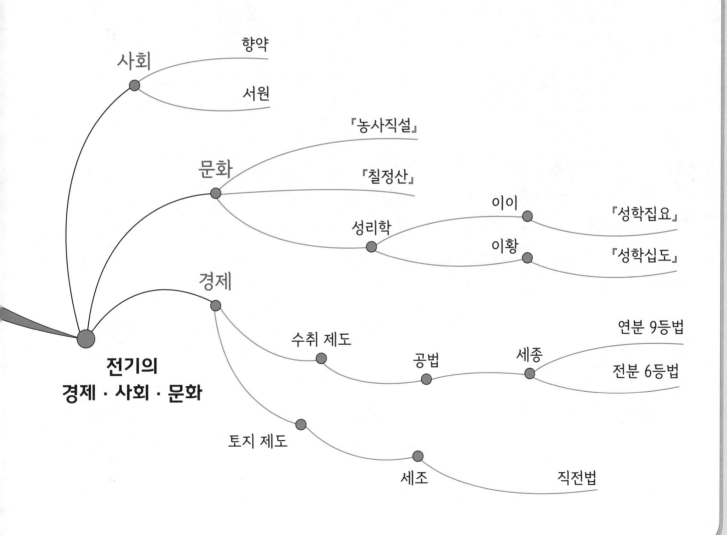

사회

향약

서원

문화

『농사직설』

『칠정산』

성리학

이이　　　『성학집요』

이황　　　『성학십도』

경제

**전기의
경제 · 사회 · 문화**

수취 제도

공법

세종

연분 9등법

전분 6등법

토지 제도

세조

직전법

감잡는 키워드 연표

1659~1674년

현종

• 1차 예송 논쟁(1659)
• 2차 예송 논쟁(1674)

1674~1720년

숙종

• 3차례의 환국 발생
 (1680, 1689, 1694)
• 백두산정계비 건립(1712)

1724~1776년

영조

• 탕평비 건립(1742)
• 균역법 실시(1750)

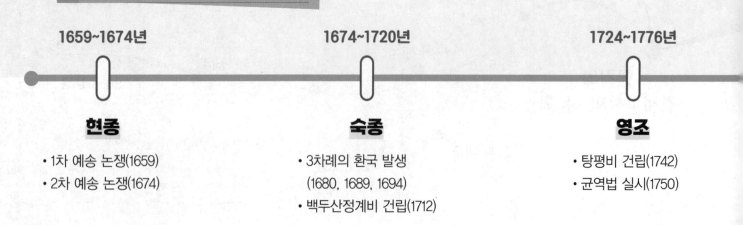

조선 후기의 새로운 움직임

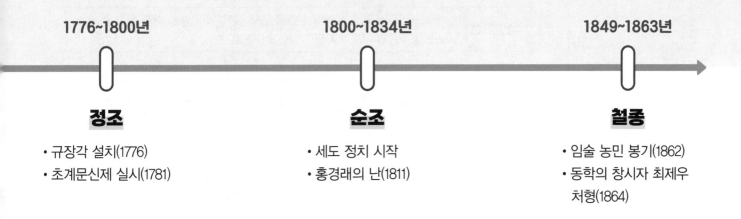

1776~1800년	1800~1834년	1849~1863년
정조	**순조**	**철종**
• 규장각 설치(1776) • 초계문신제 실시(1781)	• 세도 정치 시작 • 홍경래의 난(1811)	• 임술 농민 봉기(1862) • 동학의 창시자 최제우 처형(1864)

조선 후기의 정치

1 붕당 정치의 변질

예송 논쟁	효종과 효종비가 사망하자 자의대비의 상복 착용 기간을 둘러싸고 두 차례의 예송 논쟁이 발생하여 서인과 남인이 대립

└ 1차: 서인은 1년(채택), 남인은 3년 복상 주장 / 2차: 서인은 9개월, 남인은 1년(채택) 복상 주장

환국	경신환국(남인 허적의 역모 사건을 계기로 발생, 서인이 노론과 소론으로 나뉨) → 기사환국(희빈 장씨 아들의 원자 책봉을 서인 송시열이 반대하자 숙종이 송시열을 처형하고 인현 왕후를 폐위시키면서 남인이 권력 장악) → 갑술환국(숙종이 인현 왕후를 복위시키면서 서인이 권력 장악)

└ 정권을 주도하던 집권 세력이 갑작스럽게 교체되는 상황

2 탕평 정치

1) 영조

탕평책	• 붕당의 대립을 막기 위해 인재를 고르게 등용한 정책 • 탕평비❶ 건립: 탕평 교서를 발표하고 성균관에 탕평비를 건립
균역법	• 백성들의 군역 부담을 덜어주기 위해 실시 • 군포를 1년에 2필에서 1필로 줄임
『속대전』	• 국가 운영에 대한 법을 새로 규정하기 위해 편찬 • 『경국대전』에서 새롭게 변화된 법전 조항을 담음

2) 정조

탕평책	붕당의 옳고 그름을 가리는 등 적극적인 탕평책을 실시
장용영	왕권 강화를 위해 국왕의 친위 부대인 장용영을 설치
수원 화성	사도 세자의 묘를 옮기며 수원에 군사 · 상업의 기능을 갖춘 화성 건설 → 정약용의 거중기 사용(『기기도설』 참고)
규장각	• 창덕궁 후원에 설치한 왕실 도서관 • 유득공, 이덕무 등 서얼 출신을 규장각 검서관으로 등용
초계문신제	젊고 유능한 관리를 선발해 재교육
신해통공	육의전을 제외한 시전 상인의 금난전권❷을 폐지

└ 국가에서 필요한 물품을 공급하던 여섯 종류의 큰 상점

『대전통편』	『경국대전』과 『속대전』 및 여러 법령을 통합하여 편찬

❶ **탕평비**
영조가 세운 비석으로, '두루 원만하고 편을 가르지 않는 것이 군자의 마음이고, 원만하지 못하고 편을 가르는 것이 소인의 마음이다'라는 글귀가 새겨져 있다.

❷ **금난전권**
조선 후기에 시전 상인이 난전(허가받지 않은 상인)을 단속할 수 있었던 권리이다.

1-1 송시열

[60회 출제]

송시열은 조선의 대표적인 유학자로, 서인을 이끄는 우두머리였어요. 숙종은 아내 인현 왕후가 아들을 낳지 못하자, 희빈 장씨의 아들을 원자(임금의 맏아들)로 책봉하였어요. 이에 송시열을 비롯한 서인이 반대하자 숙종은 송시열을 제주도로 유배시킨 후 사약을 내렸어요(기사 환국).

2-1 『화성성역의궤』

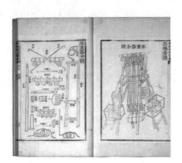

[54회 출제]

『화성성역의궤』는 수원 화성의 공사 계획, 공사 참여자, 공사에 드는 비용, 도면 등을 기록한 종합 보고서예요. 특히, 설계 도면이 아주 상세히 그려져 있어 일제 강점기와 6·25 전쟁 때 훼손되었던 수원 화성을 완벽히 복원해 낼 수 있었어요.

1-2 환국   69회 28번

★ 서인과 남인의 대립으로 경신환국이 일어남
★ (갑술환국) 중전 장씨가 희빈으로 강등
★ (갑술환국) 기사환국으로 득세했던 남인 세력이 몰락

2-2 영조   69회 27번

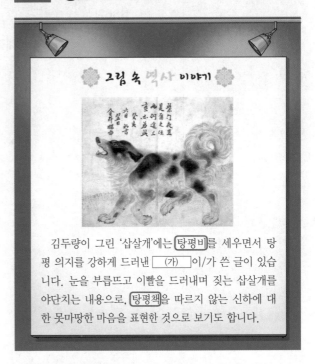

김두량이 그린 '삽살개'에는 탕평비를 세우면서 탕평 의지를 강하게 드러낸 ___(가)___ 이/가 쓴 글이 있습니다. 눈을 부릅뜨고 이빨을 드러내며 짖는 삽살개를 야단치는 내용으로, 탕평책을 따르지 않는 신하에 대한 못마땅한 마음을 표현한 것으로 보기도 합니다.

★ 붕당의 폐해를 경계하기 위해 탕평비가 건립
★ 균역법을 실시하였다.
★ 탕평책을 실시하였다.

❸ 세도 정치
　왕으로부터 권한을 위임받아 정권을 잡은 특정인과 그를 따르는 세력에 의해 이루어지는 정치 형태를 말한다.

3　세도 정치[3]

배경	정조가 사망한 후 순조가 어린 나이에 즉위하면서 외척 가문(안동 김씨, 풍양 조씨)이 권력을 잡음　　왕실과 혼인 관계에 있는 가문 ⌐
전개	3대(순조, 헌종, 철종)에 걸쳐 60여 년간 세도 정치가 시행됨
폐단	• **비변사 강화**: 세도 가문이 비변사의 주요 관직을 차지하면서 비변사의 권한을 강화 • **부정부패 심화**: 매관매직이 성행하고 과거 제도가 문란해짐 • **삼정의 문란**: 탐관오리가 수취 제도를 악용하여 농민 수탈 → 전정(전세 수취 제도) · 군정(군포 징수 제도) · 환곡(구휼 제도)의 폐단 심화

4　조선 후기의 농민 봉기

홍경래의 난 (1811)	• **원인**: 평안도 지역(서북인)에 대한 차별 대우, 세도 정치 시기의 농민 수탈 • **전개**: 몰락 양반 홍경래의 주도로 농민 · 광산 노동자 등이 봉기 → 정주성 등을 점령하며 청천강 이북 지역 대부분 장악 → 5개월 만에 정부군에 진압됨
임술 농민 봉기 (1862)	• **원인**: 경상 우병사 백낙신의 횡포 • **전개**: 몰락 양반 유계춘의 주도로 진주를 중심으로 농민 봉기 → 정부가 안핵사로 박규수를 파견하여 진상 조사 • **정부의 대처**: 삼정의 문란을 해결하고자 삼정이정청 설치 → 근본적인 문제는 해결하지 못함

3-1 삼정의 문란

시아버지 죽어 이미 상복 입었고,
갓난아기 배냇물은 아직 마르지도 않았는데,
삼대(三代) 이름은 군적에 모두 올랐네.
달려가서 억울함을 호소해도,
호랑이 같은 문지기가 가로막고,
이정(里正)은 호통치며 외양간 소마저 끌고 가네.
– 『여유당전서』 –

[61회 출제]

조선 후기에는 왕실의 외척 가문이 권력을 얻고 정치 기강이 무너지면서 관리의 횡포도 극심해졌어요. 부정부패한 관리들은 원래 거두어야 하는 것 이상의 전세를 걷기도 하고, 군역을 지지 않아도 되는 어린 아이나 죽은 사람들에게도 군포를 징수하였어요. 또한, 백성을 구제하고자 만든 환곡에서도 이자를 지나치게 많이 붙이는 등의 폐해가 있었어요.

3-2 세도 정치   63회 26번

문학으로 만나는 한국사

구만 리 긴 하늘에도 머리 들기 어렵고
삼천 리 넓은 땅에서도 발을 펴기 어렵도다.
늦은 밤 누대에 오르니 달을 감상하고자 함이 아니요
삼 일 동안 곡기를 끊었으니 신선이 되기 위함이 아니로다.

[해설] 김삿갓으로 널리 알려진 김병연은 안동 김씨 등 소수 외척 가문이 중심이 되어 권력을 독점하던 시기에 전국을 방랑하며 많은 시를 남겼다. 그는 안동 김씨였으나 할아버지가 반역죄로 처형당했기에 관직에 진출하지 못하였다. 김병연이 지은 것으로 전해지는 위 시에는 그의 이러한 처지가 잘 나타나 있다.

★ 세도 정치 시기 삼정의 문란에 대해 찾아 본다.
★ 수령과 향리의 수탈로 삼정이 문란하였다.
★ (임술 농민 봉기) 삼정의 문란을 해결하기 위해 삼정이정청을 설치하였다.

4-1 홍경래의 난

▲ 「정주성공함작전도」 [64회 출제]

조선의 북쪽에 위치한 평안도 지방은 중국과 맞닿아 있는 특성 때문에 중국 사신의 왕래가 잦아 접대 비용이 많이 들었어요. 하지만 조선 정부에서 별다른 지원이 없었고, 평안도 지방 사람들이 정부의 중요한 관직에 진출하는 일도 드물었어요. 이러한 평안도 지역에 대한 차별과 삼정의 문란에 반발한 홍경래는 같은 불만을 가진 농민·광산 노동자들과 힘을 합하여 반란을 일으켰어요.

4-2 홍경래의 난   69회 23번

홍경래 등이 주도한 봉기를 진압하기 위해 관군이 정주성으로 몰려오고 있다고 하네.

봉기를 진압하는 과정에서 우리에게까지 해가 미칠까 걱정이네.

★ 서북 지역민에 대한 차별에 반발하여 일어났다.
★ 홍경래가 봉기를 주도하였다.
★ 정주성을 점령하는 홍경래

❶ OX 퀴즈

(1) 영조는 이덕무, 유득공 등의 서얼 출신을 규장각 검서관으로 등용시켰다. (O/×)

(2) 조선 후기에 외척 가문이 세력을 차지하면서 세도 정치가 이루어졌다. (O/×)

(3) 진주에서 서북 지역에 대한 차별에 대항하여 홍경래가 난을 일으켰다. (O/×)

❷ 빈칸 퀴즈

(1) 정조는 시전 상인의 ( )을/를 폐지하는 신해통공을 실시하였다.

(2) 세도 정치 시기에 삼정 중 ( )이/가 문란하여 어린 아이나 죽은 사람에게도 군포를 거두었다.

(3) 임술 농민 봉기가 발생하자 정부는 삼정의 문란을 바로잡고자 ( )을/를 설치하였다.

❸ 연표 퀴즈 – 조선 후기 정치

○── **정조**
　　□□책을 실시하여 붕당에 상관없이 인재를 등용하고자 하였다.

○── **순조**
　　어린 나이에 즉위하여 외척 가문이 세력을 키웠다.

○── **철종**
　　경상 우병사 백낙신의 횡포로 □□ □□ □□이/가 발생하였다.

정답 | ❶ (1) × (2) O (3) ×
　　　❷ (1) 금난전권 (2) 군정 (3) 삼정이정청
　　　❸ 탕평, 임술 농민 봉기

---

01 교사의 질문에 대한 학생의 답변으로 옳지 않은 것은? [50회 22번]

현종 때 있었던 두 차례의 예송에 대해 발표해 볼까요?

① 서인과 남인이 예법을 둘러싸고 대립한 것이에요.

② 조광조 일파가 축출되는 결과를 가져왔어요.

③ 자의 대비가 상복을 입는 기간이 문제가 되었어요.

④ 효종과 효종비가 죽은 뒤 각각 일어났어요.

---

02 (가), (나) 사이의 시기에 있었던 사실로 옳은 것은? [60회 24번]

(가) 효종이 죽자 자의 대비의 상복 입는 기간을 두고 예송이 발생하였다.

(나) 신하들이 언제라도 탕평의 의미를 되새기라는 뜻에서 왕이 성균관 앞에 탕평비를 세웠다.

① 비변사가 폐지되었다.

② 훈련도감이 설치되었다.

③ 경신환국으로 서인이 집권하였다.

④ 무오사화로 김일손 등이 처형되었다.

03 다음 비석을 세운 왕의 업적으로 옳은 것은?

[50회 24번]

① 비변사를 혁파하였다.
② 속대전을 편찬하였다.
③ 나선 정벌을 단행하였다.
④ 백두산정계비를 건립하였다.

04 밑줄 그은 '왕'의 업적으로 옳은 것은? [67회 24번]

① 장용영을 설치하였다.
② 당백전을 발행하였다.
③ 속대전을 편찬하였다.
④ 훈민정음을 반포하였다.

05 밑줄 그은 '사건'에 대한 설명으로 옳은 것은?

[64회 27번]

① 보국안민, 제폭구민을 기치로 내걸었다.
② 한성 조약이 체결되는 결과를 가져왔다.
③ 서북 지역민에 대한 차별에 반발하여 일어났다.
④ 전개 과정에서 선혜청과 일본 공사관을 공격하였다.

06 학생들이 공통으로 이야기하고 있는 사건에 대한 설명으로 옳은 것은?

[67회 27번]

① 청군의 개입으로 진압되었다.
② 박규수가 안핵사로 파견되었다.
③ 조선 형평사의 주도로 전개되었다.
④ 서북 지역민에 대한 차별이 원인이 되었다.

조선 후기의 경제 · 사회 · 문화

1 경제

1) 수취 제도의 변화

대동법	• **배경**: 방납의 폐단(농민 대신 공납을 납부해 주는 방납인이 원래 물건의 가격보다 더 크게 올려 받음) • **실시**: 광해군 때 이원익의 건의로 선혜청을 설치하여 경기도에서 대동법을 처음 시행(전국 실시까지 100여 년 소요) • **내용**: 집집마다 부과하던 토산물을 토지의 결수에 따라 쌀, 삼베, 동전 등으로 납부하게 함 • **결과**: 농민 대신 관청에서 필요한 물품을 구해 주는 공인이 등장하여 상품 화폐가 발달
균역법	• 영조 때 군역의 부담을 줄이기 위해 1년에 2필이던 군포를 1필만 부과 • **재정 보완책**: 지주에게 결작세 부과, 일부 부유한 양민에게 선무군관포 징수, 염전, 어장, 수공업자에게 세금 징수

2) 농업의 발달

❶ **모내기법**
모판에 볍씨를 촘촘하게 뿌리고 싹을 틔워 일정하게 자랄 때까지 키운 다음, 잘 자란 모만 골라 논에 옮겨 심는 방법이다.

논에 보리와 벼를 번갈아 재배하는 방법 ┐

모내기법❶ 확대	• 모내기법(이앙법)이 전국적으로 확대되면서 벼 · 보리의 이모작이 가능해짐 • 김매기에 필요한 노동력이 줄어들면서 단위 면적당 생산력 증대, 1인당 경작지의 규모 확대 → 광작 유행
상품·구황 작물 재배	• 인삼 · 면화 · 담배 · 고추 등의 상품 작물 재배가 확대됨 • 고구마와 감자 같은 구황 작물이 각각 일본과 청에서 전래

┗ 넓은 토지에서 경작하려는 현상

3) 상업의 발달

❷ **보부상**
봇짐이나 등짐을 지고 돌아다니며 물건을 파는 상인을 뜻한다. 전국의 장시를 돌아다니며 판매 행위를 하여 생산자와 소비자 사이의 중간 역할을 하였다.

장시의 발달	장시를 오가며 생산자와 소비자를 연결하는 보부상❷의 활약으로 발달
사상의 성장	• **배경**: 정조가 시전 상인의 금난전권을 폐지하면서 사상(난전 상인)이 성장 • **대표 사상**: 송상(개성, 송방 설치), 만상(의주, 청과 무역), 내상(동래, 일본과 무역)
상평통보	숙종 때 허적의 건의로 상평통보가 조선의 공식 화폐가 되어 전국적으로 유통

┗ 송상이 전국에 설치하였던 지점

🔍 자료 미리보기

1-1)-1 대동법

> 방납의 폐단을 막고자 별도의 관청을 설치하니 각 고을은 토산물을 납부하던 공납을 대신하여 토지 결수를 기준으로 쌀이나 옷감, 동전 등으로 납부하라.

[64회 출제]

공납은 국가에서 필요한 물품을 각 지방의 특산물로 거두는 제도였어요. 하지만 각 지방에서 생산되지 않는 물품도 국가에서 징수하자, 농민 대신 특산물을 공수해 주고 수수료를 받아가는 방납인이 등장하였어요. 하급 관리와 방납인이 본래 물품 가격보다 과도하게 농민에게 돈을 요구하는 방납의 폐단이 발생하자 광해군은 대동법을 실시하여 토지의 결수에 따라 쌀, 삼베, 동전으로 세금을 걷게 하였어요.

1-2)-1 상평통보

[64회 출제]

상평통보는 인조 때 처음 주조·유통되다가 중지되었고, 숙종 때 허적의 건의에 따라 다시 주조한 뒤, 공식 화폐로 지정되었어요. 정부는 화폐 사용을 장려하기 위해 죄를 지은 사람들이 낼 벌금이나 세금을 상평통보로 받았어요. 상평통보는 상업이 발달한 18세기 후반부터는 일상생활에서 널리 쓰이게 되었어요.

🔑 제시문&선지 키워드

1-1)-2 대동법   71회 22번

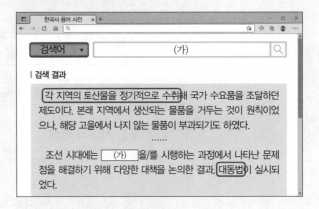

★ (광해군) 대동법을 시행하였다.
★ 대동법 시행에 반대하는 지주
★ 토지 결수를 기준으로 공납을 부과

1-2)-2 조선 후기 경제 상황   58회 28번

★ 고구마, 감자가 널리 재배되었다.
★ 모내기법이 전국적으로 확산되었다.
★ 만상, 내상 등이 활발하게 활동하였다.

2 사회

1) 신분제의 변화

양반	양반의 신분을 돈으로 사면서 양반의 수가 증가
중인	• 중인과 서얼이 신분 상승 운동인 통청 운동을 전개 • 정조 때 유득공, 이덕무, 박제가 등의 서얼 출신을 규장각 검서관으로 등용
상민	납속책(돈을 내고 관직 등 특혜를 얻는 정책), 공명첩(돈을 주면 받을 수 있는 이름을 쓰는 칸이 비워져 있는 관직 임명장)을 통해 양반 신분을 얻음
천민(노비)	순조 때 공노비를 해방시킴 └ 왕실이나 관청 소속인 노비

2) 새로운 사상의 등장

천주교	• 전래: 17세기에 중국을 왕래하던 사신에 의해 서학으로 전해짐 • 탄압 – 이유: 조상에 대한 제사 거부, 신분 질서 부정 – 신해박해: 윤지충과 권상연이 조상의 신주를 불태우자 처형 – 신유박해: 노론이 남인을 탄압하며 천주교도를 처형 → 황사영이 천주교 박해를 멈추기 위해 조선에 군대를 보내달라며 서양인 선교사에게 보낸 편지가 들키면서 박해가 심화됨(황사영 백서 사건)
동학	• 최제우가 시천주, 인내천 사상 등 평등 사상을 바탕으로 창시 → 혹세무민을 이유로 최제우가 처형됨 세상을 어지럽히고 백성을 속임 ┘ • 최시형이 교세를 넓히고 『동경대전』을 편찬하여 교리를 정리

3) 실학

배경	17~18세기 사회·경제적 변동에 따른 모순을 해결하기 위해 등장
농업 중심 개혁론	└ 신분에 따라 토지를 차등을 주어 배분하자 • 유형원: 『반계수록』을 통해 균전론을 주장 • 이익: 『성호사설』을 통해 나라를 좀먹는 6가지 폐단(6좀❸)을 지적 • 정약용: 『목민심서』를 통해 지방 행정 개혁안 제시, 여전론❹ 주장
상업 중심 개혁론	• 홍대용: 『의산문답』을 통해 지전설과 무한 우주론 주장, 중국 중심 세계관 비판, 천문 관측 기구인 혼천의 제작 • 박제가: 『북학의』를 통해 수레와 선박의 이용 주장, 소비를 우물에 비유하며 권장 • 박지원: 『열하일기』를 통해 수레·선박·화폐 유통의 필요성 강조, 「양반전」, 「허생전」을 통해 양반 사회의 모순 비판

❸ 6좀
이익이 나라를 병들게 하는 이유로 지적한 6가지 폐단으로 노비 제도, 과거 제도, 양반 문벌 제도, 사치와 미신, 승려, 게으름이 있다.

❹ 여전론
정약용이 주장한 토지 개혁론으로, 토지를 공동 소유·경작한 후 노동량에 따라 분배하자는 의견이다.

`2-1)-1` **공명첩**

임진왜란과 병자호란 이후 국가 재정이 궁핍해진 조선 정부는 일부 부유한 상민에게 공명첩을 부여하였어요. 공명첩이란, '이름을 쓰는 칸이 비워져 있는 관직 임명장'을 뜻하며 공명첩을 통해 실제 관직에 나갈 수는 없었지만, 양반의 지위는 가질 수 있었어요.

`2-1)-2` **조선 후기 신분제 동요**　　61회 24번

★ (서얼 통청 운동) 서얼직에게도 청요직을 허용해 주십시오

★ (납속책) 국가 재정 보충을 위해 돈을 받고 그 대가로 신분을 상승시켜 주는 정책

`2-2)-1` **박지원**

[60회 출제]

연암 박지원은 친척을 따라 떠난 청에서 선진 문물을 보았어요. 청에서는 수레와 선박이 널리 사용되었던 반면, 조선 사람들은 물건을 옮길 때 주로 소나 말에 짐을 지웠고, 수레가 다닐 수 있을 만한 도로가 정비되어 있지 않았어요. 이에 그는 『열하일기』를 저술하여 당시 최고의 교통 수단인 수레와 선박의 필요성을 주장하였어요.

`2-2)-2` **박지원**　　61회 25번

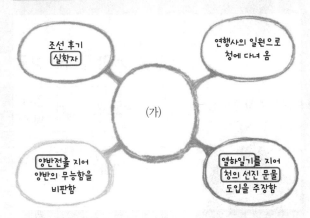

★ 조선 시대에 박지원은 연행사의 일원으로 열하에 다녀왔어요.

★ 양반의 위선과 무능을 비판한 박지원

★ 수레와 선박의 이용 등을 강조

⑤「씨름도」

⑥「월하정인」

⑦ 청화백자

⑧ 보은 법주사 팔상전

우리나라 유일의 목조 오층탑이다. 여러 층으로 구성되어 있으며, 내부는 하나로 통하는 구조를 갖추고 있다.

3 문화

1) 국학

역사서	• 『발해고』: 유득공이 저술, 발해와 신라를 남북국으로 칭함 • 『금석과안록』: 김정희가 북한산비를 연구하여 진흥왕 순수비임을 밝힘
지도	대동여지도: 김정희가 목판으로 제작한 전국 지도, 10리마다 눈금 표시

2) 문화

그림	• **진경산수화**: 정선의 「인왕제색도」, 「금강전도」 • **풍속화** 　– **김홍도**: 서민의 생활상을 소탈하고 익살스럽게 묘사 → 「서당」, 「씨름도」⑤ 　– **신윤복**: 양반의 풍류 생활과 남녀 간의 애정을 감각적이고 해학적으로 묘사 → 「단오풍정」, 「월하정인」⑥
공예	**청화백자⑦**: 순백자에 코발트계의 청색 안료로 문양을 그린 후 유약을 바르고 다시 구워낸 도자기
서예	추사체: 김정희가 양희지체, 구양순체 등 역대 명필을 연구하여 창안한 글씨체
건축	김제 금산사 미륵전, 구례 화엄사 각황전, 보은 법주사 팔상전⑧

4 서민 문화의 발달

판소리	• 이야기를 창과 사설로 엮어 솔직한 감정을 표현하여 서민층의 호응을 받음 • **대표작**: 「춘향가」, 「심청가」, 「흥부가」, 「적벽가」, 「수궁가」
민화	해·달·나무·꽃·동물·물고기를 소재로 소원을 기원하고 생활 공간을 장식
탈놀이	• 탈춤, 산대놀이 등이 향촌에서 굿의 일부로 공연되어 양반과 승려의 위선을 폭로 • 황해도의 봉산 탈춤, 안동의 하회탈춤, 양주의 별산대놀이 등
한글 소설	• **「홍길동전」(허균)**: 최초의 한글 소설 • 「춘향전」, 「별주부전」, 「심청전」 등
시사(詩社)	중인층과 서민층이 조직한 시인 동호회

3-1 진경산수화

▲ 「인왕제색도」(정선) [64회 출제]

조선 후기 이전의 산수화는 직접 간 적도, 본 적도 없는 중국의 무릉도원이나 태산을 상상해서 그려낸 것이었어요. 조선 후기 화가 정선은 이러한 중화 사상에서 벗어나서 우리 산천의 경치를 그리는 진경산수화라는 화풍을 개척하였어요.

3-2 김정희   67회 28번

★ 조형미가 뛰어나고 독창적인 김정희의 추사체
★ 북한산비가 진흥왕 순수비임을 밝혔다.

4-1 시사(詩社)

[43회 출제]

중인은 조선 시대 양반과 상민의 중간 계급으로, 중요한 직책인 청요직에는 오를 수 없는 신분적인 한계를 갖고 있었어요. 조선 후기에는 서민 문화가 발달하면서 중인이 서민과 함께 시사를 조직하여 양반만이 즐겼던 시 창작 활동을 즐겼어요. 이러한 중인들의 행동을 통해 더 높은 신분인 양반이 되고 싶다는 마음을 엿볼 수 있어요.

4-2 서민 문화의 발달   60회 26번

★ 민화를 그리는 화가
★ 탈춤을 공연하는 광대
★ 판소리를 구경하는 상인

연습하기

❶ OX 퀴즈

(1) 영조는 백성의 군역 부담을 덜어주기 위해 군포를 2필에서 1필로 줄이는 균역법을 시행하였다. (O / x)

(2) 조선 후기에 담배, 인삼, 면화 등의 상품 작물 재배가 유행하였다. (O / x)

(3) 조선 후기에 들어온 천주교는 박해받지 않고 수용되었다. (O / x)

❷ 빈칸 퀴즈

(1) 광해군 때 방납의 폐단이 발생하자 ( )을/를 시행하였다.

(2) ( )은/는 「양반전」, 「허생전」을 통해 양반 사회의 모순을 비판하였다.

(3) 정약용은 『( )』을/를 통해 지방 행정 개혁안을 제시하였다.

❸ 사진 퀴즈

Q. 다음 그림이 그려진 시기에 볼 수 있는 모습으로 적절하지 <u>않은</u> 것은?

① 변발과 호복이 유행하였다.

② 판소리와 탈춤이 성행하였다.

③ 중인이 시사(詩社)를 조직하였다.

④ 감자, 고구마 등 구황 작물이 재배되었다.

정답 | ❶ (1) O (2) O (3) x
　　　❷ (1) 대동법 (2) 박지원 (3) 목민심서
　　　❸ ①

01 밑줄 그은 '이 시기'의 경제 상황으로 가장 적절한 것은? [69회 26번]

박지원의 열하일기에는 허생을 주인공으로 한 소설이 수록되어 있어요. 허생이 매점매석으로 큰 이익을 거두는 장면 등에서 소설이 집필된 이 시기 사회 현실에 대한 저자의 비판 의식을 엿볼 수 있어요.

〈열하일기〉 〈박지원〉

① 동시전이 설치되었다.

② 솔빈부의 말이 특산물로 수출되었다.

③ 벽란도가 국제 무역항으로 번성하였다.

④ 관청에 물품을 조달하는 공인이 활동하였다.

02 (가) 제도에 대한 설명으로 옳은 것은? [67회 22번]

(가) 은/는 실로 백성을 구제하는 데 절실합니다. 경기도와 강원도에서 이미 시행하고 있으니, 우리 충청도에서도 시행하면 좋겠습니다.

김육

① 군포를 2필에서 1필로 줄였다.

② 양반에게도 군포를 부과하였다.

③ 전세를 1결당 4~6두로 고정하였다.

④ 특산물 대신 쌀, 베 등으로 납부하게 하였다.

03 (가)에 들어갈 내용으로 가장 적절한 것은?

[71회 28번]

① 소속 관청에 신공을 바쳤어요.

② 매매, 상속, 증여의 대상이었어요.

③ 골품에 따라 관등 승진에 제한을 받았어요.

④ 차별 철폐를 위해 통청 운동을 전개하였어요.

05 (가) 인물의 활동으로 옳은 것은?

[66회 29번]

① 거중기를 설계하였다.

② 몽유도원도를 그렸다.

③ 동의보감을 완성하였다.

④ 열하일기를 저술하였다.

04 다음 가상 대화가 이루어진 시기에 볼 수 있는 모습으로 적절하지 <u>않은</u> 것은?

[67회 26번]

① 상평통보로 거래하는 상인

② 판소리 공연을 구경하는 농민

③ 한글 소설을 읽어주는 전기수

④ 황룡사 구층 목탑을 만드는 목수

06 다음 가상 대화의 상황이 나타난 시기에 볼 수 있는 모습으로 적절하지 <u>않은</u> 것은? [71회 26번]

① 정감록을 읽는 양반

② 판소리 공연을 하는 소리꾼

③ 삼별초의 일원으로 훈련하는 군인

④ 상평통보로 물건을 구입하는 농민

단원 정리 마인드맵

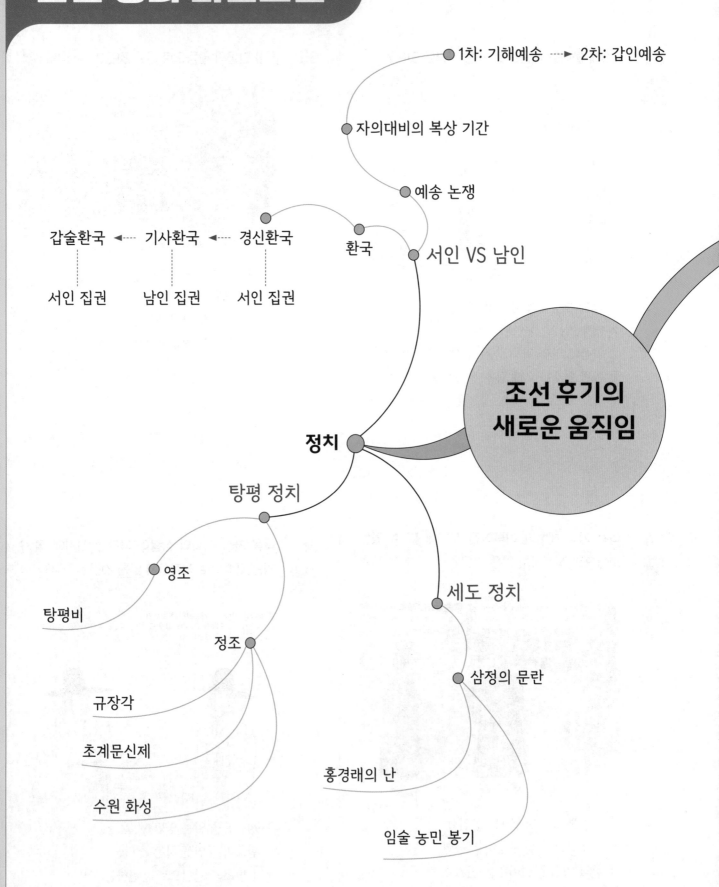

1차: 기해예송 ⟶ 2차: 갑인예송

자의대비의 복상 기간

예송 논쟁

갑술환국 ◂-- 기사환국 ◂-- 경신환국

서인 집권　　남인 집권　　서인 집권

환국

서인 VS 남인

**조선 후기의
새로운 움직임**

정치

탕평 정치

영조

탕평비

정조

규장각

초계문신제

수원 화성

세도 정치

삼정의 문란

홍경래의 난

임술 농민 봉기

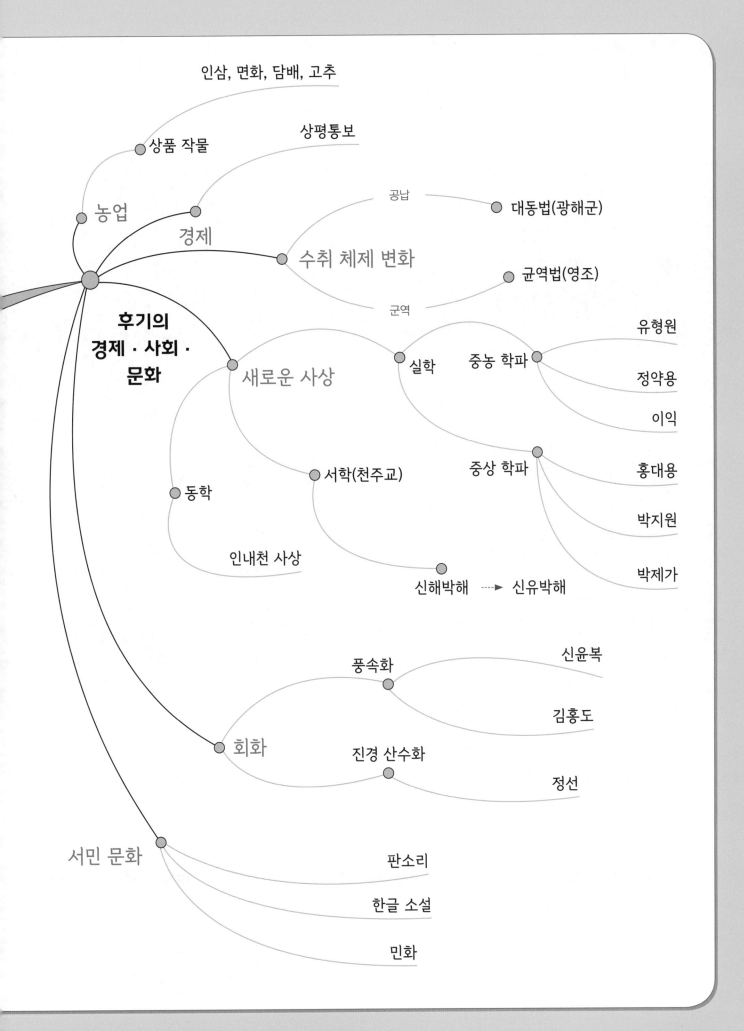

인삼, 면화, 담배, 고추

상품 작물

상평통보

농업

경제

공납

대동법(광해군)

수취 체제 변화

균역법(영조)

군역

후기의
경제 · 사회 ·
문화

새로운 사상

실학

중농 학파

유형원

정약용

이익

중상 학파

홍대용

서학(천주교)

박지원

동학

박제가

인내천 사상

신해박해 ----▶ 신유박해

풍속화

신윤복

김홍도

진경 산수화

회화

정선

서민 문화

판소리

한글 소설

민화

7

감잡는 키워드 연표

1866, 1871년	1876년	1882, 1884년

서양의 침입

- **병인양요**(1866): 프랑스 VS 양헌수 부대
- **신미양요**(1871): 미국 VS 어재연 부대

강화도 조약

- **계기**: 운요호 사건
- **결과**: 부산 · 원산 · 인천 개항

임오군란 · 갑신정변

- **임오군란**(1882): 구식 군인에 의해 발생
- **갑신정변**(1884): 급진 개화파에 의해 발생

조선의 개항과 근대 사회 수립

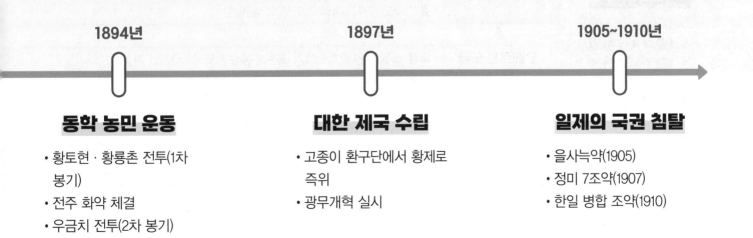

1894년

동학 농민 운동

- 황토현 · 황룡촌 전투(1차 봉기)
- 전주 화약 체결
- 우금치 전투(2차 봉기)

1897년

대한 제국 수립

- 고종이 환구단에서 황제로 즉위
- 광무개혁 실시

1905~1910년

일제의 국권 침탈

- 을사늑약(1905)
- 정미 7조약(1907)
- 한일 병합 조약(1910)

흥선 대원군의 정책과 조선의 개항

❶ 흥선 대원군

고종의 아버지로 고종이 어린 나이에 즉위하자 고종을 도와 정치를 지휘하였다.

❷ 사창제

향촌 사회에서 곡식이 부족한 백성에게 곡물을 빌려주던 제도이다.

❸ 척화비

"서양 오랑캐가 침범하였을 때 싸우지 않는 것은 화해하자는 것이요, 화해를 주장하는 것은 나라를 파는 것이다."라는 글이 새겨져 있다.

1 흥선 대원군❶의 개혁

비변사 폐지	• 세도 정치의 권력기구인 비변사를 폐지 • 의정부(정치)와 삼군부(군사)의 기능을 부활시킴
『대전회통』	법전을 편찬하여 통치 체제를 정비
호포제	양반에게도 군포를 징수
사창제❷	환곡제를 폐지하고 리(理) 단위로 사창을 설치
경복궁 중건	• 왕실의 권위를 세우기 위해 임진왜란 때 불탄 경복궁을 다시 지음 • 공사비를 마련하기 위해 원납전을 강제 징수하고 당백전을 발행
서원 철폐	• 지방 양반의 근거지이자 백성을 수탈하는 수단인 서원을 철폐하여 지방 통제력을 강화하고자 함 • 47개를 제외한 서원을 정리

2 흥선 대원군의 통상 수교 거부 정책

제너럴 셔먼호 사건 (1866.7.)	• 배경: 미국 상선 제너럴 셔먼호가 대동강에 접근하여 조선에 통상을 요구 • 전개: 통상 요구를 거부하자 민가를 약탈하고 지역민을 살해 • 결과: 박규수의 지휘하에 평양 관민들이 제너럴 셔먼호를 침몰시킴

↓

흥선 대원군이 프랑스 신부와 수천 명의 천주교 신도를 처형한 사건

병인양요 (1866.9.)	• 배경: 병인박해를 구실로 프랑스 군대가 조선에 침입 • 전개: 로즈 제독의 함대가 강화도에 침입하자, 한성근 부대(문수산성)와 양헌수 부대(정족산성)가 프랑스군을 격침시킴 • 결과: 외규장각이 불타고 의궤가 약탈당함

↓

오페르트 도굴 사건(1868)	• 배경: 독일 상인 오페르트가 조선에 통상을 요구하였지만 거절 • 전개: 오페르트가 흥선 대원군의 아버지인 남연군의 묘 도굴을 시도

↓

신미양요 (1871)	• 배경: 미국이 제너럴 셔먼호 사건을 구실로 조선에 통상을 요구 • 전개: 미군이 강화도를 침략하여 초지진과 덕진진을 점령 → 광성보에서 어재연 장군이 맞서 싸움 • 결과: 미군이 물러나면서 어재연 장군의 수(帥)자기를 약탈, 흥선 대원군이 척화비❸를 건립

1-1 흥선 대원군의 개혁

▲ 당백전 [64회 출제]

흥선 대원군이 임진왜란 때 불탄 경복궁을 다시 짓기 위해 생산한 화폐예요. 상평통보 100개의 가치가 있는 고액 화폐로 생산하였으나, 실질적인 가치는 상평통보의 5~6개 밖에 되지 않아 물가가 폭등하는 결과를 만들었어요.

1-2 흥선 대원군의 개혁　　71회 29번

우리 전하께서는 어린 나이에 왕으로 즉위하셔서 (가) (으)로 하여금 백성을 돌보고 살피게 하셨습니다. 그런데 (가) 이/가 경복궁 중건을 위해 부유한 자에게 원납전을 거두었으나 부족하였습니다. 또한, 새롭게 당백전까지 주조하여 백성들의 삶을 힘들게 하였습니다.

★ 당백전을 발행하였다.
★ 호포제가 실시되었어요.
★ 척화비가 건립되었어요.
★ 서원 철폐에 반대하는 양반
★ 경복궁 중건 공사에 동원되는 농민

2-1 병인양요의 결과

▲ 외규장각 의궤

▲ 박병선 박사 [61회 출제]

조선의 중요 기록물 중 하나인 의궤는 병인양요 때 프랑스 군이 약탈하면서 프랑스 국립 도서관에서 보관하게 되었어요. 이후 프랑스 국립 도서관에서 근무하던 故박병선 박사가 이를 발견하고, 의궤의 목록을 만들어 세상에 공개하면서 145년 만인 2011년에 우리 땅으로 돌아오게 되었어요.

2-2 신미양요　　66회 30번

★ 어재연의 지휘 아래 광성보에서 활약하였다.
★ 어재연 부대가 미군에 맞서 싸웠다.
★ 제너럴 셔먼호 사건이 빌미가 되었다.

3 일본과의 조약 체결과 개항

운요호 사건	일본이 강화도의 초지진과 영종도를 공격하면서 개항을 요구
강화도 조약 (조일 수호 조규, 1876)	• 외국과 맺은 최초의 근대적 조약이자 불평등 조약 • 부산 · 원산 · 인천을 개항, 해안 측량권을 허용, 치외 법권❹을 인정
조일 통상 장정 (1883)	가장 유리한 대우를 조약 상대국에게 부여하는 것 ┐ • 일본 상품에 대한 관세 부과 규정, 최혜국 대우 규정 • **방곡령 선포 규정**: 일본으로의 곡물 유출을 잠정적으로 금지, 해당 지역의 지방관은 방곡령 시행 1개월 전에 일본 영사관에게 통고해야 함

❹ **치외 법권**
외국인이 자신이 머물고 있는 국가의 법이 아닌, 자기 국가의 법에 적용받을 수 있는 권리를 말한다.

4 서양 열강 · 청과의 조약 체결

조미 수호 통상 조약(1882)	• **배경**: 김홍집이 황준헌의 『조선책략』을 퍼뜨림 • **내용**: 치외 법권과 최혜국 대우 인정, 거중 조정 조항, 관세 부과 • **성격**: 서양과 맺은 최초의 조약이자 불평등 조약 • **결과**: 홍영식, 민영익, 서광범으로 구성된 보빙사가 미국에 파견됨
조청 상민 수륙 무역 장정(1882)	• **배경**: 임오군란을 계기로 청과 체결 • **내용**: 치외 법권과 최혜국 대우 인정, 거중 조정 조항, 관세 부과
조불 수호 통상 조약(1886)	프랑스와 맺은 조약으로 천주교 포교권을 인정

3-1 강화도 조약

1조, 조선은 자주국이며, 일본과 평등한 권리를 갖는다.

4조, 조선은 부산 이외에 두 곳을 개항하고 일본인이 통상하도록 허가한다.

7조, 조선 해안을 일본 항해자가 자유로이 측량하는 것을 허가한다.

10조, 일본 국민이 조선에서 죄를 지으면 일본 관리가 심판한다.

강화도 조약에는 조선과 청의 관계를 끊기 위한 일본의 의도가 드러나 있어요. 뿐만 아니라 조선의 해안을 일본이 마음대로 조사하도록 허용하고, 일본의 치외 법권을 인정하는 내용을 통해 강화도 조약이 불평등 조약이었음을 알 수 있어요.

3-2 강화도 조약   71회 31번

원산에 이어 인천이 개항하였는데, 그 배경에 대해 알려 주시겠습니까?

병자년에 일본과 체결한 조약에 따라 부산 외 두 개 항구를 추가로 개항하기로 했기 때문이지요.

★ (운요호 사건) 운요호의 초지진 공격으로 시작되었다.
★ 운요호 사건을 빌미로 일본이 개항을 강요
★ (원산) 강화도 조약에 따라 개항되었다.

4-1 『조선책략』

청의 외교관 황준헌이 쓴 책으로, 조선이 러시아의 침략에 대응하기 위해서는 중국, 일본, 미국과 힘을 합쳐야 한다는 주장이 담겨 있어요. 수신사로 파견되어 빠르게 개화 사상에 물들었던 김홍집은 황준헌으로부터 『조선책략』을 전달받고, 이를 조선에 퍼뜨렸어요.

4-2 조미 수호 통상 조약   63회 31번

이것은 민영익을 대표로 한 보빙사의 모습이 담긴 사진입니다. 조선책략 유포로 미국과의 수교론이 제기된 상황에서, 청의 주선으로 조약이 체결된 이후 조선은 보빙사를 미국에 파견하였습니다.

★ 최혜국 대우가 규정되어 있다.
★ 서양 국가와 맺은 최초의 근대적 조약이었습니다.
★ (조미 수호 통상 조약 이후) 보빙사가 파견되었다.

5 정부의 개화 정책

1) 개화 정책

통리기무아문	강화도 조약 이후 개화 정책을 추진하기 위해 설치
별기군 창설	• 일본인 교관으로부터 신식 군사 연습을 받은 신식 군대 • 구식 군대보다 좋은 대우를 받음 → 이후 임오군란 발생 배경이 됨

2) 해외 시찰단 파견

수신사❺ (일본)	• 강화도 조약 체결 이후 일본의 개화 상황과 근대 문물을 관찰하기 위해 파견됨 • 2차 수신사인 김홍집이 『조선책략』을 소개
조사 시찰단 (일본)	• 어윤중, 홍영식 등이 암행어사 신분으로 파견됨 • 일본의 정치 · 경제 · 사회 · 군사 · 문화 등을 시찰
영선사 (청)	• 청의 기기국에 파견되어 근대적 무기 제조법과 군사 훈련법을 습득 • 조선으로 돌아와 무기 제조 공장인 기기창을 설립
보빙사 (미국)	• 민영익, 홍영식, 서광범 등으로 구성 • 조미 수호 통상 조약을 계기로 미국에 파견됨

❺ 수신사

강화도 조약 체결 이후 일본에 파견된 시찰단으로, 1876년부터 1882년까지 총 4차례에 걸쳐 일본을 시찰하였다.

┌ 바른 것(성리학)을 지키고 사악한 것(서양 문물)을 물리치자

6 위정척사 운동

1860년대	• 시대적 상황: 열강이 조선에 통상을 요구 • 주장: 이항로 등이 통상 반대 운동(척화주전론)을 펼치며 흥선 대원군의 통상 수교 거부 정책을 지지
1870년대	• 시대적 상황: 일본과 조선의 강화도 조약 체결 • 주장: 최익현❻이 왜양일체론을 들며 개항 반대 운동을 전개
1880년대	• 시대적 상황: 김홍집이 『조선책략』을 유포 • 주장: 이만손 등 영남 지역의 유생들이 조선의 개화 정책과 『조선책략』의 유포를 반대하며 영남 만인소를 올림

❻ 최익현

위정척사론의 대표 인물로, 흥선 대원군의 정책인 서원 철폐, 경복궁 중건 등을 비판하는 상소(『계유상소』)를 올렸다. 이에 고종이 직접 정치를 하겠다고 선언하면서 흥선 대원군은 물러나게 되었다.

5-1 보빙사

보빙사는 조미 수호 통상 조약이 체결되고 난 후 푸트 미국 공사가 파견되자, 이에 대한 답례로 미국으로 파견된 사절단이에요. 이들은 뉴욕으로 가 미국 대통령 아서를 만나고 박람회, 병원, 우체국 등 미국의 근대 시설 등을 시찰하였어요.

5-2 보빙사 66회 31번

이 그림은 1883년 미국 신문에 실린 삽화입니다. 푸트 미국 공사의 조선 부임에 대한 답례로 파견된 민영익 등의 사절단이 아서 대통령을 만나는 상황을 표현하였습니다.

★ 보빙사가 파견되었다.

★ 개항기에 민영익이 보빙사의 대표로 파견되었어요.

6-1 왜양일체론

일단 강화를 맺고 나면 저들은 물화를 교역하는 데 욕심을 낼 것입니다. 저들의 물화는 모두 지나치게 사치스럽고 기이한 노리개로, 손으로 만든 것이어서 그 양이 무궁합니다. 우리의 물화는 모두가 백성의 생명이 달린 것이고 땅에서 나는 것이므로 한정이 있습니다. …… 저들이 비록 왜인이라고 하나 실은 양적입니다.

－ 최익현 －

최익현은 조선이 일본과 강화도 조약을 체결하려고 하자, 왜양일체론을 주장하며 반대하였어요. 왜양일체론은 일본(왜)과 서양(양)은 같다는 말이며, 일본인들과 화친하면 경제적 침탈을 당해 우리의 경제가 황폐해질 것으로 예상하였어요.

6-2 위정 척사 운동 52회 32번

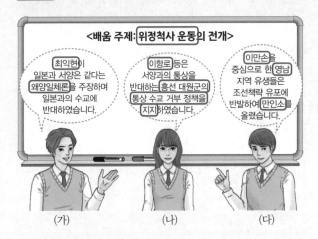

<배움 주제: 위정척사 운동의 전개>

최익현이 일본과 서양은 같다는 왜양일체론을 주장하며 일본과의 수교에 반대하였습니다.

이항로 등은 서양과의 통상을 반대하는 흥선 대원군의 통상 수교 거부 정책을 지지하였습니다.

이만손을 중심으로 한 영남 지역 유생들은 조선책략 유포에 반발하여 만인소를 올렸습니다.

(가)　　　(나)　　　(다)

★ (최익현) 왜양일체론을 주장함

★ 이만손 등이 영남 만인소를 올렸다.

연습하기

❶ OX 퀴즈

(1) 흥선 대원군은 빈민을 구제하기 위해 환곡제를 실시하였다. (O/x)

(2) 오페르트는 흥선 대원군 아버지의 묘 도굴을 시도하였다. (O/x)

(3) 조미 수호 통상 조약 체결을 계기로 보빙사가 파견되었다. (O/x)

❷ 빈칸 퀴즈

(1) 프랑스 로즈 제독이 강화도에 침입하자 정족산성의 ( )이/가 프랑스 군을 물리쳤다.

(2) 흥선 대원군은 ( )을/를 통해 통상 수교 거부 의지를 표현하였다.

(3) ( )을/를 통해 일본에게 부산·원산·인천이 개항되었다.

❸ 연표 퀴즈

○→ **제너럴 셔먼호 사건**
미국 상선 제너럴 셔먼호가 조선에 통상을 요구하였다.

○→ □□**양요**
병인박해를 구실로 프랑스 군대가 조선에 침입하였다.

○→ □□**양요**
제너럴 셔먼호 사건을 구실로 미국 군대가 조선에 침입하였다.

정답 | ❶ (1) x (2) O (3) O
❷ (1) 양헌수 (2) 척화비 (3) 강화도 조약
❸ 병인, 신미

01 (가)에 들어갈 내용으로 가장 적절한 것은?

[63회 29번]

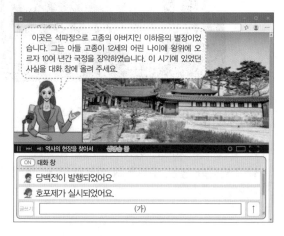

이곳은 석파정으로 고종의 아버지인 이하응의 별장이었습니다. 그는 아들 고종이 12세의 어린 나이에 왕위에 오르자 10여 년간 국정을 장악하였습니다. 이 시기에 있었던 사실을 대화 창에 올려 주세요.

ON 대화 창
당백전이 발행되었어요.
호포제가 실시되었어요.
(가)

① 녹읍이 폐지되었어요.
② 장용영이 설치되었어요.
③ 척화비가 건립되었어요.
④ 요동 정벌이 추진되었어요.

02 다음 상황 이후에 일어난 사실로 옳은 것은?

[60회 33번]

미국 군대가 쳐들어왔다.

어재연 장군을 중심으로 힘을 모아 광성보를 지켜내자!

① 병인박해가 일어났다.
② 척화비가 건립되었다.
③ 제너럴 셔먼호 사건이 발생하였다.
④ 오페르트가 남연군 묘 도굴을 시도하였다.

03 (가) 사건에 대한 설명으로 옳은 것은?

[61회 28번]

이달의 인물 소개

한국의 문화유산을 지켜낸 박병선 박사

프랑스 국립 도서관 사서였던 박병선 박사는 _____(가)_____ 때 프랑스군이 약탈해 간 외규장각 의궤의 소재를 확인하였다.

그는 오랜 노력 끝에 의궤의 목록을 만들어 세상에 공개하였고, 2011년 의궤가 145년 만에 우리 땅으로 돌아오게 하는 데 기여하였다.

① 청군의 개입으로 진압되었다.

② 제너럴 셔먼호 사건이 배경이 되었다.

③ 양헌수 부대가 정족산성에서 활약하였다.

④ 제물포 조약이 체결되는 결과를 가져왔다.

04 (가)에 들어갈 사건으로 옳은 것은? [64회 28번]

역사 신문

제△△호   ○○○○년 ○○월 ○○일

일본과의 조약이 체결되다

무력 시위하는 일본 군인들

작년 가을 강화도와 영종도 일대에서 _____(가)_____ 을 일으킨 일본과의 회담이 최근 수 차례 열렸다. 일본이 피해 보상과 조선의 개항을 일방적으로 요구하자, 조정에서는 이에 대한 찬반 논쟁 끝에 신헌을 파견하여 조일 수호 조규를 체결하였다.

① 운요호 사건

② 105인 사건

③ 제너럴 셔먼호 사건

④ 오페르트 도굴 사건

05 (가)에 들어갈 사절단으로 옳은 것은? [54회 31번]

이것은 _____(가)_____ 의 대표 민영익이 미국 대통령에게 전한 국서의 한글 번역문입니다. 이 문서에는 두 나라가 조약을 맺어 우호 관계가 돈독해졌으므로 사절단을 보낸다는 내용 등이 담겨 있습니다.

① 수신사

② 보빙사

③ 영선사

④ 조사 시찰단

06 다음 책이 국내에 유포된 영향으로 적절한 것은?

[57회 32번]

이 책은 청의 외교관 황준헌이 쓴 것으로, 제2차 수신사로 일본에 갔던 김홍집이 들여온 것입니다. 러시아의 남하를 막기 위해 조선이 중국을 가까이하고, 일본과 관계를 공고히 하며, 미국과 연계해야 한다는 내용을 담고 있습니다.

① 병인박해가 일어났다.

② 제너럴 셔먼호 사건이 발생하였다.

③ 이만손 등이 영남 만인소를 올렸다.

④ 어재연 부대가 광성보에서 항전하였다.

임오군란과 갑신정변

❶ 선혜청 도봉소 사건

구식 군인들이 13개월 만에 월급을 지급받았지만 썩은 쌀과 모래, 돌이 섞여 있었다. 이에 분노한 구식 군인들은 월급을 지급하였던 선혜청 도봉소에서 반란을 일으켰다.

❷ 급진 개화파

임오군란 이후에 개화파는 개화 속도에 따라 온건 개화파와 급진 개화파로 나뉘었다. 급진 개화파는 김옥균, 박영효, 홍영식 등으로 구성되었으며 갑신정변을 일으켰다.

❸ 우정총국

오늘날의 우체국에 해당하는 관청으로, 우리나라 최초의 우편 업무 기관이었다.

1 임오군란(1882)

1) 배경

구식 군인 차별	신식 군대인 별기군과 비교하여 차별 대우를 받음, 선혜청 도봉소 사건❶

2) 전개

일본 공사관 습격	• 일본인 교관을 살해하고 일본 공사관에 불을 지름 • 별기군을 만드는 등 개화 정책을 실시한 민씨(명성 황후) 정권에 대한 불만으로 궁궐을 습격 • 고종과 명성 황후가 피신하고 대신 흥선 대원군이 재집권

↓

청군의 개입	• 민씨 정권의 요청으로 청군이 개입 • 흥선 대원군을 청으로 납치하고 임오군란을 진압

3) 결과

청의 내정 간섭 강화	• 청군을 조선에 주둔시킴 • 마젠창을 정치 고문으로, 묄렌도르프를 외교 고문으로 파견
제물포 조약 (1882)	일본 공사관에 경비병 주둔을 허용하고 조선이 일본에게 배상금을 지불

2 갑신정변(1884)

1) 배경

내정 간섭 심화	임오군란 이후 청의 조선 내 정치 간섭이 심화됨
군사 지원 약속	일본 공사관에게 재정과 군사 지원을 약속받음

2) 전개

갑신정변 발발	김옥균 등의 급진 개화파❷가 우정총국❸ 개국 축하연 자리에서 갑신정변을 일으킴 → 개화당 정부를 수립하여 14개조 개혁 정강을 발표

↓

실패	• 청군이 개입하여 3일 만에 실패 • 급진 개화파가 일본으로 망명하자 분노한 백성들이 일본 공사관을 파괴

3) 결과

한성 조약	(조선 – 일본) 일본에 배상금과 공사관을 새로 지을 돈을 지불하도록 약속
톈진 조약	(청 – 일본) 조선에 군대를 보낼 때 서로 알려주기로 약속

1-1 별기군

조선은 일본과 강화도 조약을 체결하고 난 이후 개화 정책을 펼치기 위해 신식 군대인 별기군을 만들었어요. 별기군은 근대식 소총으로 무장하고 신식 군사 훈련을 받는 등 구식 군대에 비해 좋은 대우를 받았어요. 구식 군인들은 별기군과의 차별 대우에 분노하며 임오군란을 일으켰어요.

2-1 갑신정변

> 나라를 어지럽히는 신하를 살해하고, 국왕을 보호하여 정령(政令)의 남발을 막을 수밖에 없었다. 그러므로 희생을 무릅쓰고 비상 수단을 쓰기로 결심한 것이다.
>
> 홍영식: 모의를 총괄한 제1인자
> 박영효: 실행 총지휘
> 김옥균: 일본 공사관과의 교섭 및 통역

[66회 출제]

청의 도움을 받아 천천히 개화하고자 한 온건 개화파와 달리 급진 개화파는 모든 분야에서 빠르게 개화를 진행하고자 하였어요. 갑신정변을 일으킨 급진 개화파는 새로운 정부를 수립하여 조선의 변화를 이끌어 내고자 하였으나 3일 만에 실패하게 되었어요.

1-2 임오군란　　　　58회 31번

> 이것은 민응식의 옛 집터 표지석입니다. 구식 군인들이 별기군과의 차별 등에 반발하여 일으킨 이 사건 당시, 궁궐을 빠져나온 왕비가 피란하였던 곳임을 알려주고 있습니다.

★ 구식 군인들이 별기군과의 차별에 반발하여 일으켰다.
★ 구식 군인들이 임오군란을 일으켰다.
★ 청의 내정 간섭이 심화되었다.

2-2 갑신정변　　　　60회 31번

역사 뮤지컬

3일 천하

> 우정총국 개국 축하연을 기회로 삼아 (가) 을/를 일으킨 조선 청년들의 새로운 도전이 춤과 노래로 펼쳐집니다.
>
> • 일시: 2022년 ○○월 ○○일 19시
> • 장소: △△아트센터 대극장

★ 개화 정책을 강력히 추진하였다.
★ 우정총국의 개국 축하연을 이용하였다.
★ 청군의 개입으로 3일 만에 실패로 끝났다.

연습하기

❶ OX 퀴즈

(1) 별기군은 구식 군인들과의 차별 대우에 반대하여 임오군란을 일으켰다. (O/x)

(2) 김옥균 등 급진 개화파가 갑신정변을 일으켰다. (O/x)

(3) 갑신정변의 결과 한성 조약이 체결되었다. (O/x)

❷ 빈칸 퀴즈

(1) 임오군란의 결과, ( )의 내정 간섭이 심화되었다.

(2) 임오군란의 결과로 체결된 ( ) 조약으로 일본은 조선에 배상금을 요구하였다.

(3) 급진 개화파는 ( )의 개국 축하연에서 정변을 일으켰다.

❸ 사진 퀴즈

Q. 우편 업무를 관장하였던 다음 장소에 대한 설명으로 옳은 것은?

① 강화도 조약이 체결되었다.

② 구식 군인들이 변란을 일으켰다.

③ 정조가 인재를 양성하기 위해 설치하였다.

④ 개국 축하연 때 급진 개화파가 정변을 일으켰다.

정답 | ❶ (1) x (2) O (3) O
❷ (1) 청 (2) 제물포 (3) 우정총국
❸ ④

---

01 (가) 시기에 있었던 사실로 옳은 것은?

[61회 29번]

이번에 설치할 통리기무아문의 담당 업무와 관리 임용에 대해 정해 보았습니다.

(가)

외국 군대를 끌어들여 변란을 일으킨 김옥균, 박영효 등을 처벌하게 하소서.

① 탕평비가 건립되었다.

② 간도 협약이 체결되었다.

③ 구식 군인들이 임오군란을 일으켰다.

④ 어영청을 강화하며 북벌이 추진되었다.

02 밑줄 그은 '변란'으로 옳은 것은? [64회 29번]

① 갑신정변 ② 신미양요

③ 임오군란 ④ 임술 농민 봉기

밑줄 그은 '비상 수단'에 해당하는 사건으로 옳은 것은?

[66회 33번]

> 나라를 어지럽히는 신하를 살해하고, 국왕을 보호하여 정령(政令)*의 남발을 막을 수밖에 없었다. 그러므로 희생을 무릅쓰고 비상 수단을 쓰기로 결심한 것이다.
>
> 홍영식: 모의를 총괄한 제1인자
> 박영효: 실행 총지휘
> 서광범: 거사 계획 수립
> 김옥균: 일본 공사관과의 교섭 및 통역
> 서재필: 병사 통솔
>
> ─ 박영효의 회고 ─
>
> *정령(政令): 정치상의 명령

① 갑신정변   ② 을미사변
③ 삼국 간섭   ④ 아관 파천

---

04 **밑줄 그은 '거사'로 옳은 것은?**   [52회 33번]

나는 개화 정책을 강력하게 추진하기 위해 1884년 이곳 우정총국의 개국 축하연을 이용해서 거사를 감행하였습니다. 이후 새로운 정부를 구성하였으나 청군의 개입으로 3일 만에 실패로 끝이 났습니다.

① 갑신정변   ② 을미사변
③ 임오군란   ④ 아관 파천

---

05 **(가) 사건에 대한 설명으로 옳은 것은?**

[54회 30번]

이 책은 개화 정책에 반발하여 구식 군인들이 일으킨 (가) 당시 일본 공사가 쓴 보고서를 정리한 것입니다. 책에는 (가) (으)로 인한 일본 측의 피해 등이 기록되어 있습니다.

전보 조선사건

① 청군의 개입으로 진압되었다.
② 조선책략이 유입되는 결과를 가져왔다.
③ 우금치에서 일본군과의 전투가 벌어졌다.
④ 우정총국 개국 축하연에서 정변이 일어났다.

---

06 **(가)에 들어갈 사건으로 옳은 것은?**   [55회 30번]

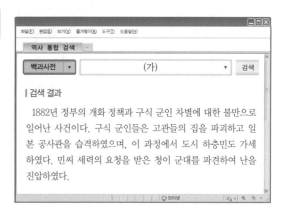

역사 통합 검색

백과사전 ▼   (가)   ▼   검색

검색 결과

1882년 정부의 개화 정책과 구식 군인 차별에 대한 불만으로 일어난 사건이다. 구식 군인들은 고관들의 집을 파괴하고 일본 공사관을 습격하였으며, 이 과정에서 도시 하층민도 가세하였다. 민씨 세력의 요청을 받은 청이 군대를 파견하여 난을 진압하였다.

① 임오군란   ② 삼국 간섭
③ 거문도 사건   ④ 임술 농민 봉기

동학 농민 운동과
갑오 · 을미개혁

동학(東學)을 믿었던 교도와 농민들이 힘을 합쳐 일으킨 민중 운동

1 동학 농민 운동(1894)

1) 고부 농민 봉기

조병갑의 수탈	고부 지역의 군수 조병갑이 만석보를 강제로 만들고 물에 세금을 매기는 등 농민들을 수탈
전봉준의 봉기	전봉준 등이 사발통문❶을 돌려 사람을 모아 고부 관아를 습격하고 만석보를 파괴

❶ 사발통문

사발(밥그릇)을 엎어서 그린 원모양을 따라 동학 농민 운동 참여자의 이름을 적은 문서로, 주도자가 누구인지 알 수 없도록 하였다.

2) 제1차 봉기

백산 봉기	• 안핵사 이용태가 봉기의 주도자를 체포하자 농민들이 이에 반발 • 백산에서 4대 강령을 발표하고 봉기를 일으킴

↓

황토현 · 황룡촌 전투	동학 농민군이 황토현 · 황룡촌 전투에서 정부군에 승리하면서 전주성에 입성

↓

청 · 일 군대 파병	조선 정부의 요청으로 청의 군대가 조선에 오자 톈진 조약을 구실로 일본도 군대를 조선에 보냄

↓

전주 화약	외국 군대의 개입을 걱정한 농민군이 정부와 전주 화약을 체결하여 스스로 해산

↓

집강소 설치	전주 화약 체결에 따른 폐정 개혁을 실현하기 위해 집강소❷를 설치

옳지 못한 정책

❷ 집강소

동학 농민 운동 때 농민군이 전라도 각 고을의 관아에 설치하였던 농민 자치 기구이다. 집강소를 통해 치안과 행정을 관리하고 폐정 개혁을 추진하였다.

3) 제2차 봉기

일본의 경복궁 점령	일본이 조선에 대한 내정 개혁을 요구하며 경복궁을 기습 점령하고, 조선에서 청일 전쟁을 일으킴

↓

우금치 전투	• 조선에 들어온 일본을 몰아내기 위해 동학 농민군이 2차로 봉기 • 전봉준이 공주 우금치 전투에서 맞섰으나 일본군과 관군에 패배하고 체포됨

🔑 **제시문&선지 키워드**

1-1)-1 동학

▲ 최제우

동학은 조선 후기에 최제우가 창시한 종교로, 후천개벽 사상(지금의 세상이 끝나고 백성들이 바라는 새로운 세상이 올 것이다)과 인내천 사상(사람이 곧 하늘이므로 모든 사람은 평등하다)을 교리로 삼았어요. 이러한 사상은 농민들이 탐관오리와 외세에 맞설 수 있는 힘을 주었어요.

1-1)-2 동학 농민 운동   71회 33번

지금 촬영하고 있는 곳은 장성 황룡 전적입니다. (가) 당시 전봉준이 이끄는 농민군이 중앙에서 파견된 관군을 격파한 곳이지요. 농민군이 들고 있었던 죽창 모양의 황룡촌 전투 기념탑도 보입니다.

★ 교조 신원을 요구하는 삼례 집회가 열렸다.
★ 조병갑의 탐학에 맞서 고부 농민 봉기가 일어났다.
★ 전주 화약이 체결되었다.
★ 동학 농민군이 우금치 전투에서 패하였다.

1-2)-1 전봉준 공초

[67회 출제]

동학 농민 운동 당시 활약한 녹두장군 전봉준이 법정의 심문에 답한 내용을 기록한 문서예요. 전봉준 공초에는 전봉준이 동학에 들어서게 된 까닭부터 동학 농민 운동의 전개 과정까지의 내용이 담겨 있어요. 2023년에는 가치를 인정받아 유네스코 세계 기록 유산으로 지정되었어요.

1-2)-2 집강소   51회 31번

사랑하는 딸에게

아빠는 농민군의 일원으로 나라와 백성을 구하기 위해 싸우고 있단다. 전주에서 정부와 화해하고 우리가 (가) 을/를 설치하여 탐관오리를 처벌하는 등의 활동을 할 때에는 새로운 세상이 머지않아 보였어. 그런데 일본이 군대를 동원하여 궁궐을 점령하고 조정을 압박하니 농민군이 다시 나서게 되었지. 우리의 무기는 비록 변변치 못하지만 전봉준 장군을 중심으로 단결하여 기세는 하늘을 찌르고 있단다.
네 모습이 무척 그립구나. 아빠가 곧 집으로 돌아갈 터이니 엄마 말씀 잘 듣고 건강히 지내렴.

아빠가

★ 전개 과정에서 집강소가 설치되었다.
★ 집강소를 통해 폐정 개혁을 추진하였다.
★ (전주) 동학 농민군이 정부와 화약을 맺은 곳이다.

2 갑오개혁(1894~1895)

1) 제1차 갑오개혁

❸ 군국기무처

일본이 제1차 갑오개혁을 추진하기 위하여 만든 기구이다. 군국기무처의 최고 책임자는 김홍집이었으며, 일본과 친한 개화파 관리들로 구성되었다.

배경	일본군이 경복궁을 점령한 후 군국기무처❸를 설치하여 김홍집을 중심으로 개화를 추진
내용	과거제 · 신분제(노비제) · 연좌제 폐지, 과부의 재가 허용

└ 범죄자의 친척에게까지 책임을 묻는 제도

└ 남편을 잃은 여자가 다시 결혼하는 것을 허용 ┘

2) 제2차 갑오개혁

배경	청일 전쟁에서 승기를 잡은 일본이 조선에 대한 영향력을 강화하기 위해 군국기무처를 폐지
내용	• 고종이 홍범 14조를 발표하여 개혁의 기본 방향을 밝힘 • 지방 행정 구역을 23부로 개편, 재판소 설치 • 교육 입국 조서를 발표하여 한성 사범 학교를 설립

└ 국민의 교육을 통해 국가를 바로 세우자는 내용을 담고 있음

3 을미개혁(1895)

❹ 을미사변(1895)

1895년 을미년, 일본 자객들이 경복궁을 침입하여 명성 황후를 살해하고 시신을 불태웠다.

배경	• 청일 전쟁에서 일본이 승리하자 조선에 대한 내정 간섭이 심해짐 • 민씨 정권이 러시아를 끌어들여 일본을 견제하고자 함 • 을미사변❹으로 일본이 명성 황후를 시해하고 친일 내각을 수립
내용	태양력 사용, 단발령 실시, '건양' 연호 제정
결과	• 을미의병: 을미사변과 단발령 시행에 대한 반발로 발생, 고종의 해산 명령으로 스스로 해산 • 아관 파천: 고종이 신변을 보호하기 위해 러시아 공사관으로 거처를 옮김

└ 성인 남성의 상투를 자르도록 한 명령

2-1 교육 입국 조서

짐이 정부에 명하여 학교를 널리 세우고 인재를 양성하는 것은 너희들 신하와 백성의 학식으로 나라를 중흥시키는 큰 공로를 이룩하기 위해서이다. 너희는 임금에게 충성하고 나라를 사랑하는 마음으로 덕성, 체력, 지혜를 기르라. 왕실의 안전도 신하와 백성의 교육에 달려 있고, 나라의 부강도 신하와 백성의 교육에 달려 있다.

제2차 갑오개혁 당시 고종이 발표한 조서로, 국가가 강해지려면 국민이 교육을 받아야 한다는 내용을 담고 있어요. 고종은 교육 입국 조서를 발표한 이후 소학교, 중학교, 사범학교, 외국어학교 등 각종 관립 학교를 세워 국민 교육에 힘썼어요.

3-1 아관 파천

▲ 구 러시아 공사관

명성 황후가 일본에 의해 무참히 살해당하는 것을 본 고종은 신변의 위협을 느꼈어요. 조선에서의 세력 확장을 바라고 있던 러시아는 고종에게 안전을 위해 러시아 공사관(아관)으로 거처를 옮길 것을 권유하였어요. 이에 고종은 몰래 궁궐을 빠져나가 러시아 공사관으로 피신하였고, 결국 러시아의 조선에 대한 영향력은 강화되었어요.

2-2 갑오개혁   69회 30번

★ 신분제 폐지, 조혼 금지
★ 노비제와 연좌제 등을 폐지
★ 홍범 14조 반포, 지방 행정 조직을 13부로 개편, 교육 입국 조서 반포

3-2 을미개혁   54회 28번

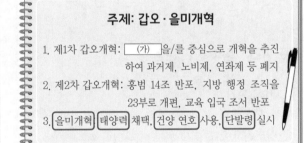

★ 태양력이 채택되었다.
★ 단발령을 시행하였다.

연습하기

❶ OX 퀴즈

(1) 동학 농민 운동은 천주교를 믿은 농민들이 일으킨 운동이다. (O / x)

(2) 전봉준은 우금치 전투에서 일본군에 패배하였다. (O / x)

(3) 을미사변 이후 고종이 신변을 보호하기 위해 중국 공사관으로 피신한 사건을 아관 파천이라고 한다. (O / x)

❷ 빈칸 퀴즈

(1) 동학 농민군이 ( ) · ( ) 전투에서 정부군에게 승리하였다.

(2) 제2차 갑오개혁 당시 고종은 ( ) 을/를 발표하여 한성 사범 학교를 설립하였다.

❸ 연표 퀴즈 – 동학 농민 운동

○→ **제1차 봉기**
동학 농민군이 황토현 · 황룡촌 전투에서 정부군에 승리하면서 전주성에 입성하였다.

○→ □□ **화약**
톈진 조약으로 청, 일본의 군대가 조선에 들어오자 동학 농민군이 정부와 화약을 맺었다.

○→ **제2차 봉기**
일본이 경복궁을 점령하자 다시 한 번 봉기하였지만 □□□ 전투에서 패배하였다.

정답 | ❶ (1) X (2) O (3) X
　　 ❷ (1) 황토현, 황룡촌 (2) 교육 입국 조서
　　 ❸ 전주, 우금치

---

01 다음 시나리오의 상황 이후에 전개된 사실로 옳은 것은?　[66회 37번]

> S#17. 전주성 안 선화당
> 농민군 대장 전봉준과 전라 감사 김학진이 대화를 나누고 있다.
>
> 김학진: 일본군이 궁궐을 점령하여 국가에 큰 위기가 닥쳤소.
> 전봉준: 청군과 일본군이 들어와 있는 상황에서 이런 일이 생기다니 참으로 큰일입니다.

① 동학을 창시한 최제우가 처형되었다.
② 동학 농민군이 우금치 전투에서 패하였다.
③ 교조 신원을 요구하는 삼례 집회가 열렸다.
④ 조병갑의 탐학에 맞서 고부 농민 봉기가 일어났다.

02 (가) 사건에 대한 설명으로 옳은 것은?　[67회 29번]

> 부패한 지도층과 외세의 침략에 저항했던 (가) 관련 기록물인 전봉준 공초, 개인 일기와 문집, 각종 임명장 등이 유네스코 세계 기록 유산으로 지정되었습니다.
>
> 백성이 주체가 된 역사, 세계 기록 유산으로 남다

① 9서당을 창설하는 계기가 되었다.
② 청산리에서 일본군과 전투를 벌였다.
③ 집강소를 통해 폐정 개혁을 추진하였다.
④ 제물포 조약이 체결되는 결과를 가져왔다.

03 다음 가상 뉴스가 보도된 이후에 전개된 사실로 옳은 것은?

[63회 35번]

속보입니다. 오늘 새벽 한성에 주둔 중인 일본군 수비대 등이 궁궐에 침입하여 왕비를 시해하는 만행을 저질렀습니다. 최근 부임한 일본 공사가 사건을 지휘한 것으로 지목되고 있어 충격을 더하고 있습니다.

속보 | 일본군 수비대 등이 왕비 시해

① 외규장각 도서가 약탈되었다.
② 김윤식이 영선사로 파견되었다.
③ 제너럴 셔먼호 사건이 발생하였다.
④ 고종이 러시아 공사관으로 피신하였다.

04 다음 사건 이후에 일어난 사실로 옳은 것은?

[57회 34번]

역사 신문

제△△호 　　　　　　　○○○○년 ○○월 ○○일

국왕, 경복궁을 떠나다

2월 11일 국왕과 세자가 비밀리에 러시아 공사관으로 거처를 옮겼다. 일본군 감시가 허술한 틈을 타 궁녀의 가마를 타고 경복궁을 나왔는데, 공사관에 도착한 때는 대략 오전 7시 30분이었다.

① 훈련도감이 설치되었다.
② 청에 영선사가 파견되었다.
③ 외규장각 도서가 약탈되었다.
④ 대한 제국 수립이 선포되었다.

05 밑줄 그은 '개혁'의 내용으로 옳지 않은 것은?

[55회 31번]

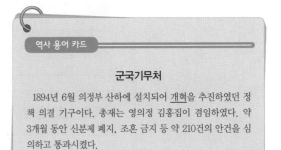

역사 용어 카드

군국기무처

1894년 6월 의정부 산하에 설치되어 개혁을 추진하였던 정책 의결 기구이다. 총재는 영의정 김홍집이 겸임하였다. 약 3개월 동안 신분제 폐지, 조혼 금지 등 약 210건의 안건을 심의하고 통과시켰다.

① 지계를 발급하였다.
② 과거제를 폐지하였다.
③ 도량형을 통일하였다.
④ 연좌제를 금지하였다.

06 (가) 시기에 있었던 사실로 옳은 것은?

[49회 30번]

과거제가 폐지되었다는 소식 들었나?

들었네. 며칠 전 군국기무처에서 의결했다고 하더군.

(가)

오늘 지계를 발급 받았네.

잃어버리지 않게 잘 보관하게.

① 당백전이 발행되었다.
② 동시전이 설치되었다.
③ 속대전이 편찬되었다.
④ 태양력이 채택되었다.

독립 협회와 대한 제국

1 독립 협회

창립	열강의 이권 침탈이 심해지자 서재필 등이 귀국 → 개혁적인 정부 관료와 개화 지식인들의 주도로 독립 협회 창립
독립신문 창간	• 서재필이 창간한 우리나라 최초의 민간 신문 • 한글판과 영문판으로 발행하여 외국인에게 국내의 상황을 전달
독립문❶ 건립	┌ 중국 사신을 맞이하던 모화관 앞에 세웠던 주춧돌 영은문을 없애고 자주 독립의 상징으로 독립문을 건립
자주 국권 운동	┌ 지금의 부산 영도인 절영도를 러시아가 일정 기간 빌려 통치한다는 요구 • 러시아의 절영도 조차 요구에 반대 • 만민 공동회❷를 개최해 러시아의 침략을 규탄
자강 개혁 운동	• 중추원 개편을 통한 의회 설립 운동을 전개 • 정부 관료들이 참여한 관민 공동회에서 고종에게 헌의 6조를 건의 └ 나라의 독립을 지키기 위한 개혁 원칙 6개
해산	보수파 관료들이 독립 협회가 공화정을 실시하려 한다는 모함을 하여 고종의 명령으로 강제 해산

❶ 독립문

❷ 만민 공동회

우리나라 최초의 민중 집회로, 1898년 서울 종로에서 열렸다. 각계각층의 사람들이 모여 열강의 이권 침탈을 비판하였다.

❸ 환구단

고종이 황제 즉위식을 올렸던 장소로, 대한 제국이 누구의 간섭도 받지 않는 자주국임을 선포하였다.

2 대한 제국

1) 수립

배경	독립 협회와 국민들의 환궁 요구로 러시아 공사관으로 피신해 있던 고종이 경운궁(현재의 덕수궁)으로 돌아옴
전개	• 국호를 '대한 제국', 연호를 '광무'로 하여 환구단❸에서 황제 즉위식을 올린 후 대한 제국 수립을 선포 • 대한국 국제를 발표하여 대한 제국이 전제 정치 국가이며, 황제권이 무한함을 강조

2) 광무개혁

기본 방향	구본신참의 원칙하에 점진적인 개혁을 추진
	└ 옛것을 기본으로 삼고 새것을 참고한다
지계 발급	근대적인 조세 행정을 위해 토지 소유권 보장 문서인 지계를 발급
상공업 진흥	근대적 공장과 회사를 설립
실업 교육 강조	상공학교, 외국어 학교 등을 설립하고 유학생을 파견

1-1 백정 박성춘의 연설

　이 사람은 바로 대한에서 가장 천한 사람이고 매우 무식합니다. 그러나 임금께 충성하고 나라를 사랑하는 뜻은 대강 알고 있습니다. 이제 나라를 이롭게 하고 백성을 편리하게 하는 방도는 관리와 백성이 마음을 합한 뒤에야 가능하다고 생각합니다. … 삼가 원하건대, 관리와 백성이 마음을 합해 우리 대황제의 훌륭한 덕에 보답하고 국운이 영원토록 무궁하게 합시다.

독립 협회는 신분에 상관없이 누구나 자신의 의견을 펼칠 수 있도록 만민 공동회를 개최하였어요. 만민 공동회는 정부 관료들이 참여하면서 관민 공동회로도 발전하였지요. 관민(만민) 공동회에서는 갑오개혁 때 신분제가 폐지된 이후로도 계속해서 차별을 받았던 백정 계층인 박성춘이 연설하기도 하였어요.

1-2 독립협회　　　　67회 33번

이곳 종로에서는 (가) 이/가 개최한 관민 공동회가 열리고 있습니다. 정부 관료와 학생, 시민들이 참여한 가운데 헌의 6조를 올리기로 하였습니다.

★ 서재필의 주도로 창립
★ 독립문 건설을 주도하였다.
★ 만민 공동회를 개최하였다.

2-1 지계

▲ 지계 [49회 출제]

고종은 광무개혁을 실시하면서 지계를 발급하였어요. 지계는 토지를 갖고 있는 사람의 소유권을 보장해 주는 문서였어요. 정부는 지계 발급을 통해 토지에 대한 세금을 정확하게 거두면서 근대적인 조세 행정을 시행하고자 하였어요.

2-2 대한 제국　　　　64회 38번

고종이 러시아 공사관에서 경운궁으로 돌아와 황제로 즉위하고 국호를 (가) (으)로 선포한 이후에 사용한 어새입니다.

(가) 고종 황제어새와 내함

★ (환구단) 고종이 하늘에 제사 지내고 황제 즉위식을 거행한 장소
★ 대한국 국제를 제정하였다.
★ 지계가 발급되었다.

연습하기

❶ OX 퀴즈

(1) 서재필이 독립 협회를 만들었다. (O / x)
(2) 독립신문은 한글판으로만 발행되었다. (O / x)
(3) 고종이 대한 제국을 민주주의 국가로 선포하였다.

(O / x)

❷ 빈칸 퀴즈

(1) 독립 협회는 ( )의 절영도 조차 요구 거부 운동을 전개하였다.
(2) 고종은 연호를 ( ), 국호를 ( )(으)로 하여 새로운 국가를 선포하였다.
(3) 대한 제국은 근대적인 조세 행정을 위해 ( )을/를 발급하였다.

❸ 사진 퀴즈

Q. 다음 장소와 관련된 설명으로 옳은 것은?

① 독립신문을 발행하였다.
② 귀족 자녀들을 교육하였다.
③ 고종이 황제 즉위식을 거행하였다.
④ 고종이 을미사변 이후 피신하였다.

정답 | ❶ (1) ○ (2) x (3) x
❷ (1) 러시아 (2) 광무, 대한 제국 (3) 지계
❸ ③

01 (가)에 들어갈 단체의 활동으로 옳은 것은?

[52회 36번]

오늘 신문에 (가) 이/가 종로에서 만민 공동회를 열어 러시아 군사 교관 철수를 요구했다는 기사가 실렸네.

지난 기사에는 러시아의 절영도 조차 요구를 반대했다는 내용이 실렸었지요.

① 태극 서관을 운영하였다.
② 독립문 건립을 주도하였다.
③ 고종 강제 퇴위를 반대하였다.
④ 국채 보상 운동을 지원하였다.

02 밑줄 그은 '단체'로 옳은 것은? [58회 32번]

학술 발표회

우리 학회에서는 제국주의 열강의 침략으로부터 주권을 수호하고자 서재필의 주도로 창립된 <u>단체</u>의 의의와 한계를 조명하고자 합니다. 많은 관심과 참여를 바랍니다.

◈ 발표 주제 ◈
• 민중 계몽을 위한 강연회와 토론회 개최 이유
• 만민 공동회를 통한 자주 국권 운동 전개 과정
• 관민 공동회 개최와 헌의 6조 결의의 역사적 의미

■ 일시: 2022년 4월 ○○일 13:00~18:00
■ 장소: △△ 문화원 소강당

① 보안회 ② 신민회
③ 독립 협회 ④ 대한 자강회

03 밑줄 그은 '이 신문'에 대한 설명으로 옳은 것은?

[63회 34번]

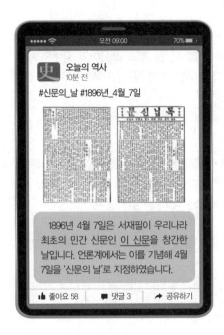

① 천도교의 기관지였다.
② 박문국에서 발간하였다.
③ 한글판과 영문판으로 발행되었다.
④ 시일야방성대곡이라는 논설을 실었다.

04 (가)에 들어갈 단체로 옳은 것은?

[61회 33번]

① 신민회
② 독립 협회
③ 대한 자강회
④ 조선어 학회

05 (가) 시기에 시행된 정책으로 옳은 것은?

[61회 35번]

① 지계가 발급되었다.
② 척화비가 건립되었다.
③ 홍범 14조가 반포되었다.
④ 치안 유지법이 제정되었다.

06 (가) 시기에 있었던 사실로 옳은 것은? [60회 30번]

① 당백전을 발행하였다.
② 영선사를 파견하였다.
③ 육영 공원을 설립하였다.
④ 대한국 국제를 제정하였다.

일제의 국권 피탈

❶ 을사오적

고종 대신 을사늑약을 체결한 5명을 을사오적이라 부른다. 을사오적에는 박제순, 이지용, 이근택, 이완용, 권중현이 있다.

❷ 헤이그 특사

사진 왼쪽부터 이준, 이상설, 이위종이다. 이들은 고종의 명령으로 네덜란드 헤이그 만국 평화 회의에 파견되어 을사늑약의 무효를 알리려 하였지만 실패하였다.

❸ 신돌석

최초의 평민 출신 의병장으로, 태백산맥에서 뛰어난 전술을 펼쳐 '태백산 호랑이'라고 불리기도 하였다.

1 일제의 국권 피탈 과정

러일 전쟁 (1904)	• **배경**: 한반도와 만주의 지배권을 놓고 러시아와 일본의 세력 다툼 • **전개**: 일본이 러시아 함대를 먼저 공격하면서 러시아에 전쟁을 선포 → 일본의 승리 • **결과**: 일본이 한반도의 소유권을 확인받음

↓

을사늑약 (1905)	• **전개**: 일제가 대한 제국의 외교권을 박탈하기 위해 강제로 체결, 고종의 거부에도 을사오적❶이 대신 서명 • **내용**: 대한 제국의 외교권 박탈, 통감부 설치 ← 일제가 대한 제국의 내정을 간섭하기 위해 설치한 기구 • **저항** 　– 고종이 을사늑약의 무효를 알리기 위해 만국 평화 회의에 헤이그 특사❷를 파견 　– 민영환이 을사늑약 체결에 반대하는 글을 남기고 자결 　– 나철이 을사오적 암살을 위해 자신회를 조직

↓

고종의 강제 퇴위	헤이그 특사 파견을 이유로 일제가 고종을 강제 퇴위시키고 순종을 즉위시킴

↓

정미 7조약 (1907)	행정 각 부에 일본인 차관을 배치하여 대한 제국의 행정권을 장악

↓

군대 해산	대한 제국의 군대를 강제로 해산시킴

↓

한일 병합 조약 (1910)	• 대한 제국이 일본에 강제 병합되고 국권이 피탈됨 • 조선 총독부를 설치하고 총독 정치를 실시

2 항일 의병 운동

을사의병	• **배경**: 을사늑약의 체결 • **대표 의병장**: 최익현(유생 출신, 전북 태인에서 임병찬과 함께 봉기), 신돌석(평민 의병장)❸

정미의병	• **배경**: 고종의 강제 퇴위, 대한 제국의 군대 해산 • **결과**: 13도 창의군 결성(총대장 이인영, 참모장 허위), 서울 진공 작전을 시도하였으나 일본군에게 실패

1-1　을사조약

제2조 일본국 정부는 한국과 다른 국가 사이에 현존하는 조약의 실행을 완수하는 책임을 지며, 한국 정부는 지금 이후로 일본국 정부의 중개를 거치지 않고서는 국제적 성질을 가진 어떠한 조약이나 약속을 하지 않을 것을 약속한다.

제3조 일본국 정부는 그 대표자로서 한국 황제 폐하의 아래에 1명의 통감(統監)을 두되, 통감은 오로지 외교에 관한 사항을 관리하기 위해 서울에 주재하고, 직접 한국 황제 폐하를 궁중에서 알현할 권리를 가진다.

을사늑약이 맺어질 당시 덕수궁 중명전 안에는 무장한 일본군들로 인해 공포적인 분위기가 형성되었어요. 고종이 끝내 을사늑약 체결을 거부하자 외부대신 박제순이 서명하는 등 조선에 강제적으로 맺어졌기에 '늑약'이라는 명칭이 붙었어요.

1-2　헤이그 특사　　　　61회 34번

> 이곳은 네덜란드 헤이그에 있는 이준 열사 기념관입니다. 그는 대한 제국의 외교권을 박탈한 이 조약의 부당함을 세계에 알리기 위해 이상설, 이위종와 함께 만국 평화 회의에 특사로 파견되었습니다.

★ 을사늑약의 부당함을 전 세계에 알리고자 하였다.
★ (이준, 이상설) 헤이그에 특사로 파견되었다.

2-2　정미의병　　　　69회 33번

역사 뮤지컬

총을 들어 의(義)를 외치다

"일본의 노예로 사느니, 끝까지 싸우다 죽겠소."

1907년 고종의 강제 퇴위 군대 해산에 반발하여 ___(가)___ 이/가 일어났습니다. 의(義)를 외치며 일어난 사람들과 그들의 목소리를 세상에 알린 기자 매켄지의 이야기를 뮤지컬로 만나 보세요.

- 일시: 2024년 ○○월 ○○일 18시
- 장소: △△ 아트홀

★ 13도 창의군을 결성하였다.
★ 서울 진공 작전을 전개하였다.

2-1　안사람 의병가

아무리 왜놈들이 강성한들
우리들도 뭉쳐지면 왜놈 잡기 쉬울세라
아무리 여자인들 나라사랑 모를쏘냐
남녀가 유별한들 나라없이 소용있나
우리도 의병하러 나가보세
의병대를 도와주세
⋮

[55회 출제]

일제 강점기 최초의 여성 의병 지도자인 윤희순은 「안사람 의병가」라는 노래를 만들었어요. 「안사람 의병가」는 의병들의 사기를 북돋았고, 여성의 의병 활동도 이끌어 냈어요.

연습하기

❶ OX 퀴즈

(1) 을사늑약은 일제의 강압하에서 이루어졌다. (O / X)

(2) 정미 7조약이 체결된 이후 고종이 강제 퇴위당하였다. (O / X)

(3) 을사의병 때 13도 창의군이 결성되었다. (O / X)

❷ 빈칸 퀴즈

(1) 고종은 을사늑약의 부당함을 알리기 위해 네덜란드 만국 평화 회의에 ( ) 특사를 파견하였다.

(2) 을사의병 당시 ( )이/가 평민 의병장으로 활약하였다.

(3) 총대장을 이인영으로 하여 13도 ( )이/가 결성되었다.

❸ 연표 퀴즈 - 일제의 국권 피탈 과정

○━▶ **을사늑약**
대한 제국의 ☐☐☐을/를 박탈하고 통감부를 설치하였다.

○━▶ ☐☐☐☐☐
대한 제국의 군대를 해산시켰다.

○━▶ **한일 병합 조약**
대한 제국이 일본에 강제 병합되었다.

정답 | ❶ (1) O (2) X (3) X
　　　❷ (1) 헤이그 (2) 신돌석 (3) 창의군
　　　❸ 외교권, 정미 7조약

01 다음 밑줄 그은 '조약'에 대한 저항으로 옳지 않은 것은? [44회 35번]

> 이토 히로부미 후작의 강압으로 대궐에서 회의가 소집되었다. 대신들은 <u>조약</u>에 찬성할 것을 강요당하였고, 그런 다음에 가장 강하게 반대하던 세 명의 대신이 일본 장교들에 의해 한 명씩 끌려 나갔다. …… 일본이 세계에 공표한 것과는 달리, 이 <u>조약</u>은 황제가 결코 서명하지 않았고 합법적으로 조인되지도 않았다.

① 민영환, 조병세 등이 자결하였다.

② 고종이 헤이그에 특사를 파견하였다.

③ 최익현, 신돌석 등이 의병을 일으켰다.

④ 이만손이 주도하여 영남 만인소를 올렸다.

⑤ 나철 등이 5적 처단을 위해 자신회를 결성하였다.

02 (가)에 들어갈 인물로 옳은 것은? [60회 34번]

이번에 답사할 곳은 (가) 묘역입니다. 그는 이상설, 이위종과 함께 헤이그 만국 평화 회의에 특사로 파견되었습니다.

수유리 애국선열 묘역
신익희 묘역　김병로 묘역　이시영 묘역
광복군 합동 묘역　(가) 묘역　김창숙 묘역

① 이준　　　② 손병희

③ 여운형　　④ 홍범도

03 (가)~(다)를 일어난 순서대로 옳게 나열한 것은?

[49회 31번]

(가) / (나) / (다)

① (가) – (나) – (다)
② (가) – (다) – (나)
③ (나) – (다) – (가)
④ (다) – (가) – (나)

04 (가)에 해당하는 인물로 옳은 것은?　[66회 32번]

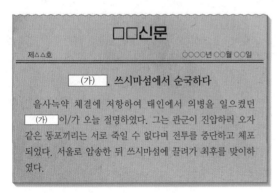

□□신문

제△△호　　　　　　　○○○○년 ○○월 ○○일

(가) , 쓰시마섬에서 순국하다

을사늑약 체결에 저항하여 태인에서 의병을 일으켰던 (가) 이/가 오늘 절명하였다. 그는 관군이 진압하러 오자 같은 동포끼리는 서로 죽일 수 없다며 전투를 중단하고 체포되었다. 서울로 압송된 뒤 쓰시마섬에 끌려가 최후를 맞이하였다.

①
신돌석

②
최익현

③
안중근

④
홍범도

05 (가)에 들어갈 인물로 옳은 것은?　[67회 30번]

(가)

(앞면)

・평민 출신 의병장으로 알려짐
・을미사변이 발생하자 영해에서 의병으로 활동함
・을사늑약이 체결되자 울진, 평해 등지에서 일본군에 맞서 싸움
・뛰어난 전술을 펼쳐 태백산 호랑이라고 불림

(뒷면)

① 신돌석
② 유인석
③ 최익현
④ 홍범도

06 교사의 질문에 대한 학생의 답변으로 옳은 것은?

[50회 30번]

화면의 사진은 1907년 영국 기자 매켄지가 의병들을 취재하면서 찍은 것입니다. 당시 의병 활동에 대해 말해 볼까요?

① 13도 창의군을 결성하였어요.
② 정부에 헌의 6조를 건의하였어요.
③ 백산에 집결하여 4대 강령을 발표하였어요.
④ 곽재우, 고경명 등이 의병장으로 활약하였어요.

국권 수호 운동

1 경제적 구국 운동

방곡령	• **배경**: 개항 이후 곡물이 대량으로 일본에 반출되어 곡물 가격이 오르고 조선의 식량난이 심해짐 • **전개**: 황해도 · 함경도에서 방곡령을 선포하였으나 일본이 조일 통상 장정의 조항을 위반하였다고 주장하며 항의 • **결과**: 방곡령을 취소하고 청에서 막대한 차관을 빌려와 배상금을 지불
상권 수호 운동	외국 상인들의 상권 침탈이 심화되자 서울의 시전 상인들이 파업을 하고 황국 중앙 총상회를 조직
국채 보상 운동	• **배경**: 러일 전쟁 이후 일제의 차관 강요로 빚이 1,300만 원에 달함 • **전개**: 대구에서 서상돈, 김광제를 중심으로 국채 보상 운동 시작 → 대한매일신보, 황성신문 등의 후원을 받아 전국적으로 확산 → 통감부의 방해로 실패

2 국권 수호 운동

1) 의거 활동

전명운, 장인환	미국 샌프란시스코에서 친일파 미국인 스티븐스를 사살(1908)
안중근	만주 하얼빈에서 이토 히로부미를 처단(1909), 『동양 평화론』❶을 저술

❶ 『동양 평화론』
안중근이 감옥 안에서 쓴 책으로, 한국, 일본, 청의 동양 3국이 협력하여 서양 세력의 침략을 방어하고, 동양 평화 및 세계 평화를 실현해야 한다는 사상이 담겨 있다.

2) 애국 계몽 운동

보안회	일제의 황무지 개간권 요구 반대 운동을 전개하여 막는 데 성공
신민회	• **결성**: 안창호, 양기탁 등이 조직한 비밀 결사 단체(1907) • **목표**: 국권 회복과 공화정 수립 • **활동** – 민족 교육을 위해 대성 학교(안창호), 오산 학교(이승훈)를 설립 – 민족 산업 육성을 위해 자기회사, 태극서관을 설립 – 이회영 등이 서간도 삼원보에 독립운동 기지를 건설, 신흥 강습소(훗날 신흥 무관 학교)를 설립 • **해체**: 일제가 조작한 105인 사건으로 해체됨(1911)

1-1 국채 보상 운동

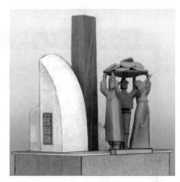

▲ 국채 보상 운동 기념비 [50회 출제]

러일 전쟁 이후 일본이 우리나라를 경제적으로 장악하기 위해서 차관을 강요한 결과, 빚이 1,300만 원이 되었어요. 이러한 상황을 극복하기 위해 대구에서 서상돈, 김광제 등이 국채 보상 운동을 시작하였고, 젊은이, 노인, 어린아이 할 것 없이 국채를 갚기 위해 운동에 참여하였어요.

1-2 국채 보상 운동　　66회 38번

★ 김광제 등을 중심으로 국채 보상 운동이 시작
★ 대한매일신보 등 언론의 지원을 받았어요.

2-1 105인 사건

▲ 105인 사건으로 끌려가는 애국지사 [55회 출제]

서간도에 독립운동을 위한 무관학교를 설립하고자 자금을 모으던 안명근이 일제에 체포되는 사건이 발생하였어요. 일제는 이를 데라우치 총독에 대한 암살 미수 사건으로 조작하여 많은 민족 운동가들이 체포되었고, 이로 인해 신민회 조직이 해산되었어요.

2-2 신민회　　63회 36번

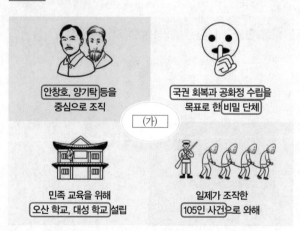

★ 오산 학교를 설립하여 인재 양성에 힘썼다.
★ 태극 서관, 자기 회사를 설립하였다.

연습하기

❶ OX 퀴즈

(1) 황해도와 함경도에서 식량난이 발생하자 방곡령을 선포하였다. (O/X)

(2) 국채 보상 운동은 독립신문의 후원을 받았다. (O/X)

(3) 장인환과 전명운은 미국 샌프란시스코에서 스티븐스를 암살하였다. (O/X)

❷ 빈칸 퀴즈

(1) 대구에서 서상돈과 김광제는 (　　　　　　　) 운동을 일으켰다.

(2) 신민회는 민족 교육을 위해 (　　　) 학교와 오산 학교를 설립하였다.

(3) 신민회는 (　　　　　　　) 사건으로 해체되었다.

❸ 사진 퀴즈

Q. 다음 인물과 관련된 설명으로 옳지 <u>않은</u> 것은?

① 단지동맹을 결성하였다.

② 『동양평화론』을 저술하였다.

③ 태인에서 을사의병을 일으켰다.

④ 하얼빈에서 이토 히로부미를 처단하였다.

정답 | ❶ (1) O (2) X (3) O
　　　❷ (1) 국채 보상 (2) 대성 (3) 105인
　　　❸ ③

01 다음 검색창에 들어갈 용어로 옳은 것은?

[51회 32번]

① 단발령　　　　② 방곡령

③ 삼림령　　　　④ 회사령

02 (가)에 들어갈 인물로 옳은 것은？　[64회 33번]

① 김원봉　　　　② 나석주

③ 신익희　　　　④ 양기탁

03 밑줄 그은 '이 단체'로 옳은 것은? [55회 33번]

이 사진에 대해 설명해 주세요.

일제가 조작한 105인 사건으로 끌려가는 애국지사들을 찍은 사진입니다. 이 사건을 계기로 안창호, 양기탁 등이 비밀리에 결성한 이 단체가 와해되었습니다.

① 보안회
② 신민회
③ 대한 자강회
④ 헌정 연구회

04 밑줄 그은 '이 운동'에 대한 설명으로 옳은 것은? [60회 35번]

여기가 국채 보상 기성회에서 모금하고 있는 곳이군요.

저는 이 운동에 참여하려고 비녀를 팔았어요.

저는 담배를 끊어 성금을 마련했어요.

① 만민 공동회를 개최하였다.
② 대한매일신보 등 언론의 지원을 받았다.
③ 조선 사람 조선 것이라는 구호를 내세웠다.
④ 백정에 대한 사회적 차별 철폐를 주장하였다.

05 (가) 인물에 대한 설명으로 옳은 것은? [69회 35번]

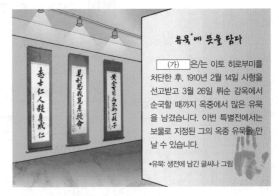

유묵*에 뜻을 담다

[(가)]은/는 이토 히로부미를 처단한 후, 1910년 2월 14일 사형을 선고받고 3월 26일 뤼순 감옥에서 순국할 때까지 옥중에서 많은 유묵을 남겼습니다. 이번 특별전에서는 보물로 지정된 그의 옥중 유묵을 만날 수 있습니다.

*유묵: 생전에 남긴 글씨나 그림

① 동양 평화론을 저술하였다.
② 한인 애국단을 조직하였다.
③ 조선 혁명 선언을 작성하였다.
④ 청산리 전투를 승리로 이끌었다.

06 다음 인물에 대한 설명으로 옳은 것은? [69회 31번]

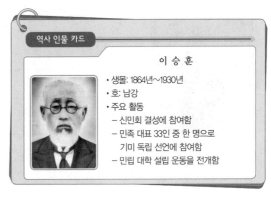

역사 인물 카드

이 승 훈

· 생몰: 1864년~1930년
· 호: 남강
· 주요 활동
 – 신민회 결성에 참여함
 – 민족 대표 33인 중 한 명으로 기미 독립 선언에 참여함
 – 민립 대학 설립 운동을 전개함

① 상하이 훙커우 공원에서 의거를 일으켰다.
② 평양 을밀대 지붕에서 고공 농성을 벌였다.
③ 오산 학교를 설립하여 인재 양성에 힘썼다.
④ 헤이그 만국 평화 회의에 특사로 파견되었다.

개항 이후 사회 · 문화의 변화

1 근대 언론 기관과 국학 연구

1) 근대 언론 기관

한성순보 (1883)	• 순한문으로 쓰여진 우리나라 최초의 근대 신문 • 박문국에서 10일마다 발행
독립신문 (1896)	• 서재필이 창간한 우리나라 최초의 민간 신문 • 한글판과 영문판으로 발행, 최초로 한글에 띄어쓰기를 도입
황성신문 (1898)	┌ 한자어는 한자로, 다른 낱말은 한글로 쓰는 것 • 국한문 혼용체, 을사늑약 체결 이후 장지연의 시일야방성대곡❶ 게재 • 국채 보상 운동을 후원
대한매일신보 (1904)	영국인 베델과 양기탁이 합작하여 창간, 국채 보상 운동을 후원

❶ **시일야방성대곡**
을사늑약 체결 이후 장지연이 황성신문에 실은 논설이다. '시일야방성대곡(是日也放聖大哭)'은 '이 날, 목 놓아 통곡하노라'라는 뜻으로, 을사늑약의 부당함을 비판하였다.

2) 국학 연구

주시경	지석영과 함께 국문 연구소를 설립하여 국어 문법을 체계적으로 연구
신채호	「독사신론」을 통해 민족주의 역사학의 연구 방향을 제시

2 근대 문물의 수용

❷ **전화**

1896년 덕수궁(경운궁)에 한국 최초의 전화기가 설치되었다. '텔레폰'이라는 영어의 소리를 따서 '덕률풍', 말을 전하는 기기라는 뜻으로 '전어기'라고 일컫기도 하였다.

근대 시설	• 박문국(1883): 신문 · 잡지의 편찬과 인쇄를 담당한 출판 기관, 갑신정변 이후 폐지되었다가 다시 설치된 후 1888년에 없어짐 • 기기창(1883): 근대식 무기를 제조한 무기 공장 • 전환국(1883): 화폐 생산 · 관리를 위한 조폐 기관
통신 · 전기	• 전화❷: 덕수궁(경운궁) 안에 최초로 설치(1898), 서울과 시내 민가로 확대 • 우편: 우정총국 설치(1894) → 개국 축하연에서 갑신정변 발생 • 전기: 경복궁 건천궁 안에 전등 설치(1887), 한성 전기 회사 설립(1898)
교통	┌ 러일 전쟁 중 군사적 목적으로 부설 • 철도: 경인선(1899, 노량진~제물포), 경부선(1905), 경의선(1906) • 전차: 최초로 서대문~청량리 구간 운행(1899)
의료	광혜원(1895): 알렌의 건의로 설립된 최초의 근대식 병원, 이후 제중원으로 이름 변경
건축	독립문(1897), 명동 성당(1898), 덕수궁 석조전(1910), 손탁 호텔(1902)

1-1 대한매일신보

[49회 출제]

러일 전쟁을 취재하러 왔던 영국인 베델과 양기탁 등이 대한매일신보를 창간하였어요. 당시 일제가 언론을 검열하고 있었지만, 대한매일신보의 발행인은 영국인인 베델이었기 때문에 비교적 자유롭게 기사를 낼 수 있었어요. 대표적으로 의병에 관한 기사를 실어 지지를 표하기도 하였어요.

2-1 덕수궁 석조전

[55회 출제]

고종이 대한 제국을 선포한 후 덕수궁을 대한 제국의 황궁으로 사용하였어요. 고종이 외국 사신들을 만날 접견실로 사용하기 위해 궁궐 내 서양식 건물인 석조전을 지었어요. 이후 덕수궁 석조전에서 제1·2차 미소 공동 위원회가 개최되기도 하였어요.

1-2 독립신문　　　　　63회 34번

★ 우리나라 최초의 민간 신문
★ 서재필이 중심이 되어 창간한 신문
★ 한글판과 영문판으로 발행되었다.

2-2 근대 문물　　　　　71회 34번

역사 신문

제△△호　　　　　　　　　　○○○○년 ○○월 ○○일

전등 대한 제국의 거리를 밝히다

동대문 발전소에서 전등 개설식이 거행되었다. 2년 전 서대문과 청량리 사이에 최초의 전차를 개통했던 한성 전기 회사는 이번 행사를 위해 특별 전차까지 동원하였다. 작년에는 종로에 세 개의 가로등만이 점등되었으나, 이제 전선이 연결된 길을 따라 큰 거리도 전등으로 환하게 밝히게 되었다.

★ 덕수궁에 중명전이 건립되었다.
★ 경인선 기차를 타고 가는 승객
★ 경부선 철도 개통식에 참석하는 관리

연습하기

❶ OX 퀴즈

(1) 한성순보는 박문국에서 10일마다 발행되었다. (O / x)

(2) 주시경은 역사 연구에 힘써 『독사신론』을 저술하였다. (O / x)

(3) 우리나라에 최초로 전등이 설치되었을 때 텔레비전 뉴스가 방송되었다. (O / x)

❷ 빈칸 퀴즈

(1) 장지연은 황성신문에 (   )(이)라는 논설을 실었다.

(2) (   )은/는 서울과 인천을 잇는 철도이다.

❸ 사진 퀴즈

Q. 다음 사진의 전차가 운행된 시기에 볼 수 있는 모습으로 적절하지 <u>않은</u> 것은?

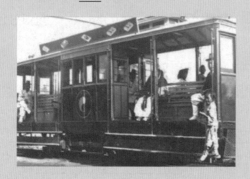

① 한성 전기 회사에서 일하는 노동자

② 명동 성당에서 기도 드리는 천주교 신자

③ 박문국에서 한성순보를 인쇄하는 기술자

④ 경부선 철도를 타러 서울로 이동하는 시민

01 다음 상황 이후에 볼 수 있는 모습으로 가장 적절한 것은?   [64회 34번]

① 한성순보를 발간하는 직원

② 만민 공동회에서 연설하는 백정

③ 경부선 철도 개통식에 참석하는 관리

④ 동문학에서 영어를 공부하고 있는 학생

02 (가)에 해당하는 신문으로 옳은 것은? [54회 32번]

(가) 에 대해 검색해 줘.

검색 결과입니다.

서재필이 중심이 되어 창간한 신문입니다. 민중 계몽을 위해 순 한글로 발행하였으며, 외국인을 위해 영문판도 함께 제작하였습니다.

①
독립신문

②
제국신문

③
해조신문

④
대한매일신보

정답 | ❶ (1) O   (2) x   (3) x
　　　❷ (1) 시일야방성대곡   (2) 경인선
　　　❸ ③

03 (가)에 해당하는 신문으로 옳은 것은? [49회 28번]

여러분은 어떤 신문을 주로 보시나요?

양기탁과 베델이 창간한 (가) 을/를 주로 봅니다.

저도 같은 신문을 읽습니다. 국채 보상 논설을 읽고 의연금을 내기도 했죠.

①
만세보

② 독립신문

③ 해조신문

④
대한매일신보

04 밑줄 그은 ㉠에 해당하는 내용으로 적절하지 않은 것은?

[66회 39번]

이 사진은 무엇인가요?

동대문에서 열린 전차 개통식에 참석한 대한 제국의 고위 관리들을 찍은 사진이에요. 전차를 비롯하여 ㉠대한 제국 시기에 도입된 많은 근대 문물은 당시 사람들의 생활에 큰 변화를 주었어요.

① 극장인 원각사가 세워졌다.
② 덕수궁에 중명전이 건립되었다.
③ 박문국에서 한성순보가 발행되었다.
④ 서울과 부산을 잇는 경부선 철도가 부설되었다.

05 (가)에 들어갈 문화유산으로 옳은 것은? [55회 34번]

답사 계획서

• 주제: 근대 역사의 현장을 찾아서
• 날짜: 2021년 ○○월 ○○일
• 답사 장소

사진	설명
우정총국	근대 우편 제도를 시행하기 위해 세워진 것으로, 개국 축하연 때 갑신정변이 발생하였다.
구 러시아 공사관	을미사변 이후 고종이 피신한 곳으로 약 1년 동안 머물렀다. 지금은 건물의 일부만 남아 있다.
(가)	고종의 접견실 등으로 사용하기 위해 지어진 것으로, 당시 건축된 서양식 건물 중 규모가 가장 크다.

①
황궁우

②
명동 성당

③
운현궁 양관

④
덕수궁 석조전

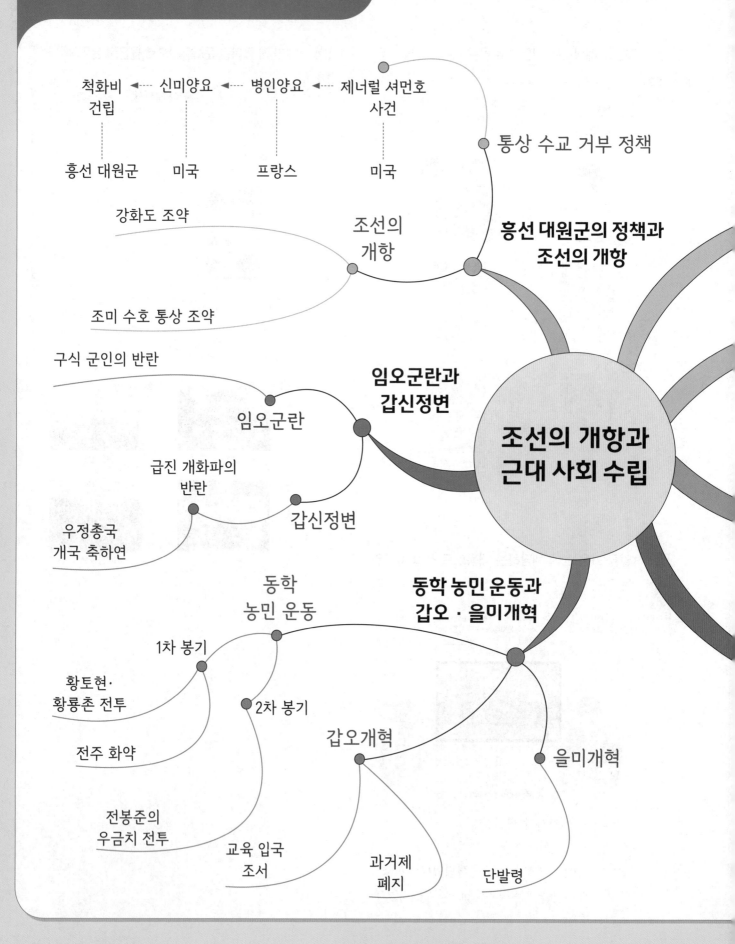

척화비 ◄---- 신미양요 ◄---- 병인양요 ◄---- 제너럴 셔먼호 사건

흥선 대원군 　　미국 　　프랑스 　　미국

통상 수교 거부 정책

강화도 조약

조선의 개항

조미 수호 통상 조약

흥선 대원군의 정책과 조선의 개항

구식 군인의 반란

임오군란

임오군란과 갑신정변

급진 개화파의 반란

갑신정변

우정총국 개국 축하연

조선의 개항과 근대 사회 수립

동학 농민 운동

1차 봉기

황토현· 황룡촌 전투

2차 봉기

전주 화약

갑오개혁

동학 농민 운동과 갑오 · 을미개혁

을미개혁

전봉준의 우금치 전투

교육 입국 조서

과거제 폐지

단발령

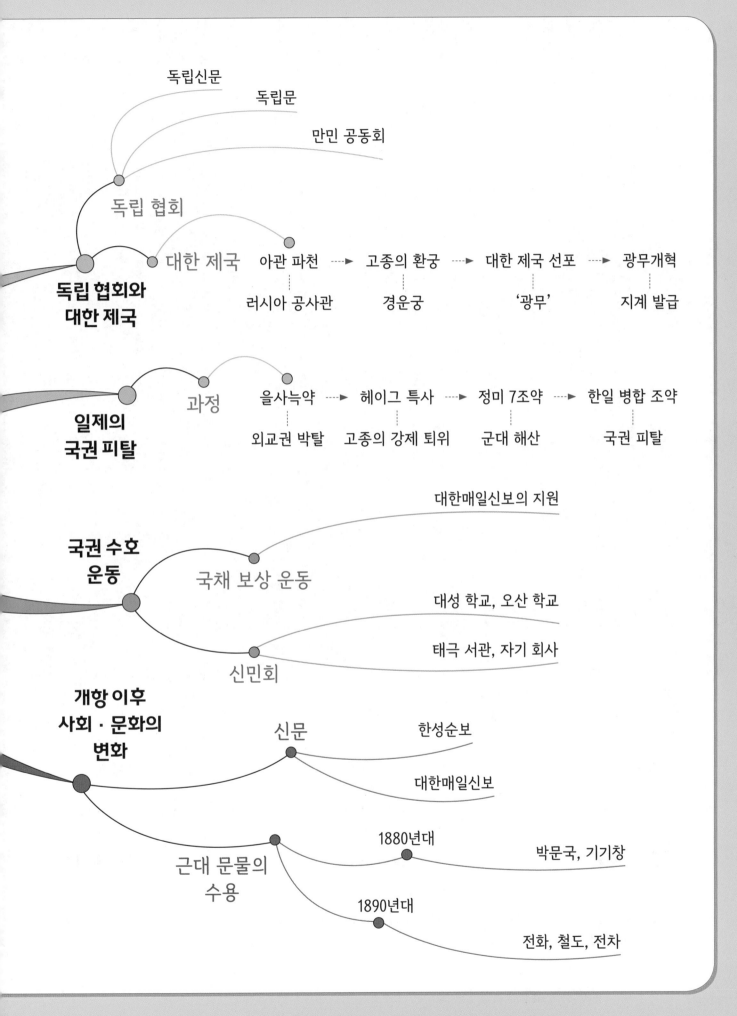

독립신문

독립문

만민 공동회

독립 협회

독립 협회와
대한 제국

대한 제국　　아관 파천　⇢　고종의 환궁　⇢　대한 제국 선포　⇢　광무개혁

러시아 공사관　　경운궁　　'광무'　　지계 발급

일제의
국권 피탈

과정　　을사늑약　⇢　헤이그 특사　⇢　정미 7조약　⇢　한일 병합 조약

외교권 박탈　　고종의 강제 퇴위　　군대 해산　　국권 피탈

국권 수호
운동

국채 보상 운동

대한매일신보의 지원

대성 학교, 오산 학교

태극 서관, 자기 회사

신민회

개항 이후
사회 · 문화의
변화

신문　　한성순보

대한매일신보

근대 문물의
수용

1880년대

박문국, 기기창

1890년대

전화, 철도, 전차

감잡는 키워드 연표

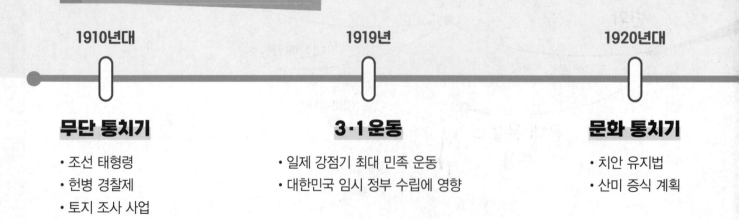

1910년대

무단 통치기

• 조선 태형령
• 헌병 경찰제
• 토지 조사 사업

1919년

3·1 운동

• 일제 강점기 최대 민족 운동
• 대한민국 임시 정부 수립에 영향

1920년대

문화 통치기

• 치안 유지법
• 산미 증식 계획

일제 식민지 지배와 광복을 위한 노력

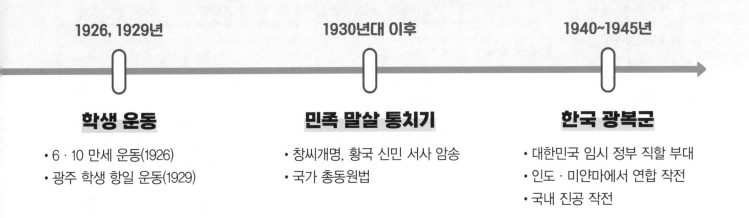

1926, 1929년

1930년대 이후

1940~1945년

학생 운동

- 6·10 만세 운동(1926)
- 광주 학생 항일 운동(1929)

민족 말살 통치기

- 창씨개명, 황국 신민 서사 암송
- 국가 총동원법

한국 광복군

- 대한민국 임시 정부 직할 부대
- 인도·미얀마에서 연합 작전
- 국내 진공 작전

일제의 식민지 지배 정책

1 1910년대 무단 통치

조선 총독부	한일 병합 조약 이후 일제가 우리나라를 식민 지배하기 위해 세운 통치 기구
헌병 경찰 제도	• 헌병이 경찰 업무를 수행 • 조선 태형령(1912)과 범죄 즉결례(1910)를 제정 • 학교에서 교사가 제복을 입고 칼을 차고 수업하도록 함
회사령	한국인이 회사를 설립할 때 총독의 허가가 필요하도록 함
토지 조사 사업 (1910~1918)	• **목적**: 식민 통치에 필요한 돈을 확보하기 위해 한국인의 토지를 약탈 • **내용** 　– 토지 조사령을 실시하고 기한 내에 토지를 신고하도록 함 　– 신고되지 않은 토지는 총독부에서 확보하여 일본인과 동양 척식 주식회사[1]에 헐값으로 팔아넘김 • **결과**: 총독부의 수입은 늘었지만 농민의 부담이 가중됨 → 농민이 몰락하여 만주나 연해주로 이주

❶ 동양 척식 주식회사

1908년 일제가 토지를 수탈하고 약탈한 토지를 관리하기 위해 세운 식민 통치 기관이다.

2 1920년대 문화 통치

1) 민족 분열 통치

배경	3·1 운동으로 일제가 무단 통치의 한계를 인식
내용	• 헌병 경찰제를 보통 경찰제로 전환 → 경찰서와 경찰관의 수 증가 • 치안 유지법[2] 제정 → 사회주의, 노동·농민 운동 탄압 • 한국인의 교육 확대 → 고등 교육을 받을 수 없음, 취학률 저조 • 조선일보·동아일보 창간 허용 → 신문 기사의 검열, 압수 등 탄압 강화

❷ 치안 유지법

1920년대 중반에 사회주의가 널리 퍼지자 일제가 시행한 법이다. 식민지 지배에 저항하는 민족 해방 운동과 사회주의 독립운동을 탄압하였다.

2) 경제 수탈

산미 증식 계획 (1920~1934)	• **배경**: 일본의 공업화가 일어나고 농촌 인구가 줄자 쌀이 부족해지고 값이 폭등 • **목적**: 한국의 쌀 생산량을 늘려 일본으로 가져가고자 함 • **내용**: 품종을 개량하고 저수지 등의 수리 시설을 확충 • **결과**: 쌀 증산량 이상으로 일본에 반출되어 한국의 쌀 소비량이 줄어듦
회사령 폐지	회사 설립 시 허가제가 아닌 신고제로 바꾸어 일본 기업이 조선에 진출하도록 함

1-1 조선 태형령

▲ 태형틀 [54회 출제]

태형이란 사람의 신체에 물리적으로 고통을 주는 형벌이에요. 일제는 1910년대에 조선 태형령을 제정해서 3개월 이하의 징역을 받은 사람, 100원 이하의 벌금이 부과된 사람 중 돈을 지불하지 못한 사람에게 집행하였어요. 단, 한국인에게만 적용되었어요.

1-2 토지 조사 사업   71회 35번

이것은 (가) 을/를 위해 설치된 임시 토지 조사국의 국원 양성소 졸업생 사진입니다. 조선 총독부 는 식민 통치에 필요한 지세 수취 등을 목적으로 (가) 을/를 시행하였습니다. 이를 위해 임시 토지 조사국원 양성소를 두어 토지 측량 등 실무 담당 인력을 배출하였습니다.

★ 토지 조사령을 공포하였다.
★ 토지 조사 사업이 실시되었다.
★ 토지 조사령에 따라 토지를 측량하는 일본인 기사

2-1 산미 증식 계획

일본의 산미 증식 계획의 실시로 쌀의 품종을 더 잘 자라는 것으로 개량하고, 비옥한 토지를 만들기 위해 비료 사용도 확대하였어요. 저수지 등의 수리 시설도 늘리면서 한국의 쌀 생산량은 증가하였어요. 하지만 수확된 쌀이 일본에 반출되면서 정작 한국의 식량 사정은 악화되어 한국의 쌀 소비량이 줄었어요.

2-2 산미 증식 계획   69회 38번

쌀 그리고 군산항

이 사진은 일제가 군산항에 부설한 철도와 뜬다리 부두의 모습이야. 당시 군산항은 쌀을 일본으로 반출 하는 주요 항구였어.

1920년부터 실시 된 이 정책으로 쌀 이 증산 되었지만, 그보다 더 많은 양이 일본으로 빠져나가면서 조선의 식량 사정은 더욱 나빠졌다고 해.

★ 산미 증식 계획을 실시하였다.
★ 일제는 자국의 식량 문제를 해결하기 위해 1920년부터 실시

3 1930년대 이후 민족 말살 통치

1) 민족 말살 통치

배경	일제의 침략 전쟁에 한국인을 동원하기 위해 한국인의 민족성을 없애고자 함
황국 신민 서사 암송	한국인은 모두 일본 황제의 신민(백성)이라는 점을 세뇌시키기 위해 모든 행사에 황국 신민 서사를 암송하도록 함
신사 참배	일본의 조상신을 모신 신사를 한국에 세우고, 참배하도록 함
	└─ 신이나 죽은 사람을 추모하는 행위
궁성 요배	일본 도쿄의 황궁(궁성)을 향해 고개를 숙여 절하도록 함
창씨개명❸	한국인의 성과 이름을 일본식으로 바꾸도록 강요
교육 통제	• 한국어와 한국사 교육을 사실상 금지하고 일본어 사용을 강요 • 소학교의 명칭을 국민학교로 변경 └─ 황국 신민의 학교

2) 경제 수탈

병참 기지화 정책	일제가 침략 전쟁을 수행하기 위해 한국을 인적 · 물적 자원의 공급지로 삼음
국가 총동원법 (1938)	전쟁 시 필요한 인적 · 물적 자원을 한국에서 마음대로 수탈할 수 있도록 함
인적 수탈	• **노동력**: 국민 징용령을 통해 탄광, 공장, 철도 건설 등에 한국인을 동원 • **병력**: 지원병제, 학도 지원병제, 징병제를 실시 • **여성 동원**: 여자 정신 근로령을 통해 일본군 '위안부' 강요, 여성에게 몸뻬 바지 착용 강요
	쌀을 비롯한 곡식 ─┐ ┌─ 국민이 국가에게 의무적으로 물자를 내어놓는 행위
물적 수탈	• **미곡 공출제**: 미곡의 시장 유통을 금지 • **식량 배급제**: 식량 소비를 규제하며 수탈 • **전쟁 물자 공출❹**: 무기 생산에 필요한 쇠붙이를 공출

---

❸ **창씨개명**

[64회 출제]

일제는 한국인의 성과 이름을 모두 일본식으로 바꾸도록 하는 창씨개명을 실시하였다. 이를 거부하는 사람은 학교에 들어가지 못하게 하는 등 차별하였다.

❹ **전쟁 물자 공출**

1930년대 이후 전쟁 물자가 부족해지자 일본은 민가에서 사용하던 놋그릇과 금속제 물건들을 가져가 무기로 만들었다.

3-1)-1 황국 신민 서사

1. 우리는 대일본 제국의 신민입니다.
2. 우리는 마음을 합해 천황 폐하에게 충의를 다합니다.
3. 우리는 인고단련해 훌륭하고 강한 국민이 되겠습니다.

조선 총독부는 민족 말살 통치기에 황국 신민화 정책을 시행하고, 학생들에게 황국 신민 서사 암송을 강요하였어요. 황국 신민 서사를 학교와 가정에 액자로 걸어두고 외우게 하였으며, 회사 등의 5인 이상이 모이는 곳에서는 소리내어 부르도록 하여 일본 천황과 일제에 대한 충성심을 갖도록 하였어요.

3-1)-2 황국 신민 서사   71회 38번

충남의 한 읍성 발굴 조사 현장에서 황국 신민 서사가 새겨진 돌기둥이 발견되었습니다. 황국 신민 서사는 일제가 중일 전쟁을 일으켜 침략 전쟁을 확대하던 시기에 만들어져 한국인들에게 암송하도록 강요되었습니다. 돌기둥이 발견된 장소가 과거 초등학교 부지였던 것으로 보아 아동을 대상으로 제작된 것으로 추정됩니다.

황국 신민 서사 돌기둥 발견

★ 신사 참배가 강요되었다.
★ 황국 신민 서사를 암송하는 학생

3-2)-1 일본군 '위안부'

일본군 '위안부'는 일본군의 욕구를 해결시키고자 일본군 위안소에 배치한 여성을 뜻하는 말이에요. 한국뿐 아니라 일본, 중국, 필리핀, 인도네시아의 여성들이 강제로 동원되었어요. 각국에 있는 피해자들과 정부, UN 등이 일본에게 진상 규명과 정당한 배상을 요구하고 있으나 일본 정부는 이를 거부하고 있어요.

3-2)-2 1930년대 이후 경제 수탈   69회 40번

이 사진은 일본 나고야 미쓰비시 중공업에 강제 동원된 조선 여자 근로 정신대 여성들의 모습입니다. 일제는 중일 전쟁 이후 침략 전쟁을 확대하던 이 시기에 한국인을 탄광, 군수 공장 등으로 끌고 가 열악한 환경에서 혹사시켰습니다.

★ 미곡 공출제를 실시하였다.
★ 강제 징용으로 끌려가는 청년
★ 공출로 가마솥을 빼앗기는 농민

기출 확인 문제

연습하기

❶ OX 퀴즈

(1) 1910년대에 산미 증식 계획이 실시되었다. (O / x)

(2) 토지 조사 사업이 실시될 때 회사령이 폐지되었다. (O / x)

(3) 1930년대 이후 일제가 국민 징용령을 실시해 한국인의 노동력을 수탈하였다. (O / x)

❷ 빈칸 퀴즈

(1) 19( )대에 조선 태형령이 실시되었다.

(2) ( ) 운동으로 일제가 무단 통치의 한계를 인식하였다.

(3) 일제는 ( )을/를 실시해 조선인의 성과 이름을 일본식으로 바꾸고자 하였다.

❸ 연표 퀴즈 – 일제의 식민지 지배 정치

1910년대

□□ □□ 제도를 실시해 학교에서 교사가 칼을 차고 수업하도록 하였다.

1920년대

□□ □□□ (으)로 인해 한국의 식량 사정이 악화되었다.

1930년대

□□ □□ □□을/를 암송하도록 하였다.

정답 | ❶ (1) x (2) x (3) O
❷ (1) 10 (2) 3 · 1 (3) 창씨개명
❸ 헌병 경찰, 산미 증식 계획, 황국 신민 서사

01 밑줄 그은 '이 정책'으로 옳은 것은? [61회 39번]

그렇다네. 일제가 1920년부터 실시한 이 정책으로 쌀 생산량이 늘었지만 이보다 더 많은 양의 쌀을 일본으로 가져가 우리의 식량 사정이 더욱 나빠졌다네.

이 많은 쌀을 전부 일본으로 가져간다는 말인가?

① 방곡령 ② 신해통공
③ 산미 증식 계획 ④ 토지 조사 사업

02 밑줄 그은 '이 시기'에 볼 수 있는 모습으로 적절하지 않은 것은? [64회 39번]

이것은 일제 강점기 학적부의 일부입니다. 중일 전쟁 이후 침략 전쟁을 확대하던 이 시기에 일제는 학생들에게도 일본식으로 성명을 바꾸게 하는 창씨개명을 강요하였습니다.

다케하라 마사오

① 공출을 독려하는 애국반 반장
② 황국 신민 서사를 암송하는 학생
③ 국민 징용령에 의해 끌려가는 청년
④ 회사령을 공포하는 조선 총독부 관리

03 다음 공고가 발표된 시기 일제의 정책으로 옳은 것은?

[64회 32번]

〈토지 조사 사무원 생도 모집〉

조선 총독부에서는 토지 조사 사업을 진행할 사무원 및 기술원 생도를 모집합니다.

■ 모집 인원: 150명
■ 수업 기간: 6개월 이내
■ 담당 기관: 임시 토지 조사국 사무원 양성과

① 농광 회사를 설립하였다.
② 조선 태형령을 시행하였다.
③ 산미 증식 계획을 실시하였다.
④ 화폐 정리 사업을 추진하였다.

04 밑줄 그은 '시기'에 볼 수 있는 모습으로 가장 적절한 것은?

[63회 42번]

저는 지금 제주 송악산에 있는 일제 동굴 진지에 와 있습니다. 동굴 진지는 일제가 일으킨 태평양 전쟁이 전개되던 시기에 송악산 주변 군사 시설 경비와 연안으로 침투하는 연합군에 대한 대비를 위해 만들어졌습니다.

① 원산 총파업에 참여하는 노동자
② 만민 공동회에서 연설하는 백정
③ 황국 신민 서사를 암송하는 학생
④ 조선 태형령을 관보에 싣는 관리

05 (가)에 들어갈 사진으로 옳은 것은?

[52회 41번]

사진으로 보는 일제 강점기
- 1910년대 -

| 헌병 경찰 | 칼을 휴대한 교사 | (가) |

① 별기군

② 토지 조사 사업

③ 산미 증식 계획

④ 강제 공출

06 (가)~(다)를 일어난 순서대로 옳게 나열한 것은?

[50회 33번]

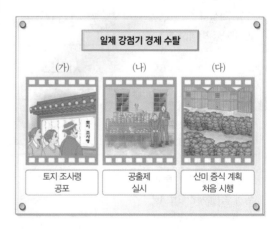

일제 강점기 경제 수탈

| (가) | (나) | (다) |
| 토지 조사령 공포 | 공출제 실시 | 산미 증식 계획 처음 시행 |

① (가) - (나) - (다)
② (가) - (다) - (나)
③ (나) - (가) - (다)
④ (다) - (나) - (가)

3 · 1 운동과 대한민국 임시 정부

❶ 유관순

3 · 1 운동 때 고향인 천안에서 만세 운동을 전개하다가 체포되어 18세의 나이로 순국하였다.

1 1910년대 국내 항일 민족 운동

1) 3 · 1 운동(1919)

배경	• 윌슨의 민족 자결주의 선언 • 도쿄 유학생의 2 · 8 독립 선언
전개 과정	종교계 인사들이 민족 대표 33인을 결성하고 고종의 인산일에 독립 선언 낭독 → 탑골 공원에서 학생 · 시민들이 독립 선언 낭독 → 서울 시내에 만세 운동 확산 → 한반도 전체와 만주 · 연해주 · 미주로 확산
일제의 탄압	유관순❶의 순국, 화성 제암리 학살 사건❷
의의 및 영향	• 우리 역사상 최대 규모의 민족 운동 • 일제의 통치 방식이 무단 통치에서 문화 통치로 변화 • 대한민국 임시 정부 수립에 영향을 끼침

2) 주요 항일 단체

독립 의군부	• 임병찬이 고종의 비밀 명령을 받아 조직 • 일본에 국권 반환 요구서 발송을 시도
대한 광복회	• 박상진이 결성하여 근대 국가 수립을 목표로 함 • 군자금을 마련하고 친일파 처단 활동을 전개

└ 군사 활동 시 필요한 돈

❷ 화성 제암리 학살 사건

3 · 1 운동 때 만세 운동이 일어났던 수원군 (지금의 화성시) 제암리에서 일본군이 주민들을 학살하고 교회당과 민가를 방화하였다.

2 1910년대 국외 항일 민족 운동

서간도	• 이회영❸ 형제 등이 이주하여 독립운동 기지로 개척 • 신흥 강습소: 독립군 양성소이며, 이후 신흥 무관 학교로 발전
북간도	• 이상설이 서전 서숙을 설립하여 민족 교육을 실시 • 중광단: 대종교가 중심이 되어 설립, 이후 북로 군정서로 개편
연해주	• 권업회: 자치 단체로서 권업신문을 발행 • 대한 광복군 정부: 이상설과 이동휘가 중심이 되어 조직
중국 관내	상하이 신한 청년당: 파리 강화 회의에 김규식을 대표로 파견
미주 지역	• 대한인 국민회: 샌프란시스코에서 박용만, 안창호 등이 조직 • 흥사단: 샌프란시스코에서 안창호가 조직 • 대조선 국민 군단: 하와이에서 박용만이 독립군을 양성하기 위해 조직 • 숭무 학교: 멕시코에서 박용만이 독립군을 양성하기 위해 조직

❸ 이회영

명문가의 자손으로 태어났으나 일제에게 국권이 피탈된 이후 전 재산을 처분하고 형제들과 함께 서간도로 떠나 독립운동을 전개하였다.

🔍 자료 미리보기

1-1 윌슨의 민족 자결주의

〈14개조 평화 원칙〉
1. 비밀외교 철폐 및 공개 외교 수립
…
10. 오스트리아 내 여러 민족의 자결

민족 자결주의는 미국 대통령 윌슨이 제안한 14개조 평화 원칙 중 하나예요. 각 민족은 정치적 운명을 스스로 결정할 권리가 있으며, 다른 민족의 간섭을 받을 수 없다는 내용이에요. 하지만 이 원칙은 제1차 세계대전을 승리한 나라의 식민지에게는 적용이 되지 않았기 때문에 승전국 일본의 식민지인 우리나라는 독립국이 될 수 없었어요.

2-1 1910년대 국외 독립운동 기지

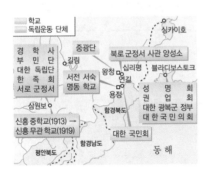

우리 민족의 독립을 위해서는 국민들의 실력을 기르고 적극적으로 일제에 대항하여 투쟁해야 한다는 의식이 생겨났어요. 이에 국외에 독립운동 기지를 건설하고 이곳에 학교를 세워 민족 교육과 군사 교육을 실시하고, 군대를 만들어 전쟁을 준비하였어요.

🔑 제시문&선지 키워드

1-2 3·1 운동　71회 39번

이것은 고종의 장례 행렬 모습이 담긴 사진입니다. 고종의 장례 기간 중 일어난 (가) 은/는 탑골 공원 등에서 학생과 시민들의 만세 시위로 시작하여 전국으로 확산하였습니다.

★ 대한민국 임시 정부 수립의 계기가 되었다.
★ 만주, 연해주, 미주 등지로 확산하였다.

2-2 미주 지역의 독립운동　54회 36번

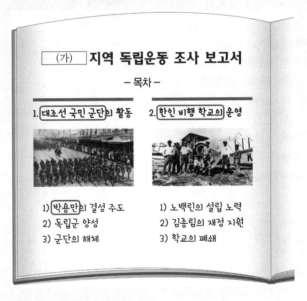

(가) 지역 독립운동 조사 보고서
- 목차 -

1. 대조선 국민 군단의 활동
1) 박용만의 결성 주도
2) 독립군 양성
3) 군단의 해체

2. 한인 비행 학교의 운영
1) 노백린의 설립 노력
2) 김종림의 재정 지원
3) 학교의 폐쇄

★ 대한인 국민회가 결성되었다.
★ 대조선 국민 군단을 창설하였다.

3 대한민국 임시 정부

1) 수립 및 주요 활동

배경	3·1 운동 이후 독립운동을 이끌 지도부를 세우고자 함
수립	중국 상하이에 대한민국 임시 정부를 수립(1919)

2) 주요 활동

비밀 행정 조직	• **연통제**: 국내외 업무를 연락하기 위한 비밀 행정 조직 • **교통국**: 정보 수집·분석과 통신을 담당
독립 공채④	독립 공채를 발행하여 임시 정부에 군자금을 전달
외교 활동	• 파리 위원부(김규식)와 구미 위원부(이승만)를 설치 • 파리 강화 회의에 김규식이 파견되어 독립 청원서를 제출
『한일 관계 사료집』	국제연맹회의에 우리 민족의 독립을 요청하기 위해 『한일 관계 사료집』을 편찬

3) 충칭 시기

충칭 정착	중일 전쟁 이후 중국 국민당 정부를 따라 충칭에 정착
한국 광복군 창설	김구의 주도로 지청천을 총사령관으로 하여 한국 광복군을 창설
대한민국 건국 강령 발표	조소앙의 삼균주의⑤를 토대로 대한민국 건국 강령을 발표

❹ 독립 공채

대한민국 임시 정부가 발행한 공채로, 군자금 모금에 도움을 준 사람들에게 증명서로 발행해 주었다. 공채의 원금은 1983년 특별법을 제정하여 상환이 가능하도록 하였다.

❺ 조소앙의 삼균주의

조소앙이 독립운동의 방향을 잡기 위해 주장한 사상이다. 개인과 개인, 민족과 민족, 국가와 국가 간의 완전한 균등은 정치·경제·교육의 균등을 실현함으로써 가능하다고 주장하였다.

3-1)-1 대한민국 임시 정부 수립

▲ 상하이 대한민국 임시 정부 청사 [58회 출제]

3·1 운동 이후 각지에서 임시 정부가 수립되었어요. 연해주에는 대한 국민 의회, 서울(경성)에는 한성 정부 그리고 상하이에는 대한민국 임시 정부가 세워졌어요. 이후 우리 민족의 힘을 한 군데로 집중시킬 필요성을 느낀 지도자들이 상하이의 대한민국 임시 정부로 통합하였어요.

3-2)-1 대한민국 임시 정부의 이동

[50회 출제]

이봉창과 윤봉길의 의거로 일제의 탄압이 심해지자, 대한민국 임시 정부는 충칭까지 근거지를 이동하면서 독립운동을 전개하였어요.

3-1)-2 대한민국 임시 정부 수립 69회 37번

상하이에서 수립된 (가) 이/가 발행한 독립 공채입니다. 공채는 대부분 해외 교민을 대상으로 발매되었으며, 우리나라가 완전히 독립한 후에 이자를 더하여 상환하겠다고 기재되어 있습니다.

★ 구미 위원부를 설치하였다.
★ 독립 공채를 발행하였다.
★ 한국 광복군을 창설하였다.

3-2)-2 조소앙의 삼균주의 49회 42번

이것은 삼균주의 기념비입니다. 한국 독립당을 결성하고 정치, 경제, 교육의 균등을 통해 개인과 개인, 민족과 민족, 국가와 국가 사이의 호혜 평등을 실현하자는 삼균주의를 제창한 이 인물은 누구일까요?

★ 삼균주의를 바탕으로 한 대한민국 건국 강령 기초
★ 삼균주의를 제창한 조소앙

연습하기

❶ OX 퀴즈

(1) 3·1 운동을 계기로 일제는 통치 방식을 무단 통치로 바꾸었다. (O/x)

(2) 독립 의군부는 일본에 국권 반환 요구서를 발송하려고 준비하였다. (O/x)

(3) 대한민국 임시 정부는 구미 위원부를 설치하여 외교 활동을 전개하였다. (O/x)

❷ 빈칸 퀴즈

(1) 3·1 운동은 ( )이/가 수립되는 계기가 되었다.

(2) 독립군 양성소인 ( )이/가 서간도에 세워졌다.

(3) 대한민국 임시 정부는 직할 부대로 ( )을/를 창설하였다.

❸ 연표 퀴즈 – 대한민국 임시 정부 수립 과정

1910년대
일제가 무단 통치를 통해 우리 민족을 탄압하였다.

1919년 3월 1일
□□의 인산일을 계기로 3·1 운동이 전개되었다.

1919년 9월 15일
상하이에 □□□□□ □□□ □□이/가 수립되었다.

정답 | ❶ (1) x (2) O (3) O
　　 ❷ (1) 대한민국 임시 정부 (2) 신흥 강습소(신흥 무관 학교) (3) 한국 광복군
　　 ❸ 고종, 대한민국 임시 정부

01 밑줄 그은 '만세 시위'에 대한 설명으로 옳은 것은?

[67회 36번]

한국을 사랑한 외국인들

특집　**스코필드, 제암리 학살 사건을 폭로하다**

"논둑길을 돌아서자 지금도 잊혀지지 않는 광경이 눈앞에 펼쳐졌다. 마을은 불타 버렸고 아직도 여기저기서 연기가 나고 있었다."

프랭크 스코필드 (Frank W. Schofield)

1919년 학생과 시민들의 만세 시위가 전국으로 확산하자 일제는 경찰과 군인을 동원하여 탄압하였다. 화성 제암리에서는 주민을 교회에 몰아넣은 후 총을 쏘고 불을 질렀다. 소식을 듣고 달려간 스코필드는 제암리에서 벌어진 학살을 세계에 폭로하였다.

① 순종의 인산일에 전개되었다.
② 대한매일신보의 후원을 받았다.
③ 대한민국 임시 정부 수립의 계기가 되었다.
④ 신간회에서 진상 조사단을 파견하여 지원하였다.

02 (가)에 해당하는 단체로 옳은 것은? [69회 32번]

오늘 이곳 대구복심법원에서 박상진에 대한 판결이 내려질 예정입니다. 그는 지난 1915년 비밀 결사인 (가) 을/를 조직하고, 독립 전쟁 자금 모금과 친일 부호 처단을 주도하다 1918년 체포된 바 있습니다.

① 의열단
② 대한 광복회
③ 독립 의군부
④ 대한인 국민회

03 다음 상황이 일어난 시기를 연표에서 옳게 고른 것은?　[52회 38번]

> 나는 충격적인 사건이 발생한 제암리에 와 있다. 이곳에서 일본군은 교회에 마을 사람들을 모이게 하고 사격을 가한 후 불을 질렀다고 한다.

1875	1897	1910	1932	1945
(가)	(나)	(다)	(라)	
운요호 사건	대한 제국 수립	국권 피탈	윤봉길 의거	8·15 광복

① (가)　　② (나)　　③ (다)　　④ (라)

---

04 (가)의 활동으로 옳은 것은?　[64회 36번]

> 이 장면은 새로운 기법으로 구현한 (가) 의 충칭 청사와 그 요인들입니다. (가) 은/는 3·1 운동을 계기로 수립되어 독립운동을 활발하게 전개하였습니다.

① 독립문을 건립하였다.
② 서전서숙을 설립하였다.
③ 대한국 국제를 반포하였다.
④ 한국 광복군을 창설하였다.

---

05 밑줄 그은 '정부'의 활동으로 옳지 않은 것은?　[58회 34번]

> 할머니, 이 건물은 무엇인가요?

> 3·1 운동을 계기로 수립된 정부가 상하이에 있을 때 청사로 사용했던 건물이란다.

① 연통제를 실시하였다.
② 독립 공채를 발행하였다.
③ 구미 위원부를 설치하였다.
④ 대한국 국제를 반포하였다.

---

06 (가)에 들어갈 내용으로 옳은 것은?　[52회 40번]

> 이곳 임청각은 대한민국 임시 정부 초대 국무령을 지낸 석주 이상룡의 생가입니다. 그는 이회영 등과 함께 만주 삼원보에 경학사와 (가) 을/를 세워 무장 독립 투쟁의 토대를 마련하였습니다. 일제는 이곳이 독립운동가를 다수 배출한 집이라 하여 철길을 내어 훼손하였다고 합니다.

임청각(2025년까지 복원 예정)

① 동문학
② 배재 학당
③ 신흥 강습소
④ 한성 사범 학교

국내 민족 운동

❶ 브나로드 운동

1930년대 초 동아일보는 문맹을 없애고자 브나로드 운동을 전개하여 학생들을 대상으로 한글을 가르치고 한글 교재를 나누어 주었다.

1 실력 양성 운동

물산 장려 운동	• **배경**: 회사령이 폐지되고 기업의 회사 설립이 허가제에서 신고제로 변경되자 일본 기업이 조선에 진출 • **전개**: 평양에서 조만식의 주도로 물산 장려 운동이 전개되어 국산품 사용을 권장 • **구호**: '내 살림 내 것으로', '조선 사람 조선 것'
민립 대학 설립 운동	• **전개**: 이상재 등이 조선 사람을 위한 고등 교육 기관을 설립하기 위해 모금 운동을 전개 • **구호**: '한민족 1천만이 한 사람 1원씩' • **결과**: 일제가 경성 제국 대학을 설립
문맹 퇴치 운동	• **문자 보급 운동**: 조선일보의 주도로 '아는 것이 힘, 배워야 산다'의 구호를 외치며 전개 • **브나로드 운동❶**: 동아일보의 주도로 '배우자, 가르치자, 다 함께 브나로드'의 구호를 외치며 전개

❷ 형평 운동

신분제가 폐지된 이후에도 이력서에 백정임을 표시해야 하는 등 차별이 계속되자 저울처럼 평등한 세상을 바라며 형평 운동을 전개하였다.

2 사회 운동

형평 운동❷	• **배경**: 갑오개혁 때 신분제가 폐지되었음에도 백정에 대한 사회적 차별이 계속됨 • **조선 형평사**: 신분 차별을 없애기 위해 진주에서 창립
암태도 소작 쟁의 (1923)	• **배경**: 지주 문재철이 횡포를 부리자 이에 반발하며 소작 쟁의가 발생 • **결과**: 소작료 인하에 성과를 얻음
원산 노동자 총파업(1929)	• **배경**: 라이징 선 석유회사의 일본인 감독이 한국인 노동자를 폭행 • **전개**: 원산 지역의 노동자들 3,000여 명이 파업을 벌임 • **결과**: 일본, 프랑스 등 세계 각국의 노동자들이 격려 전문을 보내 응원
여성 운동	신간회가 자매단체로 근우회를 조직하여 여성 계몽 운동을 전개
소년 운동	• 천도교의 방정환이 소년 운동을 전개 • 어린이날을 제정하고 잡지 『어린이』를 발간

1-1 물산 장려 운동

▲ 국산품 선전 광고

1920년대 일본 기업이 조선에 진출하자, 민족 자본을 키워 경제 자립을 이루기 위한 물산 장려 운동이 전개되었어요. 국산품의 사용과 근검절약 등을 통해 민족 기업을 키우고자 하였으나, 일제의 방해로 큰 성과를 얻지는 못하였어요.

2-1 근우회

행동 강령
1. 여성에 대한 사회적·법률적 일체 차별 철폐
2. 일체 봉건적 인습과 미신 타파
3. 조혼 폐지 및 결혼의 자유
4. 인신매매 및 공창 폐지
5. 농민 부인의 경제적 이익 옹호
6. 부인 노동의 임금 차별 철폐 및 산전 산후 임금 지불
7. 부인 및 소년공의 위험 노동 및 야업 폐지

근우회는 신간회의 자매단체로 항일 여성 운동 및 여성 지위 향상 운동을 전개하였어요. 이에 전국 대회를 열어 교육의 성별 차별 폐지, 여자의 보통 교육 확장, 조혼 폐지 등을 주장하였어요.

1-2 민립 대학 설립 운동　　71회 40번

★ 이상재, 이승훈 등을 중심으로 모금 활동을 추진하였다.
★ 1년 내 1천만 원 조성을 목표로 모금 활동을 추진하였다.

2-2 소년 운동　　71회 37번

★ (방정환) 어린이날 제정에 기여함
★ 잡지 『어린이』를 발간하였다.
★ 방정환 등이 주도하였다.

3 학생 운동과 신간회

1) 학생 운동

6·10 만세 운동 (1926)	• **전개**: 순종의 인산일에 맞춰 학생들이 만세 운동을 전개 • **결과**: 민족주의 계열과 사회주의 계열이 운동을 함께 준비하면서 민족 유일당 운동의 계기가 됨 → 신간회 창립의 계기

└ 독립이라는 공통된 목표를 위해 민족주의자와 사회주의자들이 힘을 합쳐 전개한 운동

광주 학생 항일 운동(1929)	• **배경**: 광주에서 한국 학생과 일본 학생 간의 충돌 발생 → 일본 경찰이 일본 학생의 편을 들어 한국 학생 처벌 • **전개**: 광주 지역 학생들이 동맹 휴학을 하며 대규모로 시위, 신간회가 진상 조사단을 파견하여 전국적인 항일 운동으로 발전

2) 신간회(1927)

결성	• 민족주의와 사회주의가 연대한 좌우 합작 단체 • 자매 단체로 근우회를 조직
활동	• 민중 대회와 순회 강연회를 개최 • 광주 학생 항일 운동을 지원하여 진상 조사단을 파견하고 대규모 민중 대회를 계획

4 의열단과 한인 애국단

1) 의열단(1919)

결성	김원봉 등이 만주에서 결성
활동	• **행동 강령**: 신채호의 조선 혁명 선언[3] • **의거 활동**: 김익상의 조선 총독부 폭탄 투척, 김상옥의 종로 경찰서 폭탄 투척, 나석주의 동양 척식 주식회사 폭탄 투척

2) 한인 애국단(1931)

결성	김구가 상하이에서 결성
활동	• 이봉창이 도쿄에서 일왕의 마차에 폭탄 투척 • 윤봉길이 상하이 훙커우 공원에서 폭탄 투척

❸ **조선 혁명 선언**
신채호가 김원봉의 요청을 받고 의열단의 행동 강령으로써 작성한 선언서이다. 조선 혁명 선언서에는 폭력으로써 혁명을 진행해 일본으로부터 독립해야 한다는 주장이 담겨 있다.

3-1 광주 학생 항일 운동

▲ 박춘재

나주역에서 광주 중학교의 일본인 남학생 후쿠다 등이 광주 여자보통학교의 여학생 박기옥을 희롱하자 박기옥의 사촌 동생 박춘재가 일본인 학생들과 싸움을 벌였어요. 이 사건을 시작으로 광주 학생 항일 운동이 발생하였고, 신간회가 진상 조사단을 파견하면서 전국적인 항일의 물결이 퍼져 나갔어요.

3-2 광주 학생 항일 운동　　69회 39번

이 사진을 보니 여러 학교 학생들이 모여 있는 것 같네요.

그렇습니다. 광주의 비밀 학생 조직인 성진회 결성을 기념하여 찍은 사진입니다. 성진회에 참여했던 장재성, 왕재일 등은 1929년 한일 학생들 간의 충돌로 촉발된 (가) 에서 핵심 인물로 활동하였습니다.

★ 신간회에서 진상 조사단을 파견하였다.
★ 신간회 등이 지원하여 전국으로 확산되다.

4-1 윤봉길 의거

▲ 김구와 윤봉길의 모습 [67회 출제]

윤봉길은 1932년 상하이 훙커우 공원에서 상하이 점령 축하 기념식이 열리자 폭탄을 던져 많은 일제 요인들을 제거하였어요. 이 의거로 한국인에 대한 중국인의 감정이 좋아져 중국 국민당 정부가 한국의 독립운동을 지원해 주는 계기가 되기도 하였어요.

4-2 한인 애국단　　71회 42번

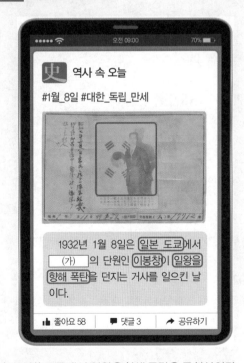

史 **역사 속 오늘**

#1월_8일 #대한_독립_만세

1932년 1월 8일은 일본 도쿄에서 (가) 의 단원인 이봉창이 일왕을 향해 폭탄을 던지는 거사를 일으킨 날이다.

👍 좋아요 58　　💬 댓글 3　　➤ 공유하기

★ (이봉창) 도쿄에서 일왕을 향해 폭탄을 투척하였다.
★ (윤봉길) 훙커우 공원에서 일본군 장성 등을 살상하였다.

❶ OX 퀴즈

(1) 물산 장려 운동은 수입산 물품을 애용하자는 운동이다. (O/X)

(2) 6·10 만세 운동이 일어나자 신간회가 진상 조사단을 파견하였다. (O/X)

(3) 의열단은 신채호가 작성한 조선 혁명 선언을 행동 강령으로 삼았다. (O/X)

❷ 빈칸 퀴즈

(1) 신간회의 자매단체로 ( )이/가 조직되었다.

(2) 평양에서 조만식의 주도로 ( ) 이/가 전개되었다.

(3) 이봉창과 윤봉길은 ( ) 소속이다.

❸ 연표 퀴즈 - 국내 민족 운동

1926년
순종의 인산일에 맞춰 □□ □□ □□이/가 전개되었다.

1927년
좌우 합작 단체인 □□□이/가 조직되었다.

1929년
한국인 학생과 일본인 학생의 충돌을 계기로 □□ □□ □□ □□이/가 전개되었다.

정답 ┃ ❶ (1) X (2) X (3) O
❷ (1) 근우회 (2) 물산 장려 운동 (3) 한인 애국단
❸ 6·10 만세 운동, 신간회, 광주 학생 항일 운동

01 다음 상황 이후에 일어난 사실로 옳은 것은?

[66회 40번]

호외요! 호외! 대한 제국의 마지막 황제께서 승하하셨소!

① 6·10 만세 운동이 일어났다.
② 헤이그 특사가 파견되었다.
③ 토지 조사 사업이 실시되었다.
④ 제너럴 셔먼호 사건이 발생하였다.

02 밑줄 그은 '이 운동'에 대한 설명으로 옳은 것은?

[60회 40번]

1929년, 나주와 광주를 열차로 통학하는 한·일 학생 간에 충돌이 발생하였습니다. 1/3

일제 경찰의 민족 차별에 대항하여 광주의 학생들은 시위를 벌였고, 점차 전국으로 확산되었습니다. 2/3

이 운동을 기억하기 위해 시위가 시작된 11월 3일을 학생 독립운동 기념일로 지정하였습니다. 11.3. 3/3

① 순종의 인산일에 일어났다.
② 통감부의 탄압으로 실패하였다.
③ 국민 대표 회의 개최의 배경이 되었다.
④ 신간회에서 진상 조사단을 파견하였다.

03 밑줄 그은 '이 단체'로 옳은 것은? [57회 35번]

① 근우회
② 찬양회
③ 조선 여자 교육회
④ 토산 애용 부인회

04 (가)에 들어갈 민족 운동으로 옳은 것은?

[67회 37번]

① 브나로드 운동
② 물산 장려 운동
③ 국채 보상 운동
④ 민립 대학 설립 운동

05 (가)에 들어갈 운동으로 옳은 것은? [69회 42번]

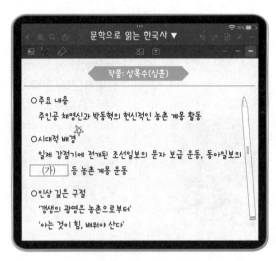

① 형평 운동
② 브나로드 운동
③ 국채 보상 운동
④ 물산 장려 운동

06 (가)에 들어갈 단체로 옳은 것은? [58회 38번]

① 의열단
② 중광단
③ 흥사단
④ 한인 애국단

국외 민족 운동

의병장 출신으로 일본 군과의 전투에서 많은 승리를 거머쥐었다. 1937년 스탈린의 한인 강제 이주 정책으로 카자흐스탄으로 보내진 홍범도는 1943년에 순국하였다.

❷ 훈춘 사건

일본이 봉오동 전투의 패배를 복수하기 위해 만주에 위치한 훈춘 영사관을 습격하였다. 이를 통해 만주 군대 파견의 구실을 얻은 일본은 독립군을 공격하여 청산리 전투를 일으켰다.

1 1920년대 무장 독립 전쟁

봉오동 전투 (1920.6.)	• 배경: 일본군이 독립군의 근거지를 공격하기 위해 봉오동 전투를 벌임 • 전개: 홍범도❶의 대한 독립군 중심의 독립군 연합 부대가 봉오동에서 일본군을 상대로 승리
청산리 전투 (1920.10.)	• 배경: 훈춘 사건❷을 구실로 일제가 일본인의 안전을 구실로 만주에 침입 • 전개: 홍범도의 대한 독립군과 김좌진의 북로 군정서가 연합하여 일본군과 전투를 벌임 • 결과: 일본군에 대승리, 독립 전쟁 사상 최대 규모로 승리

2 1930년대 이후 무장 독립 전쟁

1) 한중 연합 작전

조선 혁명군	• 총사령: 양세봉 • 중국 의용군과 연합하여 영릉가 · 흥경성 전투에서 승리
한국 독립군	• 총사령: 지청천 • 중국 호로군과 연합하여 쌍성보 · 대전자령 전투에서 승리

2) 조선 의용대

결성	김원봉이 중국 국민당 정부의 지원을 받아 창설(1938)
특징	중국 관내에서 결성된 최초의 한인 무장 부대
한국 광복군 합류	• 일부 세력이 화북 지방으로 이동 • 김원봉 등 나머지 세력은 충칭으로 이동하여 한국 광복군에 합류

3) 한국 광복군

대한민국 임시 정부 직할 부대	• 창설: 총사령관을 지청천으로 하여 대한민국 임시 정부의 직할 부대로 한국 광복군을 창설(1940) • 군사력 증강: 김원봉의 조선 의용대가 흡수되며 군사력이 증강됨
대일 선전 포고	태평양 전쟁이 발생한 후 일본에 대일 선전을 포고
연합 작전	영국군의 요청으로 연합군과 인도 · 미얀마 등지에서 연합 작전을 전개
국내 진공 작전	미국 전략 정보국(OSS)의 지원을 받아 국내 진공 작전 준비 → 일본이 태평양 전쟁에서 패배하면서 실패

1-1 청산리 전투

우리 중대는 백운평에서 김좌진 사령관의 본대와 합류하였다. 1920년 10월 21일부터 적군과의 싸움이 시작되었다. 적의 기병을 섬멸하고 포위망을 교묘히 빠져나가면서 싸웠다. 완루구에서는 우리 군대의 복장이나 모자가 적들과 비슷한데다가 짙은 안개 때문에 적군들은 서로 싸우다가 죽기도 하였다. 우리는 6일간의 전투에서 포위를 뚫고 기적적으로 살아남았다.

[43회 출제]

봉오동 전투에서 독립군 연합 부대에게 패배한 일본군은 더 많은 군대를 이끌고 만주를 쳐들어 왔어요. 이에 김좌진의 북로 군정서와 홍범도의 대한 독립군 등의 연합 부대는 백운평 · 어랑촌 · 고동하 등지에서 6일 동안 10여 차례의 전투를 벌인 끝에 일본군을 상대로 크게 승리하였어요.

2-1 조선 혁명군

때는 해동 무렵이어서 얼음이 풀린 소자강은 수심이 깊었다. 게다가 얼음덩이가 뗏목처럼 흘러내렸다. 하지만 앞에 있는 이 강을 건너지 못하면 영릉가로 쳐들어갈 수 없었다. 밤 12시까지 영릉가에 들어가 반드시 공격을 알리는 신호탄을 울려야만 했다. 양세봉 사령은 전사들에게 소자강을 건너라고 명령하고 자기부터 강물에 뛰어들었다.

▲ 영릉가 전투 [44회 출제]

1931년 일본이 만주사변을 일으켜 만주를 차지하고 독립군 기지를 공격하였어요. 이에 양세봉이 이끄는 조선 혁명군은 중국 의용군과 연합하여 영릉가 전투에서 일본군에 승리하였어요.

1-2 봉오동 전투   54회 35번

이 자료는 홍범도 등이 이끄는 독립군 연합 부대가 봉오동에서 일본군을 물리친 전투 상황을 보도한 신문 기사입니다.

〈보도 내용 중 피해 상황〉
- 일본군 전사자 157명, 중상자 200여 명, 경상자 100여 명
- 독립군 전사자 장교 1명, 병사 3명, 중상자 2명

★ (홍범도) 봉오동 전투를 승리로 이끌었다.
★ 대한 독립군 등이 봉오동에서 적군을 격퇴하였다.

2-2 한국 광복군   61회 43번

뮤지컬로 역사를 만나다

작전명 독수리

"오늘 이 시간부터 아메리카 합중국과 대한민국 임시 정부의 비밀 공작이 시작되었다."

대한민국 임시 정부의 ⎡ (가) ⎤ 와/과 미국의 전략 정보국(OSS)이 합작한 국내 진공 작전, 일명 '독수리 작전'에 대한 이야기를 뮤지컬로 보여 드립니다.

■ 일시: 2022년 ○○월 ○○일 오후 7시
■ 장소: △△문화회관 ◇◇홀

★ 국내 진공 작전을 준비하였어요.
★ 지청천을 총사령관으로 하여 창설되었다.
★ 영국군과 함께 미얀마 전선에서 활동하였어요.

연습하기

❶ OX 퀴즈

(1) 김좌진이 이끄는 대한 독립군이 봉오동에서 일본군 에게 승리하였다. (O / x)

(2) 중국 의용군과 연합하여 영릉가 · 흥경성 전투에서 승리한 군대는 조선 혁명군이다. (O / x)

(3) 한국 광복군은 영국군의 요청으로 인도 · 미얀마에서 연합 작전을 전개하였다. (O / x)

❷ 빈칸 퀴즈

(1) ( )은/는 봉오동 전투를 승리로 이끌었다.

(2) ( )의 일부 세력은 한국 광복군에 합류 하였다.

(3) ( )은/는 대일 선전 포고를 하였다.

❸ 연표 퀴즈 – 국외 민족 운동

- 1920년대
  - 봉오동 전투
  - □□□ 전투

- 1930년대
  - 한중 연합 작전(□□ 혁명군, 한국 독립군)
  - 조선 의용대

- 1940년대
  - 한국 광복군(□□□□ □□ □□ 직할 부대)

정답 | ❶ (1) x (2) O (3) O
❷ (1) 홍범도 (2) 조선 의용대 (3) 한국 광복군
❸ 청산리, 조선, 대한민국 임시 정부

01 (가)에 해당하는 인물로 옳은 것은? [58회 36번]

봉오동 전투를 승리로 이끈 (가) 장군의 유해가 대한민국 특별수송기로 카자흐스탄에서 돌아오고 있습니다. 우리나라 공군 전투기 6대가 안전하게 호위하고 있습니다.

특별수송기를 호위하는 6대의 전투기

① 김좌진

② 양세봉

③ 지청천

④ 홍범도

02 밑줄 그은 '전투'로 옳은 것은? [61회 37번]

이것은 1920년 10월 김좌진의 북로 군정서 등 독립군 연합 부대가 백운평, 천수평, 어랑촌 일대에서 일본군과 싸워 크게 승리한 전투입니다.

① 백강 전투
② 진주성 전투
③ 청산리 전투
④ 대전자령 전투

03 (가)에 들어갈 무장 투쟁 단체로 옳은 것은?

[63회 41번]

① 의열단
② 북로 군정서
③ 조선 혁명군
④ 한국 광복군

04 (가)에 들어갈 군사 조직으로 옳은 것은?

[54회 39번]

① 별기군
② 북로 군정서
③ 조선 의용대
④ 동북 항일 연군

05 (가)에 해당하는 군사 조직으로 옳은 것은?

[60회 41번]

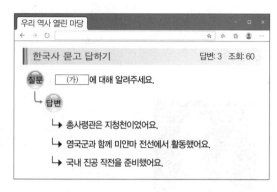

① 북로 군정서
② 조선 의용대
③ 조선 혁명군
④ 한국 광복군

06 (가) 군대에 대한 설명으로 옳은 것은?

[55회 45번]

① 자유시 참변으로 큰 타격을 입었다.
② 봉오동 전투에서 일본군을 격퇴하였다.
③ 미군과 연계하여 국내 진공 작전을 계획하였다.
④ 흥경성에서 중국 의용군과 연합 작전을 펼쳤다.

민족 문화 수호 운동

1 국학 운동

1) 역사 연구

❶ 박은식

박은식❶	『한국통사』: 고종 즉위 다음 해부터 국권 피탈 직후의 역사를 기록하면서 일본의 침략 과정을 다룸
신채호❷	『조선 상고사』: 역사를 아(我)와 비아(非我)의 투쟁으로 봄

2) 국어 연구

조선어 학회	• 한글 맞춤법 통일안과 표준어 사정안을 제정 • 『조선말 큰사전』의 편찬을 준비하다가 조선어 학회 사건으로 강제 해산 (1942)

❷ 신채호

2 문학과 예술 활동

1) 문학

1920년대	한용운: 「님의 침묵」
1930년대	• 이육사: 「광야」, 「청포도」 • 윤동주: 「하늘과 바람과 별과 시」

2) 예술

❸ 나운규의 「아리랑」

「아리랑」❸	• 단성사에서 개봉 • 나운규가 제작과 감독 · 주연을 맡음 • 식민지 정책이 확립되던 시기에 우리 민족의 항일 정신을 반영

3) 언론

일장기 말소 사건	• 동아일보가 베를린 올림픽 마라톤 경기에서 우승한 손기정 선수의 가슴에 달린 일장기를 삭제하여 보도 • 일장기 말소 사건을 계기로 조선일보와 동아일보가 폐간됨

자료 미리보기

1-1 조선어 학회

▲ 『조선말 큰사전 원고』 [57회 출제]

이윤재, 이극로, 최현배 등을 중심으로 조직된 조선어 학회는 한글의 우수성을 알리고, 올바른 한글 사용을 위해 맞춤법 통일안을 마련하고자 하였어요. 이러한 노력으로, 『조선말 큰사전』의 편찬을 시도하였으나, 일제의 방해로 해방 이후 완성하였어요.

2-1 「광야」

지금 눈 내리고
매화 향기 홀로 아득하니
내 여기 가난한 노래의 씨를 뿌려라
다시 천고의 뒤에
백마 타고 오는 초인이 있어
이 광야에서 목놓아 부르게 하리라

[61회 출제]

이육사는 의열단원 중 한 사람으로, 대구 형무소에 수감되었을 때 수인 번호인 '264'를 따서 호를 지었어요. 그는 항일 저항 시인으로도 활동하며 조국의 독립을 위해 「광야」라는 작품을 남기며 항일 정신을 표현하였어요.

제시문 & 선지 키워드

1-2 신채호 — 67회 38번

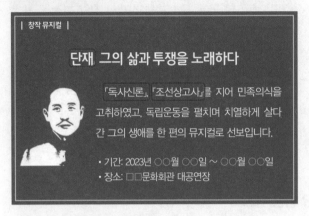

★ 조선 혁명 선언을 작성하였다.
★ (『조선상고사』) 역사를 아와 비아의 투쟁을 기록한 것으로 정의하고 있다.

2-2 이육사 — 71회 43번

★ 광야가 대표적 작품이다.
★ 독립운동을 하다가 대구 형무소에 갇혔다.
★ 수감 생활을 하던 당시의 수인 번호를 따서 호를 지었다.

연습하기

❶ OX 퀴즈

(1) 박은식이 『한국통사』를 통해 일제의 침략 과정을 서술하였다. (O/X)

(2) 조선어 학회는 해방 전에 『조선말 큰사전』 편찬에 성공하였다. (O/X)

❷ 빈칸 퀴즈

(1) (　　　)은/는 수인번호 '264'를 따서 호를 만들었다.

(2) 「(　　　)」은/는 단성사에서 개봉한 영화로, 우리 민족의 설움을 담고 있다.

❸ 사진 퀴즈

Q. 다음의 인물과 관련된 설명으로 옳은 것은?

① 「광야」라는 시를 썼다.

② 동아일보가 폐간되었다.

③ 「독사신론」을 저술하였다.

④ 「아리랑」의 주연과 감독을 맡았다.

정답 | ❶ (1) O　(2) X
　　　 ❷ (1) 이육사　(2) 아리랑
　　　 ❸ ②

01 (가)에 해당하는 인물로 옳은 것은? [55회 44번]

한국사 설문 조사

일본 유학 중 독립운동 혐의로 수감되어 옥사한 저항 시인, (가) 하면 떠오르는 작품에 스티커를 붙여 주세요.

| 서시 | 별 헤는 밤 | 쉽게 씌여진 시 |

① 심훈

② 윤동주

③ 이육사

④ 한용운

02 밑줄 그은 '영화'의 제목으로 옳은 것은? [52회 44번]

아~ 눈물 없이 볼 수 없는 영화를 잘 보셨습니까? 순사에게 끌려가는 주인공 영진의 모습은 잊을 수가 없습니다. 여기 단성사에서 다시 뵙기를 바라며 안녕히 가십시오.

나운규(영진 역)

① 미몽　　　　② 아리랑

③ 자유 만세　　④ 시집 가는 날

03 (가)에 해당하는 인물로 옳은 것은? [61회 38번]

이 시는 일제 강점기 민족 저항 시인 (가) 의 대표적인 작품입니다. 그는 조선은행 대구 지점 폭파 사건에 연루되어 수감 생활을 하던 당시의 수인 번호를 따서 호를 지었습니다. 이제 그의 시를 노래로 만나 보겠습니다.

광야

지금 눈 내리고
매화 향기 홀로 아득하니
내 여기 가난한 노래의 씨를 뿌려라

다시 천고의 뒤에
백마 타고 오는 초인이 있어
이 광야에서 목놓아 부르게 하리라

① 심훈
② 윤동주
③ 이육사
④  한용운

04 (가)~(다)에 대한 설명으로 옳은 것은? [66회 50번]

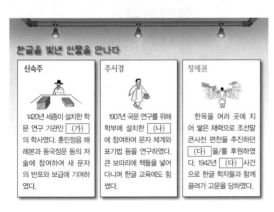

한글을 빛낸 인물을 만나다

신숙주
1420년 세종이 설치한 학문 연구 기관인 (가) 의 학사였다. 훈민정음 해례본과 동국정운 등의 저술에 참여하여 새 문자의 반포와 보급에 기여하였다.

주시경
1907년 국문 연구를 위해 학부에 설치한 (나) 에 참여하여 문자 체계와 표기법 등을 연구하였다. 큰 보따리에 책들을 넣어 다니며 한글 교육에도 힘썼다.

정세권
한옥을 여러 곳에 지어 쌓은 재력으로 조선말 큰사전 편찬을 추진하던 (다) 을/를 후원하였다. 1942년 (다) 사건으로 한글 학자들과 함께 끌려가 고문을 당하였다.

① (가) – 삼강행실도 언해본을 편찬하였다.
② (나) – 한글 신문인 독립신문을 간행하였다.
③ (다) – 한글 맞춤법 통일안을 제정하였다.
④ (가), (나), (다) – 창덕궁 후원에 설치되었다.

05 (가) 인물의 활동으로 옳은 것은? [51회 45번]

〈프로젝트 학습 – 독립운동가 심층 탐구〉
1차시: 모둠별 탐구 주제 선정하기

우리 모둠은 (가) 의 사상 변화와 독립운동을 탐구해보는 게 어떨까?

찬성이야. 그는 독사신론, 조선상고사 등을 저술한 대표적인 민족주의 사학자였어.

무정부주의의 영향을 받아 동방 무정부주의 연맹에서 활동하기도 하였지.

① 조선 혁명 선언을 집필하였다.
② 파리 강화 회의에 파견되었다.
③ 대조선 국민 군단을 창설하였다.
④ 조선말 큰사전 편찬을 주도하였다.

06 다음 퀴즈의 정답으로 옳은 것은? [49회 37번]

이것은 한글 맞춤법 통일안과 외래어 표기법 통일안을 마련한 단체에서 사전을 편찬하기 위해 만든 원고입니다. 이 단체의 이름은 무엇일까요?

① 보안회
② 독립 협회
③ 대한 광복회
④ 조선어 학회

단원 정리 마인드맵

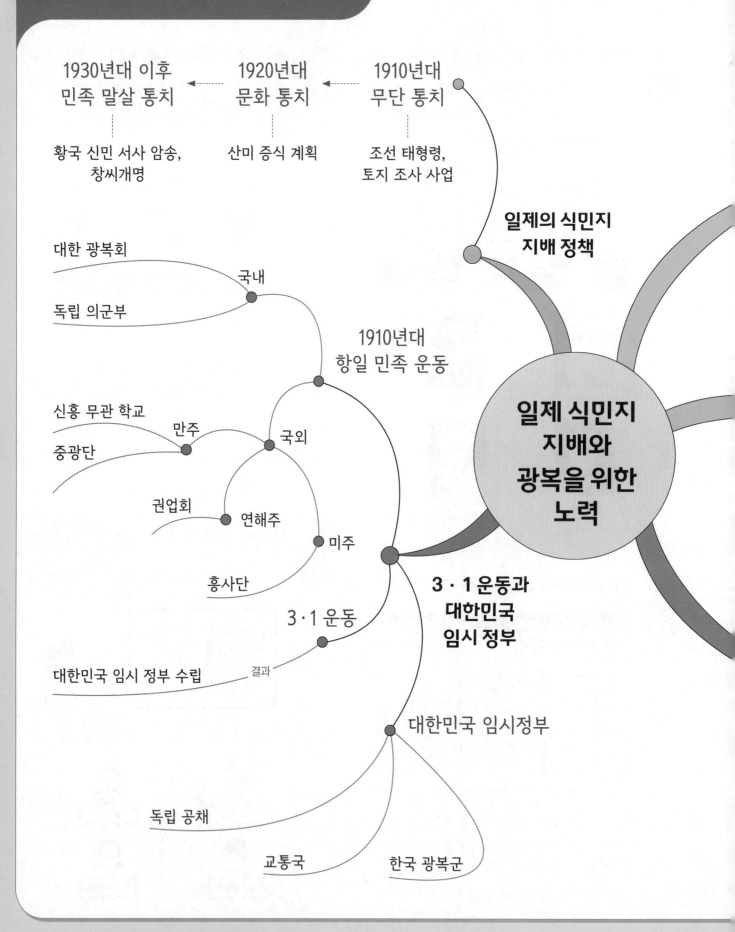

1930년대 이후
민족 말살 통치

1920년대
문화 통치

1910년대
무단 통치

황국 신민 서사 암송,
창씨개명

산미 증식 계획

조선 태형령,
토지 조사 사업

일제의 식민지
지배 정책

일제 식민지
지배와
광복을 위한
노력

대한 광복회

국내

독립 의군부

1910년대
항일 민족 운동

신흥 무관 학교

만주

중광단

국외

권업회

연해주

미주

흥사단

3·1 운동

3·1 운동과
대한민국
임시 정부

대한민국 임시 정부 수립

결과

대한민국 임시정부

독립 공채

교통국

한국 광복군

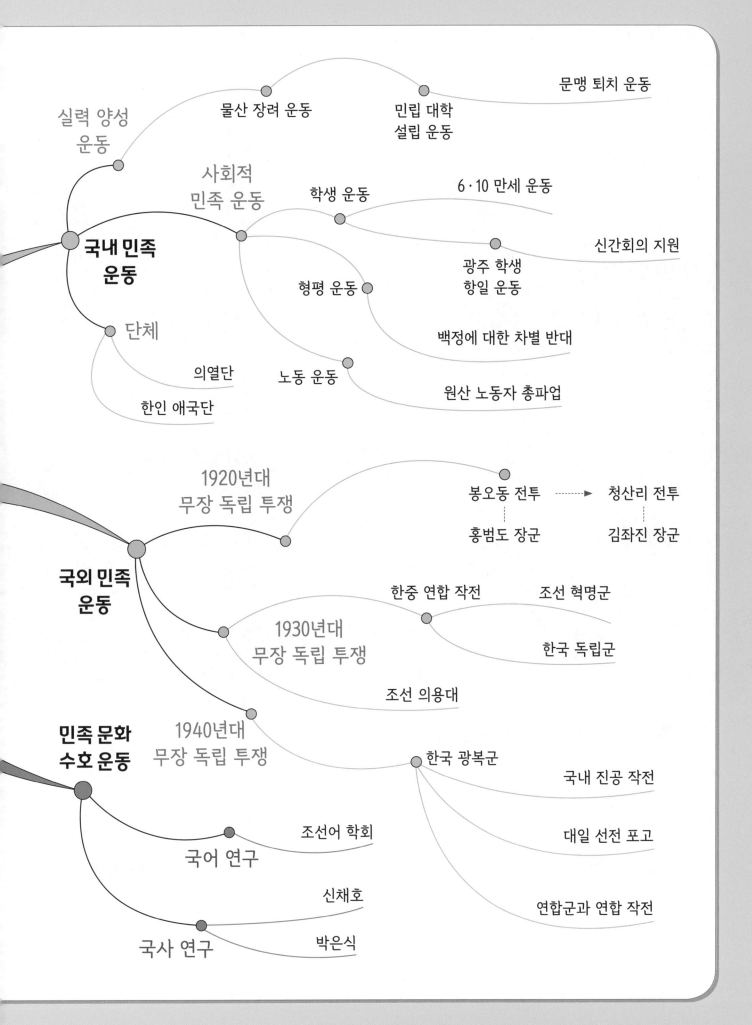

실력 양성
운동

물산 장려 운동

민립 대학
설립 운동

문맹 퇴치 운동

사회적
민족 운동

학생 운동

6·10 만세 운동

국내 민족
운동

신간회의 지원

광주 학생
항일 운동

형평 운동

백정에 대한 차별 반대

단체

노동 운동

의열단

원산 노동자 총파업

한인 애국단

1920년대
무장 독립 투쟁

봉오동 전투 ------▶ 청산리 전투

홍범도 장군

김좌진 장군

국외 민족
운동

한중 연합 작전

조선 혁명군

1930년대
무장 독립 투쟁

한국 독립군

조선 의용대

민족 문화
수호 운동

1940년대
무장 독립 투쟁

한국 광복군

국내 진공 작전

국어 연구

조선어 학회

대일 선전 포고

신채호

국사 연구

박은식

연합군과 연합 작전

9

1948~1960년	1962~1979년	1980~1988년

이승만 정부

• 반민족 행위자 처벌법(1948)
• 4 · 19 혁명(1960)

박정희 정부

• 유신 헌법(긴급 조치)
• 7 · 4 남북 공동 성명(1972)
• 수출액 100억 달러 달성(1977)

전두환 정부

• 6월 민주 항쟁(1987)
• 최초 남북 이산가족 상봉(1985)

대한민국의 발전

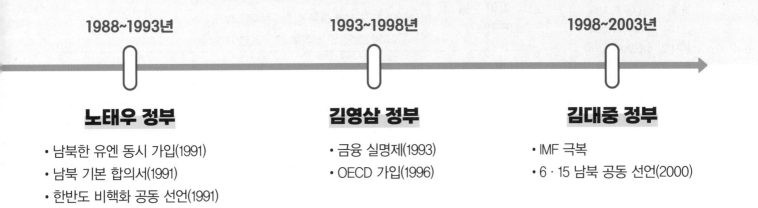

1988~1993년

1993~1998년

1998~2003년

노태우 정부

- 남북한 유엔 동시 가입(1991)
- 남북 기본 합의서(1991)
- 한반도 비핵화 공동 선언(1991)

김영삼 정부

- 금융 실명제(1993)
- OECD 가입(1996)

김대중 정부

- IMF 극복
- 6 · 15 남북 공동 선언(2000)

대한민국 정부 수립과 6 · 25 전쟁

1 광복 전후의 활동

1) 광복 직전의 건국 준비 활동

건국 준비 활동	• 대한민국 임시 정부: 조소앙의 삼균주의를 바탕으로 건국 강령을 발표 • 조선 건국 동맹: 여운형이 일제의 패망에 대비하여 조직

2) 광복 직후의 정세

미소 군정	38도선❶을 경계로 미국은 남한을, 소련은 북한을 각각 나누어 점령
조선 건국 준비 위원회	조선 건국 동맹을 중심으로 여운형, 안재홍이 주도하여 결성
모스크바 3국 외상 회의	• 참여: 미국, 영국, 소련의 외무장관 • 내용: 한반도에 임시 정부 수립, 미소 공동 위원회 설치, 미국 · 영국 · 중국 · 소련 4개국에 의한 최대 5년간의 신탁 통치 • 국내 반응: 우익은 신탁 통치 반대 운동❷ 전개, 좌익은 모스크바 3국 외상 회의 결정에 지지

┗ 한반도에 임시 민주주의 정부 수립을 위해 개최

┗ 특정 국가가 일시적으로 일정 지역을 통치하는 제도

❶ **38도선**

1945년 일본이 태평양 전쟁에서 항복한 뒤, 미국과 소련이 한반도 분할 점령을 위해 임의로 나눠놓은 경계선이다. 6 · 25 전쟁 이후에는 실질적인 분단선으로 굳어졌다.

❷ **신탁 통치 반대 운동**

신탁 통치가 결정되자 처음에는 우익과 좌익 모두 신탁 통치에 반대하였다. 이후 좌익이 의견을 바꾸어 모스크바 회의 결정을 지지하면서 우익 세력이 신탁 통치 반대 운동을 전개하였다.

2 통일 정부 수립을 위한 노력

┏ 1·2차 모두 덕수궁 석조전에서 개최

┏ "모든 단체를 포함하자"

제1차 미소 공동 위원회(1946.3.)	임시 정부 참여 단체에 대한 미국과 소련의 대립으로 중단

┗ "반대하는 정당이나 단체는 제외하자"

↓

이승만의 정읍 발언(1946.6.)	남한만의 단독 정부 수립을 주장

↓

좌우 합작 운동 (1946~1947)	• 김규식과 여운형을 중심으로 좌우 합작 위원회를 결성 • 미군정의 지원 아래 좌우 합작 7원칙을 발표 • 여운형이 암살당하면서 좌우 합작 운동이 실패

↓

제2차 미소 공동 위원회 (1947.5.)	• 의견 차이로 인해 회의가 결렬되면서 미국이 한반도 문제를 유엔에 넘김 • 유엔 총회에서 한반도에 한국 임시 위원단 파견 → 북한과 소련의 한국 임시 위원단 입북 거부 → 유엔 소총회에서 선거 실시가 가능한 남한에서만 선거 실시 결정

↓

남북 협상 (1948.4.)	김구와 김규식이 통일 정부 수립을 위해 남북 협상 개최 → 별다른 성과를 거두지 못하면서 통일 정부 수립 실패

1-1 여운형

[63회 출제]

여운형은 일제의 패망과 함께 우리 민족의 독립을 이뤄내기 위해 조선 건국 동맹을 결성하였어요. 이후 한반도 내에 살고 있는 일본인의 안전한 귀국을 보장하는 조건으로 조선 총독부로부터 행정권을 넘겨 받아 조선 건국 준비 위원회를 조직하였어요. 광복 이후에는 통일 정부를 수립하기 위해 좌우 합작 운동을 전개하였으나 5 · 10 총선거 이전 암살당하였어요.

1-2 모스크바 3국 외상 회의　　69회 41번

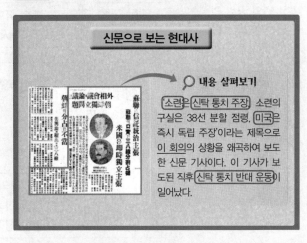

★ 모스크바 3국 외상 회의가 개최되었다.
★ 모스크바 3국 외상 회의에서 한반도 문제가 협의되었다.

2-1 이승만의 정읍 발언

　　미소 공동 위원회가 결렬된 이후 다시 열릴 기미가 보이지 않습니다. 통일 정부가 수립되길 원했으나 뜻대로 되지 않으니, 남방만이라도 임시 정부 혹은 위원회를 조직하고, 38도선 이북에서 소련이 물러가도록 세계에 호소해야 합니다.

[63회 출제]

북한과 소련이 계속해서 한국 임시 위원단의 입국을 거부하자, 이승만은 1946년 6월 정읍에서 남한만이라도 단독 정부를 수립해야 한다고 주장하였어요. 김구는 이승만의 발언에 반대하며 한반도 통일 정부 수립을 위해 남북 협상을 추진하였으나 실패하였어요.

2-2 좌우 합작 위원회　　67회 41번

★ 좌우 합작 7원칙 발표
★ (여운형) 좌우 합작 위원회를 조직하였다.

3 대한민국 정부 수립

1) 과정

❸ 제헌 국회
5·10 총선거를 통해 임기 2년의 국회 의원이 당선되었다. 이들 국회 의원으로 구성된 제헌 국회는 나라 이름을 '대한민국'으로 정하고 대통령제를 중심으로 하는 제헌 헌법을 제정하였다.

5·10 총선거 (1948.5.10.)	• 국가 수립 이전에 국가의 기본 운영 체제가 되는 헌법이 필요 → 헌법을 만들 국회 의원이 필요 • 제헌 국회 의원을 선거를 통해 뽑음 → 제헌 국회❸ 구성
제헌 헌법 제정 (1948.7.17.)	• 제헌 국회에서 제헌 헌법을 만듦 • 국회에서 임기 4년의 대통령을 간접 선거로 선출
대한민국 정부 수립 (1948.8.15.)	• 제헌 국회에서 첫 대통령으로 이승만을 선출 • 한반도 유일의 합법 정부로 대한민국 정부가 수립됨

2) 발생 사건

제주 4·3 사건	• 남한만의 단독 선거에 반대하며 무장 봉기가 발생 • 진압 과정에서 많은 도민이 희생당함 → 희생자들의 명예 회복을 위한 특별법 제정

4 이승만 정부

1) 반민족 행위 처벌법(1948.9.)

목적	제헌 국회에서 친일파를 청산하기 위해 반민족 행위 처벌법을 제정
반민특위 설치	• 반민족 행위 특별 조사 위원회(반민 특위)를 설치 • 이광수❹, 최린 등을 체포하고 조사
실패	이승만 정부의 친일파 청산에 대한 소극적인 태도로 실패

❹ 이광수

이광수는 민족주의 계열로 독립 운동을 전개하였으나 1940년대에 일제가 벌인 황국 신민화 운동을 지지하고 창씨개명을 하면서 친일파의 반열에 들어갔다.

2) 농지 개혁법(1949)

목적	농민들에게 토지를 배분해 주기 위해 농지 개혁법을 제정
내용	• 지주의 토지를 유상으로 구매하고 농민에게 유상으로 분배 ┌ 어떠한 행위에 대하여 보상이 있는 것 • 한 가구당 3정보를 소유하는 것으로 토지 소유 제한 → 그 이상의 토지는 국가가 구매하여 다시 돈을 받고 분배 └ 땅 넓이의 단위
결과	소작농이 자신의 토지를 가질 수 있게 됨

3-1 제주 4·3 사건

아, 떼죽음 당한 마을이 어디 우리 마을 뿐이던가. 이 섬 출신이거든 아무라도 붙잡고 물어보라. 필시 그의 가족 중에 누구 한 사람이, 아니면 적어도 사촌까지 중에 누구 한 사람이 그 북새통에 죽었다고 말하리라.

▲ 『순이 삼촌』 [54회 출제]

1947년 3월 1일, 제주도에서 열린 삼일절 행사를 구경하던 어린아이가 말을 탄 경찰에 의해 다치는 사고가 발생하였어요. 군중들이 항의하자 경찰이 총을 발포하면서 민간인 6명이 희생되었어요. 이 사건을 계기로 제주도 내에서 총파업이 시행되었고, 제주도에 들어온 남로당 세력이 남한만의 단독 정부 수립에 반대하자 진압 과정에서 민간인을 대량 학살하면서 제주도민들이 큰 피해를 입었어요.

3-2 제주 4·3 사건　　67회 42번

영상 속 역사

학생들이 제작한 영상의 배경이 된 (가) 은/는 미군정기에 시작되어 이승만 정부 수립 이후까지 지속되었습니다. 당시에 남한만의 단독 정부 수립에 반대하는 무장대와 토벌대 간의 무력 충돌과 그 진압 과정에서 많은 주민이 희생되었습니다.

제작 ○○ 역사 동아리

★ 남한만의 단독 선거에 반대하는 무장대와 이를 진압하려는 토벌대 간에 무력 충돌이 있었다.

★ 2000년에 진상 규명 등에 관한 특별법이 공포되었다.

4-1 반민 특위

▲ 친일파들의 체포 모습 [55회 출제]

제헌 국회에서 민족 반역자(친일파)들을 처벌하기 위해 반민족 행위 처벌법을 제정하였어요. 이에 따라 구성된 반민족 행위 특별 조사 위원회(반민 특위)는 친일파를 체포하여 조사하는 활동을 벌였어요. 하지만 당시 정부에 친일파 관리들이 많았고, 친일 경력이 있는 경찰들도 많았기에 반민 특위는 여러 방해 공작에 시달렸어요. 이승만 정부도 반공을 앞세우고 친일파 청산에 소극적이었기에 큰 성과를 이루지 못한 채 반민 특위는 해체되었어요.

4-2 반민 특위　　71회 45번

나는 지금 반민 특위가 있었던 장소에 세워진 표석 앞에 와 있어.

반민 특위에 대해 알려 줄래?

반민 특위는 반민족 행위 특별 조사 위원회의 줄임말이야. 친일파 청산을 위해 다양한 노력을 했지만, 당시 (가) 정부는 이 위원회의 활동에 상당히 비협조적인 태도를 취했어.

★ 반민족 행위 처벌법이 제정되었다.

★ 법안 개정으로 활동 기간이 단축되었다.

★ 반민족 행위 특별 조사 위원회에서 조사받는 기업인

5 6·25 전쟁

1) 전개 과정

❺ 애치슨 선언

미 국무 장관인 애치슨이 미국이 방어하는 태평양 지역에서 한국을 제외한 선언이다. 이 선언으로 인해 북한이 한국에 침입하여도 미국의 공격을 받지 않을 것이라고 판단하게 되었다.

애치슨 선언❺ (1950.1.)	• 미국이 태평양 지역 방위선에서 한국과 타이완을 제외시킴 • 군사적 충돌이 일어날 경우, 미국은 개입하지 않겠다고 선언
북한의 남침 (1950.6.25.)	• 북한이 기습적으로 남한을 침입하면서 전쟁이 발생 • 서울이 함락되어 정부가 부산을 임시 수도로 정함 • 유엔군이 참전
인천 상륙 작전 (1950.9.)	• 맥아더 장군의 지휘 아래 인천 상륙 작전을 전개 • 인천 상륙 작전의 성공으로 서울을 수복하고 압록강까지 진격
중국군 참전 (1950.10.)	• 중국군이 참전하자 유엔군과 국군이 흥남 철수 작전을 실시 • 유엔군과 국군이 1·4 후퇴하면서 서울이 재함락 당함
치열한 공방전 전개	유엔군과 국군이 서울을 되찾은 이후 38도선 일대에서 치열한 공방전이 전개됨
정전 협정 체결 (1953)	• 소련의 제안으로 유엔군·북한군·중국군 간에 정전 회담이 진행 • 군사 분계선 및 비무장 지대(DMZ)를 설정 • 포로 교환 문제 등을 타협하며 정전 협정을 체결

2) 주요 사건

❻ 거제 반공 포로 수용소
유엔군이 북한군 전쟁 포로를 관리하기 위해 설치한 수용소이다. 북한 인민군 포로 15만 명, 중국군 포로 2만 명 등 최대 17만 3천 명의 포로를 수용하였다.

	포로나 불법으로 입국한 사람 등을 본국으로 도로 돌려보내는 것
거제 반공 포로❻ **석방**	이승만 대통령이 포로 송환 원칙에 불만을 품고 정전에 반대하면서 일방적으로 반공 포로를 석방
한미 상호 방위 조약	• 한국 정부가 북한이 다시 침입할 것을 대비하여 미국 정부에게 군사 동맹을 요구 • 한국군의 작전 지휘권을 유엔군 사령부에 양도, 주한 미군이 주둔하는 계기가 됨

5-1)-1 흥남 철수 작전

[45회 출제]

일명 '크리스마스의 기적'이라고 불리는 흥남 철수 작전은 1950년 12월 15일부터 12월 24일까지 이루어졌어요. 6 · 25 전쟁에 참여한 중국군이 무서운 기세로 전진하자, 국군과 유엔군은 철수하기로 결정하였어요. 이때 10만 명의 피난민들이 흥남 부두에 모여들자 군수물자와 장비를 바다에 버리고 피난민들을 배에 태워 함께 피난하였어요.

5-1)-2 6 · 25 전쟁　　69회 43번

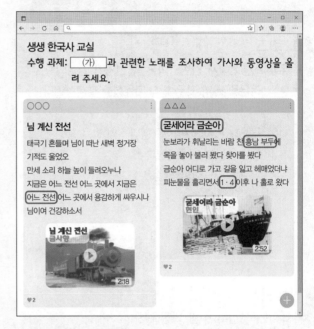

★ 유엔군이 참전하였다.
★ 인천 상륙 작전이 전개되었다.
★ 흥남 철수 작전이 펼쳐졌다.

5-2)-1 포로 송환 문제

▲ 거제 포로 수용소 [45회 출제]

정전 협정 당시 유엔은 포로 자신이 돌아갈 국가를 선택하도록 제시하였어요. 반면, 북한은 포로를 본국으로 송환하길 원하였어요. 논의 끝에 본국 송환을 거부하는 포로에 한해 심사를 거쳐 송환국을 정하기로 결정하였어요. 이승만은 이러한 포로 송환 원칙에 불만을 품고 반공 포로를 일방적으로 풀어 주었어요.

5-2)-2 6 · 25 전쟁　　64회 43번

★ 애치슨 선언이 발표되었다.
★ 중국군의 개입으로 서울을 다시 빼앗겼다.
★ 한미 상호 방위 조약이 체결되었다.

연습하기

❶ OX 퀴즈

(1) 유엔 소총회에서 남한만의 단독 선거가 결정되자 김규식, 여운형 등이 좌우 합작 위원회를 결성하였다.
(O / x)

(2) 제헌 국회가 제정한 반민족 행위 처벌법을 통해 친일파 청산이 원활히 이루어졌다.
(O / x)

(3) 6 · 25 전쟁 이후 한미 상호 방위 조약이 체결되었다.
(O / x)

❷ 빈칸 퀴즈

(1) 대한민국 정부 수립 과정에서 (   )이/가 발생되어 많은 제주도민들이 희생당하였다.

(2) (   )은/는 정읍 발언을 통해 남한 단독 선거를 주장하였다.

(3) (   ) 선언은 6 · 25 전쟁의 발생 원인이다.

❸ 연표 퀴즈 - 대한민국 정부 수립 과정

┌→ **모스크바 3국 외상 회의**
미국, 영국, 소련의 외무장관이 참여하여 ☐☐ 통치를 결정하였다.

├→ **제2차 미소 공동 위원회**
미국이 유엔에 한반도 문제를 이관하여 ☐☐에서 단독 선거를 하도록 결정하였다.

└→ **5 · 10 총선거**
☐☐ 국회가 구성되고 ☐☐ 헌법을 제정하였다.

정답 | ❶ (1) x (2) x (3) O
❷ (1) 제주 4 · 3 사건 (2) 이승만 (3) 애치슨
❸ 신탁, 남한, 제헌, 제헌

01 밑줄 그은 ㉠이 발표된 시기를 연표에서 옳게 고른 것은?
[71회 44번]

> **인공 지능 대화창**
>
> 👤 ㉠유엔 총회 결의안 112호의 내용을 요약해 줘.
>
> 🤖 ㉠유엔 총회 결의안 112호에는 한국의 독립 국가 건설을 돕기 위해 유엔 한국 임시 위원단을 설치한다는 내용이 담겨 있습니다. 이 위원단은 한국에서 처음으로 치러지는 국회 의원 총선거를 감독하는 임무를 가지고 있었습니다.
>
> 입력: ↵

1945	1948	1954	1960	1964
(가)	(나)	(다)	(라)	
8 · 15 광복	대한민국 정부 수립	사사오입 개헌	3 · 15 부정 선거	6 · 3 시위

① (가) ② (나) ③ (다) ④ (라)

02 밑줄 그은 '국회'의 활동으로 적절하지 <u>않은</u> 것은?
[66회 46번]

> 이 자료는 유엔 결의에 따라 치러진 총선거로 출범한 국회의 개회식 광경을 담은 화보입니다.

① 제헌 헌법을 제정하였다.
② 반민족 행위 처벌법을 가결하였다.
③ 한미 상호 방위 조약을 비준하였다.
④ 이승만을 초대 대통령으로 선출하였다.

03 다음 사진전에 전시될 사진으로 적절하지 않은 것은? [61회 44번]

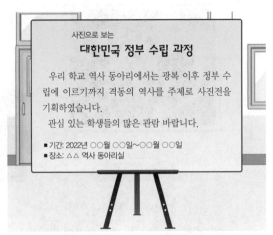

사진으로 보는
대한민국 정부 수립 과정

우리 학교 역사 동아리에서는 광복 이후 정부 수립에 이르기까지 격동의 역사를 주제로 사진전을 기획하였습니다.
관심 있는 학생들의 많은 관람 바랍니다.

■ 기간: 2022년 ○○월 ○○일~○○월 ○○일
■ 장소: △△ 역사 동아리실

①
5·10 총선거 실시

②
6·10 만세 운동 전개

③
좌우 합작 위원회 활동

④
제1차 미소 공동 위원회 개최

04 다음 퀴즈의 정답으로 옳은 것은? [69회 36번]

한국사 퀴즈 대회

제시된 힌트를 종합하여 알 수 있는 인물은 누구일까요?

1단계 신한 청년당을 결성하였다.
2단계 조선 건국 준비 위원회의 위원장을 맡았다.
3단계 좌우 합작 위원회를 조직하였다.

① 김규식
② 여운형
③ 윤봉길
④ 이승만

05 다음 성명서가 발표된 이후의 사실로 옳은 것은? [60회 42번]

김구, 삼천만 동포에게 읍고함

나는 통일된 조국을 건설하려다 38선을 베고 쓰러질지언정, 일신의 구차한 안일을 위하여 단독 정부를 세우는 데는 협력하지 않겠다.

① 한인 애국단이 결성되었다.
② 제1차 미소 공동 위원회가 열렸다.
③ 평양에서 남북 협상이 진행되었다.
④ 모스크바 3국 외상 회의가 개최되었다.

06 (가)에 들어갈 내용으로 옳은 것은? [58회 41번]

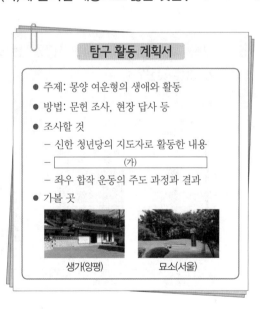

탐구 활동 계획서

● 주제: 몽양 여운형의 생애와 활동
● 방법: 문헌 조사, 현장 답사 등
● 조사할 것
  – 신한 청년당의 지도자로 활동한 내용
  – _____(가)_____
  – 좌우 합작 운동의 주도 과정과 결과
● 가볼 곳

생가(양평)   묘소(서울)

① 헤이그 특사로 파견된 배경
② 암태도 소작 쟁의에 참여한 계기
③ 한국독립운동지혈사의 저술 이유
④ 조선 건국 준비 위원회의 결성 목적

07 (가)에 들어갈 사진으로 옳지 <u>않은</u> 것은?

[55회 46번]

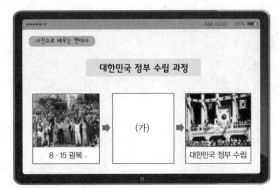

사진으로 배우는 현대사

대한민국 정부 수립 과정

8·15 광복 → (가) → 대한민국 정부 수립

①
5·10
총선거 실시

②
유엔 한국
임시 위원단 내한

③
제1차 미소
공동 위원회 개최

④
반민족 행위 특별
조사 위원회 활동

08 밑줄 그은 '선거'가 실시된 시기를 연표에서 옳게 고른 것은?

[57회 44번]

이것은 제헌 국회 의원을 선출하기 위해 치러진 선거를 홍보하는 포스터야.

김구, 김규식 등 단독 정부 수립에 반대한 인사들과 좌익 세력은 참여하지 않았다고 해.

1945	1950	1960	1972	1979
(가)	(나)	(다)	(라)	
8·15 광복	6·25 전쟁 발발	4·19 혁명	7·4 남북 공동 성명	12·12 군사 반란

① (가) ② (나) ③ (다) ④ (라)

09 밑줄 그은 '국회'에 대한 설명으로 옳은 것은?

[63회 44번]

이 사진은 5·10 총선거를 통해 구성된 국회의 개원식 모습입니다. 임기 2년의 국회 의원으로 구성된 이 국회는 국호를 대한민국으로 결정하고 헌법을 제정하였습니다.

① 3선 개헌안을 통과시켰다.
② 농지 개혁법을 제정하였다.
③ 5·16 군사 정변으로 해산되었다.
④ 국회 의원의 3분의 1을 대통령이 추천하였다.

10 (가) 정책에 대한 설명으로 옳은 것은?

[51회 47번]

정부가 [(가)]을/를 실시하면서 발급한 지가 증권입니다. 당시 재정이 부족했던 정부는 지주에게 현금 대신 이것을 지급하고 농지를 매입하였습니다. 그리고 이 농지를 농민들에게 유상으로 분배하였습니다.

이것은 무엇인가요?

① 친일파 청산을 목적으로 하였다.
② 서재필, 이상재 등이 주도하였다.
③ 자작농이 증가하는 계기가 되었다.
④ 농광 회사가 설립되는 배경이 되었다.

11 (가) 전쟁 중에 있었던 사실로 옳지 <u>않은</u> 것은?

[58회 42번]

① 반공 포로가 석방되었다.
② 미소 공동 위원회가 개최되었다.
③ 중국군의 개입으로 서울을 다시 빼앗겼다.
④ 국군과 유엔군이 인천 상륙 작전에 성공하였다.

12 (가) 전쟁 중에 있었던 사실로 옳지 <u>않은</u> 것은?

[67회 43번]

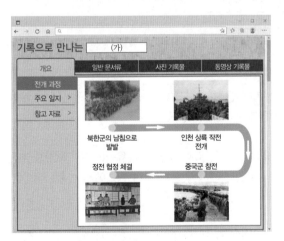

① 유엔군이 참전하였다.
② 흥남 철수 작전이 펼쳐졌다.
③ 거제도에 포로 수용소가 설치되었다.
④ 13도 창의군이 서울 진공 작전을 전개하였다.

13 밑줄 그은 '이 전쟁' 중에 있었던 사실로 옳은 것은?

[60회 44번]

여기는 에티오피아군이 유엔군의 일원으로 이 전쟁에 참전한 것을 기리는 기념관입니다. 당시 에티오피아군의 전투 상황 등을 보여주는 자료가 전시되어 있습니다.

① 인천 상륙 작전이 전개되었다.
② 조선 건국 준비 위원회가 결성되었다.
③ 이승만이 임시 의정원에서 탄핵되었다.
④ 쌍성보에서 한중 연합 작전이 펼쳐졌다.

14 (가)에 들어갈 사건으로 옳은 것은? [60회 43번]

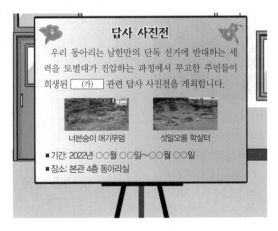

① 원산 총파업   ② 제암리 사건
③ 자유시 참변   ④ 제주 4 · 3 사건

민주주의의 시련과 발전

❶ 사사오입

이승만 정부의 개헌안이 통과되려면 국회 의원 203명 중 3분의 2인 136명 이상의 표를 얻어야 하였다. 투표 결과, 135개의 표가 나왔으나 135표를 136표로 사사오입(반올림)하여 개헌안을 통과시켰다.

❷ 3·15 부정 선거

자유당 정부가 부통령에 이기붕을 당선시키고자 선거일 전날 미리 투표하도록 하거나, 투표함을 바꿔치기 하는 등 온갖 불법 행동을 저질렀다.

1 이승만 정부

발췌 개헌	• **배경**: 제2대 국회 의원 선거 결과 이승만의 지지 세력이 줄어들어 간선제로는 대통령 당선이 불확실해짐
	• **과정**: 개헌안에 반대하는 야당 의원을 끌고 가 발췌 개헌안을 통과시킴 ┌ 대통령 직선제
	• **결과**: 제2대 대통령 선거에서 이승만 대통령이 재선에 성공

횟수에 상관없이 계속해서 선거에 출마할 수 없도록 한 규정 ┐

사사오입❶ 개헌	• **과정**: 사사오입의 논리로 개헌안을 불법으로 통과시킴
	• **내용**: 초대 대통령에 한해 중임 제한 규정을 없앰
	• **결과**: 제3대 대통령 선거에서 이승만 대통령이 3선에 성공

사회의 안녕과 질서의 유지를 위해 행정권과 사법권을 군대가 맡아 다스리는 명령 ┐

4·19 혁명 (1960)	• **배경**: 이승만 자유당 정권의 3·15 부정 선거❷
	• **전개**: 부정 선거 반대 시위 도중 마산에서 김주열 학생의 시신 발견 → 시위의 전국적인 확산 → 이승만 정부의 비상 계엄령 선포 → 서울 시내 대학 교수단의 시위 전개 → 이승만 대통령의 하야
	• **결과**: 허정 과도 정부가 수립됨 └ 관직이나 정계에서 물러나는 것

2 박정희 정부

5·16 군사 정변 (1961)	• 박정희 등 일부 군인들의 권력 장악 → 약 2년간의 군사 정권
	• 이후 박정희가 제5대 대통령 선거에서 당선됨

한일 국교 정상화	학생들이 한일 국교 정상화를 굴욕 외교라고 판단하고 6·3 시위 전개 → 계엄령을 선포하고 협정 체결

베트남 파병❸	미국의 요청으로 베트남 전쟁에 국군을 파병

3선 개헌	제6대 대통령 선거에 당선된 박정희가 대통령 3선 연임을 허용하는 개헌 실시 → 개헌이 통과되고 3선에 성공

유신 체제	• **10월 유신**: 한국적 민주주의라는 명분으로 유신(維新, 개혁)을 추진
	• **유신 헌법**: 대통령 간선제(통일 주체 국민 회의에서 선출), 대통령에게 긴급 조치권과 국회 해산권 등을 부여

부마 민주 항쟁 (1979)	김영삼이 국회 의원직에서 제명당하자 부산과 마산에서 유신 정권에 반대하는 민주 항쟁이 발생

10·26 사태	중앙정보부장 김재규가 박정희 대통령을 저격하면서 유신 체제가 붕괴됨

❸ 베트남 파병

1964년부터 1973년까지 베트남 전쟁에 전투 부대를 파병하여 미국의 편에서 참전하였다. 비전투병(이동외과 병원, 태권도 교관 등)과 전투병을 포함하여 우리나라에서 32만 명이 파병되었다.

`1-1` **4·19 혁명**

▲ 김주열 [57회 출제]

이승만 대통령의 장기 집권이 계속되고 자유당 정권이 3·15 부정 선거를 벌이자 이에 반발하는 시위가 전국에서 발생하였어요. 이때 마산에서 시위를 하던 학생 김주열의 시신이 최루탄을 맞은 채로 마산 해변가에서 발견되었고, 이를 계기로 4·19 혁명이 전국적으로 전개되었어요.

`1-2` **4·19 혁명**   67회 44번

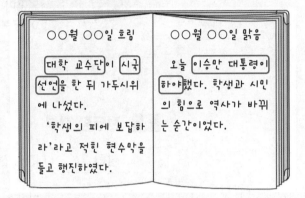

○○월 ○○일 흐림
대학 교수단이 시국 선언을 한 뒤 가두시위에 나섰다. '학생의 피에 보답하라'라고 적힌 현수막을 들고 행진하였다.

○○월 ○○일 맑음
오늘 이승만 대통령이 하야했다. 학생과 시민의 힘으로 역사가 바뀌는 순간이었다.

★ 3·15 부정 선거에 항의하여 일어났다.
★ 대통령이 하야하는 결과를 가져왔다.

`2-1` **유신 헌법**

제39조 ① 대통령은 통일 주체 국민 회의에서 토론 없이 무기명 투표로 선거한다.
⋮
제53조 ② 대통령은 …… 국민의 자유와 권리를 잠정적으로 정지하는 긴급 조치를 할 수 있고, 정부나 법원의 권한에 관하여 긴급 조치를 할 수 있다.

[43회 출제]

대통령 3선에 성공한 박정희는 더욱 강력한 독재 체제를 세우기 위해 유신 헌법을 선포하였어요. 유신 헌법에 따라 대통령을 의장으로 하는 통일 주체 국민 회의가 설립되어 이곳에서 대통령을 선출하도록 하였어요. 또한, 대통령에게는 단순한 행정 명령 하나만으로 국민의 자유와 권리를 무제한적으로 제약할 수 있는 초헌법적인 권한인 긴급 조치권이 부여되었어요.

`2-2` **박정희 정부**   63회 45번

긴급 조치 9호로 피해를 당한 국민과 그 가족에 대해 국가의 배상 책임이 있다는 대법원 판결이 나왔습니다. 긴급 조치 9호에는 정부가 선포한 유신 헌법을 부정하거나 반대 또는 비방하는 행위 등을 금지하고, 위반할 경우 영장 없이 체포·구속해 1년 이상의 징역에 처한다는 내용이 담겨 있습니다.

당시 대한뉴스 화면
헌법 부정행위 금지

대법원 "긴급 조치 9호로 인한 피해, 국가가 배상해야"

★ 베트남에 국군이 파병되었다.
★ 3선 개헌안이 통과되었다.
★ 부마 민주 항쟁에 참여하는 학생

3 5·18 민주화 운동(1980)

배경	• **12·12 사태**: 전두환 중심의 신군부 세력이 군사권을 장악 • **서울의 봄**: 신군부에 저항하는 민주화 운동 전개 → 신군부가 계엄령 선포
전개	• **과정**: 광주에서 시민들이 계엄령 폐지를 요구하며 민주화 시위 전개 → 계엄군이 폭력 진압 및 발포 → 자발적으로 시민군을 조직하였으나 계엄군이 무력으로 진압 • **의의**: 5·18 민주화 운동 기록물이 유네스코 세계 기록 유산으로 등재

4 전두환 정부

성립	대통령 선거인단에 의한 간선제로 제12대 대통령으로 선출
정책	• **강압 정책**: 언론 통폐합, 삼청 교육대❹ 설치 • **유화 정책**: 야간 통행금지 해제, 해외 여행 자유화, 최저 임금 위원회 설치, 과외 전면 금지
6월 민주 항쟁 (1987)	• **배경**: 대통령 직선제 개헌 요구, 박종철 고문치사 사건❺ • **전개**: 4·13 호헌 조치(대통령 간선제를 유지한다는 입장) → 연세대 재학생 이한열이 시위 도중 경찰의 최루탄에 맞아 사망 → 전국 각지에서 호헌 철폐와 독재 타도를 외치며 시위 • **결과**: 6·29 민주화 선언을 발표하며 5년 단임의 대통령 직선제로 개헌

❹ **삼청 교육대**
전두환의 신군부는 전국 각지의 군부대 내에 삼청 교육대를 설치하여 사회 정화라는 명분 하에 가혹 행위 등을 하면서 인권을 짓밟았다.

❺ **박종철 고문치사 사건**
직선제 개헌 요구 시위를 하던 서울대 재학생 박종철이 경찰의 물고문으로 사망하는 사건이 발생하였다. 이때 경찰은 '학생이 잔뜩 겁에 질려서 책상을 탁! 치니, 억! 하고 죽었다.'고 하였다.

3-1 임을 위한 행진곡

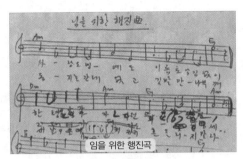

[54회 출제]

임을 위한 행진곡은 광주에서 야학교사로 활동하였던 박기순과 5·18 민주화 운동 당시 사망하였던 윤상원이 영혼 결혼식을 맺은 것을 계기로 하여 제작된 곡이에요. 이 곡은 5·18 민주화 운동 공식 기념곡으로 지정되었으며, 매일 오후 5시 18분에 옛 전남도청 앞에서 울려 퍼진다고 해요.

4-1 6월 민주 항쟁

▲ 고바우 영감(김성환) [64회 출제]

이 만화는 김성환이 그린 '고바우 영감'으로, 6월 민주 항쟁에 대한 이야기를 그려내고 있어요. 호헌 철폐와 독재 타도를 외쳤던 6월 민주 항쟁의 결과와 대통령 직선제 개헌이 이루어져 환호하는 시민들의 모습이 담겨 있어요.

3-2 5·18 민주화 운동　　71회 46번

계엄군과 광주 시민들이 대치하고 있는 전남도청 앞 금남로에 도착하였습니다. (가) 당시 이곳에서 계엄군의 집단 발포로 많은 사상자가 발생하였습니다.

★ 신군부의 비상계엄 확대가 원인이 되어 발생하였다.

★ 전개 과정에서 시민군이 자발적으로 조직되었다.

4-2 6월 민주 항쟁　　69회 44번

대학생 이한열은 학교 정문 앞에서 시위하던 도중 경찰이 쏜 최루탄에 맞아 쓰러졌어요. 이 사건은 호헌 철폐와 독재 타도 등을 외친 (가) 이/가 확산하는 데 영향을 주었어요.

이 동상의 주인공에게는 무슨 일이 있었나요?

★ 박종철과 이한열 등의 희생으로 확산되었다.

★ 5년 단임의 대통령 직선제 개헌을 이끌어냈다.

연습하기

❶ OX 퀴즈

(1) 4 · 19 혁명은 3 · 15 부정 선거를 계기로 일어났다.

(O/×)

(2) 5 · 18 민주화 운동은 박종철과 이한열의 희생으로 전
국적으로 더욱 더 확산되었다. (O/×)

(3) 6월 민주 항쟁의 결과 대통령 간선제 개헌이 발표되
었다. (O/×)

❷ 빈칸 퀴즈

(1) ( ) 정부 때 6 · 3 시위를 전개하며 굴욕적인 한
일 외교에 반대하였다.

(2) ( ) 헌법으로 인해 대통령에게 긴급 조치권이 주
어졌다.

(3) ( ) 정부는 사회 교화를 위해 삼청 교육대를 설
치하였다.

❸ 연표 퀴즈 - 민주주의의 시련과 발전

○─► 4 · 19 혁명

3 · 15 □□ 선거를 계기로 일어났고, □□□
대통령이 하야하는 결과를 낳았다.

○─► 5 · 18 민주화 운동

□□ 군과 계엄군이 대치하였다.

○─► 6월 민주 항쟁

□□□ 정부에게 대통령 □□□ □□ 을/를
요구하며 일어났다.

정답 | ❶ (1) O (2) × (3) ×
❷ (1) 박정희 (2) 유신 (3) 전두환
❸ 부정, 이승만, 시민, 전두환, 직선제 개헌

---

01 (가)에 들어갈 민주화 운동으로 옳은 것은?

[58회 43번]

① 4 · 19 혁명　　② 6월 민주 항쟁
③ 부마 민주 항쟁　　④ 5 · 18 민주화 운동

02 다음 대화에 나타난 민주화 운동으로 옳은 것은?

[50회 49번]

① 4 · 19 혁명　　② 6월 민주 항쟁
③ 부마 민주 항쟁　　④ 5 · 18 민주화 운동

03 (가)에 들어갈 민주화 운동으로 옳은 것은?

[57회 46번]

① 6·3 시위
② 6월 민주 항쟁
③ 2·28 민주 운동
④ 5·18 민주화 운동

04 밑줄 그은 정부 시기의 사실로 옳지 않은 것은?

[51회 50번]

우리 정부가 일본의 사과와 반성 없이 한일 국교 정상화를 추진한다는 사실이 알려지면서 대학생과 시민들을 중심으로 굴욕적 대일 외교에 반대하는 시위가 확산하고 있습니다.

한일 회담 반대 시위 확산

① 3선 개헌안이 통과되었다.
② 베트남에 국군이 파병되었다.
③ 경제 개발 5개년 계획이 추진되었다.
④ 한일 월드컵 축구 대회가 개최되었다.

05 밑줄 그은 '민주화 운동'에 대한 설명으로 옳은 것은?

[60회 45번]

① 대통령 직선제 개헌을 이끌어 냈다.
② 3·15 부정 선거에 항의하여 일어났다.
③ 굴욕적인 한일 국교 정상화에 반대하였다.
④ 신군부의 비상계엄 확대가 원인이 되어 발생하였다.

06 (가) 민주화 운동에 대한 설명으로 옳은 것은?

[55회 48번]

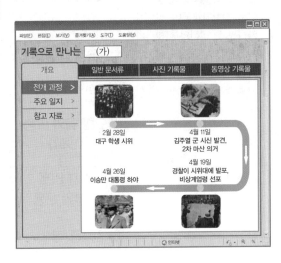

① 3·15 부정 선거에 항의하였다.
② 4·13 호헌 조치 철폐를 요구하였다.
③ 유신 체제가 붕괴하는 계기가 되었다.
④ 신군부의 비상계엄 확대에 반대하였다.

사회 · 경제 상황과 통일 정책

1 사회 · 경제 상황

1) 이승만 정부

┌─ 물품이나 돈 따위로 도와줌

삼백 산업❶	• 한미 원조 협정을 체결하여 원조 물자를 들여옴
	• 밀가루 · 설탕 · 면직물 등을 통해 삼백 산업이 성장

❶ 삼백 산업

6 · 25 전쟁 이후 한국은 미국의 원조를 받았다. 이때 들여온 밀가루, 설탕, 면직물을 이용한 산업이 발달하였는데 3가지 모두 흰색을 띠어 삼백 산업이라고 불렀다.

2) 박정희 정부

경제 개발 5개년 계획	• 제1 · 2차 시기(1962~1971): 경공업(가발 · 섬유) 중심의 소비재 산업을 키우고자 함, 경부 고속 도로 개통, 전태일 분신 사건
	• 제3 · 4차 시기(1972~1981): 중화학 공업(금속 · 기계, 화학, 석유)을 키우고자 함, 수출액 100억 달러 달성
새마을 운동	• 농촌의 근대화를 목적으로 근면 · 자조 · 협동과 '잘 살아 보세'라는 구호를 내세우며 전개
	• 농어촌의 환경이 개선되고 소득이 증대

3) 전두환 정부

3저 호황	저유가 · 저금리 · 저달러로 국제 무역 수지 흑자를 달성

4) 노태우 정부

서울 올림픽❷ 대회 개최	제24회 서울 올림픽 대회를 성공적으로 개최하여 국제적으로 한국의 위상을 높임

❷ 서울 올림픽

1988년 서울에서 개최한 제24회 서울 올림픽 대회는 160개국이 참가하였다. 냉전의 상황 속에서 자본주의 국가와 공산주의 국가가 함께 참여하여 세계 평화에 도움을 주었다.

5) 김영삼 정부

금융 실명제	대통령 긴급 명령으로 은행이나 금융 기관과 거래할 때 실제 명의로 하도록 함
OECD 가입	경제 협력 개발 기구(OECD)에 가입하여 선진국의 위치에 오름
외환 위기 발생 (1997)	외환 부족으로 인한 경제 위기를 극복하기 위해 국제 통화 기금(IMF)에 지원을 요청
역사 바로 세우기 운동	조선 총독부 건물을 철거하고 국민학교를 초등학교로 이름을 바꿈

6) 김대중 정부

외환 위기 극복	금모으기 운동 등을 통해 IMF의 지원금을 일찍 갚음

7) 노무현 정부

┌─ Free Trade Agreement

FTA 체결	미국, 칠레와 자유 무역 협정(FTA)을 체결

1-1)-1 전태일 분신 사건

▲ 전태일 [57회 출제]

서울 청계천에 위치한 평화 시장의 재단사였던 전태일은 저임금과 열악한 노동 환경을 사회에 알리기 위해 근로 기준법의 준수를 요구하며 분신하였어요. 이때 그는 '근로 기준법을 지켜라', '우리는 기계가 아니다' 등의 구호를 외쳤어요. 이 사건을 통해 노동 조건에 대한 사회적인 관심이 늘어났어요.

1-1)-2 박정희 정부 시기 경제 상황 71회 47번

이것은 경부 고속 도로 순직자 위령탑입니다. (가) 정부 시기 2년 5개월여의 단기간에 진행된 경부 고속 도로 공사 중 77명의 노동자가 사망하였습니다. 이들을 추모하기 위한 위령탑이 금강 나들목 부근에 세워졌습니다.

★ 경부 고속 도로를 준공하였어.
★ 제2차 경제 개발 5개년 계획이 시행되었다.
★ 전태일이 근로 기준법의 준수를 요구하며 분신하였다.

1-2)-1 김대중 정부

　존경하는 국민 여러분! 새해를 맞아 국민 여러분 모두가 행복하시길 바랍니다. 작년 2월 25일, '국민의 정부'는 전례 없는 외환 위기 속에서 출발하였습니다. 우리 국민은 실직과 경기 침체로 인해 견디기 힘든 고통에도 불구하고 금 모으기 운동 등 할 수 있는 모든 노력을 다해 왔습니다. 국민 여러분이 한없이 고맙고 자랑스럽습니다.

▲ 김대중 대통령의 신년사 [52회 출제]

김영삼 정부 말에 발생한 외환 위기를 극복해야 하는 과제를 안고 시작한 김대중 정부는 기업 구조조정 등을 시행하였어요. 국민들은 가정에서 가지고 있는 금을 나라에 기부하는 금 모으기 운동을 전개하였어요. 금 모으기 운동에는 전국에서 약 351만 명이 참가하였으며, 총 227톤의 금이 모였어요. 이러한 노력을 통해 김대중 정부는 외환 위기를 극복할 수 있었어요.

1-2)-2 김영삼 정부 시기 사회 상황 71회 48번

내일부터 공식적으로 국민학교라는 명칭이 모두 초등학교로 바뀝니다. 이는 지난해 8월 광복 50주년을 맞아 일제의 잔재를 청산하기 위해 정부가 추진한 정책의 일환입니다.

내일부터 초등학교

★ 금융 실명제를 실시하였어.
★ 경제 협력 개발 기구(OECD)에 가입하였다.

2 통일 정책

1) 박정희 정부

남북 적십자 회담	이산가족 문제를 협의하고 회담을 진행
7·4 남북 공동 성명(1972)	• 자주 · 평화 · 민족 대단결의 3대 통일 원칙을 제시 • 통일 문제를 협의하기 위해 남북 조절 위원회를 설치

2) 전두환 정부

최초 남북 이산가족 상봉	• 최초로 남북 이산가족이 고향을 방문 • 예술 공연단이 서울과 평양을 동시에 방문

3) 노태우 정부

남북한 유엔 동시 가입(1991)	• 노태우 정부의 적극적인 북방 외교의 결과 • 남북 고위급 회담이 개최되어 남북한이 유엔에 동시 가입
남북 기본 합의서 (1991)	• 남북한 정부 간 최초의 공식 합의서 • 서로의 체제를 인정하고 상호 화해 · 불가침에 합의 └─ 침입하지 않는다는 것
한반도 비핵화 공동 선언(1991)	한반도에서 핵무기 시험과 핵 생산 및 보유를 금지하는 등 핵전쟁의 위험성을 제거하고 평화를 위한 기반을 만들기 위해 발표

4) 김대중 정부

최초 남북 정상 회담(2000)	• 6 · 15 남북 공동 선언을 발표 • 경의선 복구 사업과 금강산 육로 관광 사업 등을 추진 • 개성 공단(개성 공업 지구) 조성 및 이산가족 상봉 등에 합의

5) 노무현 정부

개성 공단❸ 착공 (2003)	6 · 15 남북 공동 선언에 따라 남북교류와 협력을 늘리기 위해 개성 공단의 공사를 시작
제2차 남북 정상 회담(2007)	남북 관계의 발전과 평화 번영을 위해 10 · 4 남북 공동 선언을 발표

❸ 개성 공단

김대중 정부 때 발표한 6 · 15 남북 공동 선언의 영향으로 개성 공단 사업이 추진되었다. 노무현 정부 때 착공식이 진행되어 북한에 개성 공단이 세워졌다.

2-1)-1 남북 이산가족 최초 상봉

[49회 출제]

6·25 전쟁의 결과, 수많은 전쟁 고아가 생겨났고, 가족과 떨어져 살게 된 이산 가족이 무려 60~70만 명이나 발생하였어요. 전두환 정부 때 이산가족이 최초로 만나게 되어 남측에서 35명, 북측에서 30명이 가족을 만났어요. 현재까지 이산가족 상봉은 21차례 이루어졌으며, 2018년 이후에는 진행하지 않았어요.

2-2)-1 정주영의 소떼 방북

김대중 정부 때 정주영 현대 그룹 명예 회장은 1998년 6월과 10월 2차례에 걸쳐 소 1,001마리를 이끌고 판문점을 통해 북한을 방문하였어요. 이때 금강산 관광 사업에 합의하면서 금강산 해로 관광이 시작되었어요.

2-1)-2 노태우 정부의 통일 정책 67회 45번

★ 남북 기본 합의서 채택
★ 남북한 유엔 동시 가입

2-2)-2 노무현 정부의 통일 정책 71회 49번

★ 10·4 남북 정상 선언 발표
★ 개성 공단이 건설되었다.

연습하기

❶ OX 퀴즈

(1) 김영삼 정부는 IMF 외환 위기를 성공적으로 극복하
였다. (O / x)

(2) 전두환 정부 때 최초로 남북 이산가족이 고향을 방문
하였다. (O / x)

(3) 전태일은 근로 기준법 준수를 요구하며 분신하였다.
(O / x)

❷ 빈칸 퀴즈

(1) ( ) 정부 때 금융 실명제가 실시되어 실제 명의
로 금융 거래를 해야 했다.

(2) ( ) 정부 때 7 · 4 남북 공동 성명이 발표되고,
남북 조절 위원회가 설치되었다.

(3) ( ) 정부 때 10 · 4 남북 공동 선언이 발표되었다.

❸ 연표 퀴즈 - 현대의 통일 정책

노태우 정부
남북 고위급 회담이 개최되어 남북한이 □□에
동시 가입하였다.

김대중 정부
□ · □□ 남북 공동 선언을 발표하였다.

노무현 정부
□□□□이/가 착공되었다.

정답 ┃ ❶ (1) x (2) O (3) O
❷ (1) 김영삼 (2) 박정희 (3) 노무현
❸ 유엔, 6, 15, 개성 공단

---

01 다음 뉴스가 보도된 정부 시기의 통일 노력으로
옳은 것은? [66회 48번]

분단 26년 만에 처음으로 남측 자유의 집과 북측
판문각을 연결하는 직통 전화가 개설되었습니다.
이로써 남북 적십자 회담을 열기 위한 대화의 통로
가 마련되었습니다.

남북 직통 전화 개설

① 금강산 관광 사업을 시작하였다.
② 남북한이 유엔에 동시 가입하였다.
③ 7 · 4 남북 공동 성명을 발표하였다.
④ 최초로 남북 정상 회담을 개최하였다.

---

02 다음 연설이 있었던 정부 시기의 경제 상황으로
옳은 것은? [66회 49번]

국민 여러분, 금융 실명제 실시를 위한 대통령
긴급 명령은 깨끗한 사회로 가기 위해 필수적인
제도 계획입니다. 지하 경제가 사라질 것입니다.
검은 돈이 없어질 것입니다.

① 경부 고속 도로를 준공하였다.
② 3저 호황으로 수출이 증가하였다.
③ 제1차 경제 개발 5개년 계획을 추진하였다.
④ 경제 협력 개발 기구(OECD)에 가입하였다.

03 밑줄 그은 '정부'의 통일 노력으로 옳은 것은?

[64회 45번]

① 남북 기본 합의서를 채택하였다.
② 남북한이 유엔에 동시 가입하였다.
③ 6 · 15 남북 공동 선언을 발표하였다.
④ 최초로 남북 간 이산가족 상봉을 성사시켰다.

05 학생들이 공통으로 이야기하는 인물로 옳은 것은?

[63회 47번]

① 김대중　　　② 김영삼
③ 윤보선　　　④ 최규하

04 (가) 정부 시기에 있었던 사실로 옳은 것은?

[64회 44번]

① 농지 개혁법이 제정되었다.
② 경부 고속 도로를 준공하였다.
③ 금융 실명제를 전면 실시하였다.
④ 경제 협력 개발(OECD)에 가입하였다.

06 다음 자료에 나타난 정부 시기의 통일 노력으로 옳은 것은?

[61회 46번]

① 남북한 유엔 동시 가입
② 남북 이산가족 최초 상봉
③ 7 · 4 남북 공동 성명 발표
④ 6 · 15 남북 공동 선언 채택

단원 정리 마인드맵

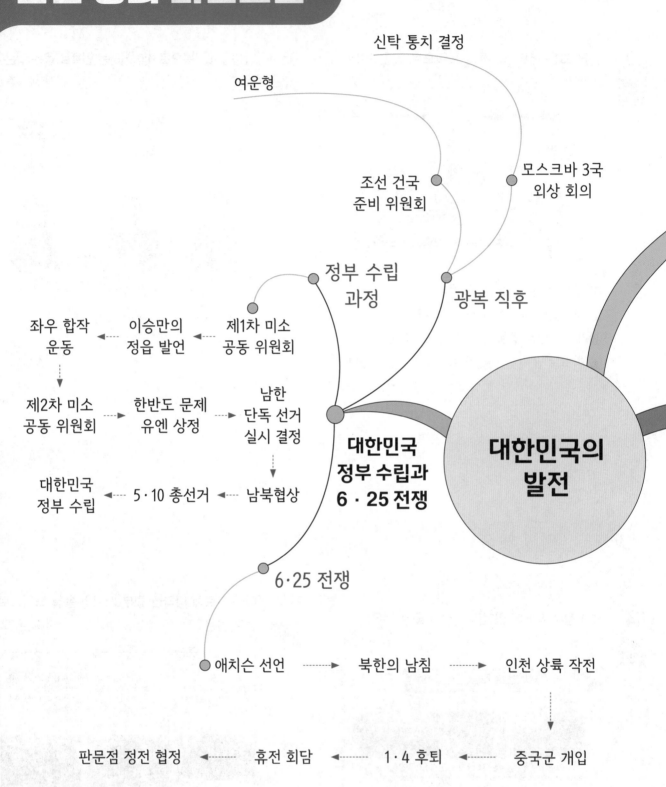

신탁 통치 결정

여운형

조선 건국 준비 위원회

모스크바 3국 외상 회의

정부 수립 과정

광복 직후

좌우 합작 운동 ← 이승만의 정읍 발언 ← 제1차 미소 공동 위원회

제2차 미소 공동 위원회 → 한반도 문제 유엔 상정 → 남한 단독 선거 실시 결정

대한민국 정부 수립 ← 5·10 총선거 ← 남북협상

대한민국 정부 수립과 6 · 25 전쟁

대한민국의 발전

6·25 전쟁

애치슨 선언 -----→ 북한의 남침 -----→ 인천 상륙 작전

판문점 정전 협정 ← 휴전 회담 ← 1·4 후퇴 ← 중국군 개입

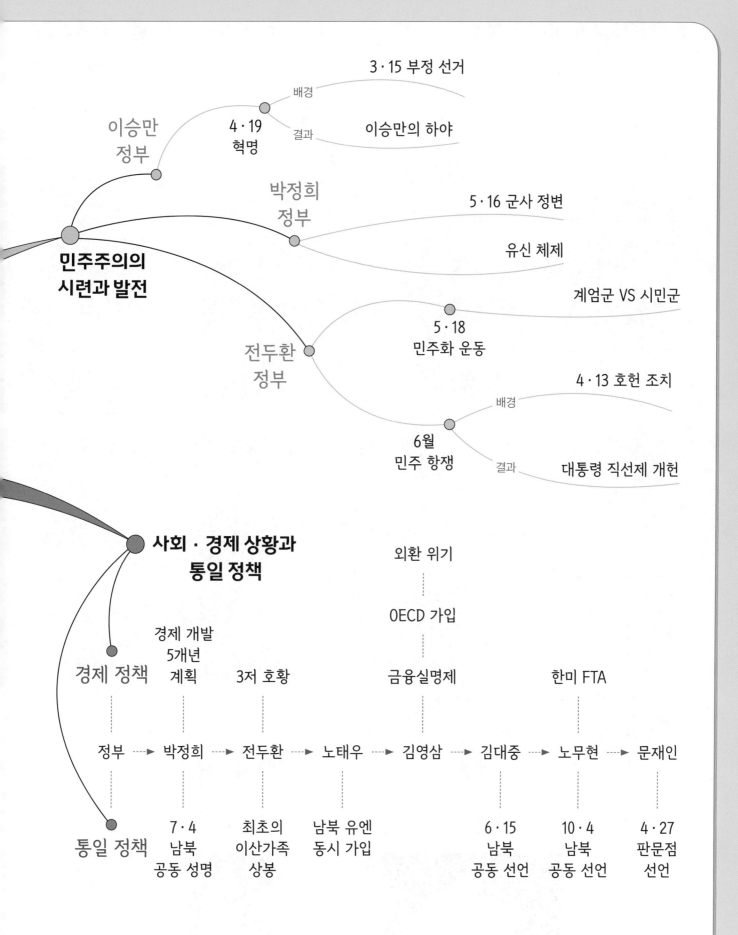

이승만
정부

3·15 부정 선거

배경

4·19
혁명

결과

이승만의 하야

민주주의의
시련과 발전

박정희
정부

5·16 군사 정변

유신 체제

계엄군 VS 시민군

5·18
민주화 운동

전두환
정부

4·13 호헌 조치

배경

6월
민주 항쟁

결과

대통령 직선제 개헌

사회·경제 상황과
통일 정책

외환 위기

OECD 가입

경제 개발
5개년
계획

3저 호황

금융실명제

한미 FTA

경제 정책

정부 ➡ 박정희 ➡ 전두환 ➡ 노태우 ➡ 김영삼 ➡ 김대중 ➡ 노무현 ➡ 문재인

통일 정책

7·4
남북
공동 성명

최초의
이산가족
상봉

남북 유엔
동시 가입

6·15
남북
공동 선언

10·4
남북
공동 선언

4·27
판문점
선언

10

감잡는 키워드 연표

홍릉

『직지심체요절』

특강

경복궁

도산 서원

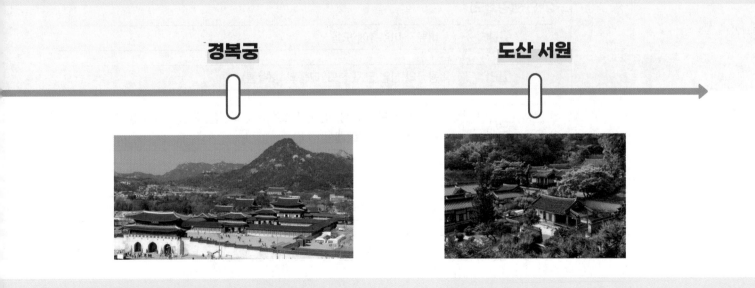

지역사

1 전라·제주

1) 전주

조선	• 경기전(태조의 어진) • 전동 성당(신해박해 순교지)
근대	동학 농민군과 정부가 전주 화약을 체결

2) 제주도

고려	삼별초의 최후 항쟁지
조선	거상 김만덕❶의 선행 지역
현대	제주 4·3 사건(남한만의 단독 선거 반대)

❶ 김만덕
조선 후기 정조 때 거상이었던 김만덕은 고향 제주도에 흉년이 들자, 육지의 곡식을 구매해 백성들을 구휼하였다. 정조는 보상으로 김만덕이 제주 여인으로는 예외적이게 육지로 나와 한양에 머무르고 금강산을 관광할 수 있게 하였다.

2 서울·인천·북한

1) 서울

조선	조선의 도읍지(한양)
조선의 궁궐	• **경복궁**: 조선의 법궁, 임진왜란 당시 불탔다가 흥선 대원군 때 다시 지어짐 ┌ 임금이 나들이 때에 머물던 궁 • **창덕궁**: 태종 때 이궁으로 지어짐, 후원에는 왕실 도서관인 규장각 설치 • **창경궁**: 일제 강점기 때 창경원으로 이름 변경, 동물원 설치

2) 인천(강화도)

고대	비류가 미추홀에 도읍
고려	몽골의 침입 당시 천도, 고종의 능(홍릉)
근대	• 병인양요(정족산성), 신미양요(초지진, 덕진진, 광성보)의 발생지 • 강화도 조약으로 개항

3) 개성

고려	고려의 수도, 만적의 난
조선	송상의 주요 활동지

1-1 전동 성당

[69회 출제]

조선 후기 천주교를 탄압하였던 신해박해 당시 윤지충과 권상연이 신주를 불태웠다는 이유로 처형당하였어요. 이후 1914년 그들의 순교터에 전동 성당이 설립되었어요. 성당 건축에 사용한 일부 돌은 참수된 순교자들의 머리가 성벽에 매달렸을 때 피가 스며든 것으로 추정하고 있어요.

2-1 창경궁

[52회 출제]

1907년 고종이 강제 퇴위를 당하고 순종이 즉위하자 고종은 거처를 창덕궁으로 옮겼어요. 일제는 순종을 위로한다는 구실로 창경궁의 전각을 부수고 그 자리에 동물원과 식물원을 만들었으며, 궁궐의 이름도 창경원으로 바꾸었어요. 1983년부터는 창경궁 복원이 시작되어 동물원과 식물원을 철거하는 등 본래의 모습을 되살리고자 노력하고 있어요.

1-2 전주   69회 47번

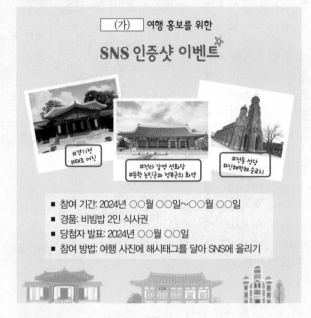

[(가)] 여행 홍보를 위한

SNS 인증샷 이벤트

#경기전
#태조 어진

#전라 감영 선화당
#동학 농민군과 전주군의 화약

#전동 성당
#신해박해 순교지

- 참여 기간: 2024년 ○○월 ○○일~○○월 ○○일
- 경품: 비빔밥 2인 식사권
- 당첨자 발표: 2024년 ○○월 ○○일
- 참여 방법: 여행 사진에 해시태그를 달아 SNS에 올리기

★ 경기전
★ 전주 화약

2-2 강화도   60회 48번

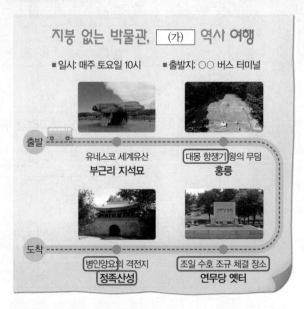

지붕 없는 박물관, [(가)] 역사 여행

- 일시: 매주 토요일 10시   - 출발지: ○○ 버스 터미널

출발

유네스코 세계유산
부근리 지석묘

대몽 항쟁기 왕의 무덤
홍릉

도착

병인양요의 격전지
정족산성

조일 수호 조규 체결 장소
연무당 옛터

★ 정족산성
★ 홍릉(고려 고종의 묘)

3 충청

1) 부여

고대	백제 성왕의 사비(부여) 천도

2) 공주

선사	석장리 유적(남한 최초로 발굴된 구석기 유적지)
고대	• 백제 문주왕의 웅진 천도 • 백제 역사 유적 지구❷, 무령왕릉
고려	명학소 망이 · 망소이의 난
근대	동학 농민 운동 당시 우금치 전투

❷ **백제 역사 유적 지구**
유네스코 세계유산에 등재된 백제 역사 유적 지구는 충남 공주의 공산성, 송산리 고분군, 충남 부여의 관북리 유적과 부소산성, 능산리 고분군, 정림사지, 나성, 전북 익산의 왕궁리 유적, 미륵사지 총 8곳의 문화유산으로 구성되어 있다.

3) 청주

고대	신라 서원경, 신라 촌락 문서
고려	흥덕사에서 『직지심체요절』을 간행

4 경상 · 독도

1) 부산

선사	신석기 시대 동삼동 유적
조선	초량 왜관, 내상의 주요 활동 지역, 임진왜란 당시 송상현의 순절
현대	6 · 25 전쟁 중 임시 수도, 부마 민주 항쟁

2) 안동

고려	고려와 후백제의 고창(안동) 전투
조선	도산 서원(퇴계 이황), 하회 마을(유네스코 세계 문화유산)

3) 독도

고대	신라 지증왕 때 이사부의 우산국 복속
조선	숙종 때 안용복이 일본으로부터 울릉도와 독도가 우리 땅임을 확인받음
근대	대한 제국 칙령 제41호를 통해 독도가 우리 땅임을 선포

3-1 공주 무령왕릉과 왕릉원

[48회 출제]

공주 무령왕릉과 왕릉원(공주 송산리 고분군)은 백제 웅진 시기 왕들의 무덤이 모여 있는 곳이에요. 이곳에는 무령왕릉인 6호분과 굴식돌방무덤인 1~5호분이 있어요. 이 중 무령왕릉만 묘지석이 발견되어 무령왕과 왕비가 묻혀있다는 것을 정확하게 알 수 있어요.

3-2 청주   58회 50번

★ 신라 촌락 문서
★ (『직지심체요절』) 청주 흥덕사에서 간행

4-1 독도

독도는 우리나라 동쪽 끝에 있는 섬으로, 동도·서도 및 그 주변 89개의 바위섬으로 이루어져 있어요. 『삼국사기』에 따르면 이사부가 우산국을 정벌한 것이 기록되어 있어 독도가 삼국 시대부터 신라에 편입되었다는 사실을 알 수 있어요. 일본은 러일 전쟁 시기 독도를 다케시마로 이름을 바꾸고 시마네현에 편입하면서 현재까지 독도가 일본 땅이라고 주장하고 있어요.

4-2 독도   64회 46번

★ 안용복이 일본에 가서 우리 영토임을 확인받은 섬이다.
★ 대한 제국 칙령 제41호의 내용을 파악한다.

연습하기

❶ **OX 퀴즈**

(1) 경기전과 전동 성당이 있는 지역은 충주이다. (O/X)

(2) 창덕궁 후원에는 왕실 도서관인 규장각이 있다.
(O/X)

(3) 부산에는 일본과의 교류를 위해 설치한 관청인 초량 왜관이 있다. (O/X)

❷ **빈칸 퀴즈**

(1) (　　)에는 이황을 추모하는 문인과 유생이 세운 도산 서원이 있다.

(2) (　　　)에는 고려 고종의 홍릉이 위치해 있다.

(3) (　　　)은/는 조선 숙종 때 일본에게 독도가 우리 땅임을 확인받았다.

❸ **사진 퀴즈**

Q. 다음 사진과 관련된 지역으로 옳은 것은?

▲ 『직지심체요절』

① 부산　　② 청주　　③ 공주　　④ 강화도

정답 | ❶ (1) X　(2) O　(3) O
❷ (1) 안동　(2) 강화도　(3) 안용복
❸ ②

01 (가) 지역에 대한 탐구 활동으로 가장 적절한 것은?

[66회 44번]

저는 (가) 의 역사와 관련된 단어를 이 섬의 모양으로 표현해 보았습니다.

삼성혈　이중섭
관덕정　탐라총관부　김만덕
해녀항쟁　4·3사건　이재수의난
고산리　알뜨르 비행장　추사 유배지
탐라국　송악산 동굴진지　하멜

① 운요호 사건의 과정을 검색한다.

② 삼별초의 최후 항쟁지를 조사한다.

③ 고려 왕릉이 조성된 지역을 찾아본다.

④ 대한 제국 칙령 제41호의 내용을 파악한다.

02 (가)에 들어갈 지역으로 옳은 것은?　[64회 48번]

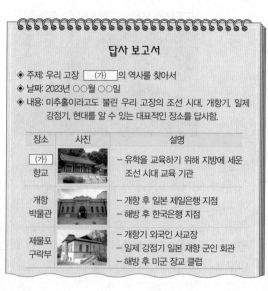

답사 보고서

◆ 주제: 우리 고장 (가) 의 역사를 찾아서
◆ 날짜: 2023년 ○○월 ○○일
◆ 내용: 미추홀이라고도 불린 우리 고장의 조선 시대, 개항기, 일제 강점기, 현대를 알 수 있는 대표적인 장소를 답사함.

장소	사진	설명
(가) 향교		- 유학을 교육하기 위해 지방에 세운 조선 시대 교육 기관
개항 박물관		- 개항 후 일본 제일은행 지점 - 해방 후 한국은행 지점
제물포 구락부		- 개항기 외국인 사교장 - 일제 강점기 일본 재향 군인 회관 - 해방 후 미군 장교 클럽

① 군산　　② 마산　　③ 목포　　④ 인천

03 (가) 섬에 대한 설명으로 옳은 것은?

[60회 4번]

> **여러 가지 이름으로 불린 섬, (가)**
>
> 가지어라고 불린 강치가 많은 섬이라 가지도로 불림
>
> 1900년 대한 제국 칙령 제41호에 석도로 기록됨
>
> 1906년 울도 군수 심흥택의 보고서에 (가) (으)로 표기됨

① 러시아가 조차를 요구한 섬이다.

② 영국이 불법적으로 점령한 섬이다.

③ 하멜 일행이 표류하다 도착한 섬이다.

④ 안용복이 일본으로 건너가 우리 영토임을 주장한 섬이다.

04 (가) 지역에서 있었던 사실로 옳은 것은?

[61회 10번]

> 고려의 수도였던 (가) 의 문화유산에 대해 찾은 것을 발표해 볼까요?
>
> 만월대는 고려의 궁궐터예요.

① 묘청이 난을 일으켰다.

② 원이 쌍성총관부를 설치하였다.

③ 만적이 신분 해방을 도모하였다.

④ 삼별초가 최후의 항쟁을 전개하였다.

05 다음 답사가 이루어진 지역을 지도에서 옳게 고른 것은?

[54회 38번]

> **우리 고장 문화유산 탐방**
>
> 일자: 2021년 ○○월 ○○일
>
> ◆ 답사 코스 ◆
>
> **태사묘**
> 고창 전투를 승리로 이끈 고려 공신 삼태사의 위패를 모신 사당
>
> **도산 서원**
> 퇴계 이황이 제자들을 가르쳤던 장소에 세워진 서원
>
> **임청각**
> 일제 강점기 서간도로 망명하여 독립운동에 앞장섰던 석주 이상룡의 생가

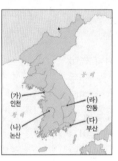

① (가)　　② (나)　　③ (다)　　④ (라)

06 다음에서 설명하는 문화유산으로 옳은 것은?

[52회 29번]

이 궁궐은 조선 시대에 창덕궁과 함께 동궐로 불렸습니다.

1/3

일제에 의해 동물원과 식물원이 설치되어 한때는 그 원래 모습을 잃었던 적도 있습니다.

2/3

이제 본 모습을 찾아가고 있는 궁궐에서 조선 왕실의 숨결을 느껴 보시기 바랍니다.

3/3

① 경복궁　　　② 경희궁

③ 덕수궁　　　④ 창경궁

세시 풍속과 민속놀이

1 세시 풍속

설날	• **일자**: 음력 1월 1일 • **풍습**: 차례, 세배, 윷놀이, 널뛰기, 연날리기 • **음식**: 떡국, 시루떡, 식혜
정월 대보름	• **일자**: 음력 1월 15일 • **풍습**: 줄다리기, 놋다리밟기, 차전놀이, 부럼 깨기, 달집태우기 • **음식**: 부럼, 오곡밥, 약밥, 묵은 나물 └ 잣, 밤, 호두, 땅콩 등의 견과류
단오	• **일자**: 음력 5월 5일 • **풍습**: 창포물에 머리 감기, 그네뛰기, 씨름 • **음식**: 수리취떡, 앵두화채
칠석	• **일자**: 음력 7월 7일(오작교 전설❶) • **풍습**: 처녀들은 바느질 솜씨가 좋아지기를 빎, 서당의 학동들은 글공부를 잘 할 수 있기를 빎
추석	• **일자**: 음력 8월 15일 • **풍습**: 차례, 성묘, 강강술래 • **음식**: 송편
동지	• **일자**: 음력 12월 22일경(일 년 중 가장 밤이 긴 날) • **풍습**: 팥죽을 쑤어 대문에 뿌림 • **음식**: 팥죽, 팥시루떡
한식	• **일자**: 음력 4월 5일경 • **풍습**: 일정 기간 동안 불의 사용을 금지, 조상의 묘를 돌봄

❶ **오작교 전설**
하느님은 직녀와 은하수 건너편에 사는 견우를 혼인시켰다. 그러나 이들이 서로의 일에 게을러지자 다시 떨어져 살게 하고, 칠월칠석날만 같이 지내도록 하였다. 하지만 은하수 때문에 칠월칠석날에도 만나지 못하자 까치와 까마귀들이 머리를 이어 다리를 놓아주었고, 이 다리를 오작교라 불렀다.

2 민속놀이

강강술래	• 주로 추석날 밤이나 정월 대보름날 밤에 대대적으로 행해짐 • 손을 맞잡아 둥그렇게 원을 만들어 돌며 노래를 부름
제기차기	엽전 등의 쇠붙이에 너풀거리는 천을 엮은 뒤 끝을 여러 갈래로 찢어 만든 제기를 한 사람이나 여러 사람이 발로 참
씨름	두 사람이 샅바를 잡고 힘과 기술을 겨루어 상대를 넘어뜨림

1-1 동지

동지는 24절기 중 스물두 번째 절기로, 일 년 중에서 밤이 가장 길고 낮이 가장 짧은 날이에요. 이날 가정에서는 귀신이나 좋지 않은 기운을 쫓기 위해 팥죽을 쑤어 집 주변에 뿌렸어요.

1-2 정월 대보름   69회 50번

★ 음력 1월 15일
★ 오곡밥, 묵은 나물, 약밥, 부럼

2-1 씨름

[52회 출제]

씨름은 두 사람이 상대방의 샅바나 바지의 허리춤을 잡고 상대를 바닥에 넘어뜨리는 민속놀이예요. 삼국 시대 때부터 씨름을 널리 즐겼던 것으로 알려져 있어요. 일제 강점기에는 단성사·광무대와 같은 극장에서 씨름대회가 열려 전국적인 인기를 끌었다고 해요.

2-2 제기차기   58회 49번

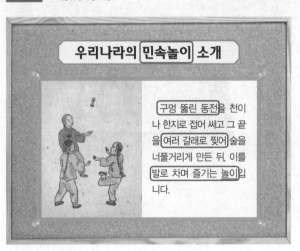

★ 구멍 뚫린 동전
★ 발로 차며 즐기는 놀이
★ 여러 갈래로 찢어 술을 너풀거리게 만듦

정답 및 해설 **54쪽**

연습하기

❶ OX 퀴즈

(1) 정월 대보름은 일 년 중 밤이 가장 긴 날이다. (O/X)

(2) 강강술래는 추석에 하는 민속놀이이다. (O/X)

(3) 설날에는 차례를 지내고 어른들께 세배하며 덕담을 나누었다. (O/X)

❷ 빈칸 퀴즈

(1) ( )은/는 견우와 직녀가 일년에 한 번 만날 수 있는 날이다.

(2) ( )에는 창포물에 머리를 감는다.

(3) ( )에는 일정 기간 동안 불의 사용을 금지하고 조상의 묘를 돌보았다.

❸ 사진 퀴즈

Q. 다음 사진과 관련된 세시 풍속으로 옳은 것은?

① 동지　　　　② 한식

③ 단오　　　　④ 정월 대보름

---

01 (가)에 들어갈 세시 풍속으로 옳은 것은?

[60회 8번]

동지로부터 105일째 되는 날인 (가) 은/는 양력 4월 5일 무렵으로 중국 춘추 시대 개자추 이야기에서 유래되었다고 전한다. 이날에는 불을 사용하지 않고 찬 음식을 먹었으며 조상의 묘를 돌보았다.

① 단오　　　　② 칠석

③ 한식　　　　④ 삼짇날

---

02 (가)에 들어갈 세시 풍속으로 옳은 것은?

[55회 23번]

우리나라의 큰 명절인 음력 8월 15일 (가) 을/를 맞이하여 특별한 요리를 준비하셨다고요?

네, 이 명절에는 햅쌀로 송편을 빚어 차례를 지내고 성묘하잖아요. 오늘은 송편을 맛있게 만드는 비법을 알려 드릴게요.

① 단오　　　　② 추석

③ 한식　　　　④ 정월 대보름

정답 | ❶ (1) X　(2) O　(3) O

　　　❷ (1) 칠석　(2) 단오　(3) 한식

　　　❸ ④

03 (가)에 들어갈 내용으로 옳은 것은? [67회 50번]

① 단오   ② 동지
③ 칠석   ④ 한식

04 (가)에 들어갈 세시 풍속으로 옳은 것은?

[57회 14번]

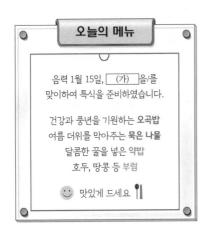

① 동지   ② 추석
③ 삼짇날   ④ 정월 대보름

05 밑줄 그은 '그날'에 해당하는 세시 풍속으로 옳은 것은?

[66회 4번]

① 단오   ② 동지
③ 추석   ④ 칠석

06 밑줄 그은 '이날'에 해당하는 세시 풍속으로 옳은 것은?

[61회 41번]

① 단오   ② 동지
③ 추석   ④ 한식

07 (가) 명절에 행해지는 세시 풍속으로 가장 적절한 것은?

[54회 47번]

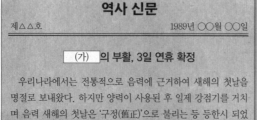

역사 신문

제△△호　　　　　　　　　　1989년 ○○월 ○○일

　　　　　(가)　의 부활, 3일 연휴 확정

　우리나라에서는 전통적으로 음력에 근거하여 새해의 첫날을 명절로 보내왔다. 하지만 양력이 사용된 후 일제 강점기를 거치며 음력 새해의 첫날은 '구정(舊正)'으로 불리는 등 등한시 되었다. 그럼에도 음력으로 명절을 쇠는 전통은 사라지지 않았고, 1985년에 정부는 이날을 '민속의 날'이라는 이름의 국가 공휴일로 지정하였다. 그리고 1989년 드디어　(가)　(이)라는 고유의 명칭으로 변경하고, 연휴로 하는 방안을 확정하였다.

① 화전놀이
② 세배하기
③ 창포물에 머리 감기
④ 보름달 보며 소원 빌기

08 (가)에 들어갈 명절로 옳은 것은?

[63회 48번]

●●●●● 📶　　　오전 10:00　　　70% ▮

○○○
30분 전

#세시_풍속 #부럼_깨기
#오곡밥_먹기

오늘은 음력 1월 15일
(가)　맞이 부럼 깨기 완료!

👍좋아요 48　　💬 댓글 2　　➡공유하기

□□
부럼 깨기가 뭐야?

○○○
부스럼을 예방하고 치아를 튼튼하게 하려는 뜻이 담긴 세시 풍속이야.

① 단오
② 동지
③ 한식
④ 정월 대보름

09 (가)에 들어갈 그림으로 적절하지 <u>않은</u> 것은?

[51회 36번]

오전 10:00　　　📶 100%▮

정월
대보름
맞이　세시 풍속 이모티콘 출시

'정월'은 한 해를 처음 시작하는 달, '대보름'은 가장 큰 보름이라는 뜻으로 정월 대보름은 음력 1월 15일을 말합니다. 다양한 의식을 행하고 놀이를 즐기는 정월 대보름의 풍경을 담은 이모티콘을 지금 만나 보세요.

(가)

달집 태우기　　　　　　자세히 보러 가기>>

①　부럼 깨기
②　창포물에 머리 감기
③　쥐불놀이
④　오곡밥 먹기

10 (가)에 들어갈 명절로 옳은 것은?

[50회 36번]

세시 풍속 체험 행사
음력 8월 15일 명절,　(가)

보름달 소원 쓰기　　　　　　송편 만들기

① 단오　　② 동지　　③ 추석　　④ 한식

FINAL

실전 기출
하프 테스트

01 (가) 시대의 생활 모습으로 가장 적절한 것은?

고인돌의 고장
화순으로 오세요

괴바위 고인돌 / 마당바위 고인돌 / 핑매바위 고인돌 / 관청바위 고인돌 / 김태바위 채석장 / 고인돌 유적 탐방 경로

화순에는 처음으로 금속 도구를 사용한 [(가)] 시대의 문화유산인 고인돌 유적이 있습니다. 이곳에는 고인돌의 덮개돌을 떼어 냈던 채석장이 남아 있어서 고인돌을 만들었던 과정을 확인할 수 있습니다.

① 철제 농기구로 농사를 지었다.
② 주로 동굴이나 막집에서 살았다.
③ 반달 돌칼로 벼 이삭을 수확하였다.
④ 빗살무늬 토기에 곡식을 저장하기 시작하였다.

02 학생들이 공통으로 이야기하고 있는 나라를 지도에서 옳게 찾은 것은?

마가, 우가, 저가, 구가 등이 별도로 사출도를 다스렸어.

12월에 영고라는 제천 행사를 열었어.

① (가)   ② (나)
③ (다)   ④ (라)

03 밑줄 그은 '나'의 업적으로 옳은 것은?

고구려 제19대 왕인 나는 거란, 숙신, 후연, 동부여 등을 정벌하고, 영토를 크게 넓혔소.

① 태학을 설립하였다.
② 천리장성을 축조하였다.
③ 도읍을 평양성으로 옮겼다.
④ 신라에 침입한 왜를 격퇴하였다.

04 (가) 왕에 대한 설명으로 옳은 것은?

부여 야행, 백제의 밤을 느끼다

[(가)] 이/가 도읍으로 정한 부여에서 열리는 다양한 행사에 참여해 보세요.

행사1 정림사지 오층 석탑 탑돌이
행사2 궁남지에서 연꽃 유등띄우기

① 왜에 칠지도를 보냈다.
② 동진으로부터 불교를 받아들였다.
③ 신라를 공격하여 대야성을 점령하였다.
④ 진흥왕과 연합하여 한강 하류 지역을 되찾았다.

05 (가)~(다)를 일어난 순서대로 옳게 나열한 것은?

만화로 보는 삼국 통일 과정

고구려의 평양성이 함락되었다. (가)

왜군이 백강 전투에서 패배하였다. (나)

신라군이 기벌포에서 당군에 승리하였다. (다)

① (가) – (나) – (다)
② (가) – (다) – (나)
③ (나) – (가) – (다)
④ (다) – (가) – (나)

06 (가) 국가에 대한 설명으로 옳은 것은?

이 사료의 대무예는 (가) 의 무왕으로, 대조영의 아들입니다. 그는 장문휴에게 명령하여 당의 등주를 공격하는 등 대당 강경책을 펼쳤습니다.

대무예가 대장 장문휴를 보내 수군을 거느리고 등주를 공격하게 하였다. 당 현종은 급히 대문예에게 유주의 군사를 거느리고 반격하게 하였다.

① 마한의 소국 중 하나였다.
② 상수리 제도를 실시하였다.
③ 전성기에 해동성국이라 불렸다.
④ 광덕, 준풍 등의 연호를 사용하였다.

07 (가) 국가의 문화유산으로 옳지 <u>않은</u> 것은?

[67회 8번]

(가) 은/는 여러 번 도읍을 옮겼지만, 이곳 상경성을 가장 오랫동안 도읍으로 삼았습니다. 문왕은 당의 도읍 장안성의 구조를 본떠 상경성을 만들었습니다.

① 칠지도
② 이불 병좌상
③ 영광탑
④ 정효 공주 무덤 벽화

08 (가)에 들어갈 내용으로 옳은 것은?

청주 용두사지 철당간에는 준풍이라는 연호가 새겨져 있습니다. 이 연호를 사용한 왕의 업적을 대화 창에 올려주세요.

과거로 떠나는 역사 여행 - 청주 편

ON 대화 창

노비안검법을 시행했어요.
관리의 복색을 제정했어요.
(가)

글쓰기

① 강화도로 천도했어요.
② 쌍성총관부를 수복했어요.
③ 지방에 12목을 설치했어요.
④ 과거제를 처음으로 시행했어요.

09 (가), (나) 사이의 시기에 있었던 사실로 옳은 것은?

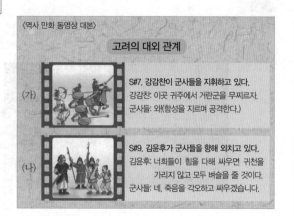

① 서희가 강동 6주를 획득하였다.
② 윤관이 동북 9성을 축조하였다.
③ 박위가 쓰시마섬을 토벌하였다.
④ 최무선이 진포에서 왜구를 물리쳤다.

10 (가)에 들어갈 문화유산으로 옳은 것은?

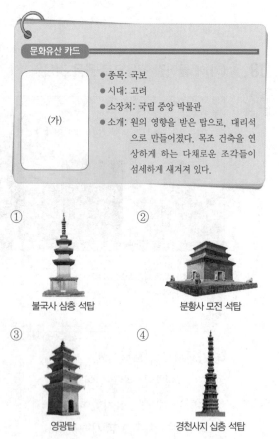

11 (가) 왕의 재위 기간에 있었던 사실로 옳은 것은?

① 계미자가 주조되었다.
② 균역법이 실시되었다.
③ 기묘사화가 일어났다.
④ 6조 직계제가 시행되었다.

12 (가)에 들어갈 사건으로 옳은 것은?

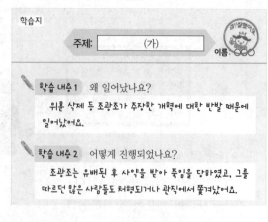

① 기묘사화   ② 신유박해
③ 인조반정   ④ 임오군란

13 (가) 전쟁 중에 있었던 사실로 옳은 것은?

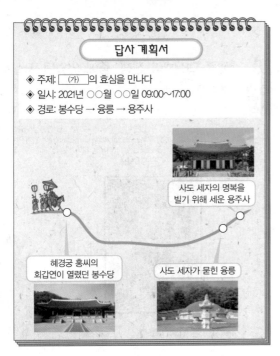

『징비록』이란 무엇인가? ⬚(가)⬚ 당시의 일을 기록한 것이다. 이때의 화는 참혹하였다. 수십 일만에 삼도(三都)*를 잃고 임금께서 수도를 떠나 피란하였다. 그럼에도 오늘날까지 우리나라가 남아 있게 된 것은 하늘이 도운 까닭이다. 그리고 나라를 생각하는 백성들의 마음이 그치지 않았고, 우리나라를 돕기 위해 명의 군대가 여러 차례 출동하였기 때문이다.

*삼도: 한성, 개성, 평양

① 이종무가 쓰시마섬을 토벌하였다.
② 정문부가 의병을 모아 왜군을 격퇴하였다.
③ 배중손이 삼별초를 이끌고 몽골군과 싸웠다.
④ 최영이 군대를 지휘하여 홍건적을 물리쳤다.

14 (가) 왕의 업적으로 옳지 <u>않은</u> 것은?

답사 계획서

◆ 주제: ⬚(가)⬚ 의 효심을 만나다
◆ 일시: 2021년 ○○월 ○○일 09:00~17:00
◆ 경로: 봉수당 → 융릉 → 용주사

사도 세자의 명복을 빌기 위해 세운 용주사

혜경궁 홍씨의 회갑연이 열렸던 봉수당

사도 세자가 묻힌 융릉

① 장용영을 설치하였다.
② 금난전권을 폐지하였다.
③ 농사직설을 편찬하였다.
④ 초계문신제를 실시하였다.

15 밑줄 그은 '이 그림'이 그려진 시기에 볼 수 있는 모습으로 적절하지 <u>않은</u> 것은?

이 그림은 서당의 모습을 그린 김홍도의 풍속화입니다. 훈장 앞에서 훌쩍이는 학생과 이를 바라보는 다른 학생들의 모습이 생생하게 표현되어 있습니다.

① 한글 소설을 읽는 여인
② 청화 백자를 만드는 도공
③ 판소리 공연을 하는 소리꾼
④ 초조대장경을 제작하는 장인

16 밑줄 그은 '정변' 이후에 있었던 사실로 옳은 것은?

역사 신문

제△△호   ○○○○년 ○○월 ○○일

개화당 정부, 무너지다

어제 구성된 개화당 정부가 하루 만에 청군의 개입으로 붕괴하였다. 새 정부를 구성하고 개혁 정강을 발표하였던 김옥균, 박영효, 서재필 등은 현재 일본 공사를 따라 일본 공사관으로 피신해 있는 것으로 알려졌다. 우정국 개국 축하연에서의 소동으로 시작된 정변은 이로써 3일 만에 막을 내리게 되었다.

① 임오군란이 일어났다.
② 한성 조약이 체결되었다.
③ 통리기무아문이 설치되었다.
④ 제너럴 셔먼호 사건이 발생하였다.

17 (가) 운동에 대한 설명으로 옳은 것은?

(가) 특별 사진전

사발통문
봉기의 주모자가 드러나지 않게 작성된 문서

장태(복원)
황룡촌 전투에서 사용한 농민군의 무기

공주 우금치 전적
농민군이 일본군·관군을 상대로 격전을 벌였던 곳

① 박규수가 안핵사로 파견되었다.
② 전개 과정에서 집강소가 설치되었다.
③ 한성 조약이 체결되는 결과를 가져왔다.
④ 평안도 지역 차별에 반발하여 일어났다.

18 밑줄 그은 '이 시기'에 볼 수 있는 모습으로 적절한 것은?

이 사진을 보면 경무부와 헌병대 간판이 나란히 걸려 있네요.

그렇습니다. 이 시기 일제는 군사 경찰인 헌병이 일반 경찰 업무까지 맡는 헌병 경찰 제도를 실시하였습니다.

① 제복을 입고 칼을 찬 교사
② 한성순보를 발간하는 관리
③ 단발령 시행에 반발하는 유생
④ 경인선 철도 개통식을 구경하는 청년

19 (가)의 활동으로 옳은 것은?

이것은 네 엄마를 키우면서 쓴 일기야. 네 할아버지랑 나는 3·1 운동을 계기로 상하이에 수립된 (가) 이/가 창사로 옮겼을 때 합류해서 독립운동을 했어. 김구, 이시영 선생님이 네 엄마를 참 예뻐하셨지.

와, 그 힘든 독립 운동을 하시면서도 육아 일기를 쓰셨네요!

① 독립 공채를 발행하였다.
② 만민 공동회를 개최하였다.
③ 신흥 강습소를 설립하였다.
④ 잡지 어린이를 발간하였다.

20 밑줄 그은 '이 전쟁' 중에 있었던 사실로 옳은 것은?

이것은 이 전쟁 중인 1951년 11월 판문점 인근에서 열기구를 띄우려는 모습을 촬영한 사진입니다. 이 열기구는 휴전 회담이 진행되던 당시 판문점 일대가 중립 지대임을 표시하기 위한 것이었습니다.

① 애치슨 선언이 발표되었다.
② 흥남 철수 작전이 전개되었다.
③ 사사오입 개헌안이 가결되었다.
④ 한미 상호 방위 조약이 체결되었다.

21 (가)에 들어갈 내용으로 옳은 것은?

좋아요 66회   3일 전

수업 시간에 (가) 당시 시민군의 항쟁 중심지였던 옛 전남도청 모형을 만들었다. 실제 옛 도청 앞 시계탑에서는 매일 같은 시간에 '임을 위한 행진곡'이 나온다고 한다. 많은 분의 희생으로 우리나라의 민주주의가 발전하게 되었음을 깨닫게 되었다.

① 4·19 혁명   ② 부마 민주 항쟁
③ 6월 민주 항쟁   ④ 5·18 민주화 운동

22 (가) 정부 시기의 경제 상황으로 옳은 것은?

○○ 신문

2023년 △△월 △△일

정치   경제   사회   문화   **스포츠**

스포츠) 축구

프로 축구 출범 40주년 맞아

프로 축구가 올해로 출범 40주년을 맞게 된다. '슈퍼 리그'라는 이름 아래 다섯 팀으로 시작하였던 프로 축구는 현재 팀 수가 크게 늘어나 승강제가 시행될 정도로 규모가 확대되었다.

슈퍼 리그 개막 행사

5·18 민주화 운동이 진압된 이후 집권한 (가) 정부는 프로 야구 출범 이듬해인 1983년에 프로 축구를 출범시켰다. 이로써 프로 스포츠 시대가 본격화하였지만, 정치에 대한 국민의 관심을 돌리기 위한 조치였다는 비판을 받기도 한다.

① 제1차 경제 개발 5개년 계획이 수립되었다.
② 경제 협력 개발 기구(OECD)에 가입하였다.
③ 저금리·저유가·저달러의 3저 호황이 있었다.
④ 미국과의 자유 무역 협정(FTA)이 체결되었다.

23 다음 정부의 통일 노력으로 옳은 것은?

사진으로 보는 ○○○ 정부

남북한 유엔 동시 가입   한중 수교

① 남북 기본 합의서를 채택하였다.
② 7·4 남북 공동 성명을 발표하였다.
③ 6·15 남북 공동 선언에 합의하였다.
④ 남북 이산가족 고향 방문을 최초로 실현하였다.

24 (가)에 들어갈 섬으로 옳은 것은?

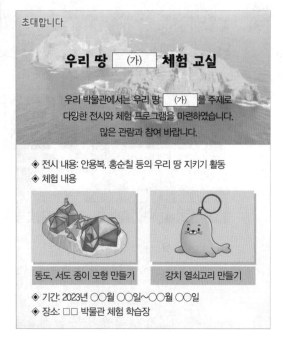

초대합니다

우리 땅 (가) 체험 교실

우리 박물관에서는 우리 땅 (가) 를 주제로
다양한 전시와 체험 프로그램을 마련하였습니다.
많은 관람과 참여 바랍니다.

◈ 전시 내용: 안용복, 홍순칠 등의 우리 땅 지키기 활동
◈ 체험 내용

독도, 서도 종이 모형 만들기	강치 열쇠고리 만들기

◈ 기간: 2023년 ○○월 ○○일~○○월 ○○일
◈ 장소: □□ 박물관 체험 학습장

① 독도   ② 진도
③ 거문도   ④ 제주도

25 (가)에 들어갈 문화유산으로 옳은 것은?

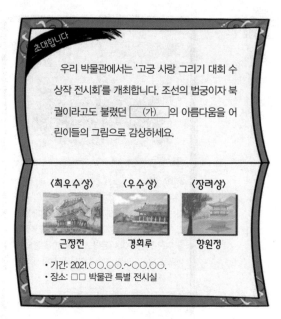

초대합니다

우리 박물관에서는 '고궁 사랑 그리기 대회 수
상작 전시회'를 개최합니다. 조선의 법궁이자 북
궐이라고도 불렸던 (가) 의 아름다움을 어
린이들의 그림으로 감상하세요.

〈최우수상〉	〈우수상〉	〈장려상〉
근정전	경회루	향원정

• 기간: 2021.○○.○○.~○○.○○.
• 장소: □□ 박물관 특별 전시실

① 경복궁   ② 덕수궁
③ 창경궁   ④ 창덕궁

MEMO

MEMO

좋은 책을 만드는 길, 독자님과 함께 하겠습니다.

2025 시대에듀 PASSCODE 한국사능력검정시험
시대별 · 주제별 기출문제집 기본(4 · 5 · 6급)

초 판 발 행	2025년 02월 05일 (인쇄 2024년 12월 05일)
발 행 인	박영일
책 임 편 집	이해욱
편 저	한국사수험연구소
편 집 진 행	이미림 · 박누리별 · 백나현
표지디자인	박수영
편집디자인	임창규 · 윤아영
발 행 처	(주)시대고시기획
출 판 등 록	제10-1521호
주 소	서울시 마포구 큰우물로 75 [도화동 538 성지 B/D] 9F
전 화	1600-3600
팩 스	02-701-8823
홈 페 이 지	www.sdedu.co.kr

I S B N	979-11-383-8339-4 (13910)
정 가	19,000원

WHY?

※ 시험의 활용 및 요강은 변경될 수 있습니다. 자세한 사항은
한국사능력검정시험 홈페이지(www.historyexam.go.kr)를 통해 확인하시기 바랍니다.

왜 한국사능력검정시험인가?

응시 자격 부여
- 지역인재 7급 수습직원
- 외교관 후보자 선발
- 5급 공무원
- 교원임용

한국사 시험 대체
- 7급 국가직 · 지방직 공무원
- 우정서기보(계리) 공무원
- 경찰 · 소방 공무원
- 군무원

활용할 수 있는 곳이
무궁무진

가산점 부여
- 일부 대학의 수시모집
- 공무원 경력경쟁채용
- 사관학교 입시

기타
일부 기업 사원 채용이나
승진 시 반영

인증 등급 »

문항 수 / 시간 »

심화: 1급(80점 이상) / 2급(70~79점) / 3급(60~69점) | 50문항(5지 택1형) / 80분

기본: 4급(80점 이상) / 5급(70~79점) / 6급(60~69점) | 50문항(4지 택1형) / 70분

한국사능력검정시험 무료 동영상과 함께 학습하세요!

유튜브 접속 ▶▶▶▶ 시대에듀 채널
에서 '한능검'
검색 ▶▶▶▶ '핵심 이론'
+
'기출 해설'
강의 보기

※ 해당 동영상 강의는 시대에듀(www.sdedu.co.kr)에서도 동일하게 제공됩니다.

코딩·SW·AI 이해에 꼭 필요한

초등코딩 Coding
사고력수학
시리즈

수학을 기반으로 한 **SW** 융합 학습서

초등 **SW** 교육과정 완벽 반영

언플러그드 코딩을 통한 흥미 유발

초등 컴퓨팅 사고력 + 수학 사고력 동시 향상

2025 특별기획판

PASSCODE ver 1.0
합격에듀 시대에듀

한국사 능력검정시험

시대별 압축 33주제로 개념 + 기출 한 번에 정리

기본 4·5·6급

문제별 해설 강의 QR코드 연동 서비스
학습 자료 : 시대별 연표

시대별·주제별 기출문제집
정답 및 해설

한국사수험연구소 편저

시대에듀

Contents

정답 및 해설

한국사능력검정시험 시대별·주제별 기출문제집

기본

정답 및 해설

1 선사 시대와 고조선

01 구석기 시대

연천 전곡리 유적은 구석기 시대의 대표적인 유적지이다. 구석기 시대 사람들은 동굴이나 바위 그늘에 막집을 짓고 살면서 계절에 따라 이동 생활을 하였다.

② 구석기 시대에는 돌을 깨뜨려 뗀석기를 만들고, 이를 이용하여 동물의 가죽을 벗겼다.

✔ 바로 잡기

① 신석기 시대에는 가락바퀴로 실을 뽑아 뼈바늘로 옷을 지어 입었다.

③ 신석기 시대에는 빗살무늬 토기에 식량을 저장하였다.

④ 청동기 시대에는 거푸집으로 비파형 동검을 제작하면서 독자적인 청동기 문화를 형성하였다.

02 신석기 시대

신석기 시대에는 강가나 바닷가에 움집을 짓고 살면서 채집·수렵·어로 활동을 하였다. 농경이 시작되면서 조·피 등을 재배하고 간석기인 갈돌과 갈판으로 곡식을 갈아서 음식을 만들어 먹기도 하였다. 또한, 가락바퀴로 실을 뽑아 뼈바늘로 옷을 지어 입었다.

② 신석기 시대에는 빗살무늬 토기에 식량을 저장하였다.

✔ 바로 잡기

① 청동기 시대에는 의례를 주관할 때 청동 방울이나 거울 등을 제작하여 사용하였다.

③ 철기 시대에는 쟁기, 호미, 쇠스랑 등의 철제 농기구를 사용하여 농사를 지었다.

④ 청동기 시대에는 거친무늬 거울을 만들어 사용하였다.

03 구석기 시대

구석기 시대 사람들은 돌을 깨뜨려서 주먹도끼, 찍개, 긁개 등의 뗀석기를 만들었다. 이 도구들은 사냥을 통해 얻은 동물의 가죽을 벗기는 용도 등으로 사용되었다.

③ 구석기 시대 사람들은 동굴이나 바위 그늘에 막집을 짓고 살면서 계절에 따라 이동 생활을 하였다.

✔ 바로 잡기

① 철기 시대에는 쟁기, 호미, 쇠스랑 등의 철제 농기구를 제작하여 농업에 이용하였다.

② 신석기 시대에는 빗살무늬 토기를 만들어 음식을 조리하거나 저장하는 용도로 이용하였다.

④ 청동기 시대에는 거푸집으로 비파형 동검을 제작하였다.

04 신석기 시대

신석기 시대에는 농경이 시작되면서 조·피 등을 재배하였다. 강가나 바닷가에 움집을 짓고 살았으며, 불을 사용하기 시작하였다. 또한, 간석기인 갈돌과 갈판으로 곡식을 갈아서 음식을 만들어 먹었고, 가락바퀴로 실을 뽑아 뼈바늘로 옷을 지어 입었다.

③ 신석기 시대에는 빗살무늬 토기에 식량을 저장하였다.

✔ 바로 잡기

①·② 청동기 시대에는 청동으로 거친무늬 거울을 만들고, 거푸집을 이용하여 비파형 동검을 만드는 등 한반도의 독자적인 청동기 문화를 형성하였다.

④ 철기 시대에는 쟁기, 호미, 쇠스랑 등의 철제 농기구를 사용하여 농사를 지었다.

05 청동기 시대

청동기 시대에 일부 지역에서는 벼농사를 짓기 시작하면서 반달 돌칼을 이용하여 곡식을 수확하였다. 또한, 청동으로 의례용인 청동 방울이나 거울 등을 제작하기도 하였다.

② 청동기 시대에는 거푸집으로 비파형 동검을 제작하였다.

✔ 바로 잡기

① 신라 지증왕 때 소를 이용한 우경이 시행되었으며 고려 시대에 널리 보급되었다.

③ 신석기 시대에는 가락바퀴로 실을 뽑아 뼈바늘로 옷을 지어 입었다.

④ 구석기 시대 사람들은 주로 동굴이나 막집에 살았으며 계절에 따라 이동 생활을 하였다.

06 청동기 시대

청동기 시대에 일부 지역에서는 벼농사를 짓기 시작하면서 반달 돌칼을 이용하여 곡식을 수확하였다.
④ 청동기 시대에는 권력을 가진 군장이 등장하였는데 지배층이 죽으면 무덤으로 고인돌을 만들었다.

✔ 바로 잡기

① 신라 지증왕 때 소를 이용한 우경이 시행되었으며 고려 시대에 널리 보급되었다.
② 철기 시대에는 철제 무기 · 농기구 등을 제작하여 사용하였다.
③ 구석기 시대 사람들은 주로 동굴이나 막집에 살았으며 계절에 따라 이동 생활을 하였다.

01 고조선

고조선은 우리 역사상 최초의 나라로, 단군왕검이 건국하였다. 『삼국유사』의 단군 신화에 따르면, 하늘에서 내려온 환웅과 곰에서 사람으로 변한 웅녀가 혼인하여 낳은 단군왕검이 고조선을 세우고 1,500여 년간 다스렸다고 전해진다. 이후 고조선은 한 무제의 침략을 받아 수도 왕검성이 함락되면서 멸망하였다.
① 고조선은 사회 질서를 유지하기 위해 8개의 조항으로 이루어진 범금 8조를 만들었으나 현재는 3개의 조항만 전해진다.

✔ 바로 잡기

② 동예는 각 부족의 영역을 중요시하여 서로의 영역을 침범한 경우 노비와 소, 말로 잘못을 갚는 제도인 책화를 두었다.
③ 삼한 중 변한은 해상 교통에 유리한 지역적 특색을 이용하여 풍부하게 생산되는 철을 낙랑과 왜에 수출하였다.
④ 고구려는 귀족 회의인 제가 회의를 통해 나라의 중요한 일을 결정하였다.

02 부여

③ 부여는 만주 쑹화강 유역의 비옥한 평야 지대에서 성장한 국가이다. 왕 아래 마가, 우가, 저가, 구가의 가(加)들이 각자의 행정 구역인 사출도를 다스리고, 왕이 통치하는 중앙과 합쳐 5부를 구성하는 연맹 왕국이었다. 또한, 12월에는 수확제이자 추수 감사제의 성격을 지닌 영고라는 제천 행사를 열었다.

✔ 바로 잡기

① 가야는 철이 풍부하게 생산되어 낙랑과 왜에 수출하였고, 덩이쇠를 화폐처럼 사용하기도 하였다.
② 동예는 각 부족의 영역을 중요시하여 그 영역을 침범하는 경우 노비와 소, 말로 갚게 하는 책화 제도를 두었다. 10월에는 제천 행사인 무천을 열기도 하였다.
④ 옥저는 여자가 어렸을 때 혼인할 남자의 집에서 생활하다가 성인이 된 후에 혼인을 하는 민며느리제가 있었다.

03 옥저

④ 옥저는 읍군, 삼로 등의 군장이 지배하였다. 또, 여자가 어렸을 때 혼인할 남자의 집에서 생활하다가 성인이 된 후에 혼인을 하는 풍습인 민며느리제가 있었다. 장례 풍습으로는 가족이 죽으면 뼈만 추려 가매장하였다가 나중에 커다란 목곽에 함께 안치하는 가족 공동 무덤이 있었다.

✔ 바로 잡기

① 동예는 각 부족의 영역을 중요시하여 그 영역을 침범하는 경우 노비와 소, 말로 변상하게 하는 제도인 책화를 두었다.
② 부여는 왕이 통치하는 중앙을 포함하여 5부를 구성하는 연맹 왕국으로, 왕 아래 마가, 우가, 저가, 구가의 가(加)들이 각자의 행정 구역인 사출도를 다스렸다.
③ 삼한은 소도라는 신성 지역을 따로 두어 제사장인 천군이 이를 관리하는 제정 분리 사회였다.

04 옥저

(가) 부여 (나) 고구려 (다) 옥저 (라) 동예
③ 옥저에는 여자가 어렸을 때 혼인할 남자의 집에서 생활하다가 성인이 된 후에 혼인을 하는 민며느리제가 있었다. 또한, 가족이 죽으면 뼈만 추려 보관하였다가 나중에 가족 공동 무덤인 커다란 목곽에 안치하는 장례 풍습이 있었다.

05 동예

① 동예는 철기 문화를 바탕으로 함경남도와 강원도의 해안 지역에 등장한 나라이며, 읍군이나 삼로라는 군장들이 각 부족을 다스렸다. 다른 부족의 경계를 침범하면 노비와 소, 말로 변상하게 하는 책화 제도를 두었으며, 10월에는 무천이라는 제천 행사를 지내기도 하였다. 또한, 특산물로는 단궁, 반어피, 과하마 등이 유명하였다.

✔ 바로 잡기

② 부여는 왕 아래 마가, 우가, 저가, 구가의 가(加)들이 각자의 행정 구역인 사출도를 다스리고, 왕이 통치하는 중앙과 합쳐 5부를 구성하는 연맹 왕국이었다. 또한, 12월에는 수확제이자 추수 감사절의 성격을 지닌 영고라는 제천 행사를 열었다.

③ 삼한은 신지, 읍차라고 불린 군장이 각 소국을 지배하고 제사장인 천군이 소도라는 신성 지역을 다스리는 제정 분리 사회였다. 또한, 벼농사가 발달하여 씨를 뿌리고 난 뒤인 5월에 수릿날을 정해 풍년을 기원하고, 추수를 하는 10월에 계절제를 열어 하늘에 제사를 지냈다.

④ 옥저에는 여자가 어렸을 때 혼인할 남자의 집에서 생활하다가 성인이 된 후에 혼인을 하는 민며느리제가 있었다.

06 삼한

삼한은 제사장인 천군이 소도라는 신성 지역을 따로 관리하는 제정 분리 사회였다. 또한, 벼농사가 발달하여 해마다 씨를 뿌리고 난 뒤인 5월에 수릿날을 정해 풍년을 기원하고, 추수를 하는 10월에는 계절제를 열어 하늘에 제사를 지냈다.

② 삼한은 신지, 읍차라고 불린 지배자가 각 소국을 지배하였다.

✔ 바로 잡기

① 부여에서는 12월에 풍성한 수확제이자 추수 감사제의 성격을 지닌 영고라는 제천 행사가 열렸다.

③ 옥저에는 여자가 어렸을 때 혼인할 남자의 집에서 생활하다가 성인이 된 후에 혼인을 하는 풍습인 민며느리제가 있었다.

④ 동예는 각 부족의 영역을 중요시하여 그 영역을 침범하는 경우 노비와 소, 말로 잘못을 갚게 하는 제도인 책화를 두었다.

2 삼국과 가야

01 고구려 광개토 대왕

고구려 제19대 왕으로 즉위한 광개토 대왕은 영락이라는 독자적 연호를 사용하고, 활발한 정복 활동으로 고구려의 전성기를 열었다. 북쪽으로는 숙신, 후연, 거란, 동부여 등을 정벌하였고, 남쪽으로는 백제 수도 한성을 점령하여 한강 유역까지 영토를 확장하였다.

④ 고구려 광개토 대왕은 신라의 요청으로 군대를 보내 신라에 침입한 왜를 격퇴하였다.

✔ 바로 잡기

① 고구려 소수림왕은 국가 교육 기관인 태학을 설립하여 인재를 길러냈다.

② 고구려 장수왕은 평양으로 천도하고 남진 정책을 추진하여 영토를 확장하였다.

③ 고구려 영류왕 때 연개소문은 당의 공격에 대비하여 동북의 부여성에서 발해만의 비사성까지 천리장성을 축조하였다.

02 고구려 장수왕

② 고구려 광개토 대왕의 뒤를 이어 즉위한 장수왕은 광개토 대왕릉비를 건립하여 아버지 광개토 대왕의 업적을 기렸다. 또한, 영토 확장을 위해 평양으로 수도를 옮긴 후 남진 정책을 추진하여 백제의 수도 한성을 함락하고 한강 유역을 차지하였다.

✔ 바로 잡기

① 고구려 미천왕은 낙랑군과 대방군 등 한 군현을 한반도 지역에서 몰아내며 영토를 넓혔다.

③ 고구려 고국천왕은 을파소의 건의에 따라 봄에 곡식을 빌려주고 겨울에 갚게 하는 빈민 구제책인 진대법을 실시하였다.

④ 고구려 소수림왕은 중앙 집권적 국가의 기틀을 세우기 위해 율령을 반포하고 국가 조직을 정비하였다. 또한, 불교를 수용하여 왕실의 권위를 높이고자 하였다.

03 연개소문의 정변

- **살수 대첩**(612): 수 양제는 113만 대군을 이끌고 직접 고구려의 요동성을 공격하였으나 실패하자 우중문을 시켜 30만의 별동대로 평양성을 공격하도록 하였다. 이에 을지문덕이 이들을 살수로 유인하여 크게 승리하였다.
- **안시성 전투**(645): 당이 연개소문의 정변을 구실로 고구려를 침략하면서 안시성을 공격하였다. 이에 안시성 성주 양만춘을 중심으로 병사와 백성들이 함께 힘을 모아 저항하며 당군을 몰아냈다.
- ② 연개소문은 정변을 통해 영류왕을 몰아내고 보장왕을 왕위에 세운 뒤 스스로 대막리지가 되어 정권을 장악하였다(642).

✓ 바로 잡기

- ① 통일 신라 신문왕의 장인이었던 김흠돌이 반란을 도모하다가 발각되어 처형당하였다(681).
- ③ 발해 무왕은 장문휴를 보내 당의 산둥 반도를 공격하도록 하였다(732).
- ④ 고구려 멸망 이후 검모잠, 고연무 등이 보장왕의 서자 안승을 왕으로 모시고 각각 한성(황해도 재령)과 오골성을 중심으로 고구려 부흥 운동을 전개하였다(670).

04 나제 동맹

- **(가) 고구려 장수왕의 평양 천도**(427): 고구려 장수왕은 수도를 국내성에서 평양으로 옮기고 남쪽으로 진출하는 남진 정책을 추진하여 영토를 넓혔다.
- **(나) 고구려 장수왕의 한성 점령**(475): 고구려 장수왕은 백제의 수도 한성을 점령하고 한강 유역을 차지하였다. 이로 인해 백제 개로왕이 전사하고, 뒤이어 즉위한 문주왕은 웅진으로 수도를 옮겼다.
- ② 고구려 장수왕이 남진 정책을 추진하며 신라와 백제를 공격하자 백제 비유왕과 신라 눌지왕이 나제 동맹을 맺고 이에 대항하였다(433).

✓ 바로 잡기

- ① 고구려 태조왕은 옥저를 정복하여 영토를 넓혔다(56).
- ③ 백제 성왕은 신라 진흥왕이 나제 동맹을 깨고 백제가 차지한 지역을 점령하자 분노하여 신라를 공격하였다. 그러나 관산성 전투에서 성왕이 전사하면서 신라에게 패배하였다(554).
- ④ 고구려는 연개소문의 정변을 구실로 안시성을 침략한 당 태종의 군사에 맞서 성주 양만춘을 중심으로 당군을 물리쳤다(645).

05 백제 무령왕

충남 공주 송산리 고분군은 웅진 백제 시대 왕들의 무덤이 모여 있는 곳이다. 그중 제7호분인 무령왕릉은 묘지석이 출토되어 유일하게 무덤에 묻혀 있는 사람과 만들어진 연대를 확인할 수 있는 무덤이다. 또한, 널길과 널방을 벽돌로 쌓은 벽돌무덤이며, 중국 남조의 영향을 받았다.
- ③ 백제 무령왕은 지방에 22담로를 설치하고 왕족을 파견하여 지방에 대한 통제를 강화하였다.

✓ 바로 잡기

- ① 백제 성왕은 웅진(공주)에서 사비(부여)로 수도를 옮기고 국호를 남부여로 고쳤다. 또한, 신라 진흥왕과 함께 고구려를 공격하였다.
- ② 백제 고이왕은 율령을 반포하고 6좌평제와 16관등제를 정비하여 중앙 집권 국가의 기본 틀을 마련하였다.
- ④ 백제 근초고왕은 고구려 평양성을 공격하여 고국원왕을 전사시키고 백제의 전성기를 이끌었다.

06 백제 성왕

백제 성왕은 왕권 강화를 위해 웅진(공주)에서 사비(부여)로 도읍을 옮기고 국호를 남부여로 고쳤다. 또한, 이중으로 도성을 방어하기 위해 사비의 부소산성을 중심으로 나성을 쌓았다.
- ③ 백제 성왕은 신라 진흥왕과 나제 동맹을 맺고, 함께 고구려를 공격하여 한강 유역을 회복하였다.

✓ 바로 잡기

- ① 백제 침류왕은 중국의 동진으로부터 불교를 수용하였다.
- ② 백제 근초고왕은 고흥에게 역사서인 『서기』를 편찬하게 하였다.
- ④ 백제 의자왕은 즉위 초 신라의 대야성을 비롯한 40여 개의 성을 빼앗는 등 세력을 넓혔다.

07 신라 법흥왕

- ① 신라 법흥왕은 신하들의 공복을 제정하고 율령을 반포하면서 통치 질서를 확립하였다. 또한, 군사에 관한 사무를 총괄하는 병부를 설치하고, 상대등을 설치하여 나랏일 전반을 담당하게 하면서 중앙 집권 국가의 모습을 갖추었다. 이차돈의 순교를 계기로 불교를 신라의 국교로 공인하였으며, 금관가야를 병합하여 영토를 넓히기도 하였다.

② 신라 지증왕은 국호를 신라로 확정하고 마립간 대신 왕이라는 칭호를 사용하였다. 또한, 순장을 금지하였으며, 경주에 시장을 설치하고 이를 관리·감독하기 위한 동시전을 설치하였다.

③ 신라 진평왕은 인사와 관리 선발을 담당하는 위화부, 각 군현에서 납부한 공물과 세금을 관리하는 조부, 교육·의례를 담당하는 예부를 설치하였다.

④ 신라 진흥왕은 백제 성왕과 함께 고구려를 공격하여 한강 유역까지 진출하였다. 이후 나제 동맹을 깨고 백제를 기습 공격하여 한강 이남 지역을 장악한 것을 기념하기 위해 북한산 순수비를 세웠다.

08 칠지도

④ 일본에서 발견된 칠지도는 백제 근초고왕이 왜에 보냈다고 알려져 있다. 이를 통해 백제가 왜와 교류하면서 다양한 선진 문물을 전파하였다는 것을 확인할 수 있다.

① 금동 연가 7년명 여래 입상은 강렬한 느낌을 주는 불상 양식에서 고구려적인 특징이 잘 나타나 있다.

② 앙부일구는 조선 세종 때 장영실이 발명한 조선을 대표하는 해시계이다.

③ 호우총 청동 그릇은 고구려와 신라의 친밀하였던 관계를 유추할 수 있는 유물이다.

09 금관가야

■ **국립 김해 박물관**: 경남 김해에 위치하고 있으며, 전기 가야 연맹의 중심지였던 금관가야의 철기 유물과 금동관 등이 전시된 고고학 중심 박물관이다.

■ **김해 구지봉**: 김수로왕이 하늘에서 태어나 백성들의 추대에 의해 왕이 되었다는 금관가야의 건국 설화가 전해지는 곳이다.

■ **김해 대성동 고분군**: 3~5세기 금관가야의 덧널무덤, 널무덤, 돌방무덤, 독무덤 등 여러 양식의 무덤이 모여 있다. 또한, 납작도끼, 덩이쇠 등 철제 화폐와 기승용 마구, 갑주 등 수많은 가야 유물이 출토되었다.

■ **김해 수로왕릉**: 김해에 위치한 금관가야의 시조인 김수로왕의 무덤이다.

① 김수로왕이 건국한 김해 지역의 금관가야는 전기 가야 연맹을 주도하였다.

② 통일 신라 신문왕은 유교 정치를 확립시키기 위해 유학 교육 기관인 국학을 설치하였다.

③ 고구려 태조왕은 옥저를 정복하고 동해안으로 진출하여 영토를 확장하였다.

④ 백제 무령왕은 지방에 22담로를 두고 왕족을 파견하여 지방에 대한 통제를 강화하였다.

10 금관가야

■ **국립 김해 박물관**: 경남 김해에 위치해 있으며, 금관가야의 철기 유물과 금동관 등이 전시되어 있다.

■ **김해 대성동 고분군**: 경남 김해 대성동에 위치해 있으며, 3~5세기 금관가야의 무덤이 모여 있다.

④ 「구지가」는 금관가야 시조 김수로왕의 건국 신화에서 전해져 내려 오는 고대 가요이다. 『삼국유사』에 따르면 구지봉에서 사람들이 「구지가」를 부르자 하늘에서 6개의 황금알이 내려왔는데 그 중 제일 큰 알에서 나온 사람이 김수로왕이라고 전해진다.

① 백제 성왕은 웅진(공주)에서 사비(부여)로 천도하고 국호를 남부여로 고쳐 새롭게 부흥을 도모하였다.

② 신라 지증왕은 이사부를 보내 우산국(울릉도)을 복속하였다.

③ 장보고는 통일 신라 흥덕왕 때 당시 들끓던 해적을 소탕하고, 완도에 청해진을 설치하여 해상 무역을 전개하였다.

11 백제

부여 나성, 부소산성, 관북리 유적, 정림사지는 백제의 마지막 도읍이었던 사비(부여) 시기의 유적이다. 백제는 온조왕에 의해 건국되어 지금의 한강 유역인 위례성(한성)을 수도로 삼았다. 그러나 고구려 광개토 대왕과 장수왕의 공격으로 인해 한강 유역을 완전히 잃게 되면서 백제 문주왕이 도읍을 웅진(공주)으로 옮겼다. 이후 백제 성왕은 사비(부여)로 도읍을 옮기고 국호를 남부여로 고치면서 백제를 다시 일으키기 위해 노력하였다.

② 백제 무령왕은 지방에 22담로를 두고 왕족을 파견하여 지방에 대한 통제를 강화하였다.

① 주몽은 압록강 중류의 졸본 지역을 도읍으로 하여 고구려를 건국하였다.

③ 통일 신라 원성왕은 국학의 학생들을 대상으로 독서삼품과를 시행하였다. 독서삼품과는 관리 선발 제도로, 유교 경

전에 대한 독서 능력에 따라 등급을 나누어 관리를 채용하였다.

④ 고조선은 한 무제의 침략으로 인해 수도 왕검성이 함락되면서 멸망하였다.

12 금관가야의 경제 상황

건국 설화에 따르면 김수로왕이 하늘에서 내려온 알에서 태어나 금관가야를 세우고, 인도 아유타국에서 온 공주 허황옥과 결혼하였다고 전해진다. 김해 대성동 고분군은 3~5세기 금관가야의 덧널무덤, 널무덤, 돌방무덤, 독무덤 등 여러 무덤과 납작도끼, 덩이쇠 등 철제 화폐와 기승용 마구, 갑주 등 수많은 유물이 출토된 곳이다.

① 금관가야는 풍부한 철 생산과 해상 교통에 유리한 지역적 특색을 이용하여 낙랑과 왜에 철을 수출하였다.

✔ 바로 잡기

② 조선 후기에 볍씨를 모판에 길러서 논에 옮겨 심는 모내기법이 전국으로 확산되었다.

③ 고려 성종 때 개경(개성)과 서경(평양)에 물가를 조절하는 기구인 상평창을 설치하여 민생을 안정시키고자 하였다.

④ 고려 숙종 때 상업이 활발해지면서 활구(은병)를 제작하여 화폐의 사용을 추진하였으나 널리 유통되지는 못하였다.

13 신라 지증왕

신라 지증왕은 재위 기간 중에 국호를 신라로 확정하였으며, 임금의 칭호를 '가장 높은 우두머리'라는 뜻을 지닌 마립간에서 왕으로 고쳤다(503).

③ 신라 지증왕은 이사부를 보내 우산국(울릉도)을 정벌하였다(512).

✔ 바로 잡기

① 신라 법흥왕은 이차돈의 순교를 계기로 불교를 신라의 국교로 공인하였다(527).

② 고려 광종은 노비안검법 시행을 통해 억울하게 노비가 된 사람들을 해방하여 호족의 세력을 약화시키고자 하였다(956).

④ 신라 선덕 여왕 때 승려 자장이 건의하여 황룡사 구층 목탑을 건립하였다(645).

14 신라 진흥왕

단양 신라 적성비는 신라 진흥왕이 고구려의 영토였던 한강 상류 지역의 적성을 차지한 후 영토 확장을 기념하여 세운 비석이다. 비석에는 신라 장군 이사부를 도와 적성 점령에 공을 세운 야이차에게 상을 내린다는 내용과 적성 지역 주민을 위로하는 마음이 담긴 내용이 새겨져 있다. 즉, 단양 신라 적성비는 신라의 정치 · 경제 · 사회사를 잘 나타내고 있는 문화유산이다.

② 신라 진흥왕은 화랑도라는 교육적 · 군사적 기능을 담당하는 청소년 단체를 국가적인 조직으로 개편 · 정비하였다.

✔ 바로 잡기

① 통일 신라 신문왕은 유교 정치를 확립시키기 위해 유학 교육 기관인 국학을 설치하였다.

③ 통일 신라 원성왕은 국학의 학생들을 대상으로 독서삼품과를 시행하여 유교 경전의 이해 수준에 따라 관리를 채용하였다.

④ 통일 신라 헌덕왕 때 김주원이 왕위 쟁탈전에서 패배하자 아들인 웅천주(공주) 도독 김헌창이 반란을 일으켰지만, 관군에 의해 진압되면서 실패하였다.

주제 04	삼국과 가야의 사회 · 문화
01 ③ 02 ④ 03 ④ 04 ③ 05 ④	

01 백제의 문화유산

무령왕릉은 백제 무령왕과 그 왕비의 무덤으로, 백제 왕들의 무덤이 모여 있는 공주 송산리 고분군에 위치해 있다. 또한, 중국 남조 양의 지배층 무덤 양식과 비슷한 벽돌무덤으로 만들어진 것으로 보아 양과 교류하며 영향을 받았음을 알 수 있다.

③ 몽촌 토성은 서울 송파구에 있는 백제 전기인 한성 시대의 토성이다. 성의 위치와 규모, 출토된 유물을 통해 백제 한성 시대의 건축 기술, 사람들의 생활 문화를 살필 수 있어 역사적으로 가치가 있다.

✔ 바로 잡기

① 금동 연가 7년명 여래 입상은 경남 의령에서 발견된 고구려의 불상으로, 강렬한 느낌을 주는 불상 양식에서 고구려적인 특징이 잘 나타나 있다.

② 경주 천마총 내부에서 천마를 그린 장니(말을 탈 때 필요한 안장의 부속품)가 발견되었다. 테두리의 덩굴무늬는 고구려 무용총이나 고분 벽화의 무늬와 같은 양식으로, 이를 통해 신라 회화가 고구려의 영향을 받았음을 알 수 있다.

④ 장군총은 중국 지린성 지안 지역에 분포한 고구려의 대표적인 돌무지무덤이다.

02 백제 역사 유적지구

④ 유네스코 세계유산에 등재된 백제 역사 유적지구는 충남 공주의 공산성, 송산리 고분군, 충남 부여의 관북리 유적과 부소산성, 나성, 능산리 고분군, 정림사지, 전북 익산의 왕궁리 유적, 미륵사지 등 총 8곳의 문화유산으로 구성되어 있다.

03 진대법

④ 고구려 고국천왕은 국상인 을파소의 건의에 따라 먹을거리가 부족한 봄에 곡식을 빌려주고 겨울에 갚게 하는 빈민 구제책인 진대법을 실시하였다.

✓ 바로 잡기

① 고려 태조 때 실시한 흑창은 식량이 모두 떨어지는 춘궁기에 곡식을 빌려주고 추수 후에는 빌려준 곡식을 다시 받던 제도이다. 성종 때는 쌀 1만 석을 보충하여 시행하면서 이를 의창이라고 하였다.

② 조선 시대에 실시한 환곡은 흉년이나 춘궁기에 굶주린 백성들에게 곡식을 빌려주고 추수기에 되돌려 받던 제도이다.

③ 조선 후기 고종이 어린 나이에 왕위에 오르면서 정치적 실권을 잡은 흥선 대원군은 환곡의 폐단을 해결하기 위해 향촌에서 마을 단위로 공동 운영하는 사창제를 실시하였다.

04 익산 미륵사지 석탑

③ 익산 미륵사지 석탑은 백제 무왕 때 건립된 목탑의 형태로 만들어진 석탑이다. 석탑 해체 복원 과정 중 금제 사리봉영(안)기 등을 담은 상자인 사리장엄구가 발견되었다. 이를 통해 석탑의 건립 연도와 미륵사를 창건한 사람이 누구인지 명확하게 밝혀졌다.

✓ 바로 잡기

① 경천사지 십층 석탑은 원의 석탑 양식에 영향을 받아 만들어진 고려 원 간섭기의 다각 다층 대리석 불탑이다.

② 화엄사 사사자 삼층 석탑은 신라 진흥왕 때 세워진 구례 화엄사에 위치한 석탑으로, 통일 신라 전성기인 8세기경 제작된 것으로 추정된다. 기단의 사자 조각이 탑 구성한 역할을 하는 우리나라의 대표적인 이형(異形) 석탑이다.

④ 분황사 모전 석탑은 현존하는 신라 석탑 중 가장 오래된 석탑으로, 석재를 벽돌 모양으로 만들어 쌓아 올린 것이 특징이다.

05 고구려의 정치·사회·문화

고구려는 국내성을 수도로 하여 영토를 넓혀 나갔다. 고구려의 문화유산인 광개토 대왕릉비는 광개토 대왕의 뒤를 이어 즉위한 장수왕이 아버지 광개토 대왕의 업적을 칭송하기 위해 건립하였다. 고구려의 고분인 안악 3호분에는 행렬도 등의 벽화가 그려져 있다.

④ 고구려는 중앙에 상류층의 자제를 교육하는 관학 교육 기관으로 태학을 설립하고, 지방에는 경당을 세워 평민들에게 활쏘기와 독서 등을 교육하여 인재를 양성하였다.

✓ 바로 잡기

① 통일 신라 원성왕은 국학의 학생들을 대상으로 독서삼품과를 실시하여 유교 경전의 이해 수준에 따라 관리를 채용하였다.

② '가장 높은 우두머리'라는 뜻을 지닌 마립간은 신라 제17대 내물왕부터 사용되다가 제22대 지증왕이 칭호를 왕으로 바꾸었다.

③ 백제의 귀족들은 정사암이라는 바위에서 회의를 통해 재상을 선출하고 국가 중대사를 결정하였다.

3 통일 신라와 발해

주제 05	신라의 삼국 통일과 남북국의 성립과 발전

01 ④   02 ②   03 ②   04 ①   05 ②
06 ②

01 발해

발해 문왕의 둘째 딸인 정혜 공주 무덤의 묘지석에서는 문왕에 대해 '보력'이라는 독자적 연호를 사용하고 있으며, 황제를 칭하는 '황상'이라는 표현까지 사용하고 있다. 이는 발해가 대외적으로는 자주성과 독립성을, 대내적으로는 황제국의 국격을 가진 국가였음을 알려 준다.

④ 발해는 선왕 때 영토를 크게 확장하여 5경 15부 62주의 지방 행정 제도를 마련하였다.

① 당이 연개소문의 정변을 구실로 고구려를 침략하면서 안시성을 공격하였다. 이에 안시성 성주 양만춘을 중심으로 병사와 백성들이 함께 힘을 모아 당의 군대를 물리쳤다.
② 부여는 왕 아래 마가, 우가, 저가, 구가의 가(加)들이 각자의 행정 구역인 사출도를 다스렸다.
③ 장보고는 통일 신라 흥덕왕 때 완도에 청해진을 설치하고 해적을 소탕하며 당, 신라, 일본 간 해상 무역을 전개하였다.

02 신라 말의 사회 동요

② 통일 신라 말 진성 여왕 즉위 당시 귀족 간의 권력 다툼이 심화되어 왕권이 약화되었으며, 몰락한 농민들이 봉기를 일으키는 등 큰 혼란에 빠지게 되었다. 사벌주(상주)에서는 원종과 애노가 농민 봉기를 일으켰으며, 적고적이라고 불리는 도적들은 반란을 일으켜 수도인 경주 근처까지 진출하고 민가를 약탈하였다.

① 백제 침류왕은 중국의 동진을 통해 불교를 수용하였다.
③ 고구려 멸망 이후 검모잠, 고연무 등이 보장왕의 서자 안승을 왕으로 추대하고 각각 한성(황해도 재령)과 오골성을 중심으로 고구려 부흥 운동을 전개하였다.
④ 백제는 노리사치계를 일본에 파견하여 불교를 전파하였으며, 백제 무령왕과 왕비의 목관은 일본 규슈 지방의 금송으로 만들어졌다. 또한, 고구려 승려 혜자는 일본으로 건너가 쇼토쿠 태자의 스승이 되었으며, 신라는 일본에 배와 저수지 만드는 기술 등을 전해 주었다. 이를 통해 삼국과 일본이 문화 교류를 하였음을 알 수 있다.

03 궁예

② 궁예는 송악을 도읍으로 하여 후고구려를 건국한 후 영토를 확장한 뒤에 철원으로 도읍을 옮겼다. 초기에는 국호를 마진으로 하였다가 태봉으로 다시 변경하였다.

① 견훤은 통일 신라의 장군 출신으로 독자적인 세력을 형성하여 완산주(전주)를 도읍으로 하는 후백제를 건국하였다.
③ 온조는 하남 위례성에 도읍을 정하고 백제를 건국하였다.
④ 주몽은 압록강 중류의 졸본 지역을 첫 도읍으로 정하고 고구려를 세웠다. 이후 유리왕 때 중국 지린성 지안 지역의 국내성으로 수도를 옮겼다.

04 통일 신라 신문왕

통일 신라 신문왕은 국가 통치 체제를 정비하고, 왕권을 강화하기 위한 정책을 펼쳤다. 이에 관료전을 지급하고 녹읍을 폐지하여 귀족들의 세력을 약화시키고자 하였다. 또한, 중앙군을 9서당, 지방군을 10정으로 나누어 군사 조직을 정비하고, 9주 5소경의 지방 행정 구역 체계를 확립하였다.
① 통일 신라 신문왕은 유교 정치를 확립시키기 위해 유학 교육 기관인 국학을 설립하였다.

② 신라 진흥왕은 대가야를 정복하여 영토를 확장하였다.
③ 통일 신라 원성왕은 국학의 학생들을 대상으로 독서삼품과를 실시하여 유교 경전의 이해 수준에 따라 관리로 채용하였다.
④ 통일 신라 헌덕왕 때 김주원이 왕위 쟁탈전에서 패배하자 아들인 웅천주(공주) 도독 김헌창이 반란을 일으켰지만, 관군에 의해 진압되었다.

05 삼국 통일 과정

(가) **김춘추의 고구려 원병 요청**(642): 신라는 백제 의자왕의 공격으로 대야성을 비롯한 서쪽 40여 개의 성을 빼앗겼다. 이에 신라 김춘추는 고구려에 군사 지원을 요청하였지만, 고구려는 신라가 빼앗아 간 죽령 서북 땅을 돌려줄 것을 먼저 요구하였다. 김춘추가 이를 거절하자 고구려의 연개소문은 그를 감옥에 가두었고 겨우 탈출할 수 있었다.
(다) **황산벌 전투**(660): 백제 의자왕은 계백에게 5천 명의 결사대를 주어 김유신이 이끄는 신라군을 막도록 하였다. 이에 계백은 황산벌에서 신라군에 맞서 싸워 4번 모두 승리하였다. 그러나 신라 화랑들의 치열한 저항을 본 신라군은 사기가 크게 올라 백제에 총공격을 가하였다. 결국 황산벌 전투에서 백제군은 크게 패하고 계백이 전사하였다.
(나) **기벌포 전투**(676): 당이 고구려의 옛 땅에 군대를 주둔시키고 신라 영토에도 영향력을 행사하려 하여 나당 전쟁이 발발하였다. 이에 신라 문무왕은 기벌포 전투에서 설인귀가 이끄는 당군에 승리하고 당의 세력을 한반도에서 몰아내면서 삼국을 통일하였다.

06 기벌포 전투

② 신라와 당이 동맹을 맺고 연합군을 결성하여 백제와 고구려를 멸망시켰다. 그러나 당이 고구려와 백제 땅을 나누어 주기로 한 약속을 어기고 신라까지 차지하려 하자 분노한 신라의 선전포고로 나당 전쟁이 시작되었다. 신라는 설인귀가 이끄는 당군이 침략하자 매소성을 공격하여 크게 승리하였다. 이후 당은 매소성 전투의 패배를 극복하고자 설인귀를 보내 다시 신라를 공격하였다. 그러나 신라 문무왕이 기벌포 전투에서 승리하면서 당의 세력을 한반도에서 몰아내고 삼국을 통일하였다.

✓ 바로 잡기

① 수 양제가 우중문에게 30만 별동대를 주어 고구려 평양성을 공격하게 하자 을지문덕은 수의 군대를 살수로 유인하여 크게 무찔렀다.
③ 당은 연개소문의 정변을 구실로 고구려에 침입하여 안시성을 공격하였으나 안시성 성주 양만춘이 당군을 격퇴하였다.
④ 신라는 당과 동맹을 맺고 나당 연합군을 결성하여 백제를 공격하였다. 황산벌에서 계백의 결사대가 김유신이 이끄는 신라군에 맞서 싸웠으나 결국 패배하면서 백제가 멸망하였다.

주제 06	남북국의 경제·사회·문화

01 ④	02 ④	03 ①	04 ①

01 원효

신라의 승려 원효는 『대승기신론소』를 저술하며 모든 것이 한마음에서 나온다는 일심 사상과 불교 종파의 대립 및 분열을 끝내고 화합을 이루기 위한 화쟁 사상을 주장하였다.
④ 신라 승려 원효는 불교의 대중화를 위해 불교의 교리를 쉬운 노래로 표현한 「무애가」를 지었다.

✓ 바로 잡기

① 통일 신라 때 혜초는 인도와 중앙아시아를 순례하고 『왕오천축국전』을 지었다.
② 고려의 승려 지눌은 불교의 타락을 비판하였으며, 정혜쌍수와 돈오점수를 바탕으로 수선사 결사를 제창하였다.
③ 신라 선덕 여왕 때 승려 자장이 건의하여 황룡사 구층 목탑을 건립하였다.

02 신라 촌락 문서

신라 촌락 문서(민정 문서)는 일본 도다이사 쇼소인에서 발견된 통일 신라 촌락에 대해 기록한 문서로, 755년경 서원경 인근 4개 마을에 대한 인구, 토지, 마전, 가축 등을 조사한 내용이 담겨 있다. 촌주는 3년마다 이를 작성하였으며, 통일 신라의 경제 상황에 대해 알 수 있는 중요한 자료이다.
④ 신라 촌락 문서는 노동력 징발을 위해 나이, 남녀 인구를 조사하였고 조세와 공납을 징수하기 위해 토지, 가축의 수, 과실나무의 수 등 개인의 재산 정도를 기록하였다.

✓ 바로 잡기

① 고려 때 이승휴가 쓴 『제왕운기』는 서사시로 저술된 역사서로, 단군의 고조선 건국 이야기를 시작으로 고려 충렬왕까지의 역사를 다루고 있다.
② 병인양요 때 프랑스군은 강화도에 침입하여 조선 왕실의 중요한 행사 등을 글과 그림으로 상세하게 기록한 외규장각 의궤를 약탈하였다.
③ 우리나라의 유네스코 세계 기록 유산으로 『훈민정음해례본』, 『조선왕조실록』, 『승정원 일기』, 『직지심체요절』 등 총 18건이 등재되었다.

03 경주 불국사 삼층 석탑

① 경주 불국사 삼층 석탑(석가탑)은 경주 불국사 대웅전 앞에 있는 석탑으로 통일 신라 경덕왕 때 조성된 것으로 추측된다. 기단과 탑신이 각각 2층, 3층으로 구성되어 있으며 기단의 높이와 탑신이 서로 조화를 이루면서 안정된 느낌을 준다. 해체·수리 과정에서 사리 장엄구와 현존하는 세계에서 가장 오래된 목판 인쇄물인 「무구정광대다라니경」이 발견되었다.

✓ 바로 잡기

② 부여 정림사지 오층 석탑은 목탑의 구조와 비슷한 돌탑으로 백제의 대표적인 석탑이다.
③ 경주 분황사 모전 석탑은 현존하는 신라 석탑 중 가장 오래된 석탑으로, 석재를 벽돌 모양으로 만들어 쌓아 올린 것이 특징이다.
④ 익산 미륵사지 석탑은 목탑 양식을 반영한 독특한 형태로 당시 백제의 건축 기술을 확인할 수 있다.

04 발해의 문화유산

발해는 고구려 장군 출신인 대조영이 고구려 멸망 이후 유민들을 이끌고 지린성 동모산에서 세운 국가이다. 이후 대인수 선왕은 말갈족을 복속시키고 요동 지역에 진출하였다. 또한, 당에 유학생을 보내 당의 발달된 제도와 문화를 들여오도록 하였다. 이에 전성기를 맞이한 발해는 주변 국가들로부터 해동성국이라 불렸다.
① 영광탑은 발해의 오층 벽돌 탑으로, 당의 영향을 받았다.

✔ 바로 잡기
② 금관총 금관은 경주 금관총에서 발견된 신라 금관 양식을 대표하는 유물이다.
③ 금동 대향로는 불교적인 관념과 도교의 이상향을 표현한 유물로 백제의 금속 공예 기술을 보여주는 걸작품이다.
④ 판갑옷과 투구는 가야의 발달된 철기 문화를 잘 보여주는 대표적인 문화유산이다.

4 고려의 성립과 발전

주제 07 고려의 건국과 발전

01 ②	02 ②	03 ①	04 ③	05 ③
06 ②				

01 후삼국 통일 과정

(가) **견훤의 후백제 건국(900)**: 견훤은 통일 신라의 장군 출신으로 독자적인 세력을 형성하여 완산주(전주)를 도읍으로 하는 후백제를 건국하였다.

(다) **고창 전투(930)**: 후백제의 견훤은 교통의 요충지였던 고창(안동)을 포위하여 고려를 공격하였으나 8,000여 명의 사상자를 내며 유금필이 이끄는 고려군에게 크게 패하였다. 그 결과 왕건은 경상도 일대에서 견훤 세력을 몰아내고 후삼국 통일의 기반을 마련하게 되었다.

(나) **신라 경순왕의 투항(935)**: 신라 경순왕 김부가 스스로 고려에 투항하면서 신라가 멸망하였고, 태조는 경순왕을 경주의 사심관으로 임명하였다.

02 고려 태조

고려 태조는 후대의 왕들이 지침으로 삼을 수 있는 훈요 10조를 남겼다. 이 안에는 불교를 중요하게 여겨야 한다는 숭불 정책, 북쪽으로 나아가야 한다는 북진 정책, 백성들의 삶이 편안할 수 있도록 해야 한다는 민생 안정책 등의 내용을 담

았다.
② 고려 태조는 지방 호족의 자식을 일정 기간 동안 수도인 개경에 있도록 하는 기인 제도를 실시하여 호족 세력을 견제하고자 하였다.

✔ 바로 잡기
① 조선 세종은 유교 정치의 활성화를 위해 학문 연구 및 국왕의 자문 기관이자 왕실 연구 기관인 집현전을 설치하였다.
③ 조선 효종 때 러시아가 만주 지역까지 침략해 오자 청이 조선에 원병을 요청하였다. 이에 조선은 두 차례에 걸쳐 조총 부대를 보내 나선 정벌에 나섰다.
④ 고려 광종은 노비안검법을 실시하여 억울하게 노비가 된 사람들을 풀어주고 호족의 세력을 약화시키고자 하였다.

03 고려 태조

고려 태조는 거란에 의해 발해가 멸망하자 왕자인 대광현을 비롯한 발해 유민을 받아들이고 조상의 제사를 지낼 수 있도록 하였다. 또한, 견훤이 후계자 문제로 금산사에 유폐되어 도망쳐 나온 후 고려로 투항하자 견훤에게 지위와 토지를 내려 주면서 맞이하였다. 신라의 마지막 왕 경순왕(김부)이 고려에 항복하자 태조는 경순왕을 경주의 사심관으로 임명하였으며, 비로소 후삼국을 통일하여 민족을 통합하였다.
① 고려 태조는 빈민을 구제하기 위하여 식량이 모두 떨어지는 춘궁기에 곡식을 대여해 주고 추수 후에 돌려받는 흑창을 설치하였다.

✔ 바로 잡기
② 고려 무신 정권 시기 최우는 몽골의 2차 침입 때 강화도로 천도하여 항쟁하였다.
③ 고려 광종은 후주 출신 쌍기의 건의를 받아들여 과거제를 처음 실시하고 신진 세력을 등용하였다.
④ 고려 공민왕은 신돈의 건의로 전민변정도감을 설치하여 권문세족에 의해 빼앗긴 토지를 원래 주인에게 돌려주고 억울하게 노비가 된 자를 풀어주었다.

04 고려 광종

고려 광종은 국왕의 권위를 높이기 위해 스스로를 황제라 칭하고 광덕, 준풍 등 독자적인 연호를 사용하였다. 또한, 중국 후주 출신 쌍기의 건의를 수용하여 과거제를 도입하고 신진 인사를 등용하였다.

③ 고려 광종은 노비안검법을 시행하여 억울하게 노비가 된 사람들을 풀어주고 호족의 세력을 약화시키고자 하였다.

✓ 바로 잡기
① 고려 태조는 후대의 왕들에게 숭불 정책, 북진 정책, 민생 안정책 등 10가지 지침이 담긴 훈요 10조를 남겼다.
② 고려 무신 정권 시기 최우는 상대적으로 수군이 약한 몽골의 침입에 대항하기 위해 강화도로 천도하고 장기 항쟁을 준비하였다.
④ 고려 공민왕은 왕권을 강화하기 위해 변발과 호복 등 몽골의 풍습을 금지하고 기철 등 친원파를 숙청하였다.

05 고려 성종

③ 고려 성종은 최승로의 시무 28조를 수용하여 지방에 12목을 설치하였으며, 중앙에 최고 교육 기관인 국자감을 설립 및 정비하여 유학 교육을 활성화하고자 하였다. 또한, 당시 상업 활동이 활발해지자 우리나라 최초의 화폐인 건원중보를 발행하기도 하였다.

✓ 바로 잡기
① 고려 광종은 쌍기의 건의를 받아들여 과거 제도를 시행하였으며, 노비안검법을 실시하여 강제로 노비가 된 자를 해방시켰다.
② 고려 문종은 경정 전시과를 시행하여 현직 관료에게만 전지와 시지를 지급하였다.
④ 고려 예종은 관학 교육을 진흥하기 위해 국자감을 재정비하고 전문 강좌인 7재와 장학 재단인 양현고를 설치하였다.

06 고려 성종

고려 시대 유학자인 최승로는 성종에게 시무 28조를 올려 불교 행사 억제와 유교 발전, 민생 문제와 대외 관계 등의 해결책과 방향을 제시하였다(982). 성종은 유교 정치 실현을 위해 최승로의 의견을 받아들여 다양한 제도를 시행하고 통치 체제를 정비하였다.
② 고려 성종은 최승로의 시무 28조를 받아들여 12목을 설치하고 지방관을 파견하여 지방 세력을 견제하였다 (983).

✓ 바로 잡기
① 신라 법흥왕은 상대등을 설치하여 나랏일 전반을 담당하게 하였다(531).
③ 고려 광종은 후주 출신 쌍기의 건의를 수용하여 과거제를 실시하고 신진 인사를 등용하였다(958).

④ 통일 신라 헌덕왕 때 웅천주 도독 김헌창은 아버지 김주원이 왕위 쟁탈전에서 패배한 것에 불만을 품고 반란을 일으켰으나 관군에게 진압되면서 실패하였다(822).

주제 08 문벌 귀족 사회와 무신 정권

01 ①   02 ②   03 ①   04 ②   05 ③
06 ③

01 묘청의 서경 천도 운동

① 고려 인종 때 묘청, 정지상 등을 중심으로 한 서경 세력은 서경 천도와 칭제 건원, 금 정벌 등을 주장하였다. 이에 김부식 등의 개경 세력이 반대하며 주장이 받아들여지지 않자, 묘청 등은 서경(평양)에서 반란을 일으켰다 (1135).

✓ 바로 잡기
② 통일 신라 신문왕은 장인인 김흠돌이 일으킨 반란을 진압하고 귀족 세력을 제거하여 왕권을 강화하였다.
③ 조선 후기 세도 정치와 삼정의 문란으로 인해 어려움을 겪던 농민들과 서북 지역 차별 대우에 불만을 품은 평안도 지방 사람들이 몰락 양반 출신 홍경래를 중심으로 봉기를 일으켰다.
④ 통일 신라 말 진성 여왕 때 중앙 정권의 무분별한 조세 징수에 대한 반발로 사벌주(상주)에서 원종과 애노가 농민 봉기를 일으켰다.

02 무신 정권 시기

- **무신 정변**(1170): 고려 시대 오랜 시기 동안 무신들을 차별 대우하고 고려 의종이 정치에 소홀하자 무신들의 불만이 쌓여갔다. 그러던 중 보현원에서 수박희(무기를 사용하지 않고 맨손과 몸으로 상대방을 치고 막아내는 격투 기술)를 하다가 대장군 이소응이 문신 한뢰에게 뺨을 맞는 사건이 발생하였다. 이를 계기로 그동안의 불만과 분노가 폭발한 무신들이 정변을 일으켰다. 정중부와 이의방을 중심으로 조정을 장악한 무신들은 의종을 폐위시키고 거제도로 추방한 뒤 명종을 즉위시켰다.
- **삼별초 항쟁**(1270~1273): 고려 정부는 몽골과의 항쟁 끝에 항복한 후 개경으로 환도하였다. 이에 배중손, 김통정을 중심으로 한 삼별초가 강화도, 진도, 제주도로 이동하며 대몽 항쟁을 전개하였다.

② 무신 정권 시기 최충헌의 뒤를 이어 집권한 최우는 자신의 집에 인사 행정을 담당하는 기관인 정방을 설치하고 인사권을 완전히 장악하였다(1225).

✔ **바로 잡기**

① 통일 신라 헌덕왕 때 아버지 김주원이 왕위 쟁탈전에서 패배한 것에 불만을 품은 웅천주 도독 김헌창이 반란을 일으켰으나 관군에게 진압되면서 실패하였다(822).

③ 고려 인종 때 묘청을 중심으로 한 서경 세력은 풍수지리설을 바탕으로 서경 천도와 칭제 건원, 금 정벌을 주장하였으나 받아들여지지 않았다. 이에 묘청은 서경에서 반란을 일으켰으나 김부식의 관군에 의해 진압되었다(1135).

④ 거란의 1차 침입 당시 소손녕이 80만 대군을 이끌고 고려를 침략해오자, 서희가 소손녕을 찾아가 고려가 고구려를 계승하였음을 내세워 현재 거란이 가진 땅이 고려의 영토임을 주장하였다(993). 이 외교 담판으로 고려는 강동 6주를 획득하여 영토를 확장하였다.

03 무신 정변

- **묘청의 난**(1135): 고려 인종 때 묘청을 중심으로 한 서경 세력은 풍수지리설을 바탕으로 서경으로 도읍을 옮기고, 금을 정벌할 것을 주장하였다. 묘청은 자신의 주장이 받아들여지지 않자 국호를 대위, 연호를 천개로 하여 서경에서 반란을 일으켰으나 김부식의 관군에 의해 진압되었다.

- **만적의 난**(1198): 고려 최씨 무신 정권 때 최충헌의 노비인 만적이 신분 차별에 항거하는 반란을 도모하였으나 반란을 일으키기도 전에 들켜 실패하였다.

① 고려 중기 무신에 대한 차별 대우에 분노한 무신들이 정중부와 이의방을 중심으로 무신 정변을 일으켜 의종을 폐위하고 명종을 즉위시키며 정권을 장악하였다(1170).

✔ **바로 잡기**

② 고려 우왕 때 최무선은 화통도감 설치를 건의하여 화약과 화포를 제작하였고, 이를 활용하여 진포에서 왜구를 물리쳤다(1380).

③ 고려 현종 때 거란이 강동 6주의 반환 등을 요구하며 3차 침입을 행하였다. 이에 강감찬은 거란의 개경 진입을 막기 위해 흥화진에서 둑을 막아 물을 모았다가 거란군이 강을 건널 때 둑을 터뜨리는 공격 전략으로 거란군에게 큰 피해를 주었다(1018).

④ 무신 정권이 해체되고 강화도에 있던 고려 조정이 개경으로 돌아가면서 몽골과의 강화가 성립되었다. 이에 반발한 삼별초는 배중손 등을 중심으로 진도 용장성과 제주도로 이동하며 대몽 항쟁을 전개하였다(1270~1273).

04 교정도감

② 고려 최씨 무신 정권 시기에 최충헌은 국정을 총괄하는 최고 권력 기구인 교정도감을 설치하고, 스스로 기구의 최고 관직인 교정별감이 되어 인사 및 재정 등을 장악하였다.

✔ **바로 잡기**

① 중방은 고려 시대 중앙군 2군 6위의 지휘관들로 구성된 기구이다. 무신 정변 이후에는 국정 운영 전반을 논의하는 최고 권력 기구가 되었다.

③ 고려의 도병마사는 재신(중서문하성의 2품 이상)과 추밀(중추원의 2품 이상)이 국방 및 군사 문제를 논의하는 임시 회의 기구였다. 이후 원 간섭기 충렬왕 때 도평의사사로 명칭이 바뀌었고 최고 정무 기구가 되었다.

④ 고려의 식목도감은 대내적인 법률·제도의 제정 및 격식을 담당한 귀족 회의 기구이다. 도병마사와 식목도감은 당시 고려의 독창적인 정치 구조를 보여 준다.

05 고려 정치의 전개 과정

(나) **이자겸의 난**(1126): 고려 중기 이자겸은 왕의 외척으로서 최고 권력을 누리면서 국왕의 자리까지 넘보았다. 이에 인종이 이자겸을 제거하려다 실패하면서 이자겸이 반란을 일으켰다.

(다) **묘청의 서경 천도 운동**(1135): 고려 인종 때 묘청을 중심으로 한 서경 세력은 풍수지리설을 바탕으로 서경으로 도읍을 옮기고, 금을 정벌할 것을 주장하였으나 받아들여지지 않았다. 이에 묘청은 국호를 대위, 연호를 천개로 하여 서경에서 반란을 일으켰으나 김부식의 관군에 의해 진압되었다.

(가) **무신 정변**(1170): 고려는 문벌 귀족들이 정치권력을 독차지하고, 심지어 군대를 지휘하는 권한마저 장악하며 무신을 차별하였다. 그러던 중 보현원에서 수박희(무기를 사용하지 않고 맨손과 몸으로 상대방을 치고 막아내는 격투 기술)를 하다가 대장군 이소응이 문신 한뢰에게 뺨을 맞는 일이 벌어졌다. 이를 계기로 분노가 폭발한 무신들이 정중부와 이의방을 중심으로 무신 정변을 일으켜 의종을 폐위하고 명종을 즉위시키며 정권을 장악하였다.

06 만적의 난

③ 고려 최씨 무신 정권 시기에 최충헌의 사노비인 만적은 장군과 재상은 신분으로 결정되지 않는다고 노비들을 선동하여 신분 차별에 반발하는 반란을 계획하였다. 하지만 이는 반란을 일으키기도 전에 들켜 실패하였다(1198).

01 서희

① 거란(요)은 송과의 대결에서 유리한 위치를 차지하기 위해 여러 차례 고려를 침략하였다. 고려 성종 때 80만 대군을 이끌고 1차 침입한 거란은 고려가 차지하고 있는 옛 고구려 땅을 내놓고 송과 교류를 끊을 것을 요구하였다. 서희는 소손녕과의 외교 담판을 통해 거란과 교류할 것을 약속하는 대신, 고려가 고구려를 계승하였음을 인정받고 압록강 동쪽의 강동 6주를 획득하는 성과를 거두었다.

✔ 바로 잡기

② 윤관은 여진이 고려의 국경을 자주 침입하자 숙종에게 건의하여 별무반을 조직하였다. 이후 예종 때 윤관은 별무반을 이끌고 여진을 무찌르고 동북 9성을 축조하였다.

③ 고려 우왕 때 최무선은 화통도감의 설치를 건의하여 화약과 화포를 제작하였고, 이를 활용하여 진포에서 왜구를 격퇴하였다.

④ 조선 세종은 최윤덕을 시켜 여진을 몰아내고 압록강 일대에 4군을 설치하였다. 또한, 김종서를 시켜 두만강 일대에 6진을 설치하여 영토를 확장하였다.

02 강감찬

③ 강감찬은 거란의 3차 침입 때 소배압이 이끄는 10만 대군에 맞서 귀주에서 크게 승리하였다.

✔ 바로 잡기

① 서희는 거란의 1차 침입 때 소손녕과 외교 담판을 통해 거란과 교류할 것을 약속하는 대신, 고려가 고구려를 계승하였음을 인정받고 압록강 동쪽의 강동 6주를 획득하는 성과를 거두었다.

② 윤관은 여진이 고려의 국경을 자주 침입하자 왕에게 건의하여 별무반을 조직하였다. 이후 예종 때 윤관은 별무반을 이끌고 여진을 무찌르고 동북 9성을 축조하였다.

④ 최무선은 화통도감의 설치를 건의하여 화약과 화포를 제작하였고, 이를 활용하여 진포에서 왜구를 격퇴하였다.

03 고려와 여진의 대외 관계

■ **고려의 여진 회유책**: 고려 태조 때부터 두만강과 압록강 유역에 거주하는 여진을 회유하여 무역을 허락하고, 조공하게 하였다. 이에 여진은 고려에 말·담비(모피)·활 등을 바치고 의류·식량·농기구 등의 생활필수품을 답례로 가져갔다.

■ **금의 사대 요구 수용**(1126): 여진은 세력을 확장하여 만주를 장악하고 금을 건국하였다. 이후 고려 인종 때 거란을 멸망시킨 금이 고려에 군신 관계를 요구하자 당시 집권자였던 이자겸은 금과의 무력 충돌을 피하고자 그 요구를 받아들였다.

② 고려 숙종 때 여진이 고려의 국경을 자주 침입하자 윤관이 왕에게 건의하여 신기군, 신보군, 항마군으로 구성된 별무반을 설치하였다(1104).

✔ 바로 잡기

① 고려 창왕 때 박위가 왜구의 본거지인 대마도(쓰시마섬)를 정벌하였다(1389).

③ 몽골의 2차 침입 당시 고려의 승장 김윤후가 이끄는 민병과 승병이 처인성에서 몽골군에 대항하여 적장 살리타를 죽이고 승리를 거두었다(1232).

④ 신라 김춘추는 나당 동맹을 성사시키고(648), 나당 연합군을 결성하여 백제와 고구려를 공격하였다.

04 고려의 대몽 항쟁

몽골은 고려와 강동의 역을 계기로 외교 관계를 맺은 이후 많은 공물을 요구하며 고려를 압박하였다. 그러던 중 고려에 온 몽골 사신 저고여가 본국으로 돌아가다가 암살당한 사건이 발생하였다. 몽골은 이 사건을 구실로 고려와 국교를 단절하고, 살리타가 이끄는 군대로 고려를 침입하였다.

③ 몽골의 2차 침입 때 김윤후 부대가 처인성에서 몽골군에 대항하여 적장 살리타를 사살하고 승리를 거두었다.

✔ 바로 잡기

① 여진은 세력을 확장하여 만주를 장악하고 금을 건국하였다. 이후 거란을 멸망시킨 금이 인종 때 고려에 군신 관계를 요구하였고, 당시 집권자였던 이자겸은 금과의 무력 충돌을 피하고자 사대 요구를 수용하였다.

② 거란의 1차 침입 때 서희가 소손녕과의 외교 담판을 통해 강동 6주를 획득하였다.
④ 거란의 3차 침입 때 강감찬이 10만 대군에 맞서 귀주에서 크게 승리하였다.

05 고려의 대몽 항쟁

- **강화도 천도**(1232): 고려에 온 몽골 사신 저고여가 본국으로 돌아가다가 암살당한 사건이 발생하였다. 몽골은 이를 구실로 삼아 여섯 차례에 걸쳐 고려를 침입하였다. 몽골의 2차 침입 때 최우는 상대적으로 수군이 약한 몽골에 대항하기 위해 강화도로 수도를 옮기고, 장기 항쟁을 준비하였다.
- **삼별초의 대몽 항쟁**(1270~1273): 고려가 몽골에 패하면서 무신 정권이 막을 내리자 몽골과 화해하고(1259), 수도를 강화도에서 개경으로 다시 옮겼다(1270). 고려의 항복에 반발한 삼별초는 배중손, 김통정을 대장으로 삼아 진도 용장성과 제주도 항파두리성으로 이동하며 대몽 항쟁을 전개하였다.
③ 몽골의 3차 침입 때 고려는 부처의 힘으로 몽골을 물리치고자 강화도에 대장도감을 설치하고 팔만대장경을 제작하였다(1251).

✔ **바로 잡기**

① 고려의 유학자 김부식은 고려 인종의 명을 받아 기전체 형식의 역사서 『삼국사기』를 편찬하였다(1145).
② 고려 중기 이자겸은 왕의 외척으로서 최고 권력을 누리면서 국왕의 자리까지 넘보았다. 이에 인종이 이자겸을 제거하려다 실패하면서 이자겸의 난이 일어났다(1126).
④ 고려 인종 때 묘청, 정지상 등을 중심으로 한 서경 세력은 서경 천도와 칭제 건원, 금 정벌 등을 주장하였으나 받아들여지지 않자 서경(평양)에서 반란을 일으켰다(1135).

06 고려의 대외 관계

(나) **귀주 대첩**(1019): 강감찬은 거란의 소배압이 강동 6주의 반환 등을 요구하며 10만 대군을 이끌고 침입하자 귀주에서 맞서 싸워 승리하였다.
(다) **별무반 편성**(1104): 고려 숙종 때 부족을 통일한 여진이 고려의 국경을 자주 침입하자 윤관이 왕에게 건의하여 신기군, 신보군, 항마군으로 구성된 별무반을 설치하였다. 이후 예종 때 윤관은 별무반을 이끌고 여진을 몰아내어 동북 9성을 축조하였다.
(가) **삼별초 항쟁**(1270~1273): 무신 정권이 막을 내리자 강화도에 있던 고려 조정이 개경으로 돌아가면서 몽골과

화해하였다. 이에 반발한 삼별초는 배중손, 김통정을 대장으로 삼아 진도와 제주도로 이동하며 대몽 항쟁을 전개하였다.

07 고려의 대몽 항쟁

몽골은 고려와 외교 관계를 맺은 이후 많은 공물을 요구하며 고려를 압박하였다. 그러던 중 고려에 온 몽골 사신 저고여가 본국으로 돌아가다가 암살당하자 몽골은 이를 구실로 삼아 고려와 국교를 단절하고 여섯 차례에 걸쳐 고려를 공격하였다. 몽골의 2차 침입 때 집권자였던 최우는 강화도로 도읍을 옮기며 장기간의 항쟁에 대비하였다.
② 몽골의 2차 침입 당시 고려의 승장 김윤후가 이끄는 민병과 승병이 처인성에서 몽골군에 대항하여 적장 살리타를 죽이고 승리를 거두었다.

✔ **바로 잡기**

① 고려 숙종 때 여진족이 고려의 국경을 자주 침입하자 윤관이 왕에게 건의하여 별무반을 편성하였다.
③ 고구려의 을지문덕은 우중문이 이끄는 수의 30만 대군을 살수에서 공격하여 크게 물리쳤다.
④ 거란의 1차 침입 때 고려의 사신 서희는 거란의 장수 소손녕과 외교 담판을 통해 고려가 고구려를 계승하였음을 인정받고 압록강 동쪽의 강동 6주를 확보하는 성과를 거두었다.

08 팔만대장경

② 고려 현종 때 만들어진 초조대장경이 몽골군의 침입으로 불에 타버렸다. 이에 당시의 집권자인 최우 등을 중심으로 대장도감을 설치하여 16년 만에 팔만대장경을 완성하였다. 팔만대장경판이 보관되어 있는 합천 해인사 장경판전은 세계 유일의 대장경판 보관용 건물로, 그 가치를 인정받아 1995년 유네스코 세계유산으로 지정되었다.

✔ **바로 잡기**

① 고려의 유학자 김부식은 유교적 사관을 바탕으로 한 기전체 형식의 역사서 『삼국사기』를 편찬하였다.
③ 고려 우왕 때 충북 청주 흥덕사에서 세계에서 가장 오래된 금속 활자본인 『직지심체요절』을 간행하였다.
④ 경주 불국사 삼층 석탑을 해체·보수하는 과정에서 탑 내부에 봉인되어 있던 「무구정광대다라니경」이 발견되었다. 이는 세계에서 가장 오래된 목판 인쇄물로 발달된 통일 신라의 인쇄술을 보여 준다.

09 원 간섭기

- **삼별초 항쟁**(1270~1273): 고려 조정이 다시 도읍을 강화도에서 개경으로 옮기면서 몽골과 화해하였다. 이에 반대한 삼별초는 배중손, 김통정 등을 중심으로 강화도, 진도, 제주도로 이동하며 대몽 항쟁을 전개하였다.
- **쌍성총관부 수복**(1356): 고려 공민왕은 원의 간섭에서 벗어나 고려의 자주성을 회복하기 위해 개혁을 실시하였다. 이러한 정책의 일환으로 쌍성총관부를 공격하여 철령 이북 지역의 영토를 되찾았다.
④ 고려는 원 간섭기 당시 지배층을 중심으로 변발과 호복 등 몽골 풍습이 유행하였다.

✓ 바로 잡기

① 고려 숙종 때 여진이 고려의 국경을 자주 침입하자 윤관이 왕에게 건의하여 별무반을 편성하였다(1104).
② 통일 신라 헌덕왕 때 웅천주 도독 김헌창은 아버지 김주원이 왕위 쟁탈전에서 패배한 것에 불만을 품고 반란을 일으켰으나 관군에게 진압되면서 실패하였다(822).
③ 고려 인종 때 김부식은 왕명을 받아 삼국 시대의 역사서인 『삼국사기』를 편찬하였다(1145).

10 원 간섭기

원(몽골)의 침략으로 고려는 무신 정권이 무너지고, 원과 강화를 맺게 되었다. 이후 원에 인질로 머무르던 고려 태자가 귀국하여 원종으로 즉위하였으며, 이때부터 고려의 태자는 왕위를 물려받을 때까지 원에 머무르는 것이 당연하게 되었다. 또한, 원은 고려의 왕을 원의 공주와 혼인하게 하여 고려를 사위의 국가로 만들었다. 더불어 고려의 왕을 부르는 호칭을 낮추고, 행정 기구의 명칭을 첨의부, 4사, 밀직사, 감찰사 등으로 격을 낮추어 바꾸는 등 국가 행정까지 간섭하였다.
② 고려 충렬왕 때 원은 일본 원정을 위해 고려에 정동행성을 설치하였다. 이 기구는 이후 고려의 내정 간섭 기구로 유지되었다.

✓ 바로 잡기

① 고려 시대 윤관은 여진이 고려의 국경을 자주 침입하자 숙종에게 건의하여 별무반을 편성하였다. 이후 예종 때 윤관은 별무반을 이끌고 여진을 몰아낸 뒤 동북 9성을 지었다.
③ 조선 세조는 왕권을 강화하기 위해 고려 태조 때 시행하였던 6조 직계제를 다시 실시하여 6조가 의정부를 거치지 않고 왕에게 직접 업무를 보고하게 하였다.
④ 통일 신라 신문왕은 장인인 김흠돌이 일으킨 반란을 진압하고, 자신에게 반대하는 귀족 세력을 제거하여 왕권을 강화하였다.

11 공민왕의 업적

원에 볼모로 있던 공민왕은 1351년 원이 충정왕을 폐위시키자 고려로 돌아가 왕위에 올랐다. 이후 공민왕은 대외적으로 친원 세력을 몰아내는 반원 자주 정책을, 대내적으로는 왕권을 강화하기 위한 개혁 정책을 추진하였다. 이러한 정책의 일환으로 변발과 호복 등 몽골의 풍습을 금지하고 기철 등 친원 세력을 제거하였다. 또한, 신돈을 전민변정도감의 책임자로 임명하여 권문세족이 빼앗은 토지를 돌려주고 노비가 된 자를 풀어주는 등 개혁을 진행하였다. 원 황실의 노국 대장 공주는 공민왕과 결혼하여 공민왕의 반원 자주 개혁을 적극적으로 지지하였으며, 친원 세력들이 이에 불만을 품기도 하였다. 공민왕은 노국 대장 공주가 아이를 낳다가 죽은 후부터 나라를 돌보지 않고 그녀를 그린 그림을 벽에 걸고 밤낮으로 보면서 슬퍼하였다.
④ 고려 공민왕은 쌍성총관부를 공격하여 철령 이북 지역의 땅을 되찾았다.

✓ 바로 잡기

① 조선 영조는 백성들의 군역 부담을 줄이기 위해 기존 1년에 2필씩 납부하던 군포를 1필로 줄이는 균역법을 시행하였다.
② 통일 신라 원성왕은 국학의 학생들을 대상으로 독서삼품과를 실시하여 유교 경전의 이해 수준에 따라 관리로 채용하였다.
③ 『삼강행실도』는 조선 세종 때 편찬되었으며, 우리나라와 중국의 서적에서 모범이 될 만한 충신, 효자, 열녀 등의 행적을 모아 글과 그림으로 설명한 윤리서이다.

12 최영

② 고려 말 홍산에 침입한 왜구를 격퇴하는 등의 공을 세운 최영은 우왕 때 명이 원에서 관리한 철령 이북의 땅을 반환하라고 요구하자 요동 정벌을 추진하였다. 이에 이성계는 4불가론을 제시하며 반대하였으나 왕명에 따라 출정하였다가 압록강의 위화도에서 군대를 돌려 최영을 제거하고 우왕을 폐위한 뒤 창왕을 즉위시켰다.

✓ 바로 잡기

① 양규는 거란이 강조의 정변을 구실로 2차 침입을 단행하자 군대를 이끌어 흥화진 전투에서 거란의 보급로를 차단하며 활약하였다.
③ 이종무는 왜구가 자주 침입해 오자 조선 세종의 명을 받아 대마도를 정벌하였다.
④ 정몽주는 고려 후기 대표적인 온건 개혁파이다. 그는 혼란스러운 고려 왕조를 유지시키기 위해 노력하였으나 새 왕

조를 세우려 손잡은 급진 개혁파 정도전, 신흥 무인 세력 이성계 등과 대립하다가 결국 선죽교에서 이방원에 의해 죽게 되었다.

13 고려 말 왜구의 침입

② 고려 말 왜구가 강화도를 약탈하고 개경(개성)을 위협할 정도로 극성을 부리며 자주 침입하자 조세 운반이 어려워졌고, 내륙 지역까지 큰 피해를 입게 되었다. 이에 최영은 홍산 대첩, 최무선은 진포 대첩, 이성계는 황산 대첩을 통해 왜구의 침입을 격퇴하였다. 이 과정에서 이들은 신흥 무인 세력이라는 새로운 권력층으로 성장하였다.

✔ 바로 잡기

① 몽골은 고려와 외교 관계를 맺은 이후 많은 공물을 요구하며 고려를 압박하였다. 그러던 중 고려에 온 몽골 사신 저고여가 본국으로 돌아가다가 암살당하는 사건이 발생하자 몽골은 이 사건을 핑계로 고려와 국교를 단절하고 여섯 차례에 걸쳐 고려를 침입하였다.

③ 고려 숙종 때 부족을 통일한 여진이 고려의 국경을 자주 침입하자 윤관이 왕에게 건의하여 별무반을 편성하였다. 예종 때 윤관의 별무반은 여진을 물리치고, 동북 9성을 축조하였다.

④ 병인양요와 신미양요 등 서양의 침략을 겪은 흥선 대원군은 외세의 침입을 경계하고, 서양과의 통상 수교 반대 의지를 알리기 위해 전국 각지에 척화비를 건립하였다.

14 정몽주

③ 정몽주는 고려 후기 대표적인 온건 개혁파로 권문세족의 횡포를 막고 혼란스러운 고려의 상황을 수습하고자 하였다. 그러나 새 왕조를 세우기 위해 손잡은 급진 개혁파 정도전, 신흥 무인 세력 이성계 등과 대립하다가 결국 선죽교에서 이방원에 의해 죽게 되었다.

✔ 바로 잡기

① 조선 후기 실학자 박지원은 연행사를 따라 청에 다녀온 뒤 『열하일기』를 저술하여 상공업 진흥과 화폐 유통의 필요성을 주장하였다.

② 조선 후기의 학자 송시열은 명에 대한 의리를 지키고 청에게 당한 수모를 갚자는 북벌론을 주장하였다. 효종에게 이러한 내용을 담은 기축봉사를 올려 북벌 계획의 핵심 인물이 되었다.

④ 정도전은 고려 말 이성계와 함께 유교 사상을 바탕으로 개혁을 단행하여 공양왕을 쫓아내고 조선을 건국하였다.

주제 10 **고려의 경제·사회·문화**

| 01 | ① | 02 | ④ | 03 | ③ | 04 | ④ | 05 | ③ |
| 06 | ③ |

01 고려의 경제 상황

국립 태안 해양 유물 전시관에는 태안 앞바다에서 발견된 고려 시대의 세곡선인 마도 1호선을 복원하여 전시하고 있다. 당시 고려는 아라비아 상인까지 찾아와 교역할 정도로 국제적인 무역항이 발달하였고, 선박을 국가 운영과 경제 활동에 적극적으로 이용하였다.

① 고려는 직역의 대가로 관료에게 토지를 나눠주는 전시과 제도를 시행하여 곡물을 거둘 수 있는 전지와 땔감을 얻을 수 있는 시지를 주었다.

✔ 바로 잡기

② 조선 후기에는 구황 작물로 고구마, 감자 등이 전래되어 재배되기 시작하였다.

③ 조선 후기에 모내기법이 전국적으로 확산되면서 벼와 보리의 이모작이 가능해져 농업 생산량이 증가하였다.

④ 신라 지증왕은 경주에 시장을 설치하고 이를 관리·감독하기 위한 기구인 동시전을 설치하였다.

02 고려의 경제 상황

충남 태안 해안 지역에서 고려 시대에 난파되었던 선박인 마도 2호선이 발굴되었다. 마도 2호선에서 청자 연꽃줄기 무늬 매병과 죽찰이 발굴되었는데, 죽찰에 적힌 글을 통해 개경의 중방 도장교 오문부에게 참기름과 꿀을 담은 매병을 보내기 위해 가던 길이었음을 알 수 있다.

④ 고려 숙종 때 상업이 활발해지면서 삼한통보, 해동통보, 해동중보 등의 동전과 활구(은병)를 제작하여 화폐의 통용을 추진하였으나 널리 유통되지는 못하였다.

✔ 바로 잡기

① 조선 후기에 광산 개발이 활성화되면서 전문적으로 광산을 경영하는 덕대가 등장하였다.

② 조선 정조는 자유로운 상업 활동을 장려하기 위해 육의전을 제외한 시전 상인들의 금난전권을 폐지하는 신해통공을 실시하였다.

③ 조선 후기에 상공업이 활발해지면서 사상이 발전하여 개성, 의주 등의 지역에서 송상, 만상 등이 대청 무역으로 부를 축적하였다.

03 전시과

③ 고려는 직역의 대가로 관료에게 토지를 나누어 주는 전시과를 시행하였다. 전시과는 경종 때 처음 실시된 후 몇 번의 개정을 거쳐 정비되었으며, 곡물을 수취할 수 있는 전지와 땔감을 얻을 수 있는 시지를 품계에 따라 차등 지급하였다.

✔ 바로 잡기

① 고려 공양왕 때 신진 사대부 조준 등의 건의로 경기 지역에 한해 과전법을 시행하여 전·현직 관리에게 과전을 지급하는 토지 제도 개혁을 단행하였다.
② 조선 정부는 임진왜란 이후 악화된 국가 재정을 해결하기 위해 돈이나 곡식을 받고 명예직 임명장인 공명첩을 파는 납속책을 실시하였다.
④ 흥선 대원군은 군정의 문란을 해결하기 위해 호포제를 실시하여 양반에게도 군포를 부과하였다.

04 영주 부석사 무량수전

④ 영주 부석사 무량수전은 현재 남아 있는 고려 시대 목조 건물 중 하나이다. 기둥의 중간 부분은 두껍게 하고 위와 아래로 갈수록 굵기가 점차 줄어드는 배흘림 기둥을 사용하였다. 또한, 지붕 처마를 받치기 위해 공포가 사용되었는데, 공포는 기둥 위에만 간결하게 짜 올리는 주심포 양식으로 제작되었다. 영주 부석사 무량수전과 함께 현재까지 남아 있는 고려 시대 건축물로는 충렬왕 때 지어진 예산 수덕사 대웅전과 우리나라의 목조 건물 중 가장 오래된 건물인 안동 봉정사 극락전 등이 있다.

✔ 바로 잡기

① 종묘는 역대 조선 왕들의 신위를 모신 곳이며, 정전은 종묘의 중심 건물이다. 정전은 총 19개의 방으로 이루어져 있고, 각 방들이 옆으로 길게 이어져 있어 우리나라 목조 건축물로는 가장 긴 건물이다.
② 경복궁은 조선 건국 후 수도를 개경에서 한양으로 옮기면서 지어진 궁궐이다. 경복궁의 정전인 근정전에서는 국왕의 즉위식이나 국가의 행사가 진행되었다.
③ 충북 보은에 위치한 법주사 팔상전은 조선 시대의 목조 건물로, 석가모니의 일생을 여덟 폭의 그림으로 나누어 그린 「팔상도」가 그려져 있어 팔상전이라고 불린다.

05 지눌

③ 고려 승려 보조국사 지눌은 불교의 타락을 비판하고 혁신을 도모하여 수선사를 조직하고, 승려의 기본인 독경, 수행, 노동에 힘쓰자는 수선사 결사를 제창하였다. 이를 위한 사상적 기반으로 정혜쌍수와 돈오점수를 주장하였으며, 철저한 수행을 강조하였다.

✔ 바로 잡기

① 신라 승려 원효는 대립과 분열을 종식시키고 화합을 이루기 위한 화쟁 사상을 주장하고, 「무애가」를 바탕으로 불교의 대중화를 위해 노력하였다.
② 고려 승려 의천은 송에서 유학하고 돌아와 개경(개성) 흥왕사에서 교종과 선종의 불교 통합 운동을 전개하였으며, 국청사를 중심으로 해동 천태종을 개창하였다.
④ 통일 신라 때 승려 혜초는 인도와 중앙아시아를 순례하고 「왕오천축국전」을 저술하였다.

06 고려의 사회 모습

③ 신라는 중앙 집권 국가로 성장하면서 골품제라는 신분 제도를 통해 각 지역 부족장들의 신분을 규정하였다.

✔ 바로 잡기

① 고려 태조 때 운영된 흑창은 먹을거리가 부족한 춘궁기에 곡식을 빌려주고 추수 후에 회수하던 제도로, 성종 때 쌀을 1만 석 보충하여 시행하면서 의창이라고 불렸다.
② 고려 시대에는 매년 개경과 서경에서 국가적 불교 행사인 팔관회가 개최되었다. 고려 전역은 물론 송, 여진, 탐라 등 주변국과 서역의 아라비아 상인들도 참여하였다.
④ 고려 시대 여성은 호주(호적상의 대표)가 될 수 있었고, 호적 기록도 성별에 관계없이 나이순으로 기재되었다.

5 조선의 성립과 발전

01 조선 태조

고려 우왕 때 요동 정벌을 추진하자 이성계는 4불가론을 제시하며 반대하였으나 왕명에 따라 출병하게 되었다. 결국 의주 부근의 위화도에서 군사를 돌려 개경으로 회군하면서 최영 등 반대파를 제거하고 권력을 장악하였다. 이후 정도전, 남은 등 신진 사대부들과 함께 유교 사상을 바탕으로 개혁을 단행하였으며 마침내 1392년 공양왕을 쫓아내고 조선을 건국하였다.
④ 고려 우왕 때 이성계는 황산에서 적장 아지발도를 죽이고 왜구를 격퇴하였다(황산 대첩).

✔ 바로 잡기

① 고려 숙종 때 부족을 통일한 여진이 고려의 국경을 자주 침입하자 윤관이 왕에게 건의하여 신기군, 신보군, 항마군으로 구성된 별무반을 편성하였다.
② 신라 지증왕은 이사부를 보내 우산국(울릉도)을 정벌하였다.
③ 고려 공민왕은 전민변정도감을 설치하여 권문세족에 의해 빼앗긴 토지를 원래 주인에게 돌려주고 억울하게 노비가 된 자를 풀어주는 등 개혁을 진행하였다.

02 정도전

④ 고려 말 급진 개혁파를 이끌었던 정도전은 위화도 회군 이후 신흥 무인 세력인 이성계와 연합하였다. 이들은 최영을 몰아내고 이색, 정몽주 등의 온건 개혁파를 제거하면서 조선 건국을 주도하였다. 조선 건국 이후 정도전은 한양으로 도읍을 옮긴 후 도성을 쌓고 태조의 명에 따라 경복궁과 강녕전, 근정전 등 주요 전각의 이름을 지었다. 또한, 『조선경국전』을 저술하여 조선의 현실에 맞는 통치 체제를 정비하였다.

✔ 바로 잡기

① 송시열은 조선 효종에게 기축봉사를 올려 명에 대한 의리를 지키고 청에 당한 수모를 갚자고 주장하면서 효종의 북벌 계획에서 핵심 인물이 되었다.
② 채제공은 조선 정조에게 육의전을 제외한 시전의 금난전권 폐지를 건의하였으며, 정조는 이를 받아들여 신해통공을 실시하였다.

③ 정몽주는 고려 말 대표적인 온건 개혁파로 이성계를 문병하고 귀가하던 도중 선죽교에서 이방원에게 피살되었다.

03 조선 세종

조선 세종은 우리나라의 독창적인 문자인 훈민정음을 창제하고 반포하였다. 또한, 정초, 변효문 등을 시켜 우리 풍토에 맞는 농서인 『농사직설』을 편찬하도록 하였다.
① 조선 세종 때 여진을 정벌하고 최윤덕이 압록강 상류 지역에 4군을, 김종서가 두만강 하류 지역에 6진을 설치하였다.

✔ 바로 잡기

② 조선 세조 때 편찬되기 시작한 『경국대전』은 조선의 기본 법전으로, 성종 때 완성되어 반포되었다.
③ 조선 철종 때 김정호가 완성한 대동여지도는 산맥, 하천, 도로 등이 매우 정확하고 자세하게 표시되어 있으며, 10리마다 눈금을 표시하여 거리를 알 수 있게 하였다.
④ 조선 숙종 때 간도 지역을 두고 청과 국경 분쟁이 발생하였다. 이에 두 나라 대표가 백두산 일대를 답사하고 국경을 확정하여 백두산정계비를 건립하였다.

04 조선 성종

조선 시대에는 왕실 후손의 태실이 국가의 운과 직접적으로 관련 있다고 생각하였다. 이에 왕실에서 아기가 태어나면 탯줄과 태반을 깨끗이 씻어 태항아리에 넣은 후 전국 각지의 명당에 만든 태실에 보관하였다. 현재 창경궁에 태실을 모신 조선 성종은 예법과 절차 등을 그림과 함께 기록한 『국조오례의』를 편찬하였다.
② 조선 성종은 세조 때부터 편찬되기 시작한 조선의 기본 법전인 『경국대전』을 완성·반포하였다.

✔ 바로 잡기

① 조선 세종은 우리나라의 독창적인 문자인 훈민정음을 창제하고 반포하였다.
③ 조선 정조는 새롭게 관직에 오른 자 또는 기존 관리들 중 능력 있는 자들을 규장각에서 재교육시키는 초계문신제를 시행하였다.
④ 고려 후기 무신 이성계는 최영을 중심으로 추진된 요동 정벌에 반대하였으나 왕의 명령으로 군사를 이끌고 요동으로 향했다. 그러던 중 압록강 위화도에서 군사를 돌려 개경으로 돌아가 최영을 제거하고 우왕을 폐위한 뒤 창왕을 즉위시켜 권력을 장악하였다.

05 승정원

③ 승정원은 오늘날 대통령 비서실과 비슷한 역할을 담당하던 곳으로, 주로 신하들에게 왕명을 전달하는 역할을 하는 조선의 중앙 정치 기구 중 하나였다. 6명의 승지로 구성되어 총책임자인 도승지가 이조, 좌승지가 호조, 우승지가 예조, 좌부승지가 병조, 우부승지가 형조, 동부승지가 공조를 맡아 6조와 협의하며 왕을 보필하였다.

✔ 바로 잡기

①·② 사간원은 왕과 정치에 대한 언론을 담당하였고, 사헌부는 관리의 비리를 감찰하였다. 또한, 사간원과 사헌부는 함께 양사 또는 대간이라 하여 5품 이하 관리에 대한 서경권을 행사하였다.
④ 홍문관은 조선 성종 때 집현전을 계승하여 설치되었으며, 사간원, 사헌부와 함께 삼사를 구성하였다. 또한, 왕의 자문 역할과 경연, 경서, 사적 관리, 언론의 역할을 담당하였다.

06 조선의 교육 기관

조선은 중앙에 국립 대학인 성균관을 두고, 중등 교육을 위하여 서울에 4부 학당을, 지방에 향교를 설치하였다. 조선 중기 이후에는 서원이 각지에 세워지면서 향촌 사회의 교화와 지방의 양반 자제들을 교육하여 많은 인재를 길러냈다.
① 경당은 고구려의 평민 자제들을 교육하기 위하여 설립한 민간 교육 기관으로 경전 독서, 활쏘기 등의 학문과 무예를 가르쳤다.

✔ 바로 잡기

② 4부 학당은 조선의 중앙 관학 교육 기관으로 중등 교육을 담당하였으며, 성균관의 부속 학교 성격을 가지고 있었다.
③ 성균관은 조선 시대 최고의 교육 기관으로 초시인 생원시와 진사시에 합격한 유생들이 우선적으로 입학할 수 있었다.
④ 서원은 선현에 대한 제사와 양반 자제의 교육을 담당하는 지방 사립 교육 기관으로 사림의 세력 기반 역할을 하였다.

01 퇴계 이황

② 퇴계 이황은 조선의 성리학자로 주자학을 집대성하여 조선 유학의 길을 정립하였고, 일본 유학의 성장에도 영향을 주었다. 조선 선조 때 이황은 선조가 성군이 되기를 바라는 마음을 담아 『성학십도』를 저술하여 군주의 도를 도식으로 설명하였다. 이황이 죽은 뒤에는 이황을 추모하는 문인과 유생들이 안동에 도산 서원을 건립하였으며, 이후 사액 서원이 되면서 영남 지방 사림의 중심지가 되었다.

✔ 바로 잡기

① 서희는 거란의 1차 침입 때 소손녕과 외교 담판을 통해 고려가 거란과 교류할 것을 약속하는 대신, 고려가 고구려를 계승하였음을 인정받고 압록강 동쪽의 강동 6주를 획득하였다.
③ 박제가는 서얼 출신으로 조선 정조 때 규장각 검서관에 등용되었다. 또한, 『북학의』를 저술하여 청의 문물을 수용할 것과 수레와 배의 이용, 적극적인 소비를 권장하였다.
④ 정몽주는 고려 후기 대표적인 온건 개혁파로, 혼란스러운 고려 왕조를 정리하고 유지시키기 위해 노력하였다. 그러나 새 왕조를 세우기 위해 손잡은 급진 개혁파 정도전, 신흥 무인 세력 이성계 등과 대립하다가 결국 선죽교에서 이방원에 의해 제거되었다.

02 유성룡

경북 안동에 있는 병산 서원은 유성룡의 학문과 업적을 추모하기 위해 만들어진 곳으로, 흥선 대원군의 서원 정리에도 남아 있던 47개의 서원 중 하나이다. 유성룡은 임진왜란 때 새로운 군사 조직의 필요성을 느껴 포수, 사수, 살수의 삼수병으로 편성된 훈련도감의 설치를 건의하였다.
① 유성룡은 7년에 걸친 임진왜란의 원인과 전쟁 상황 등을 기록한 『징비록』을 저술하였다.

✔ 바로 잡기

② 조선 세종은 최윤덕을 시켜 여진을 몰아낸 뒤 압록강 일대에 4군을 설치하였다, 또, 김종서를 시켜 두만강 일대에 6진을 설치하여 영토를 개척하였다.
③ 고려 중기 묘청, 정지상을 중심으로 한 서경 세력은 서경 천도와 칭제 건원, 금 정벌 등을 주장하였다.

④ 김정호는 조선 후기에 10리마다 눈금을 표시하여 거리를 알 수 있게 한 대동여지도를 제작하였다. 이는 목판으로 만들어져 대량 인쇄가 가능하였다.

03 무오사화

② 조선 연산군 때 춘추관의 사관이었던 사림 김일손이 사초에 김종직의 조의제문을 실었다. 훈구파 이극돈이 이를 세조가 단종으로부터 왕위를 빼앗은 일을 비방한 것이라며 문제 삼아 연산군에게 알리면서 무오사화가 발생하였다. 이때 연산군은 김일손 등을 심문하고 이미 죽은 김종직의 관을 파헤쳐 시체의 목을 베었으며, 많은 사림파들을 처형하거나 귀양을 보냈다.

✔ 바로 잡기

① 조선 숙종 때 남인의 영수인 허적이 궁중에서 쓰는 천막을 허락 없이 사용한 문제로 왕과 갈등을 겪었다. 이후 허적의 서자 허견의 역모 사건으로 첫 환국인 경신환국이 발생하여 허적, 윤휴 등의 남인이 대거 축출되고 서인이 집권하게 되었다.
③ 조선 광해군 때 북인이 집권하여 정계에서 밀려나 있던 서인 세력이 광해군의 중립 외교 정책과 폐모살제 문제를 빌미로 인조반정을 일으켜 광해군이 폐위되고 인조가 왕위에 올랐다.
④ 신식 군대와의 차별 대우로 인해 불만이 쌓인 구식 군대가 임오군란을 일으켜 일본 공사관과 선혜청을 습격하였다.

04 조광조

조선 중종은 반정으로 왕위에 오른 후 훈구파를 견제하기 위해 사림파를 중요한 자리에 등용하여 유교 정치를 발전시키고자 하였다. 이에 따라 등용된 조광조는 경연 강화, 소격서 폐지, 반정 공신들의 위훈 삭제, 『소학』 보급 등을 주장하였다. 그러나 훈구 공신들의 반발로 인해 기묘사화가 발생하여 조광조를 비롯한 사림들이 제거되었다. 『기묘유적』은 조선 중기의 학자 안방준이 저술한 역사서로, 기묘사화의 중심 인물인 조광조 및 관련된 각종 사건에 대해 기록되어 있다.
④ 조선 중종 때 등용된 조광조와 사림 세력은 도교를 이단으로 배척하였다. 이에 따라 궁중에서 도교적 제사(초제)를 주관하는 소격서의 폐지를 건의하였다.

✔ 바로 잡기

① 조선 정조 때 서얼 출신 유득공은 『발해고』를 통해 발해를 우리의 역사로 인식하고 최초로 '남북국'이라는 용어를 사용하였다.

② 조선 후기 김정호는 10리마다 눈금을 표시하여 거리를 알 수 있게 한 대동여지도를 제작하였다. 각 지역의 지도를 접어서 한 권의 책으로 엮었으며, 목판으로 만들어 대량 인쇄가 가능하였다.
③ 조선 중종 때 풍기 군수 주세붕은 고려 말의 성리학자 안향을 기리기 위해 경북 영주에 백운동 서원을 건립하였다. 이후 백운동 서원은 명종 때 이황의 건의로 최초의 사액 서원이 되면서 소수 서원으로 불리었다.

05 을사사화

④ 조선 인종의 뒤를 이어 명종이 어린 나이로 즉위하자 명종의 어머니 문정 왕후가 수렴청정(어린 왕 대신 정사를 돌보는 일)을 하였다. 이로 인해 인종의 외척인 윤임을 중심으로 한 대윤 세력과 명종의 외척인 윤원형 중심의 소윤 세력이 대립하면서 을사사화가 발생하였다. 이때 윤임을 비롯한 대윤 세력과 사림들이 큰 피해를 입었다.

✔ 바로 잡기

① 남인인 허적이 궁중에서 쓰는 천막을 허락 없이 사용하여 조선 숙종과 갈등을 빚었다. 이후 허적의 서자인 허견의 역모 사건까지 이어지면서 허적을 비롯한 남인이 몰락하고 서인이 집권하는 경신환국이 발생하였다.
② 조선 현종 때 효종이 사망하자 당시 인조의 계비인 자의 대비가 상복을 입는 기간을 놓고 서인과 남인 사이에 기해 예송(1차 예송)이 발생하였다. 이때 서인은 1년을 주장하였고, 남인은 3년을 주장하였으나 이때 서인 세력이 승리하였다.
③ 흥선 대원군은 국내 프랑스인 천주교도를 통해 러시아를 견제하고자 하였다. 그러나 이에 실패하고 유생들이 천주교에 대해 반발하자 탄압을 단행하여 병인박해가 발생하였다.

06 붕당 정치의 발생

④ 이조 전랑은 삼사의 관직 임명권과 자신의 후임자 추천권을 가진 중요한 관직이었다. 조선 선조 때 새로운 이조 전랑으로 김효원이 지목되자 심의겸은 김효원이 명종 때 외척이었던 윤원형에게 붙은 간신이라며 반대하였으나 결국 김효원이 이조 전랑으로 임명되었다. 이후 이조 전랑으로 심의겸의 동생 심충겸이 지목되자 후임을 추천할 수 있었던 김효원은 심충겸을 외척이라 반대하면서 이발을 후임으로 임명하였다. 이러한 갈등으로 사림은 김효원을 중심으로 한 동인과 심의겸을 중심으로 한 서인으로 나뉘어 붕당 정치가 시작되었다(1575).

① 조선 중종 때 등용된 조광조와 사림들이 위훈 삭제, 현량 과 실시 등의 개혁을 주장하였다. 그러나 훈구 공신들의 반발로 인해 기묘사화가 발생하여 조광조를 비롯한 사림 들이 제거되었다(1519).

② 고려 말 새로운 정치 세력으로 등장한 신진 사대부는 공민 왕의 개혁 정책에 적극 참여하면서 성장하였다. 주로 과거 를 통해 정계에 진출하였으며 성리학을 이론적 근거로 수 용하여 권문세족의 비리를 비판하였다.

③ 조선 세조는 수양 대군 시절 계유정난을 일으켜 황보인, 김종서 등을 제거하면서 권력을 장악하였고(1453), 이후 단종을 몰아내고 왕으로 즉위하였다(1455).

주제 13	조선 전기의 경제·사회·문화

01 ②	02 ①	03 ④	04 ④	05 ④
06 ④				

01 『경국대전』

② 『경국대전』은 세조 때 편찬을 시작하여 성종 때 완성한 조선 최고의 법전으로, 정부 체제를 따라 6전으로 구성되 었다. 국가 조직, 재정, 의례, 군사 제도 등 통치 전반에 걸친 법령을 담고 있으며, 국가 행정을 체계화하고 유교 질서를 확립하기 위해 편찬되었다.

① 조선 영조 때 이중환은 현지답사를 통해 각 지방의 산천, 인물, 풍속 등에 대해 기록한 인문 지리서인 『택리지』를 저 술하였다.

③ 조선 세종은 정초, 변효문 등을 시켜 우리 풍토에 맞는 농 서인 『농사직설』을 간행하였다.

④ 조선 선조의 명을 받아 허준이 집필을 시작한 『동의보감』 은 각종 의학 지식과 치료법에 관한 의서로, 광해군 때 완 성되었다.

02 서원

① 조선 중기 이후 지방 사립 교육 기관인 서원이 각지에 세 워졌다. 서원은 선현에 대한 제사와 양반 자제의 교육을 담당하였고, 향촌 사회를 교화하는 역할까지 수행하였다. 2019년에는 서원이 한국의 성리학과 관련된 문화적 전 통을 보여준다는 점에서 그 가치를 인정받아 9개 서원이

'한국의 서원'으로 유네스코 세계유산에 등재되었다.

② 향교는 지방의 부·목·군·현에 설립되어 지방민에 대 한 교육을 담당하던 성균관의 하급 관립 학교이다. 중앙에 서는 향교의 규모와 지역에 따라 교관인 교수 또는 훈도를 파견하였다.

③ 성균관은 조선 시대 최고의 교육 기관으로 초시인 생원시와 진사시에 합격한 유생들이 우선적으로 입학할 수 있었다.

④ 4부 학당은 조선의 중앙 관학 교육 기관으로 중등 교육을 담당하였으며, 성균관의 부속 학교 성격을 가지고 있었다.

03 『칠정산내편』

④ 조선 세종 때 이순지, 김담은 중국의 수시력과 아라비아 의 회회력을 참고로 하여 한양을 기준으로 천체 운동을 계산한 역법서인 『칠정산』을 완성하였다. 『칠정산』은 최 초로 한양을 기준으로 천체 운동을 계산하였으며, 내편 (內篇)과 외편(外篇)으로 구성되어 있다.

① 조선 성종 때 강희맹이 사계절의 농경 방법과 농작물에 대 한 주의사항을 기록한 『금양잡록』을 저술하였다.

② 조선 세종은 정초, 변효문 등을 시켜 우리 풍토에 맞는 농 서인 『농사직설』을 간행하였다.

③ 『삼강행실도』는 조선 세종 때 편찬되었으며, 우리나라와 중국의 서적에서 모범이 될 만한 충신, 효자, 열녀의 행실 을 모아 글과 그림으로 설명하였다.

04 조선 시대의 과학 문화유산

조선 시대의 국왕은 나라를 부강하게 하고 백성들의 삶을 안 정시키기 위해 천문, 농업, 의학, 무기 제조 등 다방면으로 과학 기술 연구에 힘썼다. 조선 태조 때 만들어진 천상열차 분야지도는 태조의 명으로 권근을 비롯한 천문학자들이 하 늘의 별자리를 석판에 기록한 천문도이다. 조선 세종 때에는 우리나라의 경도·위도에 맞는 역법서인 『칠정산』, 하천의 수위를 측정하는 수표, 강우량을 측정하는 측우기, 자동으 로 시각을 알려 주는 물시계인 자격루 등의 다양한 과학 기 구들이 만들어졌다.

④ 신라 선덕 여왕 때 천체 관측을 위해 첨성대를 설치하 였다.

① 조선 세종의 명을 받아 장영실이 제작한 측우기는 강우량 을 관측할 수 있도록 전국적으로 설치되었다.

② 조선 세종의 명을 받아 장영실은 날씨가 흐리거나 해가 져도 시간을 볼 수 있도록 물시계인 자격루를 만들었다.

③ 조선 세종의 명을 받아 장영실이 천체의 운행과 그 위치를 측정하는 천문 관측기구인 혼천의를 만들었다.

05 『조선왕조실록』

④ 『조선왕조실록』은 왕이 죽은 뒤에 다음 왕이 즉위하면 춘추관에 실록청을 설치하여 사초와 시정기 등을 바탕으로 편찬되었다. 이를 편찬하였을 당시에 모두 4부를 인쇄하여 4대 사고(史庫)에 보관하였다. 사고는 실록과 중요 서적을 보관하던 서고로, 서울의 춘추관과 충주·성주·전주에 있었다. 임진왜란 때 전주 사고만 남고 세 곳이 모두 불에 타자 조선 조정에서는 전주 사고본을 4부씩 인쇄하여 춘추관·묘향산·태백산·오대산·마니산 사고에 보관하였다.

✔ 바로 잡기

① 조선 선조의 명으로 허준이 집필한 『동의보감』은 각종 의학 지식과 치료법에 관한 의서로, 광해군 때 완성되었다.

② 조선 세조 때 편찬되기 시작한 『경국대전』은 조선의 기본 법전으로, 성종 때 완성되어 반포되었다.

③ 『삼강행실도』는 조선 세종 때 편찬되었으며, 우리나라와 중국의 서적에서 모범이 될 만한 충신, 효자, 열녀 등의 행적을 모아 글과 그림으로 설명하였다.

06 「몽유도원도」

④ 「몽유도원도」는 안평 대군이 도원에서 노닐었던 꿈을 들은 안견이 4일 만에 완성한 그림이다. 안평 대군을 포함해 김종서, 신숙주, 박팽년, 성삼문, 정인지, 서거정 등 당대 최고의 명사 21명이 찬시를 적어 회화와 서예가 어우러진 걸작이면서 당시의 예술과 사상이 담긴 조선 전기의 대표적 회화 작품이다. 현재는 일본의 국보로 덴리 대학교에 소장되어 있다.

✔ 바로 잡기

① 김홍도 – 조선 후기
② 김정희 – 조선 후기
③ 정선 – 조선 후기

01 임진왜란

- **충주 탄금대 전투**(1592): 임진왜란 때 왜군이 부산포로 침입하여 북상해 오자 조정에서는 신립을 삼도순변사로 임명하여 이를 막게 하였다. 신립은 충주 탄금대에서 배수진을 치고 맞서 싸웠으나 패배하였다.
- **명량 해전**(1597): 이순신은 13척의 배로 울돌목의 좁은 수로를 활용하여 왜군의 133척의 배에 맞서 싸워 명량 해전을 큰 승리로 이끌었다.

③ 권율은 임진왜란 때 행주산성에 진지를 구축하고 화차와 화포를 이용하여 공격해 온 왜군 3만여 명을 물리치며 큰 승리를 거두었다(행주 대첩, 1593).

✔ 바로 잡기

① 최영은 고려 말 왜구가 충남 내륙 지방까지 올라오며 노략질을 일삼자 홍산(부여)에서 왜구를 무찌르며 크게 승리하였다(홍산 대첩, 1376).

② 강감찬은 강동 6주의 반환 등을 요구하며 거란이 다시 고려를 침입하자 귀주에서 거란의 소배압이 이끄는 10만 대군에 맞서 대승을 거두었다(1019).

④ 몽골의 2차 침입 때 승장 김윤후가 이끄는 민병과 승병이 처인성에서 몽골군에 대항하여 적장 살리타를 죽이고 승리를 거두었다(1232).

02 임진왜란

강항은 조선의 문신으로, 1592년 발발한 임진왜란에 뒤이어 일어난 정유재란 당시 전라도 영광에서 의병을 모집하였다. 하지만 영광이 함락당하자 탈출하려던 중 왜의 수군에 잡혀 일본에 포로로 끌려갔다. 일본에서 강항은 일본 학자와 교류하며 성리학을 전파하였고, 일본의 성리학 발전에 기여하였다.

④ 이순신은 13척의 배로 울돌목의 좁은 수로를 활용하여 왜군의 133척의 배에 맞서 싸워 명량 해전을 큰 승리로 이끌었다(1597).

✔ 바로 잡기

① 조선 세종은 김종서를 보내 두만강 일대의 여진을 몰아내고 6진을 개척하여 영토를 확장하였다(1449).

② 미국이 제너럴 셔먼호 사건을 구실로 강화도에 침입하여 신미양요가 발생하였다. 이에 어재연 장군이 이끄는 조선 군대가 초지진과 광성보를 점령한 미국군에 항전하였으나

수많은 사상자를 내며 패배하였다(1871).
③ 조선 세종 때 이종무가 쓰시마섬을 정벌하여 왜구를 소탕하였다(1419).

03 병자호란

후금이 국호를 청으로 고치고 조선에 군신 관계를 요구하였으나 조선이 이를 거부하자 청 태종이 10만 대군을 거느리고 조선을 침략하면서 병자호란이 발생하였다. 인조는 강화도로 피란하려 하였으나 청군에 의해 길이 막혀 남한산성으로 가서 항전하였다. 청군이 남한산성을 포위하자 최명길 등의 주화파와 김상헌 등의 척화파 사이에 논쟁이 거듭되다가 마침내 성문을 열고 항복하게 되었다.
③ 조선 인조는 병자호란 때 남한산성으로 피신하여 청군에 항전하였다. 하지만 강화도로 보낸 왕족과 신하들이 인질로 잡히자 삼전도에서 굴욕적인 항복을 하였다. 이에 청 태종은 자신의 공적을 기리기 위하여 삼전도비를 건립하게 하였다.

✔ 바로 잡기
① 조미 수호 통상 조약 체결 이후 조선에 미국 공사가 파견되었다. 이에 답하여 조선 조정은 민영익, 홍영식을 중심으로 한 사절단인 보빙사를 미국에 파견하였다.
② 무신 정권 해체 이후 강화도에 있던 고려 조정이 개경으로 되돌아가면서 몽골과 화해하였다. 삼별초는 이에 반발하여 배중손, 김통정을 대장으로 삼고 진도와 제주도로 이동하며 대몽 항쟁을 전개하였다.
④ 을미개혁으로 시행된 단발령은 을미사변으로 인해 격해진 반일 감정을 폭발하게 하였다. 이에 유인석, 이소응 등을 중심으로 을미의병이 전개되었다.

04 병자호란

- **인조반정**(1623): 조선 광해군 때 북인이 정권을 장악하면서 밀려난 서인 세력은 광해군의 중립 외교 정책과 폐모살제(인목 대비를 폐하고 영창 대군을 죽인 것) 문제를 빌미로 인조반정을 일으켰다. 이에 광해군이 폐위되고 인조가 왕위에 올랐다.
- **조선 효종의 북벌 운동**(1649~1659): 병자호란 이후 청에 인질로 잡혀갔던 봉림 대군이 효종으로 즉위하면서 북벌을 추진하였다. 이에 성을 다시 쌓고 어영청과 수어청을 정비·개편하는 등 군사력을 강화하였다. 그러나 서인을 중심으로 한 사대부의 반발과 효종의 죽음으로 북벌은 실패하였다.

① 후금이 국호를 청으로 고치고 조선에 군신 관계를 요구하였으나 조선이 이를 거부하자 병자호란이 일어났다(1636). 남한산성으로 피란하며 항전하던 인조는 강화도로 보낸 왕족과 신하들이 인질로 잡히자 삼전도에서 굴욕적인 항복을 하였다(1637).

✔ 바로 잡기
② 조선 세종 때 최윤덕이 여진족을 몰아내고 압록강 일대에 4군을 설치하고(1443), 김종서가 두만강 하류 지역에 6진을 설치하여 영토를 개척하였다(1449).
③ 임진왜란 중 유성룡의 건의에 따라 포수, 사수, 살수의 삼수병으로 편성된 훈련도감을 창설하였다(1593).
④ 병인박해를 구실로 로즈 제독이 이끄는 프랑스 군대가 양화진을 공격하며 병인양요가 발생하였다. 이때 프랑스군은 외규장각 도서를 약탈하였다(1866).

05 병자호란

후금이 국호를 청으로 고치고 조선에 군신 관계를 요구하였다. 조선이 이를 거부하자 청 태종이 10만 대군을 거느리고 조선을 침략하여 병자호란이 발생하였다(1636). 인조는 강화도로 보낸 왕족과 신하들이 인질로 잡히자 삼전도에서 항복하였고, 소현 세자와 봉림 대군 등이 볼모로 청에 압송되었다(1637).
① 청 태종이 조선을 침략하여 병자호란이 발생하자 인조는 남한산성으로 피신하여 항전하였다(1636).

✔ 바로 잡기
② 병인박해로 인해 프랑스 군대가 강화도를 공격하면서 병인양요가 발생하였다. 이에 양헌수가 이끄는 부대가 정족산성에서 프랑스 군대를 물리쳤다(1866).
③ 몽골의 2차 침입 때 승장 김윤후가 이끄는 민병과 승병이 처인성에서 항전하여 적장 살리타를 사살하고 승리를 거두었다(1232).
④ 임진왜란 때 조선의 요청으로 명이 원군을 파병하면서 결성된 조명 연합군은 왜군을 몰아내고 평양성을 탈환하였다(1593).

06 비변사

① 조선 중종 때 외적의 침입에 대비하기 위해 임시 기구로 설치된 비변사는 명종 때 을묘왜변을 계기로 상설 기구화되었다. 이후 왜란과 호란을 거치며 군사 문제뿐만 아니라 외교, 재정, 인사 등 거의 모든 정무를 총괄하였다. 비변사의 기능 강화로 인해 의정부와 6조 중심의 행정 체계

가 무너졌을 뿐만 아니라 세도 정치 시기에는 비변사를 중심으로 유력 가문들이 요직을 독점하여 권력을 장악하였다.

✓ 바로 잡기

② 사헌부는 조선 관리의 비리를 감찰하는 역할을 하였다. 사간원과 함께 양사 또는 대간이라 불렸으며 5품 이하 관리에 대한 서경권을 행사하였다.

③ 의금부는 반역죄, 강상죄 등을 저지른 중죄인을 다루던 기구로 왕권 확립에 기여하였다.

④ 홍문관은 조선 성종 때 집현전을 계승하여 설치되었으며, 사간원, 사헌부와 함께 삼사를 구성하였다. 왕의 자문 역할과 경연, 경서, 사적 관리, 언론의 역할을 담당하였다.

6 조선 후기의 새로운 움직임

주제 15 조선 후기의 정치

| 01 ② | 02 ③ | 03 ② | 04 ① | 05 ③ |
| 06 ② | | | | |

01 예송 논쟁

조선 현종 때 효종과 효종비의 국상 당시 두 번의 예송 논쟁이 발생하여 서인과 남인 간의 대립이 심화되었다. 처음 효종의 국상 당시 인조의 계비인 자의 대비의 복상 문제를 놓고 서인과 남인이 대립하여 서인들이 승리하였다(1차 예송, 기해예송). 이후 효종비 국상 때에는 같은 문제로 서인과 남인이 대립하여 남인들의 주장이 받아들여졌다(2차 예송, 갑인예송).

② 조선 중종은 반정으로 왕위에 오른 후 훈구파를 견제하고 폐단이 많았던 연산군 때의 정치를 개혁하기 위해 사림파를 중용하였다. 이때 등용된 조광조는 반정 공신들의 위훈 삭제 등 여러 개혁안을 주장하였으나 훈구파의 반발로 기묘사화가 발생하면서 조광조를 비롯한 많은 사림파가 정계에서 축출되었다.

✓ 바로 잡기

① · ③ · ④ 조선 현종 때 효종과 효종비 사망 당시 효종의 왕위 계승에 대한 정통성과 관련하여 자의 대비의 복상 문제를 놓고 서인과 남인 사이에 두 차례 예송 논쟁이 전개되었다.

02 경신환국

(가) 1차 예송(기해예송)(1659): 조선 현종 때 효종의 왕위 계승에 대한 정통성과 관련하여 인조의 계비인 자의 대비의 복상 문제를 놓고 서인과 남인 사이에 예송 논쟁이 발생하였다. 1차 예송 당시 서인은 효종이 둘째 아들이므로 자의 대비의 복상 기간을 1년으로 해야 한다고 주장하였고, 남인은 효종을 장자로 대우하여 3년 복상을 주장하였으나 서인 세력이 승리하였다.

(나) 탕평비 건립(1742): 조선 영조는 붕당 정치의 폐해를 막고 능력에 따른 인재를 등용하기 위해 탕평책을 실시하였고, 이를 알리고자 성균관에 탕평비를 세웠다.

③ 남인의 영수인 허적이 궁중에서 쓰는 천막을 허락 없이 사용한 문제로 조선 숙종과 갈등을 빚었다. 이후 허적의 서자인 허견의 역모 사건까지 이어지면서 허적을 비롯한 남인이 몰락하고 서인이 집권하게 되었다(1680).

✓ 바로 잡기

① 조선 고종 즉위 이후 정치적 실권을 잡은 흥선 대원군은 비변사를 폐지하고 의정부의 권한을 강화하였다(1865).

② 임진왜란 때 새로운 군사 조직의 필요성을 느낀 유성룡의 건의로 포수, 사수, 살수의 삼수병으로 편성된 훈련도감이 설치되었다(1593).

④ 조선 연산군 때 사관 김일손이 영남 사림파 스승인 김종직의 조의제문을 사초에 기록하였다. 그러자 사림 세력과 대립 관계였던 유자광, 이극돈 등의 훈구 세력이 이를 문제 삼아 연산군에게 알리면서 무오사화가 발생하였다(1498).

03 조선 영조

조선 영조는 붕당 정치의 폐해를 막고 능력에 따른 인재를 등용하기 위해 탕평책을 실시하였다. 또한, 이를 알리기 위해 성균관에 탕평비를 건립하였다.

② 조선 영조는 『경국대전』을 펴낸 이후에 시행된 법령을 통합한 『속대전』을 편찬하여 통치 체제를 정비하였다.

✓ 바로 잡기

① 조선 중후기에 비변사의 기능이 강화되면서 상대적으로 의정부와 6조의 권한이 약화되었다. 세도 정치 시기에는

비변사를 중심으로 중요한 직책을 독점한 유력 가문들이 권력을 장악하였다. 이후 집권한 흥선 대원군은 약해진 왕권을 강화하기 위해 비변사를 혁파하였다.

③ 조선 효종 때 러시아가 만주 지역까지 침략해 오자 청이 조선에 원병을 요청하였다. 이에 조선은 두 차례에 걸쳐 조총 부대를 출병시켜 나선 정벌을 단행하였다.

④ 조선 숙종 때 간도 지역을 두고 청과 국경 분쟁이 발생하자 두 나라의 대표가 백두산 일대를 답사하고 국경을 확정하여 백두산정계비를 건립하였다.

04 조선 정조

조선 정조는 아버지 사도세자의 묘인 현륭원에 행차하기 위해 정약용에게 배다리를 설계하도록 하였다. 정약용은 『기기도설』을 참고하여 만든 거중기를 사용하여 한강에 배를 세우고 그 위에 판자를 얹어 배다리를 완성하였다.

① 조선 정조는 국왕의 친위 부대인 장용영을 설치하여 왕권을 강화하였다.

✓ 바로 잡기

② 흥선 대원군은 왕실의 권위 회복을 위해 임진왜란 때 소실된 경복궁을 다시 지었으며, 이에 필요한 재정을 확보하기 위해 당백전을 발행하였다.

③ 조선 영조는 『속대전』 편찬을 통해 『경국대전』 간행 이후에 시행된 법령을 통합하여 통치 체제를 정비하였다.

④ 조선 세종은 우리나라의 독창적인 문자인 훈민정음을 창제 · 반포하였다.

05 홍경래의 난

③ 조선 순조 때에는 탐관오리가 비리를 저지르고 삼정(전정, 군정, 환곡)이 문란하는 등 세도 정치의 폐단이 심각하였다. 이에 차별 대우를 받던 평안도(서북) 지역 사람들과 세도 정치에 불만을 품은 농민들이 몰락 양반 홍경래를 중심으로 난을 일으켰다. 이들은 평안도 일부 지역을 점령하기도 하였으나 관군에 의해 정주성에서 진압되었다.

✓ 바로 잡기

① 농민들이 고부 군수 조병갑의 횡포에 반발하며 동학교도 전봉준을 중심으로 동학 농민군을 조직하였다. 이들은 보국안민, 제폭구민을 기치로 내걸고 사회를 개혁하기 위한 폐정개혁안을 주장하였다. 또한, 일본이 경복궁을 점령하자 그에 맞서 싸웠다.

② 일본은 갑신정변 당시 사망한 일본인에 대한 배상과 일본 공사관 신축 부지의 제공 및 비용을 요구하면서 조선과 한성 조약을 체결하였다.

④ 신식 군대와의 차별 대우로 인해 불만이 쌓인 구식 군대가 임오군란을 일으켜 선혜청과 일본 공사관을 습격하였다.

06 임술 농민 봉기

조선 후기 세도 정치로 인한 삼정의 문란과 경상 우병사 백낙신의 수탈에 견디다 못한 농민들의 반발로 진주 지역의 농민들이 몰락 양반 유계춘을 중심으로 임술 농민 봉기를 일으켰다.

② 조선 철종 때 임술 농민 봉기를 조사하기 위해 안핵사로 파견된 박규수는 민란의 원인이 삼정의 문란에 있다고 보고 삼정이정청을 설치하여 삼정의 폐단을 해결하려고 노력하였다.

✓ 바로 잡기

① 임오군란과 갑신정변은 청군이 개입하면서 진압되었고, 이를 계기로 조선에 대한 청의 내정 간섭이 심화되었다.

③ 일제 강점기에 백정들은 사회적 차별을 철폐하기 위해 진주에서 조선 형평사를 결성하고 형평 운동을 전개하였다.

④ 조선 순조 때 세도 정치로 인한 삼정의 문란과 평안도(서북) 지역민에 대한 차별 대우에 불만을 품은 평안도 지역 사람들이 몰락 양반 홍경래를 중심으로 난을 일으켰다.

주제 16	조선 후기의 경제 · 사회 · 문화			
01 ④	02 ④	03 ④	04 ④	05 ①
06 ③				

01 조선 후기의 경제 상황

병자호란을 치르고 난 후인 조선 후기에는 청을 정벌하자는 북벌론이 대두되었다. 북벌론과 반대되는 개념으로 등장한 북학론은 청의 발전된 사상 및 문물을 받아들여 조선을 개혁하자는 사상이었다. 박지원은 대표적인 북학론자이자 실학자로 「허생전」을 저술하였다. 이 작품을 통해 그는 당대의 무능한 양반 및 북벌론자들을 비판하고 실질적인 개혁안을 제시하여 상업과 공업을 발전시켜야 한다는 북학론을 주장하였다.

④ 조선 후기에는 대동법이 실시되면서 각 지역의 특산물 대신 쌀, 옷감, 동전 등으로 공물을 납부하였다. 이에 관청에 필요한 물품을 조달하는 공인이 등장하였다.

✓ **바로 잡기**

① 신라 지증왕은 경주에 시장을 설치하고 이를 관리·감독하기 위한 기구인 동시전을 설치하였다.

② 솔빈부는 발해의 지방 행정 구역인 15부 중 하나로, 당시 발해는 목축과 수렵이 발달하여 솔빈부의 말을 주변 국가에 수출하였다.

③ 고려는 예성강 하구에 위치한 국제 무역항인 벽란도를 통해 송·일본·아라비아 상인들과 활발한 교역을 전개하였다.

02 대동법

④ 조선 광해군 때 방납의 폐단을 해결하기 위해 특산물 대신 쌀, 옷감, 동전 등으로 공납을 징수하는 대동법을 실시하였다. 대동법은 경기도에서 처음 시행되었다가 조선 효종 때 김육의 건의로 경상도, 충청도, 전라도로 확대되었다. 이후 조선 숙종 때 평안도와 함경도를 제외한 전국에서 실시되었다.

✓ **바로 잡기**

① 조선 영조는 백성들의 군역 부담을 줄여주기 위해 기존 1년에 2필씩 납부하던 군포를 1필로 줄이는 균역법을 실시하였다.

② 흥선 대원군은 군정의 문란을 해결하기 위해 호포제를 실시하여 양반에게도 군포를 부과하였다.

③ 조선 인조는 영정법을 실시하여 풍흉에 관계없이 전세를 토지 1결당 쌀 4~6두로 고정하였다.

03 조선의 서얼

④ 조선 시대에는 양반의 본부인이 아닌 첩이 낳은 자식을 서얼이라 부르며 사회적으로 차별하였다. 이에 서얼들은 신분 상승 운동인 통청 운동을 전개하면서 청요직으로 진출하는 것을 허용해 달라는 상소를 올렸다.

✓ **바로 잡기**

①·② 노비는 관청이 소유하는지, 개인이 소유하는지에 따라 공노비와 사노비로 구분되었다. 공노비는 소속 관청에 매년 신공을 바치고 노동력을 제공하였으며, 사노비는 주인 양반에게 신공을 바쳤다. 노비는 재산으로 취급되어 매매, 상속, 증여의 대상이었으며, 비자유민으로서 거주지를 바꿀 자유가 없었다.

③ 신라 시대에는 골품제라는 신분 제도를 두어 골품에 따라 관등 승진을 제한하였다.

04 조선 후기의 사회 모습

조선 영조 때 통신사로 일본에 다녀온 조엄이 농민들의 식량 문제를 해결하기 위해 고구마를 국내로 들여왔다. 이후 고구마는 구황 작물의 하나로 재배되기 시작하였다.

④ 신라 선덕 여왕 때 승려 자장이 건의하여 황룡사 구층 목탑을 건립하였다.

✓ **바로 잡기**

① 조선 후기에는 상공업이 발달하여 금속 화폐인 상평통보가 전국적으로 유통되었다.

② 조선 후기에는 서민 문화가 발달하여 판소리, 탈춤 등이 성행하였다. 특히, 판소리는 이야기를 창과 사설로 엮어 내어 직접적이고 솔직하게 감정을 표현하였다.

③ 조선 후기에 서민 문화가 발전하여 한글 소설이 대중화되었다. 이에 따라 직업적으로 소설을 낭독하고 돈을 받는 이야기꾼인 전기수가 등장하였다.

05 정약용

조선 후기 실학자 정약용은 정조가 세상을 떠나자 모든 관직에서 물러나 가족과 함께 고향으로 돌아와 생가에 '여유당(與猶堂)'이라는 당호를 내걸었다. 이후 그는 지방 행정의 개혁 방향을 제시한 『목민심서』를 비롯하여 많은 책을 저술하였다.

① 조선 정조 때 정약용은 『기기도설』을 참고하여 거중기를 제작하였으며, 이를 수원 화성을 축조할 때 사용하여 공사 기간과 비용을 줄이는 데 기여하였다.

✓ **바로 잡기**

② 조선 전기 화가인 안견은 안평 대군의 꿈 이야기를 듣고 「몽유도원도」를 그렸다.

③ 조선 선조 때 허준은 왕명으로 각종 의학 지식과 치료법을 집대성한 『동의보감』을 집필하기 시작하여 광해군 때 완성하였다.

④ 조선 후기 북학파 실학자인 박지원은 청에 다녀온 뒤 『열하일기』를 저술하여 상공업의 발달과 화폐 유통의 필요성을 주장하였다.

06 조선 후기의 사회 모습

조선 정조 때 전라도 진산의 양반이자 천주교(서학) 신자였던 윤지충과 권상연이 어머니 신주를 모시는 것을 거부하며 신주를 불태웠다(진산 사건). 이에 유학을 받들어야 할 사림 세력이 사학을 믿었다는 죄명으로 두 사람 모두 처형되었다.

③ 고려 무신 정권 시기에 최우는 치안 유지를 위해 삼별초를 구성하였으며, 이는 최씨 무신 정권의 군사적 기반이 되었다.

① 조선 후기에 사회가 변화하면서 유교적 명분론이 설득력을 잃어가자 예언 사상이 유행하였다. 『정감록』은 당시에 유행하였던 예언서였다.

② 조선 후기에는 서민 문화가 발달하여 「춘향가」, 「흥보가」 등의 판소리가 유행하였다.

④ 상평통보는 조선 인조 때 처음 만들어졌다가 중지된 이후 숙종 때 허적의 건의에 따라 다시 주조되고 전국적으로 유통되었다.

7 조선의 개항과 근대 사회 수립

주제 17 흥선 대원군의 정책과 조선의 개항

01 ③	02 ②	03 ③	04 ①	05 ②
06 ③				

01 흥선 대원군의 정책

고종이 어린 나이에 왕위에 오르면서 권력을 잡은 흥선 대원군은 각종 개혁 정책을 실행하였다. 군정의 문란을 해결하기 위해 호포제를 실시하여 양반도 군포를 내게 하였으며, 왕실의 권위를 회복하고자 임진왜란 때 불탔던 경복궁을 다시 지었다. 이 과정에서 부족한 재정을 확보하기 위해 당백전을 발행하기도 하였다.

③ 흥선 대원군은 병인양요와 신미양요 등 서양의 침략을 겪은 이후 서양과의 통상 수교 거부를 알리기 위해 전국 각지에 척화비를 건립하였다.

① 통일 신라 신문왕은 관료전을 지급하고 녹읍을 폐지하여 귀족들의 세력을 약화시키고자 하였다.

② 조선 정조는 왕권을 뒷받침하는 군사적 기반을 갖추기 위해 친위 부대인 장용영을 설치하여 서울 도성에는 내영, 수원 화성에는 외영을 두었다.

④ 고려 우왕 때 명이 원에서 관리하였던 철령 이북의 땅을 되돌려 달라고 요구하자 최영은 요동 정벌을 추진하였다.

02 신미양요

1871년 미국이 제너럴 셔먼호 사건을 구실로 강화도에 침입하여 신미양요가 발생하였다. 이에 어재연이 이끄는 조선 군대가 초지진, 광성보를 점령한 미국군에 항전하였다. 어재연 장군은 치열한 전투 끝에 전사하였다.

② 흥선 대원군은 병인양요와 신미양요 등 서양의 침략을 극복한 이후 서양과의 통상 수교 거부를 알리기 위해 전국 각지에 척화비를 건립하였다(1871).

① 흥선 대원군은 국내 프랑스인 천주교도를 통해 러시아를 견제하고자 하였으나 국내외에서 천주교에 대한 반발이 생겨나자 탄압을 단행하여 병인박해가 일어났다(1866).

③ 미국이 제너럴 셔먼호를 이끌고 평양 대동강에 들어와 교역을 요구하다가 평양 관민들의 저항으로 배가 불태워진 사건이 발생하였다(1866).

④ 독일 상인 오페르트가 흥선 대원군의 아버지인 남연군의 묘를 도굴하려다 실패하였다(1868).

03 병인양요

병인양요 때 프랑스군은 강화도에 침입하여 조선 왕실의 중요한 행사 등을 글과 그림으로 상세하게 기록한 외규장각 의궤를 약탈하였다. 이후 프랑스 국립 도서관에서 연구원으로 일하던 박병선 박사에 의해 의궤의 존재가 발견되었으며, 반환 운동 끝에 2011년에 대여 형식으로 국내에 반환되었다.

③ 병인박해로 인해 프랑스 군대가 강화도를 공격하면서 병인양요가 발생하였다. 이에 양헌수를 중심으로 한 군대가 정족산성에서 프랑스 군대를 물리쳤다.

① · ④ 신식 군대인 별기군에 비해 차별 대우를 받던 구식 군대가 임오군란을 일으켰다. 이에 민씨 세력의 요청으로 청군이 개입하여 군란을 진압하였고, 흥선 대원군은 청으로 압송되었다. 또한, 군란으로 인해 일본 공사관이 피해를 입

자 일본이 조선과 제물포 조약을 체결하여 사과 사절단 파견, 주모자 처벌, 배상금 지불, 공사관 경비병 주둔 등을 조선에 요구하였다.

② 미국이 제너럴 셔먼호 사건을 구실로 강화도에 침입하여 신미양요가 발생하였다.

04 운요호 사건

① 일본은 군함 운요호를 통해 강화도 초지진과 인천의 영종도를 공격하며 조약 체결을 요구하였다. 이에 조선의 신헌과 일본의 구로다 기요타카가 협상하여 조일 수호 조규(강화도 조약)를 체결하였다.

✔ 바로 잡기

② 안명근이 서간도에 무관 학교를 설립하기 위한 자금을 모금하다가 체포되었다. 일제는 이를 총독 암살을 위한 모금 활동으로 꾸미고 신민회가 지시하였다고 주장하여 신민회 회원 등 105인을 구속하였으며 신민회는 해체되었다.

③ 미국 상선 제너럴 셔먼호가 교역을 요구하며 평양 대동강까지 침입하자 평양 관민들이 저항하며 배를 불태웠다. 이 사건을 구실로 미군이 강화도를 공격하면서 신미양요가 발생하였다.

④ 조선이 독일 상인 오페르트의 통상 요구를 거절하자 오페르트는 흥선 대원군의 아버지인 남연군의 묘를 도굴하려다 실패하였다.

05 보빙사

② 조선 정부는 조미 수호 통상 조약 체결 이후 민영익, 홍영식, 서광범을 중심으로 한 사절단인 보빙사를 미국에 파견하였다. 보빙사는 워싱턴에 도착하여 미국 아서 대통령을 만나 국서를 전달하였으며, 40여 일간 미국의 다양한 기관들을 시찰하였다.

✔ 바로 잡기

① 조선은 강화도 조약을 체결한 이후 문호를 개방하여 개화 정책을 추진하였다. 이에 고종은 두 차례에 걸쳐 수신사를 파견하여 일본의 신식 기관과 각종 근대 시설을 시찰하게 하였다.

③ 김윤식을 중심으로 청에 파견된 영선사는 톈진에서 근대 무기 제조 기술과 군사 훈련법을 배우고 돌아왔다.

④ 조선 고종은 개화 반대 여론을 의식해 암행어사 형태로 비밀리에 조사 시찰단을 일본에 파견하였다. 이때 파견된 박정양 등은 일본의 근대 문물을 시찰하고 돌아왔다.

06 『조선책략』

『조선책략』은 청의 외교관 황준헌이 러시아의 남하 정책을 대비하기 위해 조선, 일본, 청 등의 동양 3국이 취해야 할 외교 정책에 대해 저술한 책으로, 2차 수신사로 일본에 파견되었던 김홍집이 국내로 들어왔다(1880). 이로 인해 국내에 미국과 외교를 맺어야 한다는 여론이 형성되었다.

③ 이만손을 중심으로 한 영남 유생들은 만인소를 올려『조선책략』을 비판하고, 김홍집의 처벌을 요구하였다(1881).

✔ 바로 잡기

① 흥선 대원군은 국내 프랑스인 천주교도를 통해 러시아를 견제하고자 하였다. 그러나 국내외에서 천주교에 대한 반발이 생겨나자 탄압을 단행하여 병인박해가 일어났다(1866).

② 미국의 제너럴 셔먼호가 교역을 요구하며 평양의 대동강까지 들어왔으나 평양 관민들이 이를 거부하며 배를 불태워버렸다(1866).

④ 제너럴 셔먼호 사건을 구실로 미국이 강화도를 공격하여 신미양요가 발생하였다(1871). 어재연은 부대를 이끌고 광성보에서 항전하였으나 치열한 전투 끝에 전사하였다.

주제 18	임오군란과 갑신정변

01 ③　　02 ③　　03 ①　　04 ①　　05 ①
06 ①

01 임오군란

■ **통리기무아문**(1880): 조선 고종은 국내외의 군국 기무를 총괄하는 관청인 통리기무아문을 설치하고, 그 아래 12사(司)를 두어 행정 업무를 맡게 하였다.

■ **갑신정변**(1884): 김옥균, 박영효를 중심으로 한 급진 개화파는 일본의 군사적 지원을 약속받고 우정총국의 개국 축하연 자리에서 갑신정변을 일으켰다. 이들은 14개조 개혁정강을 발표하고 청과의 사대 관계 폐지, 입헌 군주제, 능력에 따른 인재 등용 등을 주장하였으나 청군의 개입으로 3일 만에 실패하였다.

③ 조선 고종 때 신식 군대와의 차별 대우로 불만이 쌓인 구식 군대가 선혜청과 일본 공사관을 습격하면서 임오군란이 발생하였다(1882).

① 조선 영조는 붕당 정치의 폐해를 막고 능력에 따른 인재를 등용하기 위해 탕평책을 실시하였고, 이를 알리고자 성균관에 탕평비를 건립하였다(1742).

② 일본과 청은 간도 협약을 체결하여 일본이 남만주의 철도 부설권을 얻는 대신 간도를 청의 영토로 인정하였다(1909).

④ 조선 인조 때 후금과의 관계가 악화되자 어영청을 설치하여 국왕을 호위하게 하였다(1623). 병자호란 이후 청에 인질로 갔던 봉림 대군이 효종으로 즉위하면서 어영청을 중심으로 북벌을 추진하였다(1649~1659).

02 임오군란

③ 신식 군대인 별기군과의 차별 대우에 분노한 구식 군인들이 선혜청과 일본 공사관을 습격하면서 임오군란이 발생하였다. 흥선 대원군은 이를 수습하기 위해 통리기무아문과 별기군을 폐지하고 5군영을 부활시켰으나 민씨 일파가 요청한 청군에 납치되어 중국 톈진에 억지로 머무르게 되었다.

① 김옥균, 박영효를 중심으로 한 급진 개화파는 일본의 군사적 지원을 약속받고 우정총국의 개국 축하연 자리에서 갑신정변을 일으켰다.

② 미국 상선 제너럴 셔먼호가 교역을 요구하며 평양 대동강까지 들어오자 평양 관민들이 저항하며 배를 불태웠다. 이를 구실로 미군이 강화도를 공격하면서 신미양요가 일어났다.

④ 세도 정치로 인한 삼정의 문란과 경상 우병사 백낙신의 수탈에 견디다 못한 농민들이 반발하여 진주 지역의 몰락 양반인 유계춘을 중심으로 임술 농민 봉기를 일으켰다.

03 갑신정변

① 임오군란 이후 청의 내정 간섭이 심화되자 홍영식, 박영효, 서광범, 김옥균, 서재필 등으로 구성된 급진 개화파(개화당)는 일본의 군사적 지원을 받아 우정총국의 개국 축하연 자리에서 갑신정변을 일으켰다.

② 삼국 간섭 이후 일본의 세력이 위축되자 민씨 세력은 러시아를 통해 일본을 견제하려 하였다. 이에 일본은 자객을 보내 경복궁을 습격하여 명성 황후를 시해하는 을미사변을 일으켰다.

③ 청일 전쟁에서 승리한 일본은 청과 시모노세키 조약을 체결하여 요동반도와 타이완을 장악하였다. 그러나 러시아, 독일, 프랑스의 삼국 간섭으로 요동반도를 반환하게 되었다.

④ 을미사변으로 신변의 위협을 느낀 고종은 러시아 공사관으로 피신하였다.

04 갑신정변

① 1884년 급진 개화파(개화당)는 우정총국의 개국 축하연을 계기로 갑신정변을 일으켰다. 갑신정변으로 정권을 잡은 이들은 14개조 개혁정강을 발표하고 청과의 사대 관계 폐지, 입헌 군주제, 능력에 따른 인재 등용을 주장하였으나 청군의 개입으로 3일 만에 실패하였다.

② 삼국 간섭 이후 민씨 세력이 러시아를 통해 일본을 견제하려 하자 일본은 자객을 보내 명성 황후를 시해하였다.

③ 신식 군대인 별기군과의 차별 대우를 받던 구식 군대가 선혜청과 일본 공사관을 습격하면서 임오군란이 발생하였다.

④ 을미사변 이후 고종은 러시아 공사관으로 거처를 옮겼다.

05 임오군란

신식 군대인 별기군과의 차별 대우와 개화 정책에 반발한 구식 군대가 선혜청을 습격하면서 임오군란이 발생하였다. 구식 군인들은 흥선 대원군을 찾아가 지지를 요청하였고, 정부 고관들의 집과 일본 공사관을 습격하였다. 『전보 조선사건』은 일본 공사 하나부사 요시모토가 당시 상황과 일본 측의 피해 등에 대한 보고서를 정리한 책이다. 임오군란 직후 일본은 사과 사절단 파견, 주모자 처벌, 배상금 지불, 공사관 경비병의 주둔 등을 요구하며 조선과 제물포 조약을 체결하였다.

① 임오군란 때 민씨 일파의 요청으로 청군이 개입하여 군란을 진압하였고, 이때 재집권한 흥선 대원군은 청으로 압송되었다.

② 2차 수신사로 일본에 파견되었던 김홍집은 당시 청국 주일 공사관 황준헌이 지은 『조선책략』을 국내에 소개하였다.

③ 일본군의 경복궁 점령 등 일본의 내정 간섭이 심화되자 외세를 물리치고자 재봉기한 동학 농민군은 공주 우금치 전투에서 관군 및 일본군에게 패배하였다.

④ 김옥균을 중심으로 한 급진 개화파는 일본의 군사적 지원을 받아 우정총국 개국 축하연 자리에서 갑신정변을 일으켰다.

06 임오군란

① 조선 고종은 개화 정책의 일환으로 기존 5군영을 무위영과 장어영의 2군영으로 개편하고 신식 군대인 별기군을 설치하였다. 그러나 구식 군대인 2군영은 별기군에 비해 차별 대우를 받았고, 수개월간 밀린 봉급을 겨와 모래가 섞인 쌀로 지급받았다. 이에 분노한 구식 군대가 선혜청과 일본 공사관을 습격하면서 임오군란이 발생하였다. 결국 군란은 민씨 세력의 요청으로 개입한 청군에 의해 진압되었다.

✔ 바로 잡기

② 청일 전쟁에서 승리한 일본은 청과 시모노세키 조약을 체결하여 요동반도와 타이완을 장악하였다. 그러나 러시아, 독일, 프랑스의 삼국 간섭으로 요동반도를 반환하게 되었다.

③ 갑신정변 이후 조선을 둘러싼 열강들의 국제적 긴장이 높아졌다. 이때 조선에 대한 러시아의 세력 확장에 불안을 느낀 영국은 러시아의 남하 정책을 막는다는 구실로 거문도를 불법으로 점령하였다.

④ 조선 철종 때 삼정의 문란과 경상 우병사 백낙신의 수탈에 견디다 못한 농민들의 반발로 진주 지역의 몰락 양반 유계춘을 중심으로 임술 농민 봉기가 발생하였다.

---

01 동학 농민 운동

② 일본이 경복궁을 점령하자 반외세를 내세우며 동학 농민 운동의 2차 봉기가 일어났다. 이때 우금치 전투에서 전봉준 등이 싸웠으나, 일본군과 관군에 패하면서 동학 농민 운동이 실패로 끝났다(1894.9.).

✔ 바로 잡기

① 조선 철종 때 동학의 창시자인 최제우가 세상을 어지럽히고 백성을 현혹한다는 혹세무민의 죄로 처형당하였다(1864).

③ 동학의 교주 최제우가 처형당한 뒤, 동학교도들은 최제우의 교조 신원을 요구하며 삼례 집회를 개최하였다(1892).

④ 고부 군수 조병갑이 강제로 세금을 징수하는 등 횡포를 부리자 농민들은 동학교도인 전봉준을 중심으로 고부 농민 봉기를 일으켰다(1894.1.).

02 동학 농민 운동

고부 군수 조병갑의 횡포에 반발한 농민들이 동학 농민 운동을 일으켰다. 이후 농민군은 황룡촌 전투와 황토현 전투에서 관군에 승리하며 전주성을 점령하고 전라도 일대를 장악하였다. 이에 정부는 농민군과 전주 화약을 맺고, 농민군은 집강소를 설치하여 폐정 개혁을 실시하였다. 이후 청일 전쟁이 발발하고 일본의 내정 간섭이 심해지자 동학 농민군의 남접과 북접이 연합하여 다시 봉기하였다. 그러나 우금치 전투에서 관군과 일본군에게 패하고, 전봉준이 서울로 압송되면서 농민군은 해산되었다. 이후 동학 농민 운동의 지도자 전봉준은 서울에서 재판을 받은 뒤 교수형에 처해졌다. 당시 법정의 심문에 답한 내용을 기록한 문서인 전봉준 공초는 전봉준의 사상 및 동학 농민 운동의 성격을 이해할 수 있는 중요한 사료로 인정받아 유네스코 세계 기록 유산에 등재되었다.

③ 동학 농민 운동 당시 농민군은 청과 일본의 군대 개입을 우려하여 조선 정부와 전주 화약을 맺고 집강소를 설치하여 폐정 개혁을 실시하였다.

✔ 바로 잡기

① 통일 신라 신문왕은 중앙군으로 9서당을 창설하였는데, 신라인뿐만 아니라 백제, 고구려, 말갈인도 함께 구성하여 민족을 융합하고자 하였다.

② 청산리 전투에서 김좌진이 이끄는 북로 군정서는 홍범도가 이끄는 대한 독립군과 연합하여 일본군에 큰 승리를 거두었다.

④ 신식 군대인 별기군에 비해 차별 대우를 받던 구식 군대가 임오군란을 일으켜 일본 공사관이 피해를 입었다. 이에 조선은 일본에 사과 사절단 파견, 주모자 처벌, 배상금 지불, 공사관 경비병 주둔 등의 내용을 담은 제물포 조약을 체결하게 되었다.

03 을미사변

삼국 간섭 이후 조선에서 일본의 세력이 약해지자 민씨 세력은 러시아를 통해 일본을 견제하려 하였다. 이에 일본은 자객을 보내 경복궁을 습격하여 명성 황후를 시해하는 을미사변을 일으켰다(1895).

④ 을미사변 이후 신변의 위협을 느낀 고종은 왕세자(순종)와 함께 새벽에 궁녀의 가마를 타고 몰래 경복궁 영추문을 빠져나와 러시아 공사관으로 피신하였다(아관 파천, 1896).

✔ 바로 잡기

① 병인양요 때 프랑스군이 강화도에 침입하여 조선 왕실의 중요한 행사 등을 글과 그림으로 상세하게 기록한 의궤 등 외규장각 도서를 약탈하였다(1866).

② 1881년에 김윤식을 중심으로 청에 파견된 영선사는 톈진에서 근대 무기 제조 기술과 군사 훈련법을 배우고 돌아왔다.
③ 미국의 상선 제너럴 셔먼호가 평양 대동강에 들어와 교역을 요구하다가 평양 관민들의 저항으로 배가 불태워졌다 (1866).

04 아관 파천

을미사변 이후 고종은 몰래 경복궁을 빠져나와 러시아 공사관으로 거처를 옮겼다(아관 파천, 1896).
④ 아관 파천 이후 경운궁으로 환궁한 고종은 황제로 즉위하여 연호를 광무로 하는 대한 제국의 수립을 선포하였다 (1897).

✓ 바로 집기

① 임진왜란 때 새로운 군사 조직의 필요성을 느낀 유성룡의 건의로 포수, 사수, 살수의 삼수병으로 편성된 훈련도감이 설치되었다(1593).
② 김윤식을 중심으로 청에 파견된 영선사는 톈진에서 근대 무기 제조 기술과 군사 훈련법을 배우고 돌아와 근대식 무기 제조 공장인 기기창을 설립하였다(1883).
③ 병인양요 때 프랑스군이 강화도에 침입하여 의궤 등의 외규장각 도서를 약탈하였다(1866).

05 갑오개혁

일본의 강요로 설치된 군국기무처에서 제1차 갑오개혁을 주도하였으며, 영의정 김홍집이 총재관을 맡아 정치 · 군사에 관한 일체의 사무를 담당하였다. 청의 연호를 폐지하고 개국 연호를 사용하였으며, 국정과 왕실 사무를 분리하고 행정 기구를 기존 6조에서 8아문으로 개편하였다. 또한, 능력에 따라 인재를 등용하기 위해 과거제를 폐지하고 사회적으로는 공사 노비법을 혁파하여 법적으로 신분제를 폐지하고 연좌제, 조혼 등의 악습을 폐지하였다.
① 대한 제국은 구본신참을 기본 정신으로 하여 광무개혁을 추진하였다. 이에 따라 양전 사업을 실시하여 지계아문을 통해 토지 소유 문서인 지계를 발급하여 근대적 토지 소유권을 확립하고자 하였다.

✓ 바로 집기

② · ③ · ④ 제1차 갑오개혁 때 문벌을 없애고 과거제를 폐지하여 능력에 따라 관리를 등용하고자 하였다. 경제적으로는 은 본위제를 도입하고 도량형을 통일하였으며, 사회적으로는 연좌제와 조혼을 금지하고 과부의 재가를 허용하였다.

06 을미개혁

■ 제1차 갑오개혁(1894): 군국기무처는 갑오개혁 시행을 위해 설치된 기구로 김홍집이 총재관을 맡아 정치, 군사에 관한 일체의 사무를 담당하였다. 갑오개혁 때 청의 연호를 폐지하고 개국 기원을 사용하였으며, 과거제와 신분제를 폐지하였다.
■ 광무개혁(1897): 대한 제국은 광무개혁 때 양지아문을 설치하여 양전 사업을 실시하였고, 지계아문을 통해 토지 소유 문서인 지계를 발급하여 근대적 토지 소유권을 확립하고자 하였다.
④ 을미사변 이후 을미개혁이 추진되어 건양 연호와 태양력이 채택되었다(1895).

✓ 바로 집기

① 흥선 대원군은 왕실의 권위 회복을 위해 임진왜란 때 불에 탄 경복궁을 다시 지었으며, 이에 필요한 재정을 확보하기 위해 당백전을 발행하였다(1866).
② 신라 지증왕은 경주에 시장을 설치하고 이를 관리 · 감독하기 위한 기구인 동시전을 설치하였다(509).
③ 조선 영조는 『경국대전』이 편찬된 이후에 시행된 법령을 통합하여 『속대전』을 편찬하고, 통치 체제를 정비하였다 (1746).

주제 20	독립 협회와 대한 제국

01 ②	02 ③	03 ③	04 ②	05 ①
06 ④				

01 독립 협회

러시아 공사가 저탄소 저장소 설치를 위해 부산 절영도(영도)의 조차를 요구하였으나, 독립 협회가 만민 공동회를 열고 이권 수호 운동을 전개하여 러시아의 절영도 조차 요구를 못하게 막았다.
② 독립 협회는 청의 사신을 맞던 영은문을 헐고 그 자리에 독립문을 세워 독립 정신을 높였다.

✓ 바로 집기

① 신민회는 국내의 산업 활동을 육성하여 민족 산업의 기반을 다지기 위해 대구에 태극 서관을 설립하여 운영하였다.
③ 대한 자강회는 교육과 산업 활동을 바탕으로 한 국권 회복을 목표로 하면서 고종의 강제 퇴위 반대 운동을 전개하였으나, 일제의 탄압으로 해산되었다.
④ 국채 보상 운동은 대한매일신보, 황성신문 등 여러 언론 기관들의 지원을 받아 전국으로 확산되었다.

02 독립 협회

③ 서재필, 이상재 등의 주도로 독립 협회가 설립되어 자주 국권, 자유 민권, 자강 개혁을 위한 정치 운동을 전개하였으며, 만민 공동회와 관민 공동회를 개최하여 민중에게 근대적 지식과 국권·민권 사상을 고취시켰다. 그 과정에서 가장 천대받던 계층인 백정 출신의 박성춘이 연설을 하는 등 관민이 함께 국정에 대하여 논의하기도 하였다. 또한, 중추원 개편을 통한 의회 설립 방안이 담겨 있는 헌의 6조를 고종에게 건의하였다.

✓ 바로 잡기

① 보안회는 일본의 황무지 개간권 요구에 대한 반대 운동을 전개하여 이를 막았다.

② 신민회는 국권 회복과 공화 정체에 바탕을 둔 국민 국가 건설을 목표로, 민족 교육과 무장 투쟁을 위한 독립군 양성 등 다양한 활동을 전개하였다.

④ 대한 자강회는 교육과 산업 활동을 바탕으로 한 국권 회복을 목표로 하면서 고종의 강제 퇴위 반대 운동을 전개하였다.

03 독립신문

③ 서재필은 정부의 지원을 받아 1896년 4월 7일, 우리나라 최초의 민간 신문인 독립신문을 창간하였다. 독립신문은 최초의 한글 신문으로, 외국인을 위한 영문판도 함께 발행되었다.

✓ 바로 잡기

① 동학의 제3대 교주 손병희는 동학을 천도교로 개칭하였다. 이후 천도교의 기관지(어떤 조직의 목적을 이루고, 이념을 알리기 위해 발행하는 신문)인 만세보를 발행하여 민중 계몽 운동을 전개하였다.

② 개항 이후 설치된 박문국에서 최초의 근대적 신문인 한성순보가 발간되었다. 한성순보는 순 한문을 사용하고 열흘에 한 번씩 발행되었다. 또한, 정부 관보의 성격을 가지고 있어 국내외의 정세를 소개하였다.

④ 황성신문은 양반과 지식인을 대상으로 남궁억이 창간한 신문이다. 장지연의 항일 논설「시일야방성대곡」을 실어 을사늑약의 부당함을 주장하였다.

04 독립 협회

② 서재필은 정부의 지원을 받아 우리나라 최초의 민간 신문인 독립신문을 창간하였으며, 한글판과 영문판 두 종류로 발행하였다. 이후 윤치호, 이상재 등과 함께 독립 협회를 창립하여 자주 국권, 자유 민권, 자강 개혁을 위한 정치 운동을 전개하였다. 또한, 만민 공동회와 관민 공동회를 개최하여 민중에게 근대적 지식과 국권·민권 사상을 강조하였다.

✓ 바로 잡기

① 신민회는 국권 회복과 공화 정체에 바탕을 둔 국민 국가 건설을 목표로, 민족 교육과 무장 투쟁을 위한 독립군 양성 등 다양한 활동을 전개하였다.

③ 대한 자강회는 교육과 산업 활동을 바탕으로 한 국권 회복을 목표로 하였으며, 고종의 강제 퇴위 반대 운동을 전개하였다.

④ 조선어 학회는 한글 맞춤법 통일안과 표준어를 제정하고 『조선말 큰사전』의 편찬을 시작하여 해방 이후 완성하였다.

05 대한 제국

조선 고종은 아관 파천 이후 경운궁(덕수궁)으로 환궁하여 대한 제국을 수립하고 환구단에서 황제 즉위식을 거행하였다(1897). 이후 석조전, 정관헌 등의 서양식 건물을 세워 자주 국가로서의 모습을 내세우고자 하였다.

① 대한 제국은 구본신참을 기본 정신으로 하여 광무개혁을 추진하였다(1897). 이에 따라 양전 사업을 실시하고 지계아문을 통해 토지 소유 문서인 지계를 발급하여 근대적 토지 소유권을 확립하고자 하였다.

✓ 바로 잡기

② 흥선 대원군은 병인양요와 신미양요 등 서양의 침략을 극복한 이후 서양과의 통상 수교 거부를 알리기 위해 전국 각지에 척화비를 건립하였다(1871).

③ 조선 고종은 제2차 갑오개혁 때 홍범 14조를 반포하여 개혁의 기본 강령을 제시하였다(1895).

④ 1920년대 중반 사회주의가 확산되자 일제는 치안 유지법을 제정하여 식민지 지배에 저항하는 민족 해방 운동과 사회주의 독립운동을 탄압하였다(1925).

06 대한 제국

④ 아관 파천 이후 경운궁으로 돌아온 고종은 연호를 광무로 하여 대한 제국을 수립하고, 환구단에서 황제로 즉위하였다. 이후 고종은 대한국 국제를 제정한 후 황실을 중심으로 나라를 강하게 만들기 위해 근대화 정책인 광무개혁을 추진하였다. 또한, 황제 직속의 원수부를 설치하여 대원수로서 군대를 통솔하고자 하였다.

✓ 바로 잡기

① 흥선 대원군은 왕실의 권위 회복을 위해 임진왜란 때 소실된 경복궁을 다시 지었으며, 이에 필요한 재정을 확보하고자 당백전을 발행하였다(1866).

② 김윤식 등 청에 파견된 영선사는 톈진에서 근대 무기 제조 기술과 군사 훈련법을 배우고 돌아와 근대식 무기 제조 공장인 기기창을 설립하였다(1883).

③ 최초의 근대식 공립 학교인 육영 공원은 헐버트, 길모어 등의 외국인 교사를 초빙하여 상류층 자제에게 근대 교육을 실시하였다(1886).

주제 21 일제의 국권 피탈

01 ④	02 ①	03 ③	04 ②	05 ①
06 ①				

01 을사늑약

일제는 고종과 대신들을 위협하여 강제로 을사늑약을 체결하였다. 이를 통해 조선의 외교권이 박탈되고 통감부가 설치되어 이토 히로부미가 초대 통감으로 부임하였다.

④ 강화도 조약을 체결한 후 조선은 일본에 수신사를 파견하여 각종 근대 시설을 시찰하게 하였다. 제2차 수신사로 파견된 김홍집이 『조선책략』을 조선으로 들여와 미국과 외교 관계를 맺어야 한다는 여론이 형성되자 이만손을 중심으로 한 영남 유생들이 만인소를 올려 개화 정책에 반대하였다.

✓ 바로 잡기

① 을사늑약 체결에 반발한 민영환, 조병세 등은 자결을 함으로써 항거하였다.

② 을사늑약 체결 이후 1907년 네덜란드 헤이그에서 만국 평화 회의가 개최되자 고종은 특사(이준, 이상설, 이위종)를 파견하여 을사늑약의 무효를 알리고자 하였으나, 을사늑약으로 인해 외교권이 없던 대한 제국은 회의 참석을 거부당하였다.

③ 을사늑약 체결에 반발하여 을사의병이 활발하게 활동하였다. 그 중 최익현은 태인에서 의병 활동을 전개하다 체포되어 쓰시마섬에 유배되었고, 평민 출신 의병장인 신돌석은 울진 일대에서 의병을 결성하여 활동하였다.

⑤ 나철 등은 을사늑약을 체결하는 데 일본에 협력한 친일파 박제순, 이지용, 이근택, 이완용, 권중현을 암살하기 위해 자신회를 결성하여 활동하였다.

02 이준

① 이준, 이상설, 이위종은 을사늑약 체결의 부당함을 알리기 위해 고종의 밀명을 받아 헤이그에서 열린 만국 평화 회의에 특사로 파견되었다. 이들은 대한 제국의 독립 수호를 위해 국제적 협력을 호소하였으나 을사늑약으로 외교권이 박탈되어 회의 참석이 끝내 거부되었다.

✓ 바로 잡기

② 동학의 제3대 교주 손병희는 동학을 천도교로 개칭하고 국한문 혼용체 기관지인 『만세보』를 발행하여 민중 계몽 운동을 전개하였다.

③ 광복 이후 여운형은 건국 준비 단체인 조선 건국 준비 위원회를 조직하여 전국에 지부를 결성하고 치안대를 조직하여 질서 유지 활동을 전개하였다.

④ 홍범도는 의병장 출신으로 그가 이끄는 대한 독립군은 대한 국민회군, 군무 도독부 등과 연합하여 봉오동 전투에서 승리하고, 김좌진의 북로 군정서와 연합하여 청산리 전투에서 승리를 거두었다.

03 일제의 국권 침탈

(나) 헤이그 특사 파견(1907.6.): 고종은 을사늑약 체결의 부당함을 알리기 위해 이준, 이상설, 이위종을 헤이그에서 열린 만국 평화 회의에 비밀 특사로 파견하였다.

(다) 고종 강제 퇴위(1907.7.19.): 헤이그 특사 파견은 일본과 영국의 방해로 성과를 거두지 못하였다. 게다가 일제와 친일파 매국 대신들은 특사 파견이 한일 협약에 위배된다는 이유로 고종을 강제 퇴위시켰다.

(가) 한일 신협약(정미 7조약, 1907.7.24.): 고종을 강제 퇴위시킨 일제는 순종을 즉위시키고 한일 신협약(정미 7조약)을 체결하여 각부에 일본인 차관을 배치하고 대한 제국의 군대를 해산시켰다. 이에 박승환은 분노하며 권총으로 자결하였다.

04 최익현

② 일본과 조선이 을사늑약을 맺어 조선의 외교권이 박탈되자 최익현은 이에 반발하며 임병찬과 함께 태인에서 을사의병을 일으켰다. 최익현이 이끄는 의병을 일본군이 아닌 관군이 진압해 오자 최익현은 동포끼리는 죽고 죽일 수 없다며 의병을 자진해산시키고 체포되었다. 이후 그는 일본의 쓰시마섬에 유배되어 투옥 3개월여 만에 순국하였다.

① 을사늑약이 체결되자 평민 의병장 출신 신돌석은 유생 출신의 민종식, 최익현과 함께 을사의병을 일으켰다.

③ 안중근은 을사늑약 체결의 원흉이자 초대 통감을 지낸 이토히로부미를 만주 하얼빈에서 사살하고, 뤼순 감옥에서 순국하였다.

④ 홍범도가 이끄는 대한 독립군은 대한 국민회군, 군무 도독부 등과 연합하여 봉오동 전투에서 승리하고, 김좌진의 북로 군정서와 연합하여 청산리 전투에서 승리를 거두었다.

05 신돌석

① 신돌석은 평민 출신 의병장으로 을미사변이 발생하자 고향인 경북 영해(영덕)에서 의병으로 활동하였다. 이후 을사늑약이 체결되어 조선의 외교권이 박탈되자 이에 반발하여 을사의병을 일으켰다. 신돌석이 이끄는 의병은 무기를 확보하기 위해 울진, 평해 등의 관아를 공격해 총과 화약을 마련하였다. 또한, 지방의 정세를 파악하고 있는 의병의 특징을 살려 태백산맥에서 뛰어난 전술을 펼쳤고, 이로 인해 태백산 호랑이로 불렸다.

② 유인석은 유생으로 을미사변이 일어나고 단발령이 시행되자 이소응 등의 유생과 함께 을미의병을 일으켰다.

③ 최익현은 을사늑약 체결 이후 태인에서 의병 활동을 전개하다 체포되었으며, 쓰시마섬에 유배되어 그곳에서 순국하였다.

④ 홍범도는 대한 독립군을 이끌고 대한 국민회군, 군무 도독부 등과 연합하여 봉오동 전투에서 승리하였다. 또한, 김좌진의 북로군정서와 연합하여 청산리 전투에서 승리를 거두었다.

06 정미의병

영국 언론 '데일리 메일'의 종군 기자 프레더릭 매켄지는 특파원 자격으로 대한 제국에 입국하여 1907년 정미의병의 모습을 담은 사진을 촬영하였다. 그는 체류 기간 동안 일제의 각종 만행과 이에 저항하는 항일 의병의 독립운동 활동을 직접 취재하여 『대한 제국의 비극』을 발간하기도 하였다.

① 한일 신협약으로 강제 해산된 군인들이 정미의병 활동에 가담하면서 의병 전쟁이 전국적으로 확대되자 허위와 이인영을 중심으로 13도 창의군이 결성되었다. 이들은 각국 공사관에 국제법상 교전 단체로 인정해 줄 것을 요구하면서 서울 진공 작전을 추진하였다.

② 독립 협회는 만민 공동회와 관민 공동회를 개최하며 중추원 개편을 통한 의회 설립 방안이 담겨 있는 헌의 6조를 고종에게 건의하였다.

③ 전봉준이 이끄는 동학 농민군은 고부의 백산에 집결하여 4대 강령을 발표하였다.

④ 임진왜란 당시 곽재우, 고경명, 조헌 등이 의병장으로 활약하였다.

주제 22   **국권 수호 운동**

01 ②   02 ④   03 ②   04 ②   05 ①
06 ③

01 방곡령

② 조선이 일본과 체결한 조일 통상 장정의 조항 중에는 천재·변란 등에 의한 식량 부족의 우려가 있을 때 방곡령을 선포하는 조항이 포함되어 있었다. 이후 함경도 관찰사 조병식은 흉년으로 곡식이 부족해지자 일본으로 곡식이 유출되는 것을 막기 위해 방곡령을 선포하였다. 이에 일본은 손해를 입었다고 큰 금액의 배상금을 요구하였고, 결국 조선은 일본에 배상금을 지불하게 되었다.

① 단발령은 성년 남자의 상투를 자르도록 내린 명령으로 을미개혁 때 시행되었다.

③ 삼림령은 일제가 식민지 삼림 정책을 수행하기 위해 시행한 것으로, 기한 내에 신고하지 않은 삼림을 국가의 소유로 돌리면서 조선 사람들의 토지를 빼앗아 갔다.

④ 회사령은 일제가 회사를 설립하거나 해산할 때 총독부의 허가를 받게 한 조치로, 민족 기업 설립을 방해하였다.

02 양기탁

④ 양기탁은 영국인 베델과 함께 대한매일신보를 창간하였다. 이를 통해 국채 보상 운동을 전국적으로 확산시키고, 고종의 '을사조약 무효화 선언'을 게재하면서 을사늑약의 불법성과 부당성을 주장하였다. 또한, 안창호, 이회영 등과 비밀 결사인 신민회를 조직하고 항일 운동을 전개하였으며, 이후 상하이로 건너가 대한민국 임시 정부에서 활동하였다.

① 김원봉은 의열단을 결성하여 암살, 파괴, 테러 등의 폭력 투쟁을 통해 독립운동을 전개하였다.
② 나석주는 의열단원으로 활동하면서 조선 식산 은행과 동양 척식 주식회사에 폭탄을 투척하였다.
③ 신익희는 상하이 대한민국 임시 정부의 내무총장과 국회 의장으로 활동하였다. 해방 후에는 이승만의 장기집권에 반대하며 민주당 대통령 후보로 출마하였지만, 유세 활동 중 심장마비로 사망하였다.

03 신민회

② 안창호와 양기탁 등이 주도하여 결성한 비밀 결사 단체 신민회는 국권 회복과 공화 정체에 바탕을 둔 근대 국가 건설을 목표로 하였다. 신민회는 일제가 조작한 데라우치 총독 암살 미수 사건인 105인 사건으로 인해 많은 독립운동가들이 투옥되면서 조직이 해체되었다.

① 보안회는 일본의 황무지 개간권 요구에 대한 반대 운동을 전개하여 이를 막았다.
③ 대한 자강회는 교육과 산업 활동을 바탕으로 한 국권 회복을 목표로 하면서 고종의 강제 퇴위 반대 운동을 전개하였으나, 일제의 탄압으로 해산되었다.
④ 헌정 연구회는 민족의 정치의식 고취와 입헌 군주제 수립을 위해 설립되었다.

04 국채 보상 운동

국채 보상 운동은 일본에서 도입한 차관 1,300만 원을 갚아 경제 주권을 회복하고자 김광제, 서상돈 등의 주도로 대구에서 처음 시작되었다. 이후 서울에서 조직된 국채 보상 기성회를 중심으로 전국적으로 확산되었다.
② 국채 보상 운동은 대한매일신보, 황성신문 등 여러 언론 기관들의 지원을 받아 전국으로 확산되었다.

① 독립 협회는 만민 공동회를 개최하여 민중에게 근대적 지식과 국권·민권 사상을 강조하였다.
③ 민족 기업을 육성하여 경제적 자립을 이루자는 물산 장려 운동은 '조선 사람 조선 것'이라는 구호를 내걸고 평양에서 시작하여 전국으로 확산되었다.
④ 일제 강점기에 백정들은 사회적 차별을 철폐하기 위해 조선 형평사를 결성하고 형평 운동을 전개하였다.

05 안중근

안중근은 1909년 10월 26일 하얼빈역에서 을사늑약을 주도한 이토 히로부미를 저격하고 중국 뤼순 감옥에 수감되었다. 그는 2월 14일 사형을 선고받고 순국할 때까지 다량의 유묵을 작성하였으며, 유묵 가운데 26점이 보물로 지정되었다.
① 안중근은 감옥 안에서 한국, 일본, 청 동양 3국이 협력하여 서양 세력의 침략을 방어하며 동양 평화 및 세계 평화를 실현해야 한다는 사상을 담은 『동양 평화론』을 저술하였으나, 일제가 사형을 집행하면서 완성하지 못하였다.

② 김구는 침체된 독립운동의 새로운 방향을 탐색하기 위해 한인 애국단을 조직하여 적극적인 투쟁 활동을 전개하였다.
③ 신채호는 김원봉의 요청을 받아 의열단의 행동 강령으로 조선 혁명 선언을 작성하였다.
④ 김좌진을 중심으로 한 북로 군정서와 홍범도가 이끄는 대한 독립군이 일본군을 상대로 청산리 일대에서 크게 승리하였다.

06 이승훈

근대와 일제 강점기 때의 교육자이자 독립운동가인 남강 이승훈은 1907년에 안창호, 양기탁과 함께 신민회를 결성하였고, 교육과 출판을 통한 애국 계몽 운동을 전개하여 독립을 이루고자 하였다. 이에 평양에 대성 학교, 평안북도 정주에 오산 학교를 세워 민족 교육을 실시하였다. 이후 신민회가 105인 사건으로 해체되고, 이승훈은 체포되어 4년여 동안 감옥 생활을 하였다. 1919년 3·1 운동 당시에는 민족 대표 33인 중 기독교 측 대표로 독립 선언서에 서명하면서 기미 독립 선언에 참여하였다. 또한, 1923년에는 이상재, 윤치호 등과 함께 조선 민립 대학 기성회를 조직하고, 민립 대학 설립 운동을 전개하였다.
③ 이승훈은 신민회원으로 오산 학교를 설립하여 민족의 실력 양성을 통해 독립을 이루고자 하였다.

① 윤봉길은 한인 애국단원으로 훙커우 공원에서 열린 일본 국왕 생일 기념식에 폭탄을 투척하는 의거를 일으켰다.
② 일제 강점기 평양 평원 고무 농장의 노동자 강주룡은 을밀대 지붕 위로 올라가 시위하면서 일제의 노동 착취를 비판하고, 노동 조건 개선을 요구하는 고공 농성(높은 곳에 올라 시위하는 것)을 벌였다.
④ 이준, 이상설, 이위종은 을사늑약 체결의 부당함을 알리기 위해 고종의 밀명을 받아 헤이그에서 열린 만국 평화 회의에 특사로 파견되었다.

01 근대 문물의 수용

대한 제국은 구본신참을 기본 정신으로 광무개혁을 추진하여 군사, 행정, 경제, 교육, 의료 등 각 분야에서 근대적 개혁을 시행하였다(1897). 1898년에 한성 전기 회사가 세워지며 전기 공급이 가능해지자, 동대문에서 서대문까지 전차가 운행되었다(1899). 또한, 우리나라 최초의 철도인 경인선이 세워졌으며(1899), 러일 전쟁의 군수 물자 보급을 위해 경부선과 경의선 철도가 개통되었다(1905, 1906).

③ 러일 전쟁에서 필요한 군수 물자를 보급하기 위해 경부선 철도가 개통되었다(1905).

✔ 바로 잡기

① 개항 이후 개화 정책의 일환으로 박문국을 설치하고 최초의 근대 신문인 한성순보를 발간하였다(1883). 한성순보는 순 한문을 사용하고 10일마다 발행되었으며, 정부 관보의 성격을 가지고 있었다.

② 독립 협회는 만민 공동회를 개최하여 민중에게 근대적 지식과 국권·민권 사상을 고취하였다. 그 과정에서 가장 천대받던 계층인 백정 출신의 박성춘이 연설하기도 하였다(1898).

④ 개항 이후 외국과의 교류가 활발해지자 조선 정부는 동문학을 설치하여 통역관 양성을 위한 영어 교육을 실시하였다(1883).

02 독립신문

① 갑신정변 이후 미국에서 돌아온 서재필은 1896년 정부의 지원을 받아 우리나라 최초의 민간 신문인 독립신문을 창간하였다. 이는 최초의 한글 신문이기도 하며 외국인을 위한 영문판으로도 제작되었다.

✔ 바로 잡기

② 제국신문은 민중 계몽과 자주독립 의식을 고취하기 위해 이종일이 한글로 간행한 신문이다. 주로 서민층과 부녀자들을 대상으로 하였다.

③ 연해주로 이주한 동포들은 순 한글 신문인 해조신문을 발간하여 독립의식을 고취하면서 국권 회복을 위해 힘썼다.

④ 대한매일신보는 양기탁과 영국인 베델이 창간하였으며, 항일 민족 운동을 적극적으로 지원하였다. 또한, 국채 보상 운동을 전국적으로 확산시키는 데 기여하였다.

03 대한매일신보

④ 대한매일신보는 1904년에 양기탁과 영국인 베델을 중심으로 창간되었다. 항일 민족 운동을 적극적으로 지원하였고, 국채 보상 운동을 전국적으로 확산시키는 데 기여하였다. 또한, 고종의 '을사조약 무효화 선언'을 게재하는 등 을사늑약의 불법성과 부당성을 주장한 항일 언론이었다.

✔ 바로 잡기

① 천도교는 국한문 혼용 신문인 만세보를 발행하여 일진회의 반민족 행위를 비판하였다.

② 독립신문은 서재필이 정부의 지원을 받아 창간한 최초의 민간 신문으로 한글판과 영문판 두 종류로 발행되었다.

③ 연해주로 이주한 동포들은 순 한글 신문인 해조신문을 발간하여 독립의식을 높이면서 국권 회복을 위해 힘썼다.

04 근대 문물의 수용

대한 제국은 구본신참을 기본 정신으로 광무개혁을 추진하여 군사, 행정, 경제, 교육, 의료 등 각 분야에서 근대적 개혁을 시행하였다(1897). 이에 한성 전기 회사가 세워져 전기 공급이 가능해지자, 서대문에서 청량리까지 운행하는 전차가 개통되었다(1899).

③ 개항 이후 개화 정책의 일환으로 박문국을 설치하고 최초의 근대 신문인 한성순보를 발행하였다(1883). 한성순보는 순 한문을 사용하고 10일마다 발행되었으며, 정부 관보의 성격을 가지고 있었다.

✔ 바로 잡기

① 1908년에 최초의 서양식 극장인 원각사에서 이인직의 「은세계」가 공연되었다.

② 중명전은 황실 도서관으로 사용하기 위해 지어졌으나(1899), 덕수궁에 화재가 일어난 이후 고종의 집무실로 이용되었다.

④ 러일 전쟁에서 필요한 군수 물자를 보급하기 위해 서울과 부산을 잇는 경부선 철도가 부설되었다(1905).

05 근대 문화유산

■ **우정총국**: 조선 고종 때 근대적 우편 제도를 담당하기 위한 관청인 우정총국이 세워졌다. 김옥균 등 급진 개화파 세력이 우정총국 개국 축하연 자리를 이용하여 갑신정변을 일으켜 폐지되었다. 현재는 서울 종로구에 여러 채의 건물 중 한 채만 남아 있다.

■ **구 러시아 공사관**: 을미사변으로 신변의 위협을 느낀 고종은 친러파의 설득에 동의하여 러시아 공사관으로 거처를 옮겼고, 1년여 동안 이곳에 머물렀다. 공사관은 르네상스 양식으로 지어졌으며, 6·25 전쟁 때 대부분 파괴되고 현재는 서울 중구에 지하층과 옥상 부분만 남아 있다.

④ 고종이 아관 파천 이후 경운궁(덕수궁)으로 환궁하면서 새로운 건물들이 갖춰지기 시작하였고, 그해 9월 대한 제국을 선포하며 정궁이 되었다. 광복 이후에는 덕수궁 석조전에서 미소 공동 위원회가 열려 한반도 문제가 논의되기도 하였다.

✔ **바로 잡기**

① 하늘에 제사를 지내는 환구단(원구단)은 조선 세조 때 처음 설치되었다가 중단되었고, 아관 파천 이후 환궁한 고종의 황제 즉위식을 위해 1897년에 다시 설치되었다. 그러나 환구단은 일제 강점기 때 철거되었고, 현재는 환구단 북쪽에 부속 건물로 지어졌던 삼층 팔각 석조물인 황궁우만 남아 있다.

② 서울 중구에 있는 명동 성당은 고종 때 건립된 우리나라 유일의 순수 고딕 양식 건물로, 일제 강점기 때 이재명은 명동 성당 앞에서 을사오적 중 한 명인 이완용을 저격하여 중상을 입혔다.

③ 서울 종로구의 운현궁은 고종이 임금으로 즉위하기 전에 생활하던 곳이며, 이중 양관은 1910년 르네상스 양식으로 건축되어 덕성 여자 대학교 본관으로 사용되기도 하였다.

8 일제 식민지 지배와 광복을 위한 노력

주제 24	일제의 식민지 지배 정책

01 ③	02 ④	03 ②	04 ③	05 ②
06 ②				

01 산미 증식 계획

③ 제1차 세계 대전 이후 급속한 공업화가 진전된 일본은 증가하는 도시 인구에 비해 농업 생산력이 부족해지자 쌀값이 크게 올랐다. 이에 조선에서 산미 증식 계획을 실시하여 일본 본토의 식량 부족 문제를 해결하고자 하였다. 이

를 위해 품종 개량, 수리 시설 구축, 개간 등을 통해 쌀 생산을 대폭 늘리려 하였으며, 증산량보다 많은 양의 쌀을 일본으로 가져가면서 농민들의 경제 상황은 더욱 악화되었다.

✔ **바로 잡기**

① 조선이 일본과 체결한 조일 통상 장정에 의해 천재·변란 등에 의한 식량 부족의 우려가 있을 때에는 해당 지역의 지방관이 방곡령을 선포할 수 있었다.

② 조선 정조는 자유로운 상업 활동을 장려하기 위해 육의전을 제외한 시전 상인들의 금난전권을 폐지하는 신해통공을 실시하였다.

④ 조선 총독부는 토지 조사 사업을 위해 토지 조사국을 설치하고 토지 조사령을 발표하였다. 이에 따라 일정 기간 내 토지를 신고하도록 하고 신고하지 않은 토지는 총독부에서 모두 빼앗아 일본인에게 헐값으로 팔아넘겼다.

02 민족 말살 통치기

일제는 중일 전쟁(1937) 이후 우리 민족의 정체성을 말살하기 위해 황국 신민화 정책을 시행하였다. 내선일체의 구호를 내세워 한글을 사용하지 못하게 하고, 신사 참배, 황국 신민 서사 암송(1937), 창씨개명(1939) 등을 강요하였다.

④ 1910년대 무단 통치기에 일제는 조선 총독부를 통해 회사령을 공포하여 회사를 설립하거나 해산할 때 총독부의 허가를 받게 하고 민족 기업 설립을 방해하였다(1910).

✔ **바로 잡기**

①·②·③ 조선 총독부는 민족 말살 통치기에 황국 신민 서사 암송을 강요하며 우리 민족의 정체성을 말살하려 하였고(1937), 국가 총동원법을 실시하였다(1938). 이에 애국반을 통해 공출을 독려하고 국민 징용령(1939), 학도 지원병 제도(1943) 등을 시행하여 한국인의 노동력을 착취하였다.

03 무단 통치기

1910년대 무단 통치기에 조선 총독부는 토지 조사 사업을 위해 토지 조사국을 설치하고 토지 조사령을 발표하였다(1912). 이에 따라 일정 기간 내에 토지를 신고하도록 하고 그렇지 않은 토지는 총독부에서 모두 빼앗아 일본인에게 헐값으로 팔아 넘겼다.

② 1910년대 무단 통치기에 일제는 조선 태형령을 시행하여 곳곳에 배치된 헌병 경찰들이 조선인들에게 태형을 통한 형벌을 가하도록 하였다(1912).

① 일제가 조선의 토지를 개간한다는 구실로 조선 땅을 침탈하려 하자 이에 맞서 개간 사업을 목적으로 한 농광 회사를 설립하였다(1904).

③ 1920년대 문화 통치기에 일제는 자국의 부족한 쌀 생산량을 조선에서 수탈하여 채우기 위해 산미 증식 계획을 실시하였다(1920).

④ 제1차 한일 협약을 통해 재정 고문이 된 메가타는 조선의 경제권을 장악하고자 탁지부를 중심으로 화폐 정리 사업을 추진하였다. 이에 백동화를 갑, 을, 병종으로 구분하고 제일 은행권으로 교환하였다(1905).

04 민족 말살 통치기

1930년대 이후 일제는 대륙 침략을 위해 한반도를 병참 기지화하고 중일 전쟁과 태평양 전쟁을 일으켰으며, 국가 총동원법을 시행하여 우리의 인적·물적 자원을 수탈하였다. 태평양 전쟁 말기에는 송악산 주변 군사 시설을 경비하고, 해상으로 들어오는 연합군 함대를 공격하기 위해 송악산 해안 동굴 진지를 만들었다.

③ 조선 총독부는 민족 말살 통치기에 황국 신민화 정책을 시행하고, 학생들에게 황국 신민 서사 암송을 강요하였다.

① 원산 총파업은 1920년대 문화 통치기에 영국인이 경영하는 회사에서 일본인 감독이 조선인 노동자를 구타한 사건에서 시작되었다. 파업 후 요구를 받아 주겠다던 회사가 약속을 지키지 않자 노동자들은 총파업에 돌입하였다.

② 고종 때 서재필이 설립한 독립 협회는 만민 공동회를 개최하여 민중에게 근대적 지식과 국권·민권 사상을 전파하였다. 그 과정에서 가장 천대받던 계층인 백정 출신의 박성춘이 연설을 하는 등 관민이 함께 국정에 대하여 논의하기도 하였다(1898).

④ 1910년대 무단 통치기에 일제는 조선 태형령을 제정하여 곳곳에 배치된 헌병 경찰들이 조선인들에게 태형을 통한 형벌을 가하도록 하였다.

05 무단 통치기

헌병 경찰제는 무단 통치기인 1910년대에 강압적 통치를 목적으로 실시되었다. 당시 교사들까지 제복을 입고 칼을 차고 다니게 하였으며 조선 곳곳에 일본 헌병 경찰을 배치하였다.

② 조선 총독부는 토지 조사국을 설치하고 토지 조사령을 발표하여 일정 기간 내 토지를 신고하도록 하는 토지 조사 사업을 실시하였다(1912).

① 조선 정부는 기존 5군영을 무위영과 장어영의 2군영으로 개편하고 신식 군대인 별기군을 설치하였다(1881).

③ 급격한 공업화로 일본 본토의 쌀이 부족하자 일제는 부족한 쌀을 조선에서 수탈하기 위해 산미 증식 계획을 실시하였다 (1920).

④ 일제는 1930년대 이후 전쟁 물자가 부족해지자 민가에서 사용하던 놋그릇과 금속제 물건들을 가져갔으며, 군량미 확보를 위해 미곡 공출 제도를 실시하였다.

06 일제 강점기 경제 수탈

(가) **토지 조사령**(1912): 조선 총독부는 1910년대에 토지 조사 사업을 위해 토지 조사국을 설치하고 토지 조사령을 발표하여 일정 기간 내 토지를 신고하도록 하였다. 신고하지 않은 토지는 총독부에서 몰수하여 일본인에게 헐값으로 팔아넘겼다.

(다) **산미 증식 계획**(1920): 1920년대에는 자본주의가 발전하면서 인구가 급증하고 도시화가 진행되어 쌀값이 폭등하는 등 식량 부족 문제가 발생하였다. 이에 일제는 부족한 쌀을 조선에서 수탈하기 위해 산미 증식 계획을 실시하였다.

(나) **공출제**(1940): 일제는 1930년대 이후 대륙 침략을 위해 한반도를 병참 기지화하고 물적 수탈을 하였다. 또한, 군량미 확보를 위한 식량 배급 및 미곡 공출 제도를 실시하였다.

주제 25	**3·1 운동과 대한민국 임시 정부**

01	③	02	②	03	③	04	④	05	④
06	③								

01 3·1 운동

제암리 학살 사건은 3·1 운동 때 만세 시위가 일어났던 화성 제암리에서 일본군이 주민들을 학살하고 교회당과 민가를 방화한 사건이다. 이때 선교사였던 프랭크 스코필드(Frank W. Schofield)는 이 사건의 처참한 현장 사진과 기록을 국외로 보내 일본의 비인도적 만행을 세계에 알렸다.

③ 3·1 운동은 각계각층의 사람들이 참여한 대규모 독립운동으로, 민족의 주체성을 확인하여 대한민국 임시 정부를 수립하는 계기가 되었다.

① 순종의 인산일에 사회주의자들과 학생들이 대규모 만세 운동을 준비하였으나 사회주의자들은 발각되어 학생들만 6·10 만세 운동을 전개하였다.

② 국채 보상 운동은 대한매일신보, 황성신문 등 여러 언론 기관들의 후원을 받아 전국으로 확산되었다.

④ 한국인 학생과 일본인 학생 간의 충돌 사건을 계기로 한국인 학생에 대한 차별과 식민지 교육에 저항하여 광주 학생 항일 운동이 발생하였다. 이를 지원하고자 신간회가 진상 조사단을 파견하였다.

02 대한 광복회

1915년 박상진을 중심으로 대구에서 결성된 대한 광복회는 비밀 결사로, 공화 정체의 국민 국가 건설을 목표로 활동하였다. 이에 독립 자금을 모금하기 위해 전국의 부호들을 대상으로 모금 활동을 하였고, 친일파를 처단하는 등의 독립운동을 전개하였다.

② 대한 광복회는 박상진을 총사령, 김좌진을 부사령으로 하여 만주에 독립군 기지를 만들고 사관 학교를 설립하여 독립군을 양성하였다.

① 의열단은 김원봉을 중심으로 만주에서 결성되었으며, 신채호가 작성한 조선 혁명 선언을 기본 행동 강령으로 하였다. 이에 직접적인 투쟁 방법인 암살, 파괴, 테러 등을 통해 독립운동을 전개하였다.

③ 독립 의군부는 고종의 밀지를 받아 임병찬을 중심으로 조직된 비밀 결사이다. 독립 의군부는 의병을 모으고, 조선 총독부에 국권 반환 요구서를 보내 한반도 강점의 부당함을 주장하려고 시도하는 등 대한 제국을 재건하고자 하였다.

④ 대한인 국민회는 미국 샌프란시스코에서 안창호를 중심으로 미주 지역 한인들에 의해 조직된 자치 단체로, 외교 활동과 독립운동을 전개하였다.

03 제암리 학살 사건

③ 1919년 일제에 맞서 3·1 운동이 확산되던 때에 만세 시위가 일어났던 화성 제암리에서 일본군이 주민들을 학살하고 교회당과 민가를 방화하는 만행을 저질렀다. 이를 본 선교사 프랭크 스코필드(Frank W. Schofield)는 제암리의 처참한 현장을 그대로 사진과 기록에 담아 국외로 보내 일본의 비인도적 만행을 세계에 고발하였다.

04 대한민국 임시 정부

대한민국 임시 정부는 3·1 운동을 계기로 국내외 민족의 주체성을 확인하여 중국 상하이에서 수립되었다. 이후 이봉창과 윤봉길의 의거로 인해 일제의 탄압이 심해지자 대한민국 임시 정부는 충칭으로 근거지를 이동하면서 독립운동을 전개하였다.

④ 대한민국 임시 정부는 지청천을 총사령관으로 하여 직할 부대인 한국 광복군을 창설하였다. 한국 광복군은 영국군의 요청으로 인도, 미얀마 전선에 파견되었으며 미군의 협조를 받아 국내 진공 작전을 준비하였다.

① 독립 협회는 청의 사신을 맞던 영은문을 헐고 그 자리에 독립문을 건립하여 독립 정신을 높였다.

② 신민회의 회원인 이상설 등이 북간도 용정촌에 서전서숙을 설립하여 민족 교육을 실시하였다.

③ 대한 제국을 선포한 고종은 대한국 국제를 반포한 후 황실 중심의 부국강병을 위한 근대화 정책인 광무개혁을 추진하였다.

05 대한민국 임시 정부

1919년 전개된 대규모 민족 운동인 3·1 운동을 계기로 상하이에서 대한민국 임시 정부가 수립되었다. 1932년 윤봉길 의거 이후 주목을 받으면서 일제의 추격을 피해 근거지를 옮겨다녔고, 1940년에 충칭에 안착하였다. 1940년에 임시 정부의 직할 부대인 한국 광복군을 창설하고, 1945년에는 미군의 협조로 국내 진공 작전을 준비하였다.

④ 대한 제국을 선포한 고종은 대한국 국제를 반포한 후 황실을 중심으로 나라를 강하게 만들기 위해 근대화 정책인 광무개혁을 추진하였다.

① 대한민국 임시 정부는 비밀 행정 조직으로 연통제를 실시하고 교통국을 운영하여 국내와의 연락망을 확보하고 독립운동 자금을 모았다.

② 대한민국 임시 정부는 국외 거주 동포들에게 독립 공채를 발행하여 독립 자금을 마련하였다.

③ 대한민국 임시 정부 결성 초기 외교 활동을 위해 미국에 구미 위원부를 설치하였다.

06 신흥 강습소

임청각은 경북 안동시에 있으며, 석주 이상룡의 생가이다. 이곳은 이상룡을 비롯해 독립운동가 9명을 배출하였으며, 원래는 99칸 규모의 집이었다. 그러나 독립운동가를 다수 배출한 집이라는 이유로 일제가 중앙선 철로를 내어 훼손하고 50여 칸의 행랑채와 부속 건물을 철거하였다.

③ 신민회원인 이상룡, 이회영 등이 중심이 되어 만주 삼원보에 독립군 양성 학교인 신흥 강습소(훗날 신흥 무관 학교)를 설립하였다.

✓ **바로 잡기**

① 개항 이후 조선 정부는 동문학을 설치하여 통역관 양성을 위한 영어 교육을 실시하였다.

② 미국인 선교사 아펜젤러는 근대적 사립 학교인 배재 학당을 세워 신학문 보급에 기여하였다.

④ 갑오개혁 이후 고종은 교육 입국 조서를 발표하고 교육의 중요성을 강조하면서 교사 양성을 위해 한성 사범 학교를 세웠다.

| 주제 26 | **국내 민족 운동** |

| 01 ① | 02 ④ | 03 ① | 04 ② | 05 ② |
| 06 ① |

01 6·10 만세 운동

① 1920년대에 사회주의가 유입되기 시작하여 순종의 인산일에 사회주의자들과 학생들이 함께 만세 시위를 계획하였다. 그러나 일제에 의해 사회주의자들이 사전에 발각되면서 학생들을 중심으로 서울 종로 일대에서 6·10 만세 운동이 전개되었다. 학생 300여 명이 격문을 뿌리면서 6·10 만세 운동이 시작되어 전국으로 확산되었으나 일제가 군대를 동원하여 막았다(1926).

✓ **바로 잡기**

② 고종은 을사늑약 체결의 부당함을 알리기 위해 이준, 이상설, 이위종을 네덜란드 헤이그에서 열린 만국 평화 회의에 비밀 특사로 파견하였다(1907).

③ 조선 총독부는 토지 조사 사업을 위해 토지 조사국을 설치하고 토지 조사령을 발표하였다(1912). 이에 따라 일정 기간 내 토지를 신고하도록 하고, 신고하지 않은 토지는 총독부에서 모두 빼앗아 일본인에게 헐값으로 팔아넘겼다.

④ 미국이 제너럴 셔먼호를 이끌고 평양 대동강에 들어와 교역을 요구하다가 평양 관민들의 저항으로 배가 불태워진 사건이 발생하였다(1866).

02 광주 학생 항일 운동

광주에서 나주로 가는 통학 열차 안에서 일본인 학생이 한국인 여학생을 희롱하자 한국인과 일본인 학생 간의 충돌이 일어났다. 일본 경찰은 차별적으로 일본인 학생의 편을 들었고, 이 소식이 알려지자 광주 학생들은 길거리에서 시위를 벌였다. 광주 학생 항일 운동은 한국인 학생에 대한 차별과 식민지 교육에 저항하는 항일 운동으로 발전하였으며, 이는 3·1 운동 이후 가장 큰 규모의 항일 운동이었다.

④ 한국인 학생과 일본인 학생의 충돌로 광주 학생 항일 운동이 발생하자 신간회는 진상 조사단을 파견하고 서울에서 대규모 민중 대회를 추진하였다.

✓ **바로 잡기**

① 순종의 인산일에 학생 300여 명이 격문을 뿌리고 시위를 일으킨 것을 시작으로 6·10 만세 운동이 전개되었으나 일제가 군대를 동원하여 막았다.

② 대구에서 시작된 국채 보상 운동은 대한매일신보, 황성신문 등 언론 기관이 참여하여 전국으로 확산되었으나 통감부의 방해와 탄압으로 실패하였다.

③ 대한민국 임시 정부는 교통국과 연통제 조직이 일제에 의해 무너지자 국민 대표 회의를 소집하여 독립운동의 새로운 방향을 탐색하였다.

03 근우회

① 근우회는 신간회의 자매단체로 민족주의 세력과 사회주의 세력이 연합하여 결성하였다. 강연회를 개최하는 등 여성 계몽 활동과 여성 지위 향상을 목적으로 하였다. 또한, 전국 대회를 열어 교육의 성별 차별 철폐, 여자의 보통 교육 확장, 조혼 폐지 등을 담은 구체적 행동 강령을 채택하였다.

✓ **바로 잡기**

② 찬양회는 서울에서 조직된 최초의 근대적 여성 단체로, 정기 집회와 연설회, 토론회 등을 통해 여성의 교육을 강조하였다.

③ 조선 여자 교육회는 1920년 설립된 여성 교육 단체로, 여성의 인격적 독립을 위한 교육을 강조하였으며, 남녀평등·신문화 사상 등을 높이는 계몽활동을 하였다.

④ 토산 애용 부인회는 물산 장려 운동이 전개되면서 여성들을 중심으로 조직된 단체로, 토산품 애용을 주장하였다.

04 물산 장려 운동

② 1920년대 평양에서 조만식, 이상재의 주도로 조선 물산 장려회가 설립되었다. 이 단체는 민족 자본 육성을 통한 경제 자립을 위해 자급자족, 국산품 애용, 소비 절약 등을 강조하였다. 이에 '조선 사람 조선 것', '내 살림 내 것으로'라는 구호를 내세우며 물산 장려 운동을 전개하였다.

✔ 바로 잡기

① 1930년대 초 동아일보는 문맹 퇴치 운동의 일환으로 브나로드 운동을 전개하였다.
③ 일본에서 도입한 차관 1,300만 원을 갚아 경제 주권을 회복하고자 1907년에 김광제, 서상돈의 주도로 국채 보상 운동이 시작되었다.
④ 1920년대 이상재, 이승훈, 윤치호 등을 중심으로 조선 민립 대학 기성회가 조직되어 한국인을 위한 고등 교육 기관인 민립 대학 설립 운동이 전개되었다.

05 브나로드 운동

② 일제 강점기 일제의 가혹한 식민지 차별 교육 정책으로 인해 문맹자가 급증하자, 1920~1930년대에 한글 보급을 통한 문맹 퇴치 운동과 언론사를 중심으로 한 농촌 계몽 운동이 전개되었다. 조선일보는 '아는 것이 힘, 배워야 산다'를 내세워 문자 보급 운동을 전개하였다. 또한, 동아일보는 브나로드 운동을 전개하여 학생들을 대상으로 한글을 가르치고 교재를 나누어 주는 등 농촌에 있는 문맹자에게 한글을 교육하고, 미신 타파, 구식 습관 제거, 근검 절약 등을 내세우며 계몽 운동을 펼쳤다. 심훈은 농촌 계몽 운동을 소재로 『상록수』를 저술하여 농촌 계몽 운동에 헌신하는 지식인들의 모습과 당시 농촌의 실상을 그려냈다.

✔ 바로 잡기

① 일제 강점기에 백정들은 사회적 차별을 철폐하기 위해 조선 형평사를 결성하고 형평 운동을 전개하였다.
③ 국채 보상 운동은 일본에서 도입한 차관 1,300만 원을 갚아 경제 주권을 회복하고자 김광제, 서상돈 등의 주도로 시작되었다.
④ 민족 기업을 육성하여 경제적 자립을 이루자는 물산 장려 운동은 '조선 사람 조선 것, 내 살림 내 것으로'라는 구호를 내걸고 평양에서 시작하여 전국으로 확산되었다.

06 의열단

① 김원봉이 만주에서 조직한 의열단은 신채호가 작성한 조선 혁명 선언을 행동 강령으로 삼아 식민 통치 기관 파괴, 요인 암살, 테러 등 직접적인 항일 무장 투쟁을 전개하였다. 의열단원인 김익상은 조선 총독부에 폭탄을 던졌다.

✔ 바로 잡기

② 북간도로 이주한 한인들이 대종교를 중심으로 중광단을 조직하여 항일 투쟁을 전개하였다.
③ 안창호는 미국 샌프란시스코에서 국권 회복을 위해 민족 운동 단체인 흥사단을 조직하였다.
④ 김구는 상하이에서 한인 애국단을 결성하여 적극적인 투쟁 활동을 전개하면서 독립운동가를 지원하였고, 한인 애국단원으로 이봉창, 윤봉길 등이 활동하였다.

주제 27 국외 민족 운동

| 01 | ④ | 02 | ③ | 03 | ③ | 04 | ③ | 05 | ④ |
| 06 | ③ |

01 홍범도

④ 홍범도는 의병장 출신으로 1920년대에 대한 독립군을 이끌면서 국민회군, 군무 도독부 등과 연합하여 봉오동 전투에서 일본군을 상대로 승리하였다. 또한, 김좌진의 북로 군정서와 연합하여 청산리 전투에서도 일본군을 상대로 큰 승리를 거두었다. 1937년 스탈린의 한인 강제 이주 정책으로 카자흐스탄으로 보내진 홍범도는 1943년에 순국하였다. 1962년 대한민국 정부는 홍범도에게 건국훈장 대통령장을 추서하였으며, 2021년 8월 15일에 홍범도의 유해가 카자흐스탄에서 국내로 돌아오게 되었다.

✔ 바로 잡기

① 김좌진은 북로 군정서를 이끌어 일본군과의 청산리 전투에서 큰 승리를 거두었다.
② 양세봉은 조선 혁명군의 총사령으로 중국 의용군과 연합하여 흥경성 전투에서 일본군을 상대로 승리를 거두었다.
③ 지청천은 북만주에서 한국 독립군을 결성하였다. 한국 독립군은 중국 호로군과 연합하여 쌍성보 전투, 대전자령 전투에서 일본군을 물리치고 승리하였다.

02 청산리 전투

③ 북간도에서 대종교도를 중심으로 결성된 중광단이 3·1 운동 직후 정의단으로 확대·개편되었다. 이 과정에서 무장 독립 운동을 수행하기 위해 북로 군정서를 조직하였다. 이후 김좌진이 이끄는 북로 군정서와 홍범도가 이끄는 대한 독립군이 연합한 독립군 부대는 청산리 전투에서 일본군에 대승을 거두었다.

✔ 바로 잡기

① 백제 부흥 운동을 지원하기 위해 왜의 수군이 부흥군과 함께 백강 입구까지 진격하였으나 나당 연합군의 공격으로 패배하였다.

② 조선 선조 때 일본이 조선을 침입하여 임진왜란이 발생하였다. 왜군이 전라도로 가는 길목인 진주를 공격하자 김시민이 이끄는 조선군이 진주 대첩에서 왜군 2만 명을 무찔렀다.

④ 지청천을 중심으로 북만주에서 결성된 한국 독립군은 중국 호로군과 연합하여 쌍성보 전투, 사도하자 전투, 대전자령 전투에서 일본군에 승리하였다.

03 조선 혁명군

③ 조선 혁명군은 양세봉을 중심으로 남만주 지역에서 조직되었다. 이들은 조선 혁명당 소속 군사 조직으로 중국 의용군과 연합하여 흥경성·영릉가 전투를 승리로 이끌었다.

✔ 바로 잡기

① 김원봉을 중심으로 만주 지역에서 결성된 의열단은 신채호가 작성한 조선 혁명 선언을 기본 행동 강령으로 하여 독립운동을 전개하였다.

② 북간도에서 대종교도를 중심으로 결성된 중광단이 3·1 운동 직후 정의단으로 확대·개편되었다. 이 과정에서 무장 독립 운동을 수행하기 위해 북로 군정서를 조직하였다.

④ 대한민국 임시 정부는 충칭에서 지청천을 총사령관으로 하여 임시 정부가 직접 관할하는 부대인 한국 광복군을 창설하였다.

04 조선 의용대

③ 1930년대에는 주로 국외에서 한중 연합 군사 작전이 전개되었다. 조선 의용대는 김원봉의 주도로 1938년 중국 국민당의 지원을 받아 중국 관내에서 결성된 최초의 한인 무장 조직으로, 조선 민족 전선 연맹 산하에 있었다. 이후 일부는 화북 지방으로 이동하여 조선 의용대 화북지대를 결성하고, 남은 일부는 충칭으로 이동하여 한국 광복군에 합류하였다.

✔ 바로 잡기

① 조선 정부는 기존 5군영을 무위영과 장어영의 2군영으로 개편하고 신식 군대인 별기군을 설치하였다.

② 북로 군정서는 북간도에서 서일 등의 대종교도를 중심으로 결성된 중광단이 3·1 운동 직후 무장 독립운동을 수행하기 위해 정의단으로 확대 개편되면서 조직한 단체이다. 이후 김좌진이 이끄는 북로 군정서는 일본군과의 청산리 전투에서 큰 승리를 거두었다.

④ 동북 항일 연군은 1936년 중국 공산당의 주도로 만주에서 활동하던 한국인과 중국인의 유격 부대를 통합한 군사 조직이다.

05 한국 광복군

④ 대한민국 임시 정부는 이봉창과 윤봉길 의거 이후 일제의 탄압이 심해지자 충칭으로 근거지를 이동하였다. 이곳에서 지청천을 총사령관으로 하여 임시 정부의 직할 부대인 한국 광복군을 창설하였다. 한국 광복군은 영국군의 요청으로 인도, 미얀마 전선에 파견되었으며 미군의 협조를 받아 국내 진공 작전을 준비하였다.

✔ 바로 잡기

① 북로 군정서는 북간도에서 서일 등의 대종교도를 중심으로 결성된 중광단이 3·1 운동 직후 무장 독립운동을 수행하기 위해 대한 정의단으로 확대·개편되면서 조직한 단체이다. 이후 김좌진이 이끄는 북로 군정서는 일본군과의 청산리 전투에서 큰 승리를 거두었다.

② 김원봉이 주도하여 중국 국민당의 지원을 받아 중국 관내 최초의 한인 무장 부대인 조선 의용대를 창설하였다.

③ 양세봉의 조선 혁명군은 중국 의용군과 연합하여 흥경성·영릉가 전투에서 일본군을 상대로 승리를 거두었다.

06 한국 광복군

③ 한국 광복군은 충칭에서 창설되었던 대한민국 임시 정부의 직할 부대이다. 지청천을 총사령, 이범석을 참모장으로 두었으며, 태평양 전쟁이 발발한 이후 김원봉이 주도하던 조선 의용대가 한국 광복군으로 편입되었다. 또한, 한국 광복군은 영국군의 요청을 받아 인도, 미얀마 전선에 파견되어 활동하고, 미국과 연계하여 국내 진공 작전을 계획하였으나 실현하지 못하였다.

✔ 바로 잡기

① 연해주의 자유시로 근거지를 옮긴 대한 독립 군단은 군 지휘권을 둘러싼 분쟁에 휘말려 자유시 참변으로 큰 타격을 입었다.
② 홍범도가 이끄는 대한 독립군은 대한 국민회군, 군무도독부 등의 독립군과 연합하여 봉오동 전투에서 일본군을 상대로 승리를 거두었다.
④ 양세봉의 조선 혁명군은 중국 의용군과 연합하여 흥경성 전투에서 일본군을 상대로 승리를 거두었다.

주제 28　민족 문화 수호 운동

01 ②　02 ②　03 ③　04 ③　05 ①
06 ④

---

01 윤동주

② 윤동주는 일제 강점기에 연희 전문학교를 졸업하고 일본 도쿄에서 유학하였다. 문학 활동을 통해 일제의 탄압에 저항한 항일 시인이었으며, 일본 경찰에 체포되어 후쿠오카 형무소에서 수감 중에 생을 마감하였다. 광복 이후 동생 윤일주에 의해 유고집 『하늘과 바람과 별과 시』가 발간되었으며, 대표적 작품으로 「서시」, 「별 헤는 밤」, 「쉽게 쓰여진 시」 등이 있다.

✔ 바로 잡기

① 심훈은 일제 강점기의 저항 시인이자 소설가로, 민족의식을 담은 저항시 「그날이 오면」, 브나로드 운동을 소재로 한 장편 소설 『상록수』 등을 발표하였다.
③ 이육사는 일제의 식민 통치를 극복하려는 의지를 표현한 「광야」, 「절정」 등의 작품을 통해 일제의 탄압에 저항하였다.
④ 한용운은 독립운동가 겸 승려이자 시인으로 일제 강점기 때 『님의 침묵』을 출간하여 저항 문학에 앞장섰고, 불교의 현실 참여를 주장하였다.

---

02 아리랑

② 영화 「아리랑」은 나운규가 직접 각본·각색하고 출연한 첫 번째 작품이다. 일제의 검열을 피하기 위해 감독으로 김창선이라는 한국명을 갖고 있던 일본인 쓰모리 히데카츠를 내세웠다. 이 영화는 3·1 운동 때 잡혀서 일제의 고문으로 정신 이상자가 된 주인공 영진의 삶을 보여준다. 「아리랑」은 단성사에서 개봉하여 전국의 극장에서 큰 성공을 거두었으며, 이 영화의 영향으로 한국 영화가 발전하고 민족 영화 제작이 활발해지는 계기가 되었다.

✔ 바로 잡기

① 영화 「미몽」은 양주남 감독의 첫 작품으로 우리나라에서 현존하는 가장 오래된 영화이다. 1930년대 당시 영화 문법과 기술적 진보를 가늠해 볼 수 있는 작품이다.
③ 영화 「자유 만세」는 1946년에 상영된 최인규 감독의 항일 작품이다. 이 영화는 민족 독립 투사의 항일 투쟁과 이들의 우정·사랑을 그린 내용으로 광복 영화의 시작을 알렸다.
④ 영화 「시집 가는 날」은 이병일 감독이 1954년 동아 영화사를 설립하고 만든 작품으로 오영진의 희곡 「맹 진사댁 경사」를 원작으로 하고 있다. 세도가의 가문과 결혼하려다 벌어지는 상황을 풍자한 희극 영화이다.

---

03 이육사

③ 이육사는 항일 저항 시인으로 조국의 독립을 위해 노력하였으며, 「광야」, 「청포도」, 「절정」 등의 작품을 통해 일제의 탄압에 저항하였다. 의열단에 가입하여 독립운동 계획을 세우던 도중 조선은행 대구 지점 폭파 사건에 연루되어 수감되었다. 이에 수인 번호인 '264'를 따서 이육사라는 호를 지었다.

✔ 바로 잡기

① 심훈은 일제 강점기의 저항 시인이자 소설가로, 계몽 의식과 저항 정신을 담은 저항시 「그날이 오면」, 브나로드 운동을 소재로 한 농촌 계몽 소설 『상록수』 등을 발표하였다.
② 윤동주는 문학 활동을 통해 일제의 탄압에 저항한 항일 시인으로 유고집 『하늘과 바람과 별과 시』를 남겼다.
④ 한용운은 독립운동가 겸 승려이자 시인으로 일제 강점기 때 『님의 침묵』을 출간하여 저항 문학에 앞장섰고, 불교를 통한 청년운동에 앞장섰다.

04 한글 관련 기관

(가) **집현전**: 조선 세종이 설치한 학문 연구 및 왕실 연구 기관이다. 집현전 학사였던 신숙주, 성삼문, 박팽년 등은 세종을 도와 훈민정음 창제에 큰 공을 세웠다.

(나) **국문 연구소**: 학부 안에 설치되었으며, 지석영과 주시경을 중심으로 한글을 정리하고 국어의 이해 체계를 확립하였다. 국문 연구소의 위원이었던 주시경은 무료 강습소를 열어 우리글을 배우고자 하는 사람들에게 가르침을 주는 등 한글 교육에 힘썼다.

(다) **조선어 학회**: 조선어 연구회가 확대·개편되면서 설립된 조선어 학회는 한글 맞춤법 통일안과 표준어를 제정하였으며, 『조선말 큰사전』의 편찬을 추진하였다. 이후 일제가 조선어 학회를 독립운동 단체로 간주하고 관련 인사들을 체포하는 조선어 학회 사건이 발생하여 학회는 강제 해산되었다.

③ 조선어 학회는 올바른 한글 사용을 확립하고자 한글 맞춤법 통일안을 제정하였다.

✔ 바로 잡기

① 조선 성종 때 『삼강행실도』 한글 번역 작업을 실시하여 『삼강행실도』 언해본을 편찬하였다.

② 서재필은 우리나라 최초의 민간 신문인 독립신문을 간행하였다.

④ 규장각은 조선 정조 때 창덕궁 후원에 설치된 왕실의 도서관이자 학문 연구 기관이다.

05 신채호

신채호는 『독사신론』을 저술하여 민족을 역사 서술의 중심에 두었으며, 『조선상고사』를 통해 우리 고대 문화의 우수성과 독자성을 강조하였다. 또한, 점차 무정부주의 독립운동에 관심을 갖고 이필현과 함께 동방 무정부주의 연맹에 가입하여 조선 대표로 참석하는 등 적극적으로 활동하였다.

① 신채호는 김원봉의 요청을 받아 의열단의 행동 강령인 조선 혁명 선언을 집필하였다.

✔ 바로 잡기

② 상하이에서 조직된 신한 청년당은 파리 강화 회의에 김규식을 파견하여 독립 청원서를 제출하였다.

③ 박용만은 하와이에서 항일 군사 단체 대조선 국민 군단을 창설하고 독립군 양성을 바탕으로 한 무장 투쟁을 준비하였다.

④ 장지영, 최현배 등이 주도하여 설립한 조선어 학회는 『조선말 큰사전』의 편찬을 시도하였으나 일제의 탄압으로 인해 해방 후인 1957년에 완성하였다.

06 조선어 학회

조선어 학회는 한글의 우수성을 알리는 한편 올바른 한글 사용을 위한 맞춤법 통일안 마련에 힘을 기울였다. 그 결과 1933년 우리나라 최초의 '한글 맞춤법 통일안'을 발표하였으며, 1941년 외래어와 외국 인명 및 지명에 관한 표기를 통일한 '외래어 표기법 통일안'을 발표하였다. 그러나 일제가 조선어 학회를 독립운동 단체로 간주하여 관련 인사들을 체포하고 학회를 강제 해산시키는 조선어 학회 사건이 발생하였다.

④ 1931년 조선어 연구회가 조선어 학회로 확대·개편되었다. 조선어 학회는 한글 맞춤법 통일안과 표준어를 제정하고 『조선말 큰사전』의 편찬을 시작하여 해방 이후 완성하였다.

✔ 바로 잡기

① 보안회는 일제의 황무지 개간권 요구를 반대하는 운동을 전개하여 일제의 요구를 철회시켰다.

② 독립 협회는 만민 공동회와 관민 공동회를 개최하여 민중에게 근대적 지식과 국권·민권 사상을 고취시켰다.

③ 대한 광복회는 대구에서 조직된 독립운동 단체로 공화 정체의 근대 국민 국가 수립을 지향하였다.

9 대한민국의 발전

주제 29	대한민국 정부 수립과 6·25 전쟁			
01 ①	02 ③	03 ②	04 ②	05 ③
06 ④	07 ④	08 ①	09 ②	10 ③
11 ②	12 ④	13 ①	14 ④	

01 대한민국 정부 수립 과정

① 제2차 미소 공동 위원회가 결렬되자 미국은 유엔 총회에 한반도 문제를 넘겼다. 이에 유엔 총회는 유엔 총회 결의안 112호에 따라 한반도에서 인구 비례에 맞게 총선거를 실시하도록 하였다(1947). 그러나 소련이 38선 이북 지역의 입북을 거부하자 유엔 소총회는 선거 실시가 가능한 남한만의 단독 선거를 지시하고, 임시 위원단을 파견하여 선거를 감시하라는 결정을 내렸다. 이에 따라 남한에서 5·10 총선거가 실시되고 제헌 헌법이 공포되면서 대한민국 정부가 수립되었다(1948).

02 제헌 국회

유엔 소총회의 결정에 따라 유엔 한국 임시 위원단의 접근이 가능한 지역인 남한에서만 선거가 진행되었다. 이에 따라 5·10 총선거가 실시되어 제헌 국회 의원이 선출되고 제헌 국회가 구성되었다.
③ 이승만 정부는 6·25 전쟁 정전 이후 한미 상호 방위 조약을 체결하여 미국과 군사적 동맹을 맺었다.

①·④ 5·10 총선거를 통해 구성된 제헌 국회는 제헌 헌법을 제정하였으며, 이를 바탕으로 국회에서 이승만을 초대 대통령으로 선출하였다.
② 제헌 국회는 일제의 잔재를 청산하고 민족정기를 바로잡기 위해 반민족 행위 처벌법이 합당하다고 결정하였다.

03 대한민국 정부 수립 과정

② 순종의 인산일에 학생 300여 명이 격문을 뿌리고 시위를 일으키며 6·10 만세 운동이 전국으로 확산되었으나 일제가 군대를 동원하여 막았다(1926).

①·③·④ 광복 직후 모스크바 3국 외상 회의의 결과에 따라 제1차 미소 공동 위원회가 개최되었으나 결렬되었다(1946.3.). 이에 이승만이 단독 정부 수립을 주장하자 여운형, 김규식 등 중도 세력들이 미군정의 지원을 받으면서 좌우 합작 위원회를 결성하였다(1946.7.). 이들은 좌우 합작 7원칙을 발표하고 좌우 합작 운동을 전개하였다. 이후 제2차 미소 공동 위원회도 결렬되자 미국은 유엔에 한반도 문제를 상정하였으며, 유엔 총회는 한반도에서 인구 비례에 따른 총선거 실시를 결정하고 유엔 한국 임시 위원단을 파견하였다(1948.1.). 그러나 소련이 38선 이북 지역의 입북을 거부하자 유엔 소총회는 가능한 지역에서만 선거를 실시하고 임시 위원단이 선거를 감시하라는 결정을 내리면서 남한에서만 5·10 총선거가 실시되었다(1948.5.).

04 여운형

② 여운형은 상하이에서 신한 청년당을 결성하여 독립운동을 전개하였고, 1919년에는 조선 독립을 알리기 위해 파리 강화 회의에 김규식을 대표로 파견하였다. 광복 이후에는 조선 총독부로부터 행정권의 일부를 넘겨받아 조선 건국 준비 위원회를 결성하였다. 또한, 제1차 미소 공동 위원회가 결렬된 이후 좌우 대립이 심해지면서 분단의 위기감을 느끼고 중도파 세력의 김규식 등과 함께 좌우 합

작 위원회를 조직하여 좌우 합작 운동을 전개하였다.

① 김규식은 신한 청년당 소속으로 파리 강화 회의에 참석하여 독립 청원서를 제출하였다.
③ 윤봉길은 한인 애국단원으로 상하이 훙커우 공원에서 열린 일본 국왕 생일 기념식에 폭탄을 투척하였다.
④ 이승만은 상하이에서 대한민국 임시 정부가 수립되자 초대 대통령으로 취임하였다. 해방 이후에는 대한민국의 제1·2·3대 대통령으로서 집권하였다.

05 남북 협상

미소 공동 위원회가 결렬되고 유엔 한국 임시 위원단의 입국이 거부되자 유엔은 선거가 가능한 지역에서 총선거를 실시하도록 하였다. 김구는 남한만의 단독 선거를 반대하며 이에 저항하는 의미로 「삼천만 동포에게 읍고함」이라는 글을 발표하고, 남북 회담을 제안하였다(1948.2.).
③ 남한만의 단독 선거에 반대한 김구와 김규식은 평양으로 가서 김일성과 남북 협상을 진행하였으나 큰 성과를 거두지는 못하였다(1948.4.).

① 김구는 적극적인 투쟁 활동을 전개하면서 독립운동가를 지원하기 위해 상하이에서 한인 애국단을 결성하였으며(1931), 단원으로는 이봉창, 윤봉길 등이 활동하였다.
② 광복 직후 모스크바 3국 외상 회의의 결과에 따라 제1차 미소 공동 위원회가 열렸으나 결렬되었다(1946.3).
④ 모스크바 3국 외상 회의는 미국·영국·소련의 3개국 외상이 한반도의 신탁 통치 문제를 포함한 7개 분야의 문제를 다룬 회의이다. 이 회의를 통해 미소 공동 위원회 설치와 최대 5년간의 신탁 통치 협정이 결정되었다(1945).

06 조선 건국 준비 위원회

여운형은 상하이에서 신한 청년당을 결성하여 독립운동을 전개하였고, 1919년에는 조선 독립을 알리기 위해 파리 강화 회의에 대표를 파견하였다. 또한, 상하이 임시 정부 초대 내각의 외무부 차장을 맡기도 하였으며, 광복 이후에는 조선 건국 준비 위원회를 결성하였다. 제1차 미소 공동 위원회가 결렬된 이후 좌우 대립이 심해지면서 분단의 위기감을 느끼자 중도파 세력의 김규식 등과 함께 좌우 합작 위원회를 조직하여 좌우 합작 운동을 전개하였다.

④ 광복 이후 여운형은 건국 준비 단체인 조선 건국 준비 위원회를 조직하여 전국에 지부를 결성하고, 치안대를 조직하여 질서 유지 활동을 전개하였다.

✔ 바로 잡기

① 이준, 이상설, 이위종은 고종의 명으로 을사늑약의 무효를 알리기 위해 네덜란드 헤이그에서 열린 만국 평화 회의에 특사로 파견되었다.
② 전남 신안군 암태도에서는 한국인 지주 문재철의 횡포와 이를 비호하는 일본 경찰에 맞서 일제 강점기 최대의 소작 쟁의가 발생하였다.
③ 박은식은 독립운동의 수단으로 갑신정변부터 3·1 운동까지 민족의 항일 운동 역사를 다룬 『한국독립운동지혈사』를 저술하였다.

07 대한민국 정부 수립 과정

- **8·15 광복**(1945): 1945년 8월 15일 일제가 제2차 세계 대전에서 패망하면서 우리나라가 식민지 통치에서 벗어나게 되었다.
- **대한민국 정부 수립**(1948.8.): 5·10 총선거를 통해 구성된 제헌 국회에서 간선제 방식으로 대통령, 부통령을 선출하면서 1948년 8월 15일에 대한민국 정부 수립을 국내외에 선포하였다.
④ 제헌 국회는 일제의 잔재를 청산하고 민족정기를 바로잡기 위해 반민족 행위 처벌법을 제정하였다. 이에 따라 반민족 행위 특별 조사 위원회가 구성되어 활동하였다 (1948.10.).

✔ 바로 잡기

①·②·③ 광복 직후 모스크바 3국 외상 회의의 결과에 따라 제1차 미소 공동 위원회가 개최되었으나 결렬되었다 (1946). 이후 제2차 미소 공동 위원회도 결렬되자 미국은 유엔에 한반도 문제를 상정하였고, 유엔 총회는 한반도에서 인구 비례에 따른 총선거 실시를 결정하고 유엔 한국 임시 위원단을 파견하였다(1948.1.). 그러나 소련이 38선 이북 지역의 입북을 거부하자 유엔 소총회에서 가능한 지역에서만 선거를 실시하고, 임시 위원단이 선거를 감시하라는 결정을 내리면서 남한에서만 5·10 총선거가 실시되었다(1948.5.).

08 5·10 총선거

① 유엔 소총회의 결정에 따라 유엔 한국 임시 위원단의 접근이 가능한 지역인 남한에서만 선거가 진행되었다 (1948). 이에 따라 5·10 총선거가 실시되어 제헌 국회 의원이 선출되고 제헌 국회가 구성되었다. 이때 김구, 김규식은 남북 협상으로 북한에 가 있어서 참여하지 못하였다.

09 제헌 국회

우리나라 역사상 최초의 민주주의 선거인 5·10 총선거를 통해 임기 2년의 국회 의원이 선출되었다. 이를 통해 구성된 제헌 국회는 국호를 '대한민국'으로 정하고, 대통령제를 중심으로 하는 제헌 헌법을 제정하였다.
② 제헌 국회는 농지 개혁법을 제정하여 유상 매수, 유상 분배를 원칙으로 하는 농지 개혁을 실시하였다.

✔ 바로 잡기

① 박정희 정부는 장기 집권을 위해 대통령의 3선 연임을 허용하는 3선 개헌안을 추진하여 6차 개헌을 통과시켰다.
③ 5·16 군사 정변으로 정권을 장악한 박정희와 군부 세력은 군사 혁명 위원회를 구성하고 국회와 지방 의회를 해산시켰다.
④ 3선에 성공한 박정희는 유신 헌법을 선포하여 대통령에게 국회 의원의 3분의 1 추천 임명권, 국회 해산권, 헌법 효력을 정지시킬 수 있는 긴급 조치권 등 강력한 권한을 부여하였다(제7차 개헌).

10 농지 개혁법

이승만 정부는 1949년에 농지 개혁법을 제정하여 농지 개혁을 실시하고자 하였다. 그러나 당시 재정이 부족하였던 정부는 현금이나 현물(현재 있는 물건) 대신 지가 증권을 지주에게 주고 농지를 매입하였다. 지가 증권에는 지주가 보상받을 수 있는 수량이 현물로 기록되어 있었고, 피보상자, 보상 기간, 매년 보상액 및 지불할 날짜가 기록되어 있었다.
③ 이승만 정부는 유상 매수, 유상 분배를 원칙으로 농지 개혁을 실시하여 소작 제도를 폐지하고 농사를 짓는 사람이 토지를 소유하도록 하였다. 이는 자작농이 증가하는 계기가 되었다.

✔ 바로 잡기

① 제헌 국회는 일제의 잔재를 청산하고 민족정기를 바로잡기 위해 반민족 행위 처벌법을 제정하였다. 이에 반민족 행위 특별 조사 위원회가 구성되어 활동하였다.

② 서재필, 이상재 등의 주도로 독립 협회가 설립되어 자주 국권, 자유 민권, 자강 개혁을 위한 정치 운동을 전개하였다.
④ 일제가 조선의 토지를 쓰임새에 맞게 고친다는 구실로 조선 땅을 빼앗으려 하자 이에 맞서 개간 사업을 목적으로 한 농광 회사를 설립하였다.

11 6·25 전쟁

1950년 북한의 남침으로 6·25 전쟁이 시작되었고, 국군은 서울을 점령당한 뒤 낙동강 방어선까지 밀려나게 되었다. 유엔군 파병 이후 국군은 낙동강을 사이에 두고 치열한 공방전을 펼쳤다. 전쟁이 1년여간 지속되자 소련 측의 제의로 미국과 소련이 개성 판문점에서 정전 회담을 진행하였다(1951.7.). 정전 회담은 전쟁 포로 송환 원칙 문제, 군사 분계선 설정 문제 등으로 인해 2년여간 지속되다가 1953년 7월 27일 정전 협정이 체결되었다.
② 광복 직후 모스크바 3국 외상 회의의 결과에 따라 제1차 미소 공동 위원회가 개최되었으나 결렬되었다(1946).

✔ 바로 잡기
① 이승만 정부는 6·25 전쟁 당시 유엔군의 정전 협정 진행에 반대하여 반공 포로를 석방하였다(1953).
③ 국군과 유엔군은 인천 상륙 작전을 전개하여 압록강 근처까지 진격하였으나 중국군의 개입으로 1·4 후퇴를 단행하였고, 서울이 다시 함락되었다(1951.1.).
④ 북한의 불법 남침으로 인해 시작된 6·25 전쟁 때 낙동강 방어선까지 밀렸던 국군은 유엔군의 파병과 인천 상륙 작전 성공으로 서울을 되찾고 압록강까지 진격하였다(1950).

12 6·25 전쟁

1950년 북한의 남침으로 6·25 전쟁이 시작되었고, 서울을 점령당한 뒤 낙동강 방어선까지 밀려나게 되었다. 유엔군 파병 이후 우리나라는 인천 상륙 작전을 전개하여 서울을 되찾고 압록강까지 진격하였으나, 중국군이 참전하면서 후퇴하였다. 전쟁이 1년여간 지속되자 소련 측의 제의로 미국과 소련이 개성 판문점에서 정전 회담을 진행하였고(1951), 전쟁 포로 송환과 군사 분계선 설정에 협의하면서 정전 협정을 체결하였다(1953).
④ 한일 신협약(정미 7조약)이 체결된 후 유생들과 해산 군인들은 전국 의병 연합 부대인 13도 창의군을 결성하여 서울 진공 작전을 전개하였으나 실패하였다(1908).

✔ 바로 잡기
① 6·25 전쟁 때 낙동강 방어선까지 밀렸던 국군은 유엔군이 참전하면서 전개한 인천 상륙 작전의 성공으로 서울을 되찾고 압록강까지 진격하였다(1950.10.).
② 중국군의 개입으로 6·25 전쟁의 전세가 불리해지자 국군과 유엔군이 함경남도 흥남 항구를 통해 해상으로 철수하였다(1950.12.).
③ 6·25 전쟁 중 유엔군과 한국군이 사로잡은 북한군과 중국군 포로를 수용하기 위해 거제도에 포로 수용소를 설치하였다(1950.11.).

13 6·25 전쟁

1950년 북한의 남침으로 6·25 전쟁이 발발하였고, 서울을 점령당한 뒤 낙동강 방어선까지 밀려나게 되었다. 유엔군 파병 이후 국군은 북한군과 치열한 공방전을 펼쳤다. 전쟁이 1년여간 지속되자 소련 측의 제의로 미국과 소련이 개성 판문점에서 정전 회담을 진행하기 시작하였다. 정전 회담은 전쟁 포로 송환 원칙 문제, 군사 분계선 설정 문제 등으로 인해 2년여간 지속되다가 1953년 정전 협정이 체결되었다.
① 북한의 남침으로 인해 시작된 6·25 전쟁 때 낙동강 방어선까지 밀렸던 국군은 유엔군의 파병과 인천 상륙 작전의 성공으로 서울을 되찾고 압록강까지 진격하였다(1950.10.).

✔ 바로 잡기
② 광복 이후 여운형은 건국 준비 단체인 조선 건국 준비 위원회를 결성하여 전국에 지부를 결성하고 치안대를 조직하여 질서 유지 활동을 전개하였다(1945).
③ 국민 대표 회의가 결렬된 이후 임시 정부의 임시 의정원은 이승만을 탄핵시키고 박은식을 임시 대통령으로 선출하였다(1925).
④ 한국 독립군은 지청천을 중심으로 북만주에서 결성되었으며, 중국 호로군과 연합하여 쌍성보 전투, 사도하자 전투(1933), 대전자령 전투(1933)에서 일본군에 승리하였다.

14 제주 4·3 사건

- **너븐숭이 애기무덤**: 제주 4·3 사건 당시 가장 큰 규모의 민간인 학살이 자행된 곳으로, 군인들은 북촌초등학교 운동장에 주민들을 모아두었다가 너븐숭이 일대로 끌고 가 집단 총살하였다.
- **섯알오름 학살터**: 6·25 전쟁 발발 직후 무고한 제주도민들이 예비검속법에 의해 강제 검속을 당하였다. 이에 예비검속자들은 계엄군에 의해 아무런 법적 절차 없이 섯

알오름 지하 탄약고에서 집단 학살되었다.

④ 남한만의 단독 정부 수립에 반대한 남로당 제주도당의 무장 봉기를 미군정과 경찰이 강경 진압하면서 제주 4·3 사건이 발생하였다. 진압 과정에서 법적 절차를 거치지 않고 총기 등을 사용하여 무고한 민간인까지 사살하면서 제주도민들이 큰 피해를 입었다.

✓ 바로 잡기

① 원산 총파업은 일제 강점기에 영국인이 경영하는 회사에서 일본인 감독이 조선인 노동자를 구타한 사건을 계기로 시작되었다. 파업 후 요구를 받아주겠다던 회사가 약속을 이행하지 않자 노동자들은 원산 노동자 연합회를 중심으로 총파업에 돌입하였다.

② 제암리 사건은 3·1 운동 때 만세 운동이 일어났던 수원(화성) 제암리에서 일본군이 주민들을 학살하고 교회당과 민가에 불을 지른 사건이다.

③ 연해주의 자유시로 근거지를 옮긴 대한 독립 군단은 군 지휘권을 둘러싼 분쟁으로 일어난 자유시 참변에 의해 큰 타격을 입었다.

| 주제 30 | 민주주의의 시련과 발전 |

01 ①   02 ③   03 ④   04 ④   05 ①
06 ①

01 4·19 혁명

① 이승만 정권과 자유당이 3·15 정·부통령 선거 당선을 위해 부당한 선거 운동을 벌이자, 이에 항거한 대구 학생들이 2·28 민주 운동을 주도하였다. 이후 마산 해변가에 버려진 마산상고 학생 김주열의 시신이 발견되어 마산 의거가 발생하였고, 정부는 비상계엄령을 선포하였다. 학생과 대학 교수단이 대통령의 하야를 요구하는 행진을 전개하면서 4·19 혁명은 전국적으로 확산되었다. 결국 이승만이 하야하고 내각 책임제를 기본으로 하는 허정 과도 정부가 구성되었다.

✓ 바로 잡기

② 박종철 고문치사 사건과 4·13 호헌 조치가 원인이 되어 발생한 6월 민주 항쟁이 전국적으로 확산되었다. 시민들은 호헌 철폐와 독재 타도 등의 구호를 내세워 민주적인 헌법 개정을 요구하였다. 이 결과 정부는 5년 단임의 대통령 직선제를 바탕으로 하는 6·29 민주화 선언을 발표하였다.

③ YH 무역 노동자들의 농성이 신민당사 앞에서 일어난 것을 빌미로 박정희 정부는 신민당 총재였던 김영삼을 국회 의원에서 제명하였다. 이에 김영삼의 정치적 근거지인 부산, 마산에서 박정희 정권의 유신 체제에 반대하는 시위가 일어나면서 부마 민주 항쟁이 전개되었다.

④ 신군부의 비상계엄 확대와 무력 진압에 항거하여 광주에서 5·18 민주화 운동이 발생하였다.

02 부마 민주 항쟁

③ 박정희 정부의 유신 체제 당시 YH 무역 노동자들이 폐업에 항의하여 일으킨 시위가 신민당사 앞에서 일어나자 박정희 정부는 야당 총재 김영삼을 국회 의원직에서 제명하였다. 이로 인해 김영삼의 정치적 근거지인 부산, 마산에서 유신 정권에 반대하는 시위가 전개되었다. 부마 민주 항쟁은 유신 헌법과 긴급 조치 제정 등 유신 체제에 대한 반대 운동으로, 4·19 혁명과 5·18 민주화 운동 그리고 6월 민주 항쟁과 함께 한국 현대사의 4대 민주 항쟁으로 인정받고 있으며 2019년부터 국가 기념일로 지정되었다.

✓ 바로 잡기

① 이승만의 장기 집권과 자유당 정권의 3·15 부정 선거에 저항하여 4·19 혁명이 발발하였다. 그 결과 이승만 대통령이 하야하고 내각 책임제를 기본으로 하는 허정 과도 정부가 구성되었다.

② 전두환 정부의 4·13 호헌 조치와 박종철 고문치사 사건에 반발하여 직선제 개헌과 민주 헌법 제정을 요구하는 시위가 확대되었다. 시위 도중 연세대 재학생 이한열이 사망하자 시위는 더욱 격화되어 6월 민주 항쟁이 전국적으로 확산되었다.

④ 신군부의 비상계엄 확대에 항거하여 광주에서 일어난 5·18 민주화 운동은 신군부가 무력 진압에 나서자 학생과 시민들이 시민군을 결성하여 계엄군에 대항하면서 격화되었다.

03 5·18 민주화 운동

④ 5·18 민주화 운동은 신군부의 비상 계엄 확대를 반대하며 일어났다. 신군부가 공수 부대를 동원하여 시위대를 무력으로 진압하자, 학생과 시민들이 시민군을 결성하여 대항하면서 격화되었다. 시민군은 마지막까지 전남도청을 사수하다가 신군부 계엄군의 무차별 사격으로 진압되었다. 5·18 민주화 운동은 우리나라 민주화 운동의 밑거름이 되었으며, 2011년에는 관련 기록물이 유네스코 기록 유산으로 등재되었다.

① 박정희 정부가 한일 회담에서 진행한 한일 국교 정상화 추진 협정 내용이 공개되자 학생과 야당을 주축으로 굴욕적 대일 외교에 반대하는 6 · 3 시위가 전개되었다.
② 박종철 고문치사 사건과 전두환 신군부의 4 · 13 호헌 조치가 원인이 되어 6월 민주 항쟁이 전국적으로 확산되었다.
③ 이승만 정권과 자유당이 부당한 선거 운동을 벌이자 이에 반발하여 대구 학생들이 2 · 28 민주 운동을 주도하였다.

04 박정희 정부

박정희 정부가 한일 회담을 진행하면서 한일 국교 정상화 추진에 대한 협정 내용이 공개되자 학생과 야당을 주축으로 이에 반대하는 6 · 3 시위가 전개되었고, 정부는 비상계엄령을 선포하였다.
④ 김대중 정부는 월드컵 역사상 첫 공동 개최였던 한일 월드컵 축구 대회를 개최하였다.

① 박정희 정부는 장기 집권을 위해 대통령의 3선 연임을 허용하는 3선 개헌안을 추진하여 6차 개헌을 통과시켰다.
② 박정희 정부는 미국의 요청으로 베트남에 국군을 파병하면서 그 대가로 미국으로부터 한국군 현대화를 위한 장비와 경제 원조를 제공받았다.
③ 박정희 정부는 경제 개발 5개년 계획을 추진하여 정부 주도의 수출 정책 등을 바탕으로 눈부신 경제 성장을 이루어 냈다.

05 6월 민주 항쟁

전두환 정부의 박종철 고문치사 사건과 4 · 13 호헌 조치에 반발하여 직선제 개헌과 민주 헌법 제정을 요구하는 시위가 확대되었다. 시위 도중 연세대 재학생 이한열이 사망하자 시위는 더욱 격화되어 6월 민주 항쟁이 전국적으로 확대되었다. 시민들은 호헌 철폐와 독재 타도 등의 구호를 내세워 민주적인 헌법 개정을 요구하였다.
① 박종철 고문치사 사건과 4 · 13 호헌 조치에 반발하여 일어난 6월 민주 항쟁 결과로 정부는 5년 단임의 대통령 직선제를 바탕으로 하는 6 · 29 민주화 선언을 발표하였다.

② 이승만의 장기 집권과 자유당 정권의 3 · 15 부정 선거에 항의하여 4 · 19 혁명이 일어났다.
③ 박정희 정부가 한일 회담에서 진행한 한일 국교 정상화 추진 협정 내용이 공개되자 학생과 야당을 중심으로 굴욕적 대일 외교에 반대하는 6 · 3 시위가 전개되었다.
④ 신군부의 비상계엄 확대와 무력 진압에 대한 반발로 광주에서 5 · 18 민주화 운동이 일어났다.

06 4 · 19 혁명

① 이승만 정권과 자유당이 3 · 15 정 · 부통령 선거 당선을 위해 부당한 선거 운동을 벌이자, 이에 항거한 대구 학생들이 2 · 28 민주 운동을 주도하였다. 이후 마산 해변가에 버려진 마산상고 학생 김주열의 시신이 발견되어 마산 의거가 발생하였고, 정부는 비상계엄령을 선포하였다. 학생과 대학 교수단이 대통령의 하야를 요구하는 행진을 전개하면서 4 · 19 혁명은 전국적으로 확산되었다. 4 · 19 혁명의 결과, 이승만이 하야하고 내각 책임제를 기본으로 하는 허정 과도 정부가 구성되었다.

② 박종철 고문치사 사건에 대한 분노와 전두환 신군부의 4 · 13 호헌 조치가 원인이 되어 6월 민주 항쟁이 전국적으로 확산되었다. 시민들은 호헌 철폐와 독재 타도 등의 구호를 내세워 민주적인 헌법 개정을 요구하였다.
③ YH 무역 사건으로 김영삼이 국회 의원직에서 제명되었다. 이에 김영삼의 정치적 근거지인 부산, 마산에서 유신 정권에 반대하는 부마 민주 항쟁이 전개되었고, 이는 이후 박정희 정부의 유신 체제가 붕괴되는 계기가 되었다.
④ 신군부의 비상계엄 확대와 무력 진압에 저항하기 위해 광주에서 학생들과 시민들이 자발적으로 시민군을 조직하여 5 · 18 민주화 운동을 일으켰다.

01	③	02	④	03	③	04	②	05	①
06	①								

01 박정희 정부의 통일 노력

1971년 남북 적십자 제1차 예비회담에서 처음으로 남북 직통 전화를 설치하는 것에 합의하였다. 이에 따라 남측 자유의 집과 북측 판문각에 각각 상설 연락 사무소를 설치하였고, 이후 두 연락 사무소를 잇는 남북 직통 전화가 개설되었다.
③ 박정희 정부 시기 서울과 평양에서 7·4 남북 공동 성명이 발표되었다. 이에 남북 조절 위원회가 구성되어 서울·평양 간 직통 전화가 개설되기도 하였다.

✔ 바로 잡기

① 김대중 정부 시기 당시 현대 그룹 정주영 명예 회장이 소 떼를 몰고 북한을 방문하여 금강산 관광 사업에 합의하였다. 이에 금강산 해로 관광이 시작되면서 금강산 관광 사업이 시작되었다.
② 노태우 정부에서 적극적인 북방 외교 정책을 추진하여 남북한의 유엔 동시 가입이 이루어졌다.
④ 김대중 정부는 적극적으로 북한과의 교류를 확대하였고, 평양에서 최초로 남북 정상 회담을 개최하여 6·15 남북 공동 선언을 발표하였다.

02 김영삼 정부의 경제 정책

대한민국 경제는 단기간에 성장한 탓에 많은 문제점을 안고 있었다. 특히, 가명·무기명으로 금융 거래를 하는 등 지하 경제가 널리 퍼져 있었다. 이에 김영삼 정부는 대통령 긴급 명령을 통해 금융 실명제를 실시하여 모든 금융 거래를 실제의 명의로 하도록 조치하였다.
④ 김영삼 정부는 한국 경제의 세계화를 위해 경제 협력 개발 기구(OECD)에 가입하였다.

✔ 바로 잡기

① 박정희 정부 시기인 1968년 2월 1일에 착공된 경부 고속 도로는 단군 이래 최대의 토목 공사로 불리면서 1970년 7월 7일에 개통되었다.
② 1980년대 중반 전두환 정부 시기 저금리, 저유가, 저달러의 3저 호황으로 물가가 안정되고 수출이 증가하면서 높은 경제 성장률을 기록하였다.
③ 박정희 정부는 제1차 경제 개발 5개년 계획을 진행하여 경공업을 중심으로 한 경제 발전을 추진하였다.

03 김대중 정부의 통일 노력

김대중 정부는 기업 구조 조정과 투명성 강화, 금융 개혁, 금 모으기 운동을 통해 IMF 구제 금융 지원금을 빠른 시일에 갚았다(2001). 또한, 당시 현대 그룹 정주영 명예 회장이 소 떼를 몰고 북한을 방문하였으며, 한일 월드컵 축구 대회를 개최하여 4강까지 진출하는 결과를 얻었다.
③ 김대중 정부 출범 이후 북한과의 교류가 확대되어 평양에서 최초로 남북 정상 회담을 실시하고 6·15 남북 공동 선언을 발표하였다.

✔ 바로 잡기

① · ② 노태우 정부의 적극적인 북방 외교 정책을 통해 남북한이 유엔에 동시 가입하였다. 또한, 남북 기본 합의서와 한반도 비핵화에 관한 공동 선언을 채택하였다.
④ 전두환 정부 시기 서울과 평양에서 남북 이산가족 상봉을 최초로 성사시켰다.

04 박정희 정부의 경제 정책

박정희 정부는 당시 공업화로 인해 상대적으로 낙후된 농어촌의 근대화를 목표로 새마을 운동을 추진하였다(1970). 도시에서는 정부의 무계획적인 이주 정책에 반발하여 경기도 광주 대단지 주민들이 도시를 점령하면서 광주 대단지 사건이 발생하기도 하였다. 또한, 3·4차 경제 개발 5개년 계획을 통해 중화학 공업이 발전하여 수출 100억 달러를 달성하였다(1977).
② 박정희 정부 시기에 단군 이래 최대의 토목 공사로 불리던 경부 고속 도로를 준공하였다(1970).

✔ 바로 잡기

① 이승만 정부는 유상 매수, 유상 분배를 원칙으로 농지 개혁법을 제정하였다(1949). 이에 따라 소작 제도를 폐지하고 농사를 짓는 사람이 토지를 소유하도록 하여 자작농이 증가하였다.
③ 김영삼 정부는 부정부패와 탈세를 없애기 위해 금융 실명제를 전면 실시하였다(1993).
④ 김영삼 정부는 한국 경제의 세계화를 위해 경제 협력 개발(OECD)에 가입하였다(1996).

05 김대중 정부의 통일 노력

① 김대중이 제15대 대통령으로 당선되면서 평화적 여야 정권 교체가 이루어졌다. 이후 김대중 정부는 북한과의 화해 협력을 바탕으로 남북과의 교류를 적극적으로 확대하여 평양에서 최초로 남북 정상 회담이 이루어졌고, 6 · 15 남북 공동 선언이 발표되었다. 이를 통해 금강산 관광 사업 활성화, 개성 공단 건설 합의서 체결, 경의선 복원 등이 실현되었다. 김대중은 남북 화해와 한반도의 긴장 완화에 기여하였다는 공로를 인정받아 한국인 최초로 노벨 평화상을 받았다.

06 노태우 정부의 통일 노력

노태우 정부 시기 남북한 화해 및 불가침, 교류 · 협력 등에 관한 공동 합의서인 남북 기본 합의서를 채택하고 한반도 비핵화 공동 선언이 이루어졌다.
① 노태우 정부 시기 적극적인 북방 외교 정책을 추진하여 남북한의 유엔 동시 가입이 이루어졌다.

✓ 바로 잡기

② 전두환 정부 시기 서울과 평양에서 남북 이산가족 상봉이 최초로 이루어졌다.
③ 박정희 정부 시기 서울과 평양에서 7 · 4 남북 공동 성명이 발표되었다.
④ 김대중 정부는 평양에서 분단 이후 최초로 남북 정상 회담을 개최하여 6 · 15 남북 공동 선언을 채택하였다.

10 특강

주제 32	**지역사**			
01 ②	02 ④	03 ④	04 ③	05 ④
06 ④				

01 지역사 - 제주도

제주도는 선사 시대부터 현대까지 많은 역사를 지닌 지역이다. 현재 제주시 한경면 고산리에는 우리나라에서 가장 오래된 신석기 시대 유적이 있다. 이후 고씨, 양씨, 부씨 등 3성

의 시조가 삼성혈(모흥혈)에 나타나 그 자손들이 나라를 이루고 살았으며, 이와 같은 이야기가 탐라국의 건국 신화로 알려진다. 탐라국은 고려 시대 때 숙종에 의해 고려의 군 · 현으로 편제되었고, 원 간섭기인 충렬왕 때는 원에 의해 탐라총관부가 설치되었다. 조선 시대 때는 추사 김정희가 유배 생활을 보냈으며, 효종 때 하멜이 표류하기도 하였다. 정조 때 거상 김만덕은 제주도에 흉년이 들자, 육지의 곡식을 구매해 백성들을 구휼하였다. 근대에는 제주도민과 천주교도들이 충돌하면서 이재수의 난이 일어났으며, 일제 강점기에는 해녀 조합의 횡포에 반발하며 제주 해녀들이 항쟁을 벌였다. 또한, 일제는 중일 전쟁에 대비하기 위해 서귀포에 알뜨르 비행장을 세웠으며, 태평양 전쟁 말기에는 송악산 동굴진지에 일본 해군의 특공 기지를 배치하였다. 현대에는 남한만의 단독 정부 수립에 반발하며 제주 4 · 3 사건이 일어났는데, 이는 3 · 1절 기념 행사를 하던 관덕정에서의 발포 사건에서부터 발생하였다.
② 고려 무신 정권이 해체되고 강화도에 있던 고려 조정이 개경으로 돌아가면서 몽골과 화해하였다. 이에 반발한 삼별초는 배중손, 김통정을 대장으로 삼아 진도와 제주도로 이동하며 대몽 항쟁을 전개하였다.

✓ 바로 잡기

① 일본은 조선의 해안을 조사한다는 구실로 운요호를 강화도에 보내 초지진을 공격하였다(운요호 사건). 이에 대응하여 조선 군대가 방어적인 공격을 하자 일본이 이를 빌미로 강화도 조약 체결을 강요하였다.
③ 고려 왕릉의 대부분은 북한의 개성 인근에 조성되었고, 무신 정권 시기 강화도로 천도했을 때 사망한 왕의 릉은 강화도에 위치해 있다.
④ 대한 제국은 울릉도, 독도의 행정 관리를 강화하기 위해 대한 제국 칙령 제41호를 공포하였다. 이를 통해 울릉도를 군으로 승격시키고 독도를 관할하게 하여 우리의 영토임을 명시하였다.

02 지역사 - 인천

- **인천 향교**: 조선 시대에 유학을 교육하기 위해 세워진 교육 기관이다.
- **개항 박물관**: 고종에 의해 일본 제일은행 지점으로 쓰이다가 해방 후 한국은행으로 개편되었다. 현재는 개항 박물관으로 바뀌어 개항기에 인천을 통해 처음 도입되었거나 인천에서 발생한 근대문화와 관련된 유물을 전시하고 있다.
- **제물포 구락부**: 개항기 제물포에 거주하던 미국 · 영국 · 독일 · 러시아 등의 외국인이 사교하기 위한 장소였다. 일제 강점기에는 일본 재향 군인(현역 복무를 마치고 일

반 사회로 복귀한 사람)을 위한 회관으로 쓰였으며, 해방 이후에는 미군 장교 클럽으로 쓰였다.

03 지역사 - 독도

1900년 대한 제국은 울릉도, 독도에 대한 행정 관리를 강화하고자 대한 제국 칙령 제41호를 공포하였다. 이를 통해 울릉도를 군으로 승격시키고 독도를 관할하게 하여 우리의 영토라는 것을 명시하였다. 1906년 울도 군수 심흥택은 일본이 독도를 몰래 일본의 영토로 편입하였다는 소식을 듣고 정부에 긴급 보고서를 올리기도 하였는데, 이때 '독도'라는 이름을 최초로 사용하였다.
④ 조선 숙종 때 동래에 살던 안용복이 울릉도와 독도를 왕래하는 일본 어부들을 좇아내고, 일본에 건너가 우리나라의 영토임을 확인받았다.

✔ 바로 잡기
① 러시아는 함대의 연료 보급을 위한 석탄 저장소를 짓기 위해 절영도 조차를 요구하였으나 독립 협회가 이권 수호 운동을 전개하여 이를 저지하였다.
② 조선에 대한 러시아의 세력 확장에 불안을 느낀 영국은 러시아의 남하 정책을 막는다는 구실로 거문도를 불법적으로 점령하였다.
③ 헨드릭 하멜은 네덜란드 상인으로 일본 나가사키로 가던 중 표류하다가 제주도에 도착하였다. 이후 조선에 억류되었다가 본국으로 돌아가 『하멜표류기』를 저술하여 조선을 유럽에 소개하였다.

04 지역사 - 개성

■ **공민왕릉**: 황해도 개성에 위치해 있으며, 공민왕이 안장된 현릉과 노국 대장 공주가 안장된 정릉으로 이루어져 있다. 왕릉의 내부는 석실 구조이며, 현릉과 정릉을 연결하는 통로가 마련되어 있다. 석실의 벽과 천장에는 12지신을 상징하는 인물과 북두칠성이 그려져 있다.
■ **첨성대**: 고려 시대 천문 관측을 위해 만들어진 것으로 추정되는 건물이다. 고려 궁성의 서쪽 가장자리에 위치하며, 현재는 관측 기구를 올렸을 것이라 추정되는 돌판과 다섯 개의 돌기둥만 남아있다.
■ **만월대**: 개성 송악산 구릉지에 위치한 고려의 궁궐터이다. 2007년 남북 역사학자들이 공동으로 발굴하여 수막새, 청자 기와, 금속 활자 등이 출토되었다.
■ **성균관**: 고려 시대 개경에 설치된 최고 국립 교육 기관이다. 고려 성종 때 성균관의 전신인 국자감을 설치하였으며, 충선왕과 공민왕을 거치면서 성균관으로 명칭이 바뀌었다.
■ **선죽교**: 개성 선죽동에 위치해 있으며, 고려 시대에 돌로 만든 다리이다. 고려 말 정몽주가 이방원에게 죽임을 당한 장소로 알려져 있다.
③ 고려 최씨 무신 정권 때 최충헌의 노비인 만적이 개경(개성)의 송악산에서 신분 차별에 항거하는 반란을 도모하였으나 사전에 발각되어 실패하였다.

✔ 바로 잡기
① 고려 인종 때 묘청, 정지상 등을 중심으로 한 서경 세력은 서경 천도와 칭제 건원, 금 정벌 등을 주장하였으나 받아들여지지 않자 서경(평양)에서 반란을 일으켰다.
② 고려 고종 때 원이 고려의 철령 이북 땅을 편입하여 쌍성총관부를 설치하였다. 이후 공민왕 때 반원 자주 정책의 일환으로 이곳을 공격하여 원에 빼앗긴 철령 이북 땅을 되찾았다.
④ 무신 정권이 해체되고 강화도에 있던 고려 조정이 개경으로 돌아가면서 몽골과 화해하였다. 이에 반발한 삼별초는 배중손, 김통정을 대장으로 삼고 진도와 제주도로 이동하며 대몽 항쟁을 전개하였다.

05 지역사 - 안동

■ **태사묘**: 고창 전투 때 후백제 견훤에 맞서 싸워 고려가 승리하는 데 공을 세운 안동 권씨의 삼태사(시조 권행, 안동 김씨의 시조 김선평, 안동 장씨의 시조 장정필)를 기리기 위해 만들어진 사당이며, 삼공신묘라고도 불린다.
■ **도산 서원**: 퇴계 이황은 주자학을 집대성한 성리학자로 조선 유학의 길을 정립하였고, 일본 유학의 부흥에도 크게 기여하였다. 조선 선조 때 이황을 추모하는 문인과 유생들이 안동에 도산 서원을 건립하였으며, 이후 사액 서원이 되면서 영남 지방 사림의 중심지가 되었다.
■ **임청각**: 조선 중종 때 건립된 건물로, 일제 강점기 때 상하이 임시 정부의 초대 국무령을 지낸 석주 이상룡의 생가이다.

06 창경궁

④ 창경궁은 조선 세종이 즉위한 1418년에 상왕 태종을 위한 수강궁을 세운 것에서 시작되었다. 이후 성종은 3명의 대비를 위한 공간으로 수강궁을 확장 공사하면서 창경궁이라는 이름을 새로 붙였고, 창덕궁과 함께 동궐로 불렸다. 1907년 고종이 강제 퇴위되면서 순종이 즉위하자, 고종은 거처를 경운궁(덕수궁)에서 창덕궁으로 옮기었다. 이에 일제는 순종을 위로한다는 명목으로 창경궁의 전각

을 헐고 그 자리에 동물원과 식물원을 만들었으며, 궁궐의 이름도 창경원으로 바꾸어 궁궐이 갖는 왕권과 왕실의 상징성을 격하시켰다. 광복 후 1983년부터 창경궁 복원이 시작되어 동물원과 식물원을 철거하고 본래의 모습을 되살리려는 노력이 계속되고 있다.

✔ 바로 잡기

① 경복궁은 조선 태조 이성계가 조선 건국 이후 도읍을 개경에서 한양으로 옮기면서 창건되었다. 이후 임진왜란 때 불타 없어졌다가 고종 때 흥선 대원군이 왕실의 권위를 회복하기 위해 다시 지었다.
② 경희궁은 조선 광해군 때 만들어졌다. 임진왜란 때 경복궁이 불탄 후 흥선 대원군이 다시 짓기 전까지 동궐인 창덕궁과 창경궁이 정궁이 되었고, 서궐인 경희궁이 이궁으로 사용되었다.
③ 덕수궁은 월산 대군의 거처였으나 임진왜란 이후 임시 궁궐로 사용되면서 광해군이 경운궁이라는 이름을 붙였다. 이후 1907년에 덕수궁으로 이름을 바꾸었다.

주제 33	세시 풍속과 민속놀이

| 01 ③ | 02 ② | 03 ② | 04 ④ | 05 ④ |
| 06 ① | 07 ② | 08 ④ | 09 ② | 10 ③ |

01 한식

③ 한식은 동지로부터 105일째 되는 날로, 설날·단오·추석과 함께 4대 명절에 해당한다. 한식이라는 이름은 글자 그대로 찬 음식을 먹는 날이라는 데서 유래되었다. 이날 나라에서는 종묘와 각 능원에 제사를 하고, 민간에서는 산소에 올라가 술, 과일, 떡 등의 음식으로 제사를 지냈으며, 무덤이 헐었으면 잔디를 새로 입혔다. 또한, 한식은 농사가 시작되는 시기로 농작물의 씨를 뿌리고 풍년을 기원하였다.

✔ 바로 잡기

① 음력 5월 5일인 단오는 삼한에서 수릿날에 풍년을 기원하였던 행사가 세시 풍속으로 이어지면서 발전하였다. 이날에는 창포물에 머리 감기, 씨름, 그네뛰기, 앵두로 화채 만들어 먹기 등을 하였다.
② 칠석은 음력 7월 7일로, 견우와 직녀가 오작교에서 일 년에 한 번 만난다는 전설이 있는 날이다. 이날 처녀들은 바느질 솜씨가 좋아지기를 빌었고, 서당의 학동들은 시를 짓거나 글공부를 잘 할 수 있기를 빌었다.

④ 삼짇날은 음력 3월 3일로, 진달래꽃을 넣은 찹쌀가루 반죽에 참기름을 발라가며 둥글게 부친 화전(花煎)을 먹는다.

02 추석

② 추석은 정월 대보름과 함께 일 년 중 가장 밝고 둥근 달이 뜨는 날이다. 이날 보름달을 보면서 올해의 수확에 감사하고 다음해의 풍작과 소망을 기원하였던 풍습이 이어져 내려오고 있다. 또한, 햅쌀로 송편을 만들어 먹으면서 한 해의 수확에 감사하고 조상의 차례상에 올려 제사를 지냈다.

✔ 바로 잡기

① 단오는 음력 5월 5일로 삼한에서 수릿날에 풍년을 기원하였던 행사가 세시 풍속으로 이어졌으며, 창포물에 머리 감기, 씨름, 그네뛰기, 앵두로 화채 만들어 먹기 등을 하였다.
③ 한식은 동지로 부터 105일째 되는 날로, 양력 4월 5, 6일경이다. 이날에는 일정 기간 동안 불의 사용을 금하여 찬 음식을 먹거나 조상의 묘를 돌보았다.
④ 정월 대보름은 한 해의 첫 보름이자 보름달이 뜨는 날로, 음력 1월 15일에 지내는 우리나라의 명절이다. 이날에는 생솔가지나 나뭇더미를 쌓아 달집을 짓고 달이 떠오르면 불을 놓아 복을 기원하는 달집태우기를 하였다.

03 동지

② 24절기 중 하나인 동지는 북반구에서 일 년 중 낮이 가장 짧고 밤이 가장 긴 날로 양력 12월 22일이나 23일경이다. 동지가 지나면 차츰 밤이 짧아지고 낮이 길어지기 때문에 태양이 부활한다는 의미에서 중요하게 여겨져 '작은설'이라고 불리기도 하였다. 이날이면 가정에서는 귀신이나 좋지 않은 기운을 쫓기 위해 팥죽을 쑤어 집 주변에 뿌렸고, 관상감에서는 달력을 만들어 벼슬아치들에게 나누어 주었다.

✔ 바로 잡기

① 음력 5월 5일인 단오에는 창포물에 머리 감기, 그네뛰기, 씨름 등의 놀이를 즐기고 수리취떡을 만들어 먹었다.
③ 칠석은 음력 7월 7일로 견우와 직녀가 오작교에서 일 년에 한 번 만난다는 전설이 있는 날이며, 별에게 소망을 빌었다.
④ 한식은 동지로부터 105일째 되는 날로, 이 날에는 일정 기간 동안 불을 사용하지 않고 찬 음식을 먹거나 조상의 묘를 돌보았으며, 풍년을 기원하였다.

04 정월 대보름

④ 한 해의 첫 보름인 정월 대보름은 음력 1월 15일로, 여러 곡식을 섞은 오곡밥과 묵은 나물을 먹었다. 건강과 안녕을 비는 의미로 호두, 땅콩 등의 부럼을 깨물기도 하였다.

✔ 바로 잡기

① 동지는 일 년 중에서 밤이 가장 길고 낮이 가장 짧은 날로, 한 해의 시작으로 여겼다. 조선 시대의 가정에서는 악귀를 내쫓기 위해 팥죽을 쑤어 먹었다.
② 한가위라 불리는 추석은 음력 8월 15일로, 보름달을 보며 올해의 수확에 감사하는 날이다. 송편과 각종 음식을 만들어 먹으면서 조상에게 차례를 지냈다.
③ 삼짇날은 음력 3월 3일로, 진달래꽃을 넣은 찹쌀가루 반죽에 참기름을 발라가며 둥글게 부친 화전(花煎)을 먹는다.

05 칠석

④ 매년 칠월칠석에 두 개의 별이 은하수를 가운데 두고 위치가 매우 가까워지는 현상 때문에 견우와 직녀 설화가 만들어졌다. 이 설화에 따르면, 하느님은 길쌈 솜씨가 뛰어나 매우 아끼는 손녀 직녀와 은하수 건너편에서 소 치는 일을 하는 목동 견우를 혼인시켰다. 그러나 이들 부부가 서로의 일에 게을러지자 하느님은 크게 노하여 그들을 은하수를 가운데 두고 다시 떨어져 살게 하고, 일년에 한 번 칠월칠석날만 같이 지내도록 하였다. 하지만 은하수 때문에 칠월칠석날에도 만나지 못하자 까치와 까마귀들이 머리를 이어 다리를 놓아 주었고, 이 다리를 오작교라 불렀다.

✔ 바로 잡기

① 음력 5월 5일인 단오에는 창포물에 머리 감기, 그네뛰기, 씨름 등의 놀이를 즐기고 수리취떡을 만들어 먹었다.
② 동지는 24절기 중 스물두 번째 절기로, 일 년 중에서 밤이 가장 길고 낮이 가장 짧은 날이다. 이날 가정에서는 팥죽을 쑤어 먹었고, 관상감에서는 달력을 만들어 벼슬아치들에게 나누어 주었다.
③ 한가위라 불리는 추석은 음력 8월 15일로, 송편과 각종 음식을 만들어 먹으면서 조상들에게 차례를 지내고 성묘를 하였다.

06 단오

① 단오는 음력 5월 5일로, 삼한에서 수릿날에 풍년을 기원하였던 행사가 세시 풍속으로 이어지면서 발전하였다. 남자들은 씨름, 택견, 활쏘기를 하였고, 여자들은 그네뛰기, 앵두로 화채 만들어 먹기, 창포물에 머리 감기 등을 하였다.

✔ 바로 잡기

② 동지는 일 년 중 밤이 가장 길고 낮이 가장 짧은 날이다. 이날 가정에서는 나쁜 기운을 내쫓기 위해 팥죽을 쑤어 먹었다.
③ 음력 8월 15일인 한가위라 불리는 추석에는 송편과 각종 음식을 만들어 먹으면서 조상들에게 차례를 지내고 성묘를 하였다.
④ 한식은 동지로부터 105일째 되는 날로, 4대 명절에 해당된다. 이날에는 일정 기간 동안 불의 사용을 금하여 찬 음식을 먹고 조상의 묘를 돌보았다.

07 설날

② 설날은 우리 민족의 고유 명절로, 음력 1월 1일에 차례를 지내고 어른들께 세배하며 덕담을 나누기도 하였다. 근대에 들어서며 양력이 사용되자 두 개의 설이 생겼고, 일제 강점기 때에는 전통 문화를 말살시키기 위해 전통적 설날인 음력설을 구정(舊正)으로 부르며 억압하였다. 그러나 음력으로 설날을 쇠는 풍속은 사라지지 않았고 1985년 '민속의 날'이라는 국가 공휴일로 지정되었다가 1989년 고유 명칭인 '설날'로 변경되며 3일간 연휴로 지정되었다.

✔ 바로 잡기

① 삼짇날은 음력 3월 3일로, 바깥이나 동네 산으로 꽃놀이를 나갔는데 이를 화전놀이라고 불렀다. 진달래꽃을 꺾어 찹쌀가루에 반죽하여 참기름을 발라가면서 둥글게 지져 먹었는데 이것을 화전(花煎)이라고 하였다.
③ 단오는 음력 5월 5일로, 삼한에서 수릿날에 풍년을 기원하였던 행사가 세시 풍속으로 이어지면서 발전하였다. 이날에는 창포물에 머리 감기 등의 풍속과 함께 씨름, 그네뛰기 등과 같은 민속놀이도 행해졌다.
④ 정월 대보름은 한 해의 첫 보름이자 보름달이 뜨는 날인 음력 1월 15일에 지내는 우리나라의 명절이다. 이날에는 생솔가지나 나뭇더미를 쌓아 달집을 짓고 보름달이 떠오르면 불을 놓아 복을 기원하였다.

08 정월 대보름

④ 음력 1월 15일이자 한 해의 첫 보름인 정월 대보름에는 여러 곡식을 섞은 오곡밥과 묵은 나물을 먹었다. 또한, 호두, 땅콩 등의 부럼을 깨물며 건강과 안녕을 빌었다.

① 음력 5월 5일인 단오에는 창포물에 머리 감기, 씨름, 그네 뛰기, 앵두로 화채 만들어 먹기 등을 하였다.

② 동지는 일 년 중에서 밤이 가장 길고 낮이 가장 짧은 날로, 한 해의 시작으로 여겼다. 조선 시대에는 관상감에서 동짓날에 달력을 만들어 벼슬아치들에게 나누어 주었으며, 가정에서는 팥죽을 쑤어 먹었다.

③ 한식은 동지에서 105일째 되는 날로, 양력 4월 5, 6일경이다. 이름은 찬 음식을 먹는 날이라는 데서 유래되었으며, 조상의 묘를 돌보며 제사를 지냈다.

09 정월 대보름

정월 대보름은 한 해의 첫 보름이자 보름달이 뜨는 날로, 음력 1월 15일에 지내는 우리나라의 명절이다. 이날에는 생솔 가지나 나뭇더미를 쌓아 달집을 짓고 달이 떠오르면 불을 놓아 복을 기원하는 달집 태우기를 하였다.

② 음력 5월 5일인 단오는 삼한에서 수릿날에 풍년을 기원하였던 행사가 세시 풍속으로 이어지면서 발전하였다. 이날에는 귀신을 쫓아내기 위해 창포물에 머리를 감았다.

①・③・④ 정월 대보름에는 한 해 농사의 풍요로움을 기원하여 쌀, 조, 수수, 팥, 콩 등을 섞은 오곡밥을 먹고, 건강과 안녕을 기원하는 의미로 땅콩이나 호두, 밤 등 부럼을 깨물기도 하였다. 이날 즐기는 놀이로는 쥐불놀이, 줄다리기, 다리밟기 등이 있다.

10 추석

③ 추석은 정월 대보름과 함께 일 년 중 가장 밝고 둥근 달이 뜨는 날이다. 이에 보름달을 보면서 올해의 수확에 감사하고, 이듬해의 풍작과 소망을 기원하는 풍습이 이어져 내려오고 있다. 또한, 햇곡식을 빻아 송편을 만들어 먹으면서 한 해의 수확에 감사하며 제사를 지냈다.

① 단오는 음력 5월 5일로, 남자들은 씨름, 택견, 활쏘기를 하였고, 여자들은 그네뛰기, 앵두로 화채 만들어 먹기, 창포물에 머리 감기 등을 하였다.

② 동지는 24절기 중 스물두 번째 절기로, 일 년 중에서 밤이 가장 길고 낮이 가장 짧은 날이다. 이때는 음기가 극성한 가운데 양기가 새로 생겨나는 때이므로 한 해의 시작으로 여겼다. 이날이면 가정에서는 팥죽을 쑤어 먹었고 관상감에서는 달력을 만들어 벼슬아치들에게 나누어 주었다고 한다.

④ 한식은 동지에서 105일째 되는 날로, 양력 4월 5, 6일경이다. 이날에는 일정 기간 동안 불의 사용을 금하여 찬 음식을 먹거나 성묘를 하고 조상의 묘가 헐었으면 떼를 입혔다.

+ FINAL 실전 기출 하프 테스트

주제 01~33	실전 기출 하프 테스트			
01 ③	02 ①	03 ④	04 ④	05 ③
06 ③	07 ①	08 ④	09 ②	10 ④
11 ④	12 ①	13 ②	14 ③	15 ④
16 ②	17 ②	18 ①	19 ①	20 ②
21 ④	22 ③	23 ①	24 ①	25 ①

01 청동기 시대

청동기 시대에는 구리와 주석을 함께 녹여 만든 금속인 청동을 사용해 금속 도구를 만들기 시작하였다. 이에 따라 비파형 동검, 거친무늬 거울, 청동 방울 등을 제작하였다. 또한, 권력을 가진 군장이 등장하였는데, 지배층이 죽으면 무덤 위에 큰 돌을 올려놓아 고인돌을 만들었다. 우리나라는 전 세계 고인돌의 40%를 보유하고 있으며, 그중 전남 화순은 우리나라 대표적인 고인돌 유적지로, 괴바위 고인돌, 마당바위 고인돌, 관청바위 고인돌, 핑매바위 고인돌, 감태바위 채석장 등이 분포되어 있다.

③ 청동기 시대에 일부 지역에서 벼농사가 시작되었으며 반달 돌칼을 이용하여 벼 이삭을 수확하였다.

① 철기 시대에는 쟁기, 호미, 쇠스랑 등 철제 농기구를 사용하여 농사를 지었다.

② 구석기 시대 사람들은 동굴이나 바위 그늘에 막집을 짓고 살면서 계절에 따라 이동 생활을 하였다.

④ 신석기 시대에는 빗살무늬 토기를 만들어 음식을 조리하거나 저장하는 용도로 이용하였다.

02 부여

(가) 부여 (나) 고구려 (다) 옥저 (라) 동예

① 부여는 왕 아래 마가, 우가, 저가, 구가의 가(加)들이 각자의 행정 구역인 사출도를 다스렸으며, 왕이 통치하는 중앙과 합쳐 5부를 구성하는 연맹 왕국이었다. 또한, 12월에 풍성한 수확제이자 추수 감사제의 성격을 지닌 영고라는 제천 행사를 열었다.

03 고구려 광개토 대왕

고구려 제19대 왕으로 즉위한 광개토 대왕은 영락이라는 독자적 연호를 사용하고, 활발한 정복 활동으로 고구려의 전성기를 열었다. 북쪽으로는 숙신, 후연, 거란, 동부여 등을 정벌하였고, 남쪽으로는 백제 수도 한성을 점령하여 한강 유역까지 영토를 확장하였다.

④ 고구려 광개토 대왕은 신라의 요청으로 군대를 보내 신라에 침입한 왜를 격퇴하였다.

✔ 바로 잡기

① 고구려 소수림왕은 국가 교육 기관인 태학을 설립하여 인재를 길러냈다.

② 고구려 영류왕 때 연개소문은 당의 공격에 대비하여 동북의 부여성에서 발해만의 비사성까지 천리장성을 축조하였다.

③ 고구려 장수왕은 평양성으로 도읍을 옮기고 남진 정책을 추진하여 영토를 확장하였다.

04 백제 성왕

백제 성왕은 개로왕의 전사 후 쇠퇴하는 백제의 중흥을 일으키기 위하여 수도를 사비(부여)로 옮기고 국호를 남부여로 고쳤다. 또한, 새로운 수도인 사비의 도성 안에 정림사를 세우고 정림사지 오층 석탑을 건립하였다. 이후 무왕 때는 인공 연못인 궁남지를 만들었다.

④ 백제 성왕은 신라 진흥왕과 나제 동맹을 맺고 함께 고구려를 공격하여 한강 하류 지역을 되찾았다.

✔ 바로 잡기

① 일본에서 발견된 칠지도는 백제 근초고왕이 왜의 왕에게 하사한 것으로 전해진다. 이를 통해 백제가 왜와 교류하면서 다양한 선진 문물을 전파하였다는 것을 확인할 수 있다.

② 백제 침류왕은 중국의 동진을 통해 불교를 받아들였다.

③ 백제 의자왕은 즉위 초 신라의 대야성을 비롯한 40여 개의 성을 점령하는 등 세력을 확장하였다.

05 삼국 통일 과정

(나) 백강 전투(663): 백제 부흥 운동을 위해 왜의 수군과 백제 부흥군이 나당 연합군에 맞서 함께 백강에서 전투를 벌였지만 결국 패배하였다.

(가) 고구려 멸망(668): 고구려는 연개소문 사후 그의 두 아들 사이에서 벌어진 권력 다툼으로 세력이 약해졌고, 나당 연합군의 공격으로 평양성이 함락되면서 결국 멸망하였다.

(다) 기벌포 전투(676): 신라 문무왕은 기벌포 전투에서 승리하면서 당의 세력을 한반도에서 몰아내고 삼국 통일을 완성하였다.

06 발해

발해의 통제 아래에 있던 흑수 말갈이 단독으로 당과 접촉하여 흑수 말갈에 대한 당의 영향력이 커지게 되었다. 이에 발해의 무왕 대무예는 당과 흑수 말갈이 연합하여 발해를 공격할 수 있으므로 동생 대문예에게 흑수 말갈을 정벌하라 명령하였다. 대문예는 흑수 말갈을 공격하면 군사력이 더 뛰어난 당이 발해를 공격할 것을 걱정하여 무왕의 명령을 거부하고 당으로 몸을 피하였다. 무왕은 당에게 대문예를 돌려보낼 것을 요구하였으나 당은 이를 거절하였고, 이에 화가 난 무왕은 장문휴의 수군을 보내 당의 등주(산둥지방)를 공격하였다. 당 현종도 대문예를 보내 발해군을 공격하기도 하였으나 큰 성과를 얻지 못하였다.

③ 발해는 선왕 때 영토를 크게 확장하고 전성기를 누리면서 주변 국가들로부터 해동성국이라 불렸다.

✔ 바로 잡기

① 백제는 삼한 중 마한의 소국인 백제국에서 시작하여 성장하였다.

② 통일 신라 때 지방 세력이 성장하는 것을 막기 위해 지방 호족의 자식 1명을 뽑아 중앙에서 머물게 하는 상수리 제도를 실시하였다.

④ 고려 광종은 왕권을 강화하기 위해 스스로를 황제라 하고, 광덕, 준풍 등의 연호를 사용하였다.

07 발해의 문화유산

상경성은 발해 문왕 때 천도된 이래로 130여 년 동안 발해의 수도였다. 궁성과 황성을 제외한 성 안의 모든 구역은 주작대로를 중심으로 동구와 서구로 나뉘었는데, 이를 통해 상경성이 당의 장안성을 본떠 조성되었음을 알 수 있다. 그러나 상경성에서 출토된 치미 등을 통해 고구려의 전통 또한 계승하였음을 파악할 수 있다.

① 칠지도는 백제 근초고왕이 왜에 하사하였다고 알려진 유물로, 일본에서 발견되었다. 이를 통해 백제가 왜와 교류하면서 다양한 선진 문물을 전파하였다는 것을 확인할 수 있다.

✓ 바로 잡기

② 이불 병좌상은 발해의 수도였던 동경(현재 중국 지린성)에서 발굴되었으며, 날카로운 광배나 연꽃의 표현 등을 통해 고구려 불상 양식을 계승하고 있음을 알 수 있다.
③ 영광탑은 중국 지린성에 있는 발해의 오층 벽돌탑으로, 당의 영향을 받았다.
④ 발해 문왕의 넷째 딸인 정효 공주 무덤은 중국 지린성에 위치해 있으며, 무덤 속에 벽화가 있다. 벽화에는 공주의 시중을 들던 신하들의 모습이 그려져 있으며, 인물들의 뺨이 둥글고 통통한 것을 통해 당의 화풍을 띠고 있음을 알 수 있다.

08 고려 광종

고려 광종은 국왕의 권위를 높이기 위해 스스로를 황제라 칭하고 광덕, 준풍 등의 독자적인 연호를 사용하였다. 또한, 관리의 공복을 4가지 색으로 제정하였으며, 노비안검법을 시행하여 억울하게 노비가 된 사람들을 해방하고 호족의 세력을 약화시키고자 하였다.
④ 고려 광종은 후주 출신 쌍기의 건의를 수용하여 과거제를 처음으로 시행하고 신진 세력을 등용하였다.

✓ 바로 잡기

① 고려 최씨 무신 정권 시기에 몽골이 침입하자 최우는 상대적으로 수군이 약한 몽골에 대항하기 위해 강화도로 천도하고 장기 항쟁을 준비하였다.
② 고려 고종 때 원이 고려의 철령 이북 땅을 편입하여 쌍성총관부를 설치하였다. 이후 공민왕 때 반원 자주 정책의 하나로 이곳을 공격하여 원에 빼앗긴 철령 이북 땅을 수복하였다.
③ 고려 성종은 최승로의 시무 28조를 받아들여 전국에 12목을 설치하고 지방 세력을 견제하기 위해 지방관을 파견하였다.

09 고려의 대외 관계

(가) **강감찬의 귀주 대첩**(1019): 강감찬은 강동 6주의 반환 등을 요구한 거란의 3차 침입 때 소배압이 이끄는 10만 대군에 맞서 귀주에서 크게 승리하였다.
(나) **김윤후의 충주성 전투**(1253): 몽골의 5차 침입 때 김윤후는 식량이 떨어지는 등 전세가 어려워지자, 전투에서

승리하면 신분의 높고 낮음을 따지지 않고 모두 벼슬을 주겠다고 병사들을 격려하였다. 실제로 관노의 노비 문서를 불태우고 잡은 소와 말을 나누어 주어 병사뿐 아니라 백성들까지도 죽음을 무릅쓰고 싸워 몽골군을 물리쳤다.
② 고려 시대 윤관은 여진이 고려의 국경을 자주 침입하자 숙종에게 건의하여 별무반을 편성하였다. 이후 예종 때 윤관은 별무반을 이끌고 여진을 몰아낸 뒤 동북 9성을 축조하였다(1107).

✓ 바로 잡기

① 서희는 거란의 1차 침입 때 소손녕과 외교 담판을 통해 거란과 교류할 것을 약속하는 대신, 고려가 고구려를 계승하였음을 인정받고 압록강 동쪽의 강동 6주를 획득하였다(993).
③ 고려 창왕 때 박위를 파견하여 왜구의 본거지인 쓰시마섬을 토벌하였다(1389).
④ 고려 우왕 때 최무선은 화통도감 설치를 건의하여 화약과 화포를 제작하였고, 이를 활용하여 진포에서 왜구를 물리쳤다(1380).

10 개성 경천사지 십층 석탑

④ 개성 경천사지 십층 석탑은 고려 원 간섭기 때 대리석을 재료로 하여 만들어진 석탑이며, 원의 석탑 양식에 영향을 받았다.

✓ 바로 잡기

① 경주 불국사 삼층 석탑은 불국사에 있는 석탑으로, 석가탑으로도 불린다.
③ 경주 분황사 모전 석탑은 현존하는 신라 석탑 중 가장 오래된 석탑이며, 석재를 벽돌 모양으로 만들어 쌓아 올린 것이 특징이다.
③ 영광탑은 중국 지린성에 있는 발해의 오층 벽돌 탑으로, 당의 영향을 받았다.

11 조선 세조

조선 세조는 수양 대군 시절 계유정난을 일으켜 권력을 장악하고 단종을 몰아내 왕으로 즉위하였다. 이후 집현전 학사인 성삼문, 박팽년 등이 단종 복위를 계획하다가 발각되자 관련 신하들을 모두 사형에 처하였고, 집현전을 폐지하였으며 경연을 정지시켰다. 또한, 과전의 세습화로 과전이 부족해지자 이를 바로잡기 위해 현직 관리에게만 수조권을 지급하는 직전법을 실시하였다.

④ 조선 세조는 왕권을 강화하기 위해 태조 때 시행하였던 6조 직계제를 부활시켜 6조가 의정부를 거치지 않고 왕에게 직접 업무를 보고하게 하였다.

✓ 바로 잡기

① 조선 태종은 주자소를 설치하여 금속 활자인 계미자를 주조하였다.
② 조선 영조는 백성들의 군역 부담을 줄여주고자 기존 1년에 2필씩 납부하던 군포를 1필로 줄이는 균역법을 실시하였다.
③ 조선 중종 때 등용된 조광조는 위훈 삭제, 현량과 실시 등의 개혁을 주장하였다. 그러나 훈구 공신들의 반발로 인해 기묘사화가 발생하여 조광조를 비롯한 사림들이 제거되었다.

12 기묘사화

① 조선 중종은 반정으로 왕위에 오른 뒤 훈구파를 견제하고 연산군의 잘못된 정치를 개혁하기 위해 사림파를 중용하였다. 이때 정계에 진출한 조광조는 훈구 정치의 개혁을 추진하며 반정 공신들의 위훈 삭제를 주장하였다. 이에 훈구파가 반발하여 기묘사화가 발생하였다. 조광조는 유배된 후 사약을 받았고, 많은 사림 세력들이 정계에서 쫓겨나게 되었다.

✓ 바로 잡기

② 조선 순조 때 노론 벽파가 천주교를 탄압하여 신유박해가 발생하였다. 이때 이승훈, 정약종, 주문모 등 300여 명이 처형되고 정약전, 정약용 등이 유배되는 등 천주교 전파에 앞장섰던 실학자와 많은 천주교 신자가 피해를 입었다.
③ 조선 광해군 때 북인이 정권을 장악하여 밀려 있던 서인 세력은 광해군의 중립 외교 정책과 폐모살제(인목 대비를 폐하고 영창 대군을 죽인 것) 문제를 빌미로 인조반정을 일으켰다. 이에 광해군이 폐위되고 인조가 왕위에 올랐다.
④ 조선 고종 때 신식 군대와의 차별 대우로 불만이 쌓인 구식 군대가 선혜청과 일본 공사관을 습격하면서 임오군란이 발생하였다.

13 임진왜란

조선 선조 때 일본이 조선을 침입하면서 임진왜란이 발생하였고, 보름 만에 수도 한양(서울)이 함락되었다. 선조는 수도를 버리고 개성과 평양을 거쳐 의주까지 피란하였으며, 왜군은 계속 북진하면서 개성과 평양을 점령하였다. 유성룡은 전쟁이 끝난 뒤에 『징비록』을 저술하여 7년에 걸친 임진왜란의 원인과 전쟁 상황 등을 자세히 기록하였다.

② 임진왜란 당시 정문부는 함경도 길주에서 의병을 조직하여 왜구를 격퇴하였다.

✓ 바로 잡기

① 조선 초기 왜구가 자주 침입해오자 세종은 이종무를 시켜 쓰시마섬을 토벌하게 하였다.
③ 고려 정부가 강화도에서 개경으로 환도하자 배중손, 김통정을 중심으로 한 삼별초가 이에 반대하여 강화도, 진도, 제주도로 이동하며 대몽 항쟁을 전개하였다.
④ 최영은 홍건적이 서경(평양)을 함락하자 이방실 등과 함께 이를 물리쳤다. 이후 홍건적이 다시 고려를 침입하여 개경(개성)까지 점령하였지만 최영이 군사를 이끌고 적을 물리쳤다.

14 조선 정조

- **봉수당**: 화성 행궁의 정전 건물이자 화성 유수부의 동헌 건물로, 조선 정조 때 어머니 혜경궁 홍씨의 회갑연 진찬례가 이 건물에서 열렸다.
- **융릉**: 조선 정조는 왕위에 오른 뒤에 아버지인 사도 세자의 무덤을 수은묘에서 영우원으로 바꾸고, 존호도 사도에서 장헌으로 개칭하였으며, 서울 배봉산에 있는 무덤을 현재의 위치인 경기 화성시로 옮겼다. 이후 고종 때 사도 세자를 장조로 추존하고 무덤의 이름도 융릉으로 바꾸었다.
- **용주사**: 조선 정조는 사도 세자의 무덤을 화성으로 옮긴 후 아버지의 명복을 빌기 위해 사찰 건설을 추진하였다. 이에 전국에서 시주 8만 7천 냥을 거두었으며, 승려 혜경으로 하여금 공사를 담당하게 하여 4년 만에 용주사를 건설하였다.
③ 조선 세종은 정초, 변효문 등을 시켜 우리 풍토에 맞는 농법을 기술한 『농사직설』을 편찬하였다.

✓ 바로 잡기

① 조선 정조는 왕권을 뒷받침하는 군사적 기반을 갖추기 위해 친위 부대인 장용영을 설치하였다.
② 조선 정조 때 채제공의 건의에 따라 신해통공을 시행하여 육의전을 제외한 시전 상인들의 금난전권이 폐지되었다.
④ 조선 정조는 새롭게 관직에 오른 자 또는 기존 관리들 중 능력 있는 자들을 규장각에서 재교육시키는 초계문신제를 실시하였다.

15 조선 후기 문화

조선 후기에는 서민들의 일상생활 모습을 생동감 있게 표현한 풍속화가 유행하였다. 대표적 풍속화가인 김홍도는 도화서 화원 출신으로 「서당」, 「자리짜기」, 「씨름도」 등의 작품을 남겼다.
④ 고려 현종 때 거란의 침입을 부처님의 힘으로 물리치고자 초조대장경을 제작하였다.

✔ 바로 잡기

①·②·③ 조선 후기에는 서민 문화가 발달하여 「홍길동전」과 「춘향전」 등 한글 소설이 간행되었고, 판소리가 유행하였다. 또한, 흰 바탕에 푸른색으로 그림을 그린 청화 백자도 많이 제작되었다.

16 갑신정변

1884년 김옥균, 박영효, 서재필을 중심으로 한 급진 개화파(개화당)는 일본 공사관의 지원을 받아 우정국 개국 축하연 자리에서 갑신정변을 일으켰다. 갑신정변으로 정권을 잡은 이들은 14개조 개혁 정강을 발표하고 청과의 사대 관계 폐지, 입헌 군주제, 능력에 따른 인재 등용을 주장하였으나 청군의 개입으로 3일 만에 실패하였다.
② 일본은 갑신정변 당시 죽게 된 일본인에 대한 배상과 일본 공사관 신축 부지 제공 및 비용을 요구하면서 조선과 한성 조약을 체결하였다(1884).

✔ 바로 잡기

① 신식 군대인 별기군과의 차별 대우로 인해 불만이 쌓인 구식 군인들이 임오군란을 일으켜 일본 공사관과 선혜청을 습격하였다(1882).
③ 조선 고종은 국내외의 군국 기무를 총괄하는 관청인 통리기무아문을 설치하고, 그 아래 12사(司)를 두어 행정 업무를 맡게 하였다(1880).
④ 미국의 상선 제너럴 셔먼호가 평양 대동강에 들어와 교역을 요구하다가 평양 관민들의 저항으로 배가 불태워졌다(1866).

17 동학 농민 운동

고부 군수 조병갑의 횡포에 반발한 농민들이 동학교도인 전봉준을 중심으로 동학 농민 운동을 일으켰다. 농민군은 백산에 집결하여 4대 강령을 발표하고 제폭구민, 보국안민을 바탕으로 봉기하였다. 이후 황토현 전투와 황룡촌 전투를 승리로 이끌고, 전주성을 점령하면서 전라도 일대를 장악하였다. 조정에서 이들을 진압하기 위해 청에 원군을 요청하자

톈진 조약에 의해 일본도 군대를 파견하였다. 이에 청과 일본의 군대 개입을 우려한 농민군은 정부와 전주 화약을 맺고 해산하였다. 그러나 청일 전쟁이 발발하고 일본이 경복궁을 점령하는 등 일본의 내정 간섭이 심해지자 동학 농민군의 남접과 북접이 연합하여 다시 봉기하였다. 이후 공주 우금치 전투에서 일본군에게 패배하고 전봉준이 한양으로 압송되면서 농민군은 해산되었다.
② 동학 농민 운동 당시 농민군은 청과 일본의 군대 개입을 우려하여 조선 정부와 전주 화약을 맺고 집강소를 설치한 뒤 폐정 개혁을 실시하였다.

✔ 바로 잡기

① 조선 철종 때 임술 농민 봉기가 일어나자 안핵사로 파견된 박규수는 민란의 원인이 삼정에 있다고 판단하고 삼정이정청을 설치하여 삼정의 폐단을 해결하기 위해 노력하였다.
③ 일본은 갑신정변 당시 죽게 된 일본인에 대한 배상과 일본 공사관 신축 부지 제공 및 비용을 요구하면서 조선과 한성 조약을 체결하였다.
④ 조선 순조 때 세도 정치로 인한 삼정의 문란과 서북 지역 차별에 대한 불만이 쌓여 평안도 지역 농민들이 몰락 양반 출신 홍경래를 중심으로 봉기를 일으켰다.

18 무단 통치기

① 1910년대에 일제는 조선인을 강압적으로 통치하고자 무단 통치를 시행하였다. 이에 헌병 경찰 제도를 실시하여 교사들까지 제복을 입고 칼을 차고 다니게 하였으며 조선 곳곳에 일본 헌병 경찰을 배치하였다.

✔ 바로 잡기

② 개항 이후 개화 정책의 일환으로 박문국을 설치하고 최초의 근대 신문인 한성순보를 발간하였다(1883).
③ 을미개혁 때 성년 남자의 상투를 자르도록 한 단발령이 시행되었다. 이에 유생들이 반발하면서 을미의병이 일어났다(1895).
④ 우리나라 최초의 철도인 경인선은 1896년 미국인에 의해 공사가 시작되었으나, 자금 부족으로 일본인이 경영하는 경인 철도 회사가 부설권을 인수하여 제물포에서 노량진 사이의 구간이 개통되었다(1899).

19 대한민국 임시 정부

최선화는 이화여자전문학교를 졸업한 당대 최고의 지식인이었으나 상하이로 건너가 흥사단에 가입하는 등 독립운동을 전개하였다. 이 무렵 3 · 1 운동을 계기로 상하이에 수립된 대한민국 임시 정부에서 활동하던 독립운동가 양우조와 혼인하고, 중일 전쟁 발발 이후에는 임시 정부 가족에 합류하며 임시 정부와 활동을 같이 하였다. 일본군이 중국 본토를 침략하자 최선화 가족은 임시 정부와 함께 충칭으로 근거지를 옮기고 독립운동을 전개하였다. 최선화의 맏딸인 제시가 태어난 1938년 이후부터 1946년까지 8년간의 육아를 기록한 '제시의 일기'는 3 · 1 운동 및 대한민국 임시 정부 100주년을 기념하며 2019년에 책으로 발간되기도 하였다.

① 대한민국 임시 정부는 국외 거주 동포들에게 독립 공채를 발행하여 독립운동 자금을 마련하였다.

✔ 바로 잡기

② 독립 협회는 만민 공동회를 개최하여 민중에게 근대적 지식과 국권 · 민권 사상을 강조하였다.

③ 신민회는 항일 무장 투쟁의 필요성을 인식하여 서간도 삼원보 지역에 독립군 양성 학교인 신흥 강습소를 설립하였다. 이는 1919년에 본부를 옮기면서 신흥 무관 학교로 명칭이 바뀌었다.

④ 방정환 등이 주축이 된 천도교 소년회는 1922년에 5월 1일을 어린이날로 제정하고, 1923년에 『어린이』라는 잡지를 발간하였다.

20 6 · 25 전쟁

1950년 북한의 남침으로 6 · 25 전쟁이 시작되었고, 서울을 점령당한 뒤 낙동강 방어선까지 밀려나게 되었다. 유엔군 파병 이후 국군은 낙동강을 사이에 두고 치열한 공방전을 펼쳤다. 전쟁이 1년여간 지속되자 소련 측의 제의로 미국과 소련이 개성 판문점에서 휴전 회담을 진행하기 시작하였다 (1951.7.). 휴전 회담은 전쟁 포로 송환 원칙 문제, 군사 분계선 설정 문제 등으로 인해 2년여간 지속되었다.

② 중국군 개입 이후 국군과 유엔군이 퇴각하면서 원산 지역을 뺏겨 전세가 불리해졌다. 이에 국군과 유엔군은 흥남 해상으로 철수 작전을 전개하여 병력 및 물자, 피난민을 철수시켰다(1950.12.).

✔ 바로 잡기

① 미 국무 장관인 애치슨이 한국을 미국의 태평양 방위선에서 제외한다는 내용을 포함한 애치슨 선언을 발표하였다 (1950.1.). 이는 6 · 25 전쟁 발발의 원인이 되었다는 비판을 받는다.

③ 이승만은 자신의 대통령 3선을 위해 초대 대통령에 한해 중임 제한 규정을 철폐한다는 내용의 헌법 개정안을 발표하였으나 통과되지 못하였다. 그러자 1인 이하의 소수점자리는 계산하지 않는다는 사사오입 논리로 개헌안을 통과시켜 장기 집권을 시도하였다(1954).

④ 이승만 정부는 휴전 이후 미국과 한미 상호 방위 조약을 체결하였다(1953).

21 5 · 18 민주화 운동

④ 5 · 18 민주화 운동은 신군부의 비상 계엄 확대를 반대하며 일어났다. 신군부가 공수 부대를 동원하여 시위대를 무력으로 진압하자 학생과 시민들이 시민군을 결성하여 대항하면서 격화되었다. 시민군은 마지막까지 전남도청을 사수하다가 신군부 계엄군의 무차별 사격으로 진압되었다. 5 · 18 민주화 운동은 우리나라 민주화 운동의 밑거름이 되었으며, 2011년에는 관련 기록물이 유네스코 기록 유산으로 등재되었다. 또한, 광주에서 야학교사로 활동하였던 박기순과 5 · 18 민주화 운동 당시 사망하였던 윤상원이 영혼결혼식을 맺은 것을 계기로 하여 '님을 위한 행진곡'이 제작되었다. 이 곡은 5 · 18 민주화 운동의 공식 기념곡으로 지정되었으며, 매일 오후 5시 18분 옛 전남도청 앞에서 울려 퍼진다.

✔ 바로 잡기

① 이승만의 장기 집권과 자유당 정권의 3 · 15 부정 선거에 저항하여 4 · 19 혁명이 발발하였다.

② YH 무역 노동자들의 농성이 신민당사 앞에서 일어난 것을 계기로, 박정희 정부는 신민당 총재였던 김영삼을 국회 의원에서 제명하였다. 이에 김영삼의 정치적 근거지인 부산, 마산에서 박정희 정권의 유신 체제에 반대하는 시위가 일어나면서 부마 민주 항쟁이 전개되었다.

③ 전두환 정부의 박종철 고문치사 사건과 4 · 13 호헌 조치가 원인이 되어 6월 민주 항쟁이 전국적으로 확산되었다.

22 전두환 정부 시기 경제 상황

전두환을 중심으로 한 신군부 세력은 쿠데타를 일으켜 권력을 장악하였다. 이를 반대하는 5 · 18 민주화 운동이 전개되었으나 신군부 세력은 시위를 무력으로 진압하였다. 이후 전두환 정부는 5 · 18 민주화 운동 1주기를 앞두고 정권에 대한 저항을 약화시키고 대학생들의 주의를 분산시키기 위해 대규모 문화 축제인 '국풍 81'을 개최하였다. 또한, 프로 야구와 프로 축구를 연달아 출범시켜 정치에 대한 국민의 관심을 다른 곳으로 돌리려 하였다.

③ 전두환 정부 때 저금리, 저유가, 저달러의 3저 호황으로 물가가 안정되고 수출이 증가하면서 높은 경제 성장률을 기록하였다.

✓ 바로 잡기

① 박정희 정권의 주도로 제1차 경제 개발 5개년 계획이 수립되어 경공업 제품을 주로 수출하였다.
② 김영삼 정부는 한국 경제의 세계화를 위해 경제 협력 개발 기구(OECD)에 가입하였다.
④ 노무현 정부는 미국과 자유 무역 협정(FTA)을 체결하였다.

23 노태우 정부의 통일 노력

노태우 정부 때 적극적인 북방 외교 정책을 통해 남북한의 유엔 동시 가입이 이루어졌으며, 소련·중국 등의 사회주의 국가들과 외교 관계를 수립하였다.
① 노태우 정부 때 남북한 화해 및 불가침, 교류·협력 등에 관한 공동 합의서인 남북 기본 합의서를 채택하였다.

✓ 바로 잡기

② 박정희 정부 시기 서울과 평양에서 7·4 남북 공동 성명이 발표되었다.
③ 김대중 정부는 평양에서 분단 이후 최초로 남북 정상 회담을 개최하여 6·15 남북 공동 선언에 합의하였다.
④ 전두환 정부 때 서울과 평양에서 남북 이산가족 고향 방문이 최초로 이루어졌다.

24 지역사 - 독도

① 독도는 우리나라의 가장 동쪽에 위치한 섬으로, 동도와 서도로 이루어져 있다. 조선 숙종 때는 동래에 살던 안용복이 일본 어부들이 울릉도와 독도에 왕래하자 이들을 쫓아내고, 일본에 건너가 독도가 우리나라 영토임을 확인받았다. 1900년 대한 제국은 울릉도, 독도의 행정 관리를 강화하기 위해 대한 제국 칙령 제41호를 공포하였다. 이를 통해 울릉도를 군으로 승격시키고 독도를 관할하게 하여 우리의 영토임을 명시하였다. 또한, 1954년에는 홍순칠이 독도 의용 수비대를 결성하여 독도 및 주위 해상에 대한 경비 활동과 독도 지키기 활동을 하였다.

25 경복궁

① 경복궁은 조선의 법궁이면서 도성의 북쪽에 있다고 하여 북궐이라고도 불렸다. 경복궁의 정전인 근정전에서는 국왕의 즉위식이나 행사가 진행되었으며, 경회루는 외국 사신을 접견하기 위해 만들어졌지만 임금과 신하들이 함께 연회를 베푸는 공간으로도 자주 활용되었다. 향원정은 고종 때 연못 위에 세워진 정자로 왕의 휴식 공간으로 사용되었다.

✓ 바로 잡기

② 덕수궁은 월산 대군의 집이었으나 임진왜란 이후 임시 궁궐로 사용하면서 광해군이 경운궁이라는 이름을 붙였다. 이후 1907년 고종이 강제 퇴위되고 이곳에 머무르면서 덕수궁으로 이름을 바꾸었다.
③ 창경궁은 조선 세종이 즉위하고 상왕인 태종을 모시기 위해 지어진 궁으로, 본래 이름은 수강궁이다. 이후 성종 때 3명의 대비를 모시기 위해 새롭게 지어 이름을 창경궁으로 바꾸었다.
④ 창덕궁은 조선 태종 때 경복궁의 이궁으로 동쪽에 지어졌으며, 임진왜란 때 경복궁이 불타면서 법궁 역할을 담당하였다.

한국사
능력검정시험
기본 4·5·6급

영재성검사 창의적 문제해결력 모의고사 시리즈

수학·과학 분야 **문제해결력 집중 강화**

대학부설·교육청 영재교육원 **기출문제 수록**

나는 한국사 몇 단계?

✓ 체크리스트의 특성으로 나의 한국사 단계를 확인하자!

check list

나는

초등학교 저학년이다.	✓
한국사를 배운 적이 없다.	✓
초등학교 교육과정 상의 한국사를 배우고 싶다.	✓
재미있는 활동과 함께 한국사를 익히고 싶다.	✓
한국사능력검정시험은 나중에 준비하고 싶다.	✓

Step 1

나는

초등학교 고학년이다.	✓
한국사능력검정시험 기본 급수를 취득해야 하는 취준생이다.	✓
한국사를 배운 적이 있다.	✓
정리된 이론과 한국사능력검정시험 기출문제를 통해 한국사를 배우고 싶다.	✓
한국사능력검정시험에 도전하고 싶다.	✓

Step 2

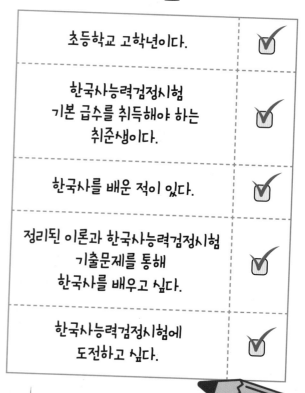

옆 페이지에서
나의 단계에 맞는 문제집
확인하기!